基层社会治理现代化的实践创新

——深圳市宝安区燕罗街道的探索

丁煌 等 著

图书在版编目(CIP)数据

基层社会治理现代化的实践创新:深圳市宝安区燕罗街道的探索/丁煌等著.—武汉:武汉大学出版社,2021.12
ISBN 978-7-307-22491-9

Ⅰ.基… Ⅱ.丁… Ⅲ.社会管理—现代化管理—研究—宝安区 Ⅳ.D676.54

中国版本图书馆 CIP 数据核字(2021)第 147626 号

责任编辑:胡国民　　责任校对:李孟潇　　版式设计:马　佳

出版发行:**武汉大学出版社**　(430072　武昌　珞珈山)
　　　　　(电子邮箱:cbs22@whu.edu.cn　网址:www.wdp.com.cn)
印刷:武汉中科兴业印务有限公司
开本:720×1000　1/16　　印张:24　　字数:380 千字　　插页:3
版次:2021 年 12 月第 1 版　　2021 年 12 月第 1 次印刷
ISBN 978-7-307-22491-9　　定价:80.00 元

版权所有,不得翻印;凡购我社的图书,如有质量问题,请与当地图书销售部门联系调换。

编委会

主　　任　丁　煌　高　峻

副主任　陈贺党　周海峰　麦健鹏　潘锐清　云宇龙

编　　委　丁　煌　高　峻　陈贺党　周海峰　麦健鹏
　　　　　潘锐清　云宇龙　杨荣伟　龚贵祥　黄巧玲
　　　　　刘振国　温德昌　邱锐锋　张　宇　袁立辉
　　　　　丁方达　杨庐峰　梁　健　吴永辉

前　言

国之兴衰系于制，民之安乐皆由治。社会治理是国家治理的重要方面，只有每个社会细胞健康活跃，整个国家才会朝气蓬勃。社会治理的重点在基层，难点也在基层，基层社会治理是国家治理的重要基石，国家治理现代化离不开基层社会治理现代化，加强基层社会治理，对于推进国家治理体系和治理能力现代化具有重要意义。正如习近平总书记所言："一个国家治理体系和治理能力的现代化水平很大程度上体现在基层"；"经济社会发展和民生最突出的矛盾和问题也在基层，必须把抓基层打基础作为长远之计和固本之策，丝毫不能放松"；"要加强和创新基层社会治理，使每个社会细胞都健康活跃，将矛盾纠纷化解在基层，将和谐稳定创建在基层"。① 基层社会治理是国家治理体系和治理能力建设的重要组成部分。

"基础不牢，地动山摇。"自党的十八届三中全会在确立"推进国家治理体系和治理能力现代化"这个全面深化改革总目标时专门提出要"创新社会治理

---

① 习近平总书记考察吉林纪实[EB/OL].[2020-07-26].新华网,http://www.xinhuanet.com/2020-07-26/c_1126286457.htm.

体制，提高社会治理水平"以来，党和国家坚持以人民为中心的发展思想，高度重视基层社会治理工作。党的十九届四中全会明确提出要构建基层社会治理新格局；党的十九届五中全会再次明确，"十四五"时期要明显提高社会治理特别是基层治理水平，对基层社会治理工作提出了新的更高要求；十三届全国人大四次会议通过的《中华人民共和国国民经济和社会发展第十四个五年规划和 2035 年远景目标纲要》立足新发展阶段，贯彻新发展理念，也明确要求从"夯实基层社会治理基础""健全社区管理和服务机制""积极引导社会力量参与基层治理"三个方面"构建基层社会治理新格局"；2021 年 4 月 28 日，《中共中央 国务院关于加强基层治理体系和治理能力现代化建设的意见》进一步聚焦于"构建基层社会治理新格局"，突出强调基层治理是国家治理的基石，统筹推进乡镇(街道)和城乡社区治理，是实现国家治理体系和治理能力现代化的基础工程，寓意深刻。进入新时代，伴随着社会主要矛盾的根本性变化，构建基层社会治理新格局也跃上新的发展阶段，社会主要矛盾发生的根本性变化极大地推进了我国基层社会治理体系和治理能力的创新与发展，特别是突如其来的新冠肺炎疫情防控进一步凸显了基层社会治理创新之于整个国家治理体系和治理能力现代化的重要作用。

改革开放 40 多年来，深圳作为中国最成功的经济特区，充分发挥了"窗口"和"试验田"的示范带动作用，各方面都取得了举世瞩目的成绩，创造了惊人的"深圳速度"。作为改革开放的排头兵，深圳在包括推进基层社会治理现代化在内的全面深化改革过程中积累了诸多重要经验，深圳的今天在很大程度上预示着中国的明天，深入研究深圳基层社会治理现代化的发展历程和经验启示对于加快推进整个中国的国家治理现代化特别是基层社会治理现代化无疑具有重要的参考价值。

为了深入发掘深圳市基层社会治理的典型经验，透视中国特色基层社会治理方式，探索推进我国基层社会治理现代化的有效路径，我们组建了研究团队，选择在基层社会治理创新方面开展了大胆探索并取得了显著成效的宝安区燕罗街道作为研究样本，以"基层社会治理现代化的实践创新"为题，在广泛调查研究的基础上，依次按照"党建引领下的治理主体多元化协同、责任清单下的治理目标精细化设定、规范保障下的治理资源合理化配置、技术创新下的治理方式智慧化应用、制度赋能下的治理机制系统化变革、和谐互融下的治理文化生态化营造、民生导向下的治理效能共享化实现、疫情防控体系的泛在化构建与落实"八个主体版块，从"贯彻上级政策、明确基层社会治理现实要求，立足辖区实际、优化基层社会治理基本框架，依托特色项目、提升基层社会治理实践效果以及坚持问题导向、推动基层社会治理机制创新"等方面，对深圳市宝安区燕罗街道基层社会治理的具体实践和探索创新进行案例分析和经验总结，以期能够形成对于基层社会治理现代化基本模式和一般规律的系统认识，进而为基层社会治理现代化的中国故事提供更多鲜活的经验素材。本书即是该研究项目的最终成果。

本书由我带领项目组成员共同完成，尤其是云宇龙博士在项目调研的开展、写作框架的拟定和整个书稿的统改等方面协助我做了大量的工作，丁方达对本书的思路整理、资料收集以及文稿修订等方面多有贡献。本书各部分内容写作的具体分工如下：导论：丁煌、云宇龙；第一章：云宇龙、丁煌；第二章：丁煌、吴永辉；第三章：吴永辉、丁煌；第四章：丁煌、杨庐峰；第五章：丁煌、梁健；第六章：梁健、云宇龙；第七章：梁健、丁煌；第八章：杨庐峰、丁煌；总结与展望：丁煌、云宇龙；附件：云宇龙、吴永辉。

最后应当指出的是，本书是笔者对基层社会治理现代化的中国实践开展专题研究的一次初步尝试，凝聚了项目组全体成员的集体智慧，项目的研究得到了深圳市宝安区燕罗街道党工委和办事处的大力支持，书中既有我们自己的探索，更有对他人成果的借鉴，至于本书写作过程中参考和引用的文献资料，笔者尽可能以脚注的形式标出或在书后参考文献中列出，但仍难免有所遗漏，在此也向所有被参考和引用文献资料的作者和译者一并表示衷心的感谢。同时，由于时间关系，加之笔者的水平有限，书中讹误之处恐难以避免，敬请读者不吝赐教。

丁　煌

2021年8月1日

目　　录

导论 ……………………………………………………………………（1）

 第一节　研究背景 ………………………………………………（2）

  一、自上而下的政策背景 ………………………………………（2）

  二、立足基层社会治理探索的实践背景 ………………………（4）

  三、呼应基层社会治理实践的理论背景 ………………………（5）

 第二节　研究案例及其适切性 …………………………………（6）

  一、燕罗街道基本情况 …………………………………………（6）

  二、燕罗街道社会治理基本情况 ………………………………（9）

  三、燕罗街道案例研究的适切性 ………………………………（10）

 第三节　基层社会治理现代化的理论研究概述 ………………（12）

  一、基层社会治理现代化的理论要素研究 ……………………（12）

  二、基层社会治理中党的领导地位与作用研究 ………………（13）

  三、基层社会治理目标与价值研究 ……………………………（15）

四、基层社会治理方式与机制研究 …………………………… (16)
　　五、基层社会治理效果评价研究 …………………………… (18)
　　六、基层社会治理现代化的理论内涵与实践要求 …………… (19)
　第四节　基层社会治理现代化的典型实践探索 ………………… (20)
　　一、基层党建创新的典型实践探索 ………………………… (21)
　　二、城市社区治理的典型实践探索 ………………………… (26)
　　三、典型实践探索的案例述评 ……………………………… (31)
　第五节　研究内容与研究方法 …………………………………… (32)

第一章　党建引领下的治理主体多元化协同 ……………………… (35)
　第一节　基层党建及其引领作用 ………………………………… (35)
　第二节　案例导入 ………………………………………………… (39)
　　一、推进"党建+业务"深度融合 …………………………… (40)
　　二、开展"党建+大群团"实践 ……………………………… (44)
　　三、打造"十分钟党建服务圈" ……………………………… (46)
　　四、党建引领新冠疫情防控工作 …………………………… (49)
　第三节　案例分析 ………………………………………………… (52)
　　一、推进"党建+业务"深度融合的案例分析 ……………… (52)
　　二、开展"党建+大群团"实践的案例分析 ………………… (54)
　　三、打造"十分钟党建服务圈"的案例分析 ………………… (55)
　　四、党建引领新冠疫情防控工作的案例分析 ……………… (57)
　第四节　案例总结 ………………………………………………… (58)

第二章　责任清单下的治理目标精细化设定 ……………………… (61)
　第一节　责任清单：一种新型治理技术 ………………………… (61)
　第二节　案例导入 ………………………………………………… (67)
　　一、疫情防控中的治理目标精细化 ………………………… (67)
　　二、网格化管理中的治理目标精细化 ……………………… (72)
　　三、创建文明城市中的治理目标精细化 …………………… (76)

第三节　案例分析 ………………………………………… (79)
　　第四节　案例总结 ………………………………………… (90)

第三章　规范保障下的治理资源合理化配置 ……………… (96)
　　第一节　治理资源：类型及其合作路径 ………………… (97)
　　第二节　案例导入 ………………………………………… (101)
　　　一、燕罗街道垃圾分类系列活动 ……………………… (102)
　　　二、燕罗街道反家暴项目与活动 ……………………… (105)
　　　三、"双宜小村"建设 ………………………………… (108)
　　第三节　案例分析 ………………………………………… (111)
　　第四节　案例总结 ………………………………………… (117)

第四章　技术创新下的治理方式智慧化应用 ……………… (122)
　　第一节　智慧治理：现代化基层社会治理的重要特征 … (122)
　　第二节　案例导入 ………………………………………… (123)
　　　一、创新打造"三合一"智慧平台 …………………… (124)
　　　二、首创多功能"智慧岗亭" ………………………… (126)
　　　三、"智慧查违"系统的创新运用 …………………… (129)
　　　四、LED公共信息平台建设 …………………………… (131)
　　第三节　案例分析 ………………………………………… (133)
　　　一、基层社会治理方式智慧化与传统治理模式间的
　　　　　结构性张力 …………………………………………… (133)
　　　二、基层社会治理体系智慧化再造与实践探索 ……… (134)
　　　三、全面实现基层社会治理方式智慧化的现实困境 … (135)
　　　四、持续推进基层社会治理方式智慧化的对策和建议 … (137)
　　第四节　案例总结 ………………………………………… (140)

第五章　制度赋能下的治理机制系统化变革 ……………… (144)
　　第一节　制度化治理：治理效能的重要来源 …………… (145)

第二节　案例导入 …………………………………………………（151）
    一、从局部到全面——综治维稳的"燕罗作为" ……………（151）
    二、从悬浮到下沉——力量下沉的"燕罗经验" ……………（155）
    三、从分散到组团——城市空间扩展的"燕罗速度" ………（159）
  第三节　案例分析 …………………………………………………（163）
    一、制度供给 ………………………………………………（163）
    二、制度执行 ………………………………………………（168）
    三、制度保障 ………………………………………………（170）
  第四节　案例总结 …………………………………………………（171）

第六章　和谐互融下的治理文化生态化营造 ……………………（176）
  第一节　社区文化营造：一个重要的治理向度 …………………（177）
  第二节　案例导入 …………………………………………………（181）
    一、红色文化引领——燕川社区的红色课堂 ………………（182）
    二、传统文化滋养——比麟堂龙狮团、七星狮舞与洪佛拳 …（186）
    三、志愿文化暖心——义工与志愿文化建设 ………………（188）
  第三节　案例分析 …………………………………………………（192）
    一、以红色文化为引领，筑牢燕罗文化治理之魂 …………（192）
    二、以传统文化为养分，滋养燕罗文化治理之根 …………（195）
    三、以志愿文化为抓手，形成燕罗文化治理之翼 …………（196）
  第四节　案例总结 …………………………………………………（199）
    一、如何理解在社区治理进程中的治理文化营造 …………（199）
    二、如何有效进行治理文化生态化营造 ……………………（201）

第七章　民生导向下的治理效能共享化实现 ……………………（204）
  第一节　服务民生：基层社会治理的根本目的 …………………（206）
  第二节　案例导入 …………………………………………………（211）
    一、病有所医——颐年社康医院的高效创设 ………………（211）
    二、幼有所育——儿童友好型街道建设 ……………………（215）

三、学有所教——"四点半课堂"建设 ………………………… (219)
　第三节　案例分析 ……………………………………………… (223)
　　一、协同化服务：民生服务的供给侧 ………………………… (224)
　　二、共享化服务：民生服务的需求侧 ………………………… (228)
　　三、项目化服务：高效的民生服务方式 ……………………… (231)
　第四节　案例总结 ……………………………………………… (235)

第八章　疫情防控体系的泛在化构建与落实 …………………… (242)
　第一节　新冠肺炎疫情防控：基层社会治理的一次"大考" …… (243)
　第二节　案例导入 ……………………………………………… (243)
　　一、组织领导下的多元治理主体疫情防控协作 ……………… (243)
　　二、突发公共事件中的基层社会治理资源供给 ……………… (249)
　　三、基层社会治理应对突发公共事件的科技支撑 …………… (251)
　　四、疫情防控泛在化背景下的经济社会秩序恢复 …………… (254)
　第三节　案例分析 ……………………………………………… (258)
　　一、新冠肺炎疫情防控工作中的多元治理主体参与 ………… (258)
　　二、突发公共卫生事件下的必要资源配给下移 ……………… (259)
　　三、基层社会治理应急体系中的新技术和新平台运用 ……… (261)
　第四节　案例总结 ……………………………………………… (263)
　　一、强化组织领导和理性科学研判是疫情防控成功的
　　　　首要前提 ……………………………………………………… (263)
　　二、防控计划的高效执行和物资下沉供给是疫情防控的
　　　　关键环节 ……………………………………………………… (264)
　　三、新技术和大数据的广泛应用是疫情防控的重要保证 …… (265)
　　四、疫情防控泛在下的经济社会秩序恢复是疫情防控的
　　　　最终目标 ……………………………………………………… (266)

总结与展望 ………………………………………………………… (267)
　一、精准把握基层社会治理的重难点问题 …………………… (268)

二、加快完善基层社会治理的细节与机制 …………………………（269）
三、实现制度优势向治理效能的加速转化 …………………………（270）

附录 …………………………………………………………………………（272）
附件一　调查问卷 …………………………………………………………（335）
附件二　访谈提纲 …………………………………………………………（353）
参考文献 ……………………………………………………………………（356）

导　　论

党的十八大以来，中国社会治理取得重大新进展，主要体现在：习近平同志提出社会治理新思想，大力度推进社会治理新实践，多方面开拓社会治理新境界。[①] 党的十九大报告明确提出，加强社会治理制度建设，完善党委领导、政府负责、社会协同、公众参与、法治保障的社会治理体制，提高社会治理社会化、法治化、智能化、专业化水平。这为社会治理现代化指明了方向，即必须在社会治理制度建设、体制完善与水平提升上下功夫。2021年7月，中共中央、国务院印发《关于加强基层治理体系和治理能力现代化建设的意见》，进一步指出"基层治理是国家治理的基石，统筹推进乡镇（街道）和城乡社区治理，是实现国家治理体系和治理能力现代化的基础工程"。基层是整个社会的细胞和基础，基层社会治理是整个国家治理的重要方面与有力支撑。因此，着眼于基层社会治理现代化的实践与探索，

---

① 魏礼群. 党的十八大以来社会治理的新进展[N]. 光明日报，2017-08-07(11).

以"解剖麻雀"的思路和方法进行深入的案例研究，有助于把握基层社会治理的基本要求、核心环节、重点任务与实现机制，推进基层社会治理体系与治理能力现代化。

第一节 研究背景

本书以社会治理现代化的新思想、新要求、新目标为指导，以广东省深圳市宝安区燕罗街道为例，聚焦于社会治理现代化在基层的实践与探索，力图通过系统梳理该街道的治理实践与探索，提炼和总结基层社会治理现代化的基本经验、模式和规律等，为深圳市、广东省乃至全国相关地区的基层社会治理现代化提供参考。研究背景主要包括以下三个方面：

一、自上而下的政策背景

随着中国特色社会主义进入新时代，我国社会主要矛盾发生深刻变化，党和政府越来越注重将社会治理重心向基层下移，更多资源向基层下沉，更多服务和管理向基层延伸，基层社会治理越来越成为从中央到地方的重要政策议题。在中央层面，从党的十九大报告提出"打造共建共治共享的社会治理格局"，党的十九届三中全会指出"构建简约高效的基层管理体制"，到党的十九届四中全会强调"构建基层社会治理新格局"，再到党的十九届五中全会要求"加强和创新社会治理"，充分反映了中央对基层治理的高度重视（表0-1是党的十九大、三中、四中、五中全会关于基层社会治理的重要表述）。2018年、2019年、2020年的中央政府工作报告也分别论述了"完善基层群众自治制度，加强社区治理""推动社会治理重心向基层下移，构建城乡社区治理新格局""健全社区管理和服务机制"等内容，强调了新时代加强社会治理及基层社会治理的重要性，并提出了明确要求。这些内容为加强和创新基层社会治理提供了科学指引和基本遵循。在党的领导下，推进基层社会治理现代化已经成为推进国家治理现代化不可或缺的一部分，各级党委、政府必须结合实际情况大力贯彻落实。

表 0-1 党的十九大、三中、四中、五中全会关于基层社会治理的重要表述

党的会议	关于基层社会治理的表述
党的十九大	《决胜全面建成小康社会 夺取新时代中国特色社会主义伟大胜利》：打造共建共治共享的社会治理格局。加强社会治理制度建设，完善党委领导、政府负责、社会协同、公众参与、法治保障的社会治理体制，提高社会治理社会化、法治化、智能化、专业化水平。加强社区治理体系建设，推动社会治理重心向基层下移，发挥社会组织作用，实现政府治理和社会调节、居民自治良性互动。
党的十九届三中全会	《中共中央关于深化党和国家机构改革的决定》：构建简约高效的基层管理体制。推动治理重心下移，尽可能把资源、服务、管理放到基层，使基层有人有权有物，保证基层事情基层办、基层权力给基层、基层事情有人办。
党的十九届四中全会	《中共中央关于坚持和完善中国特色社会主义制度、推进国家治理体系和治理能力现代化若干重大问题的决定》：构建基层社会治理新格局。健全党组织领导的自治、法治、德治相结合的城乡基层治理体系，健全社区管理和服务机制，推行网格化管理和服务，发挥群团组织、社会组织作用，发挥行业协会商会自律功能，实现政府治理和社会调节、居民自治良性互动，夯实基层社会治理基础。推动社会治理和服务重心向基层下移，把更多资源下沉到基层，更好提供精准化、精细化服务。
党的十九届五中全会	《中共中央关于制定国民经济和社会发展第十四个五年规划和二〇三五年远景目标的建议》：加强和创新社会治理。完善社会治理体系，健全党组织领导的自治、法治、德治相结合的城乡基层治理体系，完善基层民主协商制度，实现政府治理同社会调节、居民自治良性互动，建设人人有责、人人尽责、人人享有的社会治理共同体。发挥群团组织和社会组织在社会治理中的作用，畅通和规范市场主体、新社会阶层、社会工作者和志愿者等参与社会治理的途径。推动社会治理重心向基层下移，向基层放权赋能，加强城乡社区治理和服务体系建设，减轻基层特别是村级组织负担，加强基层社会治理队伍建设，构建网格化管理、精细化服务、信息化支撑、开放共享的基层管理服务平台。

资料来源：根据共产党员网相关栏目内容整理得出。

在地方层面，从各省级党委、政府到各地方与基层党委、政府，纷纷围绕加强基层社会治理、推进基层社会治理体系与治理能力现代化等作出部署、制定政策并推动执行。本书主要对广东省、深圳市、宝安区的相关政策文件进行了梳理，如表0-2所示。上述政策精神与要求是以燕罗街道的实践与探索为例，研究基层社会治理现代化的重要指导和基本背景。

表0-2 广东省、深圳市、宝安区关于基层社会治理的政策文件

相关政策主体	关于基层社会治理的政策文件
广东省层面	《关于加强和完善城乡社区治理的实施意见》《广东省加强党的基层组织建设三年行动计划（2018—2020年）》《广东省建立健全城乡融合发展体制机制和政策体系的若干措施》《广东省推进民政领域基层社会治理体系和治理能力现代化的若干措施》等。
深圳市层面	《各区深化街道体制改革完善治理体系实施方案》《关于推进社区党建标准化建设的意见》《深圳市基层管理体制改革指导意见》《深圳市基层公共服务综合平台实施方案》等。
宝安区层面	《关于进一步加强现代化社区治理体系建设的实施方案》《社区专职工作者分级分类管理办法》《关于党建引领住宅物业小区治理工作方案》《关于推动社会组织在新时代基层治理中发挥积极作用的意见》《关于规范社区管理体制提升治理能力的工作意见》《关于新形势下进一步加强社区综合党组织建设的指导意见》等。

资料来源：根据相关部门数据检索与整理得出。

二、立足基层社会治理探索的实践背景

2020年8月24日，习近平总书记在经济社会领域专家座谈会上，对加强和创新基层社会治理体系作出重要指示，"要加强和创新基层社会治理，使每个社会细胞都健康活跃，将矛盾纠纷化解在基层，将和谐稳定

创建在基层"。① 9月17日，习近平总书记在基层代表座谈会上，进一步就基层社会治理工作提出明确要求，"要加强和创新基层社会治理，坚持和完善新时代'枫桥经验'，加强城乡社区建设，强化网格化管理和服务，完善社会矛盾纠纷多元预防调处化解综合机制，切实把矛盾化解在基层，维护好社会稳定"。② 这为新发展阶段我国基层社会治理指明了探索与创新的方向，形成了本书研究的实践背景。

一方面，基层社会治理聚焦提升实践效果。摆在基层社会治理工作首位的是做好"实事"，"优秀不优秀，关键看实效"。应当充分掌握本地的基本情况，了解居民群众的基本诉求，直面基层工作的突出问题，夯实基层社会治理的现实基础，哪里不强、居民群众哪里不满意，就把人力、物力、财力投向哪里。正如2014年11月习近平总书记在军门社区视察时所作出的"三个如何"重要指示——"要多想想如何让群众生活和办事更方便一些，如何让群众表达诉求的渠道更畅通一些，如何让群众感觉更平安、更幸福一些，真正使千家万户切身感受到党和政府的温暖"。实践效果才是检验基层社会治理工作的首要标准。另一方面，基层社会治理注重推动实践创新。比如全国10.7万个城市社区，每个社区均有其适用于本地的行之有效的做法。效果良好的基层社会治理往往是从治理细节创新的"增量"开始，进而实现有效的"增质""提纯"，最终达到提炼模式并总结规律的"求是"目标。本章第四节基层社会治理现代化的典型实践探索，将着重把握这种实践创新样态，此处不再赘述。

三、呼应基层社会治理实践的理论背景

基层社会治理是内含一定理念、以相关理论为指导的实践学问，具有深刻的理论背景。我国基层社会治理格局的变迁可划分为三个阶段，分别是单向度的社会控制时期（1949—1982）、全方位社会治理格局形成时期（1983—

---

① 习近平. 在经济社会领域专家座谈会上的讲话（2020年8月24日）[N]. 人民日报, 2020-08-25(02).

② 习近平. 在基层代表座谈会上的讲话（2020年9月17日）[N]. 人民日报, 2020-09-20(02).

2011)和协同共治格局形成时期(2012—)。① 各个不同的时期均有与之相契合、来源于治理实践又反过来指导治理实践的理论产生。笔者在中国知网(CNKI)以"基层社会治理"为篇名进行检索(截至检索日期 2020 年 12 月 15 日),共计有 2239 篇相关文献,相关研究发现,以 2013 年 11 月召开的党的十八届三中全会为节点,从 2014 年起相关研究文献呈爆发式增长。② 计量可视化分析结果显示:聚焦基层社会治理研究的前 4 个相关学科分别是行政学及国家行政管理、中国共产党、中国政治与国际政治、政党及群众组织;排在前 10 的研究主题分别是基层社会治理、社会治理、社会治理创新、党建引领、基层社会、社会治理现代化、创新社会治理、"枫桥经验"、基层党组织、新格局。上述主要学科与研究主题涉及众多理论与方法,不仅是本书从基层社会治理现代化的理论要素、基层社会治理中党的领导地位与作用、基层社会治理目标与价值、基层社会治理方式与机制、基层社会治理效果评价五个方面进行理论研究概述的知识基础,而且是本书开展具体分析的理论指导和研究背景。

第二节 研究案例及其适切性

本书以广东省深圳市宝安区燕罗街道作为研究案例,通过对其社会治理的多方面与多角度"深描",探讨其典型做法与实践模式,总结其经验与推广价值,以为深圳市、广东省乃至全国相关地区的基层社会治理现代化提供参考。

一、燕罗街道基本情况③

燕罗街道位于宝安区西北部,是深圳的"西北门户"。东临光明区公明街道,西北与东莞市长安镇相邻,南与松岗街道接壤,域内有国有罗田水库和

---

① 彭秀良,郭艳梅. 新中国 70 年基层社会治理格局的变迁[J]. 社会工作,2019(6):3.
② 黄明涛. 我国基层社会治理研究综述[J]. 行政与法,2020(5):56.
③ 深圳市宝安区档案馆,深圳市宝安区史志办公室. 2020 宝安年鉴[Z]. 深圳:深圳报业集团出版社,2020:289-291.

罗田林场,辖区面积36.53平方千米,其中山水绿地约20平方千米,建成区面积16.6平方千米,下辖燕川、罗田、塘下涌、山门、洪桥头5个社区,社区股份合作公司10家。2019年年末常住人口15.02万人,其中户籍人口1.08万人。下面主要从经济发展与社会事业、社区治理、综合治理、党建和精神文明建设四个方面介绍燕罗街道的基本情况。

第一,经济发展与社会事业。2019年,燕罗街道经济发展蓬勃向上。全年实现GDP266亿元,较上年增长6.8%,规模以上工业总产值720.71亿元,较上年增长2.7%,增速居全区第三。规模以上工业增加值170.92亿元,较上年增长1.9%。完成工业投资37.95亿元,其中技改投资32.66亿元。新增纳统企业70家,新增国高企业72家,吸引安置规上国高企业14家,新增区五类百强企业4家。兆威机电获国家科技进步奖二等奖。燕川利益统筹项目一期8万平方米产业用地完成移交入库,鹏鼎二期产业园主体封顶。清理"散乱污危"园区3个,腾出产业空间4万平方米。汇编"1+5+7+N"产业政策,开展企业服务政策宣讲活动10场,落实人才住房404套,解决住友电工、信濠光电等重点企业租赁厂房9万平方米。根玉大道、茅洲河大桥项目进入建设设计阶段,燕北快速路、红色小镇规划编制启动,塘下涌星级酒店等3个项目开展专项规划。完成深圳市第十三高级中学项目土地入库,新建塘下涌社区一村等7座停车场,提供停车位871个。完成洪桥头村等3个城中村燃气管道入户建设,新建充电桩869个,建成母婴室4间。科学育儿指导站、老年人日间照料中心、"职工之家"、燕川北部工业园"青年之家"、燕罗社区健康服务站、燕川社康投入使用。16天建成全市首家中医医养结合示范点"三甲"级颐年社康。新增慈善冠名基金2家,启动公益慈善"3+模式",筹善款20万元,冠名基金向颐年社康中心捐赠医疗床30张。发放奖学金8.3万元,资助2名失学儿童重返校园。推进162个民生微实事项目,实现124项便民服务事项在5个政务服务自助区全天候可办。组织7家企业参与"宝企帮百村"。投入广西都安、大化扶贫协作资金127万元,开展扶贫协作项目10个。顺利完成龙川县华城村脱贫攻坚任务,投入龙川华城村对口帮扶资金280万元,开展产业发展、村道硬底化、村广场升级等建设项目10个,完成贫困户危房改造3户,实现华城村84户201人100%脱贫,欧江、新布2个统筹村达到贫困村出列十项标准。

第二，社区治理。2019年，燕罗街道社会治理体系向新。建成燕罗·三诺音乐公园、罗田儿童公园，完成塘下涌微型文化广场升级改造。打造特色花卉景观公园1个、街心花园2个、花漾街区1个、景观大道1条、精致节点2个，麒麟山公园中心广场、凤舞广场对外开放，燕罗花海升级亮相。打通长朗路"断头路"，改造提升朗西一路等道路12条、路口5个、公交站台2个。在集信名城等7个住宅小区推行垃圾分类"集中分类投放＋定时定点督导"模式，实现39个集中投放点现场督导。升级改造20座公厕、20个垃圾收集点、5座垃圾转运站，划设非机动车停放区域1386处。"一河四水"全面消除黑臭。全覆盖整治45个小微黑臭水体，清淤25个排洪渠（11.5千米长）。完成"五清"任务，拆除涉河道违建26宗13831平方米。

第三，综合治理。2019年，燕罗街道平安建设稳定向好。全年拆除消化违建51.2万平方米，完成土地整备26.65万平方米。95名副科级以上干部挂点222个网格，夯实安全生产基础。梳理全年安全生产文件1152份，细化任务4108条，形成任务清单886项。全覆盖构建综治警务政务"三合一"智慧平台社区治理模式，建成6个多功能服务智慧岗亭。建成燕罗、塘下涌、山门3个消防站。"宝安第一课"培训3.5万人。绘制"消防力量一张图"，为"135"消防圈打下基础。调处影响较大的社会矛盾、劳资隐患案件60宗，化解历史积案2宗，劳动纠纷预警率、结案率和保障劳务工工资支付工作实现3个百分百。深入推进扫黑除恶工作，破获涉恶案件23宗，刑事拘留54人，逮捕34人，排查上报线索23条。

第四，党建和精神文明建设。2019年，燕罗街道扎实开展"不忘初心、牢记使命"主题教育，认真开展学习教育、调查研究、问题检视、整改落实。全年"第一议题"学习62次、理论中心组学习93次。在街道1149名党员中开展政治建设考学25场，覆盖9000余人次。处级以上干部全员参与"大学习、深调研、真落实"调研工作，形成调研成果13份。完成48个党组织换届，完成91个党组织党建"责任一张表、流程一张图、任务一本书"。全街道7730项党建任务细化到天，责任到人。成功举办茅洲河龙舟邀请赛并在央视《美丽中国》第一集展播，"比麟堂龙狮"献艺2019年央视春晚，新年草地音乐会、庆祝建党 98 周年音乐会、罗田森林公园微型马拉松精彩纷呈。塘下涌社区成功创建"深圳市学习型社区"。打造以中共宝安县第一次党员代表大会纪念馆为核心的特色"党建街区",接待 2400 多个团体、6.7 万人次。选派 36 名干部全脱产参与重大专项任务攻坚,完善激励机制,提拔重用科级干部 35 名,干部交流 40 人次。明确街道班子党风廉政建设主体责任 35 项、班子成员主体责任 155 项,社区班子党风廉政建设主体责任 28 项、班子成员主体责任 57 项。全面落实"五个一批"措施,深入推进作风建设,开展"教育提醒逐级谈" 482 人次,开展党建、纪检、内审自检自纠 3 轮,约谈 29 人,不断加强审计监督,及时消除廉政风险。立案 13 宗 13 人,行政问责 6 宗 20 人,对 18 名受处分的党员干部进行回访教育。山门社区暖心志愿者之家、洪桥头社区党群服务中心获得区级"青年文明号"称号。行政服务大厅获得市"巾帼文明岗"、区"三八红旗集体"称号,全市首支网格女子巡查中队获"区巾帼文明岗"称号。

二、燕罗街道社会治理基本情况

前文所述燕罗街道基本情况中的社区治理与综合治理,部分涉及基层社会治理的内容,这里主要通过笔者在燕罗街道的参与式观察、实地调研访谈、系统资料收集等,把握和归纳燕罗街道基层社会治理的基本情况。

其一,贯彻上级政策,明确基层社会治理现实要求。2019 以来,燕罗街道先后制定和印发了《燕罗街道深化优化党建引领新时代基层治理工作方案》《燕罗街道党建高质量提升行动实施方案》《燕罗街道城市高质量运行行动实施方案》等文件,聚焦于加强基层党建引领基层社会治理创新、推动党建和业务深度融合、提升燕罗建设现代化与管理精细化水平等重要事项。其二,立足辖区实际,优化基层社会治理基本框架。立足街道挂牌成立时间较短、流动人口较多、生态环境与产业基础较好的实际情况,搭建了以"一核双建多方联动"①为主线的基层社会治理基本框架,有助于发挥基层党组织、基层党组织书记、广大基层优秀人才分别作为"桥头堡""领头羊""后备军"角色的作

---

① 即以党委为核心,以传统文化、红色文化为载体,多方力量和资源联动机制。

用。其三，依托特色项目，提升基层社会治理实践效果。燕罗街道充分发挥生态环境优美、人文气息浓厚、产业基础雄厚的优势，积极策划和实施了一系列既满足居民需求又发挥党组织和各类社会组织作用的特色治理项目，体现了共建共治共享的基层社会治理导向，有助于提升基层民众的服务获得感、社区认同感与生活幸福感。其四，坚持问题导向，推动基层社会治理机制创新。一方面是优化基层社会治理的党建引领机制，强化根本推力。另一方面是健全城市高质量运用机制，奠定基层社会治理的坚实基础。着力推动形成党委统一领导、党政群协同推进、有关部门各负其责、全社会共同参与的基层社会治理新格局。

三、燕罗街道案例研究的适切性

根据案例研究设计的分类，本书从单案例研究设计的角度切入，即以燕罗街道为研究个案，进而聚焦个案中多个层面的嵌入性分析单位，通过分析燕罗街道基层社会治理各个层面的探索与实践，以把握单案例研究设计"批判性的(critical)、不寻常的(unusual)、典型的(common)、启示性的(revelatory)或者纵向的(longitudinal)"①的基本适用范围。据此，以燕罗街道基层社会治理现代化为案例的深度研究，其适切性主要体现在以下两个方面。

一方面，燕罗街道探索基层社会治理现代化取得了良好成效，具有代表性与典型性。笔者关于燕罗街道基层社会治理公众满意度问卷调查②的结果显示：受访公众对劳动就业、社会保障、卫生计生、教育事业、社会服务、住房保障、文化体育、公共安全、公共法律服务、调解仲裁10大类公共服务事项的满意度达到或超过了85%。这不仅说明燕罗街道的基本公共服务项目覆盖面相对较广，公共服务清单制定与落实效果比较明显，公共服务供给内容比较均衡；还反映出燕罗街道的社会治理取得了较好成效。除此之外，作

---

① [美]罗伯特·K. 殷(Robert K. Yin). 案例研究：设计与方法[M]. 周海涛, 史少杰, 译. 重庆：重庆大学出版社, 2020：63.
② 2019年7月，笔者在燕罗街道罗田社区、燕川社区、塘下涌社区、山门社区、洪桥头社区采取随机抽样的方式一共发放510份调查问卷，回收有效问卷503份，有效回收率98.6%。

为深圳"最年轻"的街道之一,从某种程度上说,燕罗的发展并不具备"先发优势",但近年来燕罗在经济社会发展上取得了累累硕果,努力实现"弯道超车",切实提升了燕罗人民的幸福感和获得感。比如:2020年5月,燕罗街道获评宝安区"社会治安综合治理先进街道";2020年7月,燕罗将颐年社康中心升级为社区医院的做法和经验被央视《新闻联播》作为特区建立40周年增进民生福祉典型案例予以报道点赞;2020年12月,燕罗"四点半课堂"获深圳治理现代化"民生服务创新"优秀案例奖;2021年6月,燕罗街道党工委被中共深圳市委表彰为"深圳市先进基层党组织",等等。这些成绩和荣誉的取得正是燕罗推动基层社会治理现代化进程中的硕果和缩影。总之,燕罗街道关于基层社会治理现代化的探索与实践,已经得到上级党委政府和燕罗老百姓的广泛认可,具有较强的代表性与典型性。

另一方面,燕罗街道探索基层社会治理现代化形成了基本经验,具有启示性与推广可能性。燕罗街道创新工作思路和工作模式,结合其辖区特色文化优势,构建了如前文所述的以"一核双建多方联动"为主线的社区治理新格局,形成了推进基层社会治理体系和治理能力现代化的"燕罗经验"。正如街道主要负责人所言:燕罗街道将坚定不移以"红色燕罗 使命必达"高质量建设燕罗国际先进智慧制造城,全力推进基层治理能力和治理体系现代化建设,推动系列讲话精神在燕罗落实落细落深。① 正是在党中央、国务院和省市区上级党委、政府基层社会治理现代化导向的"天线"牵引下,燕罗街道结合自身实际,探出一条"上接天线,下接地气"的基层社会治理现代化之路。燕罗街道基于实践探索形成的基本经验,能够为相关地区提供治理参考与启示,具有对基层社会治理现代化做法、模式、经验等进行推广的可能性。当然,从笔者的调研来看,燕罗街道探索基层社会治理现代化还处在深化发展阶段,在观念内化、绩效驱动、协同合作等方面还存在一些能力短板,需要在未来不断改进和提升。

---

① 澎湃新闻. 一把手访谈⑨ | 燕罗街道党工委书记高峻:主动融入"双区"建设 全力实现三大目标 [EB/OL]. [2020-11-26]. http://www.thepaper.cn/newsDetail_forward_10150191.

第三节 基层社会治理现代化的理论研究概述

基层社会治理现代化是"基层+社会治理+现代化"的系统融合,首先需要明确其理论要素,着重把握基层社会治理中党的领导地位与作用,形成涵盖治理目标与价值、治理方式与机制、治理效果评价等内容的系统思路。因此,本书从以下 5 个方面进行研究概述。

一、基层社会治理现代化的理论要素研究

广义的基层包括城市社区委员会、农村社区委员会、企业事业单位、城乡基层政权机关以及社会组织,狭义上主要指社区。① 按照我国政权建设的架构,国家的基层指的是县区以下,包括乡镇和村庄、城市区(街道)及社区,其治理主体包括县区、乡镇政府及政府的派出机构,政法部门,还包括城乡基层自治组织、社会组织和居民等社会力量。② 基于这种对"基层"的定义,所谓"基层社会治理",即是指乡镇治理、村级治理与城市街居治理有机结合所构成的整体。③

2013 年中共十八届三中全会首次使用了"社会治理"这一概念,提出要推动"社会管理"向"社会治理"转变。治理是"基于协调而非控制的过程,并将以持续的互动取代正式的制度"。④ 社会治理是一个综合性的过程,在这一过程中要关注的是"谁来治理""治理什么""如何治理""凭什么治理"四个问题。⑤ 基层社会治理在一定程度上表现为基层民主,基层自治是实现基层民主的重要方式,法治与德治是实现自治的两种基本方式。⑥ 所以,可以将基层社会治理理解为县级以下的基层各主体,包括党政机关、基层政府、社会

---

① 李慧凤,郁建兴. 基层政府治理改革与发展逻辑[J]. 马克思主义与现实,2014(1):174-179.
② 王思斌. 新中国 70 年国家治理格局下的社会治理和基层社会治理[J]. 青海社会科学,2019(6):1-8.
③ 陈家刚. 基层治理:转型发展的逻辑与路径[J]. 学习与探索,2015(2):47-55.
④ 俞可平. 治理与善治[M]. 北京:社会科学文献出版社,2000.
⑤ 燕继荣. 中国社会治理的理论探索与实践创新[J]. 教学与研究,2017(9):29-37.
⑥ 俞可平. 自治与基层治理现代化[J]. 党政视野,2016(7):3-4.

组织及群众等在共同区域内依法对公共事务进行协商和合作，实现公共利益最大化的过程。

现代化是"全社会范围，一系列现代要素以及组合方式连续发生的由低级到高级的突破性的变化或变革的过程"。① 治理的现代化则包含治理体系现代化、治理过程现代化和治理能力现代化三重内涵，② 要求不断实现治理理念转变、治理体系优化、治理能力提升、治理过程合法化等多个目标，从而提升治理效能、实现人民对美好生活的向往。上述研究为界定基层社会治理现代化的内涵与外延提供了思路和借鉴。

二、基层社会治理中党的领导地位与作用研究

中国基层社会治理离不开一个强有力且被人民赋予合法性的政治权威来推动治理的有序开展。与此同时，中国的政治传统和现代化发展阶段也决定了基层社会治理必须要有一个强有力的领导核心。诚如著名政治学家塞缪尔·亨廷顿(Samuel P. Huntington)所言，"处于现代化之中的政治体系，其稳定取决于政党的力量，而政党的强大与否又要视其制度化群众支持的情况，其力量正好反映了这种支持的规模及制度化的程度"。③ 因此，必须在基层社会治理中贯彻落实党的领导地位，发挥党的领导作用。党的领导是当代基层社会治理最显著的特征，坚持党的领导才能确保基层社会治理沿着正确的现代化方向和社会主义道路发展。④

首先，要依靠党的基层组织。党的十九大报告指出，党的基层组织是确保党的路线方针政策和决策部署贯彻落实的基础。作为联系服务群众的桥梁，在基层社会治理中起领导核心作用。基层党组织在面对自上而下的行政权力和自下而上的自治权利时，必须充分挖掘利用自身的政治属性与

---

① 胡鞍钢，鄢一龙，唐啸，刘生龙. 2050中国：以人民为中心的社会主义全面现代化[J]. 国家行政学院学报，2017(5)：15-20.
② 陈朋. 地方治理现代化的困境与路径研究[J]. 中国特色社会主义研究，2015(4)：61-65.
③ 塞缪尔·P. 亨廷顿. 社会变化中的政治秩序[M]. 王冠华，等译，上海：上海人民出版，2008：341.
④ 祝灵君. 党领导基层社会治理的基本逻辑研究[J]. 中共中央党校(国家行政学院)学报，2020，24(4)：37-45.

社会属性,通过有效地行政化或社会化的运作逻辑,引领和协调两种不同权力的平衡。①

其次,要将党的建设与基层社会治理相融合。将执政党建设与基层社会治理创新紧密结合在一起,从而构建了以党组织为核心的有机整合基层社会治理模式,这是新时期党组织解决基层社会治理问题的一个中国式方案。②党的领导为基层社会治理现代化指明方向并提供保障,实现了基层的充分政治动员并整合了基层资源。③

再次,要正视基层社会治理中党的领导地位与作用面临的挑战。伴随社会治理结构的转型变化,基层党组织同样开始面临一系列新的挑战和亟待解决的矛盾问题。④ 例如,在社会转型的过程中,社会空间增长,社会出现了大量"自由流动资源"和"可替代性资源",弱化了社会成员对党组织的制度性依附。⑤ 必须抓紧补齐基层党组织领导基层社会治理的各种短板,把各领域基层党组织建设成为实现党的领导的坚强战斗堡垒,充分发挥广大党员在发展、改革、稳定中的先锋模范作用,使"最后一公里"更加畅通。

最后,要在基层社会治理中探索巩固党的领导地位的体制机制。在价值理念、社会阶层、社会需求、治理主体多元化的情况下,需要基层党组织充分发挥自身优势整合社会资源,综合运用行政、法律、市场、道德等多种方式,实现社会资源配置和治理方式的优化。⑥ 发挥新时期党建的价值引领式治理、平台搭建式治理、资源整合式治理、机制保障式治理⑦的作用,建立和健全党建引领的社区自治联动机制、资源整合机制、共治协商机制来实现

---

① 郑琦. 党领导基层治理的功能与路径分析[J]. 中国领导科学, 2018(6): 91-95.
② 孙柏瑛, 等. 以执政党为核心的基层社会治理机制研究[J]. 教学与研究, 2015(1): 16-25.
③ 刘凯亚. 治理现代化视域下党领导基层治理的历史演进和现实进路[J]. 岭南学刊, 2020(6): 58-64.
④ 钟宪章. 以基层党建创新引领和推动社会治理创新[J]. 理论导刊, 2016(11): 44-48.
⑤ 中央组织部组织二局. 以城市基层党建引领社会治理创新——关于上海市委加强城市基层党建工作的调研报告[J]. 求是杂志, 2016(17): 48-51.
⑥ 王永平. 基层党建与社会治理[M]. 北京: 社会科学文献出版社, 2017: 8-11.
⑦ 陈亮, 李元. 去"悬浮化"与有效治理:新时期党建引领基层社会治理的创新逻辑与类型学分析[J]. 探索, 2018(6): 109-115.

基层有效治理。①

三、基层社会治理目标与价值研究

马克思主义认为，"历史不过是追求着自己目的的人的活动而已"。② 任何的实践主体都是围绕某一目的开展实践活动，基层社会治理活动也不例外，必须"使人民群众获得感、幸福感和安全感更加充实、更有保障、更可持续"。③ 基层社会治理目标是要实现在党领导下的政府治理和社会调节、居民自治良性互动，全面提升城乡治理法制化、科学化，提高精细化水平和组织化水平。④ 因此，推进基层社会治理现代化的目标在于通过完善治理体系，下沉治理资源，细化治理单元，健全制度保障，提高治理能力等方式来满足基层群众日益多元化、精细化的社会需求和服务要求。

从历史的维度看，我国长期停留大型的传统农业社会阶段，经济基础在农村，社会基础在基层。有学者认为传统中国政治的一个最大特点就是上层政治的变化无常和基层政治社会的稳固不动。⑤ 也有学者认为推动政治变迁的主体正是基层农民和市民，历史上的数次大变革基本上发端于基层。⑥ 中华人民共和国成立以来基层组织地位、核心功能、发展重心和推进路径四个方面的历史维度的变化证明，地方实践的成效和经验逐步得到国家层面的关注和重视，并纳入党中央所作的战略构想和宏伟蓝图中，彰显了基层微观治理的宏大蕴意和时代价值。⑦ 基层社会治理现代化是国家治理现代化的重要基础，基层的治理工作繁重，是国家治理任务下沉的承担者，需要现代化的治理体系加以精准识别和分类处理。⑧ 推动基层社会治理现代化既有利于提

---

① 刘鑫. 以基层党建引领城市社区治理创新[J]. 人民论坛，2019(21)：80-81.
② 马克思恩格斯全集(第2卷)[M]. 北京：人民出版社，1957：118-119.
③ 习近平. 决胜全面建成小康社会 夺取新时代中国特色社会主义伟大胜利：在中国共产党第十九次全国代表大会上的报告[M]. 北京：人民出版社，2017：45.
④ 郭丽兰. 基层治理结构和动力创新[M]. 北京：人民出版社，2020：4.
⑤ 徐勇. 非均衡的中国政治：城市与乡村比较[M]. 北京：中国广播电视出版社，1992：3.
⑥ 陈家刚. 基层治理：转型发展的逻辑与路径[J]. 学习与探索，2015(2)：47-55.
⑦ 袁方成，王泽. 中国城市社区治理现代化之路——一项历时性的多维度考察[J]. 探索，2019(1)：117-126.
⑧ 容志，刘伟. 街道体制改革与基层治理创新：历史逻辑和改革方略的思考[J]. 南京社会科学，2019(12)：74-81.

升我国公共产品和服务的供给水平，也有利于提升居民的获得感、幸福感、安全感。①

综上，在满足基层民众需求、实现基层社会安全稳定的目标下，基层社会治理具有宏观、中观和微观三个层面的价值。在宏观层面上，基层社会治理现代化是实现国家治理体系和治理能力现代化的关键一环，也是一大难点，补齐基层社会治理短板对提升国家整体治理水平具有重要意义。在中观层面上，基层社会治理是国家治理的重心，在社会治理体系日益碎片化、治理环境日益复杂化的情况下，有效的基层社会治理可以减少政府负担，降低行政成本，是社会整体治理的基础保障。在微观层面上，基层社会治理本质上是一种微观治理，它最接近群众的经济活动和社会生活，更贴近人们的现实活动，可以满足基层群众在社会治理中知情、表达和参与的权利，满足民众日益精细化的治理需求。

四、基层社会治理方式与机制研究

《中共中央国务院关于加强和完善城乡社区治理的意见》提出，要充分发挥自治章程、村规民约、居民公约在城乡社区治理中的积极作用，弘扬公序良俗，促进法治、德治、自治的有机融合。这实际上就指明了"三治合一"是基层社会治理的重要方式。国内学界围绕基层社会治理方式和机制形成了比较丰富的研究成果。

根据中国社会治理实践情况，有关学者总结了控制型社会治理、博弈式社会治理、协商式社会治理和服务型社会治理四种治理方式。② 基于基层社会治理面临的问题挑战和机遇，学者们提出了多样化的治理方式。比如面对基层利益诉求、治理结构等方面过于碎片化的问题，应该采用整体性治理。③ 比如在充分挖掘、利用受嵌入方特有本土资源的基础上，坚持政治、经济、文化、生态和社会"五位一体"的嵌入式治理方式，④ 构建"强国家—强社会"

---

① 汪伟全. 提升社会治理的"四化"水平[J]. 中国党政干部论坛，2020(1)：31-34.
② 王思斌. 实现有效的社会治理[J]. 社会治理，2019(1)：63-67.
③ 李德. 从"碎片化"到"整体性"：创新我国基层社会治理运行机制研究[J]. 吉林大学社会科学学报，2016，56(5)：90-99.
④ 谭俊峰. 嵌入式治理：推进武陵山区基层社会治理现代化的新视角[J]. 湖北民族学院学报(哲学社会科学版)，2017，35(4)：118-124.

的城市基层社会治理模式。① 再比如基于简约治理模式和复杂治理模式优化组合，提出在基层社会治理中推行"可控的韧性治理"②等。

基层社会治理机制研究则着眼于具体的载体和工具。比如技术治理借助信息科技将参与主体微缩为虚拟数字，动态监控管理队伍和社会风险，推进城市复杂性的精准梳理和高效治理，实现从"管人""管物"到"管数"的转变。③ 互联网+、数字治理等技术可以作为基层社会整体性治理的一种弥补机制，以应对治理过程中的碎片化问题。④ 比如完善基层社会治理的协商民主机制，推行面向实践的"复式协商民主"决策程序。⑤ 比如建立基层社会治理的契约机制，因为构建"契约"正是治理多元主体充分参与、平等协商和相互尊重的前提。⑥ 再比如通过加强组织建设突出党建引领、发展经济以夯实治理根基、大力发展公共服务改善民生、推动"三治"融合以维护社会稳定来提升治理能力，实现基层社会的有序治理等。⑦

总的来看，在基层社会治理主体的传统参与理念不断转变的情况下，基层社会治理方式应当致力于厘清职责，基层党组织要做好政治引领，基层政府要减少控制、进一步下沉资源，社会组织要增强专业能力和活跃度，基层群众要提高参与积极性和自觉性。在治理机制上则要着重利用数字技术创新资源整合机制、推进制度建设强化民主协商机制，以及完善党政引领机制、社区服务机制、居民激励机制等。

---

① 刘建平，杨磊. 我国城市基层治理变迁：困境与出路——构建一种"嵌合式治理"机制[J]. 学习与实践，2014(1)：94-99.
② 唐皇凤，王豪. 可控的韧性治理：新时代基层治理现代化的模式选择[J]. 探索与争鸣，2019(12)：53-62.
③ 陈晓运. 技术治理：中国城市基层社会治理的新路向[J]. 国家行政学院学报，2018(6)：123-127.
④ 门理想，王丛虎. "互联网+基层治理"：基层整体性治理的数字化实现路径[J]. 电子政务，2019(4)：36-45.
⑤ 韩福国. 我们如何具体操作协商民主：复式协商民主决策程序手册[M]. 上海：复旦大学出版社，2017：60-61.
⑥ 汪世荣. "枫桥经验"视野下的基层社会治理制度供给研究[J]. 中国法学，2018(6)：5-22.
⑦ 王一，洪晓楠. 美丽乡村建设视域下基层社会治理探究[J]. 人民论坛，2019(30)：84-85.

五、基层社会治理效果评价研究

构建评估体系是对治理效果进行评价的重要方式；基层社会治理评价指标体系是政府绩效评估的重要维度。在国外，已有的关于社会治理效果的评价体系包括世界银行的"全球治理指标"①体系、美国国际开发署的"民主与治理评估框架"②、英国国际发展部的"国家治理评估"③指标体系等。在国内，则包括人民论坛测评中心提出的"中国县市治理能力评价指标体系"、中央编译局比较政治与经济研究中心和清华大学凯风发展研究院政治发展研究所构建的"中国社会管理评价体系"。④ 另外，国内学者包国宪、胡税根、倪星等分别提出了以"善治"为目标的公共治理评价指标体系、⑤ "治理评估通用指标"、⑥ 地方政府绩效评估指标体系⑦等治理效果评价指标体系。

上述指标体系对于评价政府治理效果具有现实意义，也能够指导基层社会治理效果评价。但是如果将治理活动仅聚焦于政府活动是有失偏颇的，判断一个地方治理现代化程度时，互动、协商、合作的开放性治理结构是一个重要维度。⑧ 因此，在社会治理效果评价过程中，学者们从开放性治理结构的维度进行了研究。比如认为社会治理体系是一个由结构、组织、动员、服务、评价、制度等构成的综合体系，其评价体系需要关注和解决社会治理的绩效、问责和变革(方向)问题。⑨ 比如注重政府激发社会组织活力的效果评

---

① ［德］克里斯蒂纳·阿尔恩特，［美］查尔斯·欧曼. 政府治理指标[M]. 杨永恒，译. 北京：清华大学出版社，2007：51-59.
② 俞可平. 国家治理评估：中国与世界[M]. 北京：中央编译出版社，2009：227-242.
③ 周红云. 国际治理评估指标体系研究述评[J]. 经济社会体制比较，2008(6)：23-36.
④ 张希敏. 中国发布社会治理评价指标体系[EB/OL]. [2012-06-29]. 中国新闻网，http://www.chinanews.com/gn/2012/06-29/3997536.shtml.
⑤ 包国宪，周云飞. 中国公共治理评价的几个问题[J]. 中国行政管理，2009(2)：11-15.
⑥ 胡税根，陈彪. 治理评估的主要维度和通用性指标框架研究[C]. 治理评估的理论与实践学术研讨会论文集，2008.
⑦ 倪星. 地方政府绩效评估指标的设计与筛选[J]. 武汉大学学报(哲学社会科学版)，2007(2)：157-164.
⑧ 陈朋. 地方治理现代化的困境与路径研究[J]. 中国特色社会主义研究，2015(4)：61-65.
⑨ 左晓斯. 中国社会治理体系及其评价研究[J]. 社会科学，2016(4)：55-63.

价,分析政府在协会组织、社群组织中的资源对接作用。① 通过从治理过程、治理效果两个维度设计政府治理、社会自发治理、村(居)民自我治理、居民生活质量、社会发展质量五个三级指标以评价县域基层社会治理效果,② 对社区非营利组织参与基层社会治理有效性进行评价③等。基层社会治理效果评价研究主要通过明确治理目标、扩大评估主体和评估对象,基于目标构建绩效评估指标体系,加快评估手段的更新来实现对基层社会治理的科学、准确评价,以构建合理的反馈机制,助推实现基层社会治理现代化。

六、基层社会治理现代化的理论内涵与实践要求

基于上述研究,本书认为应当从基层、社会治理、现代化这三个基本理论要素的系统融合角度来明确基层社会治理现代化的理论内涵。所谓基层社会治理现代化,即在党的领导下,多元治理主体基于精细化的责任目标设定,通过合理配置治理资源、应用新型智慧治理方式、系统变革既有治理机制,营造更加良好的治理文化生态、实现治理效能共享化的动态发展过程,从而推动和实现基层社会治理体系的现代化并提升其治理能力。

在实践中,基层社会治理现代化要求处理好基层社会治理体系、能力与效果的关系。这三者之间的关系如图0-1所示,X轴表示基层社会治理体系,Y轴表示基层社会治理能力,Z轴表示基层社会治理效果。基层社会治理体系和治理能力两方面有效融合,整体协调,推动基层社会治理不断发展进步,才能形成的良好基层社会治理效果。X轴、Y轴、Z轴的箭头所示方向,意指自传统的基层社会管理向现代化的基层社会治理转变和发展。X轴和Y轴之间形成的扇区中的每一个点,都代表了一定的基层社会治理体系和一定的治理能力相融合的水平,集中体现为基层社会治理现代化效果。

---

① 张仲涛,刘以妍. 政府激发社会组织活力研究综述[J]. 学习论坛,2015,31(10):47-50.

② 樊红敏,张玉娇. 县域社会治理评价体系:建构理路与评估框架[J]. 河南师范大学学报(哲学社会科学版),2017,44(1):26-31.

③ 张潮,张雪. 组织能力、合作网络和制度环境:社区非营利组织参与社会治理的有效性研究[J]. 经济社会体制比较,2020(2):90-99.

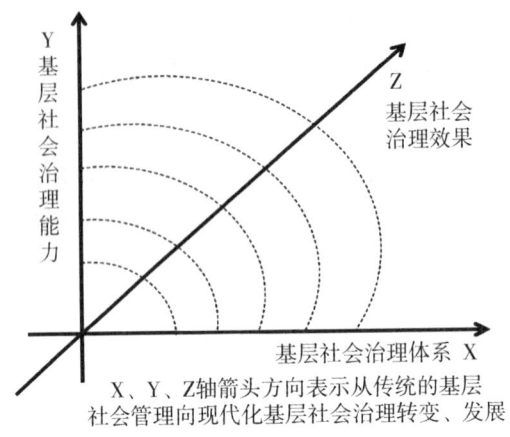

图 0-1 基层社会治理体系、能力与效果之间的关系

第四节 基层社会治理现代化的典型实践探索

近年来，全国各地都在加强基层社会治理、推进基层社会治理体系与治理能力现代化方面进行探索和创新，涌现出非常多的典型案例。比如由人民网与中央党校（国家行政学院）社会和生态文明部联合主办的2020年全国创新社会治理典型案例征集活动，评选出了10个最佳案例和20个优秀案例。① 比如由《南方日报》深圳新闻部启动"以人民为中心——2020年深圳党建引领基层治理"优秀案例交流活动，评选出10大优秀案例、20个2020战疫先锋案例、12个最具创新价值案例、10个最具群众获得感案例、12个最具推广价值案例、10个最具人气口碑案例以及8个党建赋能案例。② 这些案例都可以看作基层社会治理现代化的典型实践。对全国各地所有的基层社会治理典型案例进行梳理和总结，既没必要也难以穷尽，只有抓住基层社会治理现代化

---

① 2020年全国"创新社会治理典型案例"征集活动结果公布［EB/OL］.［2020-07-04］. 人民网, http://unn.people.com.cn/n1/2020/0704/c420625-31771282.html.

② 十大优秀案例揭晓！深圳"以人民为中心—党建引领基层治理"优秀案例分享会举行［EB/OL］.［2020-07-10］. 南方网, http://pc.nfapp.southcn.com/39/3748661.html.

的关键维度才能有的放矢，形成系统性认识。因此，本节主要从基层党建创新和城市社区治理实践两个方面来总结典型实践探索。

一、基层党建创新的典型实践探索

本书立足全国基层党建创新案例库①以及党的建设数据库②等，检索、整理相关城市社区的基层党建创新实践及其经验，主要选择了四川成都新都街道、辽宁盘锦高新区、上海市黄浦区瑞金二路街道、广东深圳福田区沙头街道四个地方的基层党建创新实践探索为案例进行介绍。

（一）四川成都新都街道：系统治理法

在国家推进工业化、城镇化战略和四川加强城镇社区建设、创新基层社会治理以及成都大力实施统筹城乡发展等经济社会背景下，新都街道作为新都区社会管理体制与公共服务模式创新的排头兵，立足多年探索、借力高校专家团队推出了基层社区治理的"系统治理法"。该方法始终坚持以系统理论为依据，以系统思想为指导，以系统思维聚合力，以系统方法作工具，将社区社会治理看成是一项复杂的社会系统工程，坚持多元主体的系统治理、多类资源的系统整合、多种技术方法的系统集成以及多项公共服务的系统供给，形成了"八大体系、八个治理"的"系统治理"模式。这一方法在该街道的锦水苑社区进行试点并取得了良好成效，其主要内容如下：

第一，构建社区网络化组织管理体系，强化基层组织的治理能力。民主选举产生楼栋长、单元长，具体负责院落、楼栋日常管理和居民意见建议收

---

① 这一案例库由人民网·中国共产党新闻网于 2010 年 12 月 1 日正式推出，是在"全国基层党建创新案例征集"和"第一届全国基层党建创新论坛"基础上建立的，旨在发现基层党建改革创新先进典型，交流基层党建改革创新经验，研究和探索基层党建改革创新规律，推进基层党建改革创新实践。案例库共分为创先争优活动、学习型党组织建设、干部选拔任用、党内民主建设、党风廉政建设、服务型党组织、党群工作建设、党员教育管理、党内关怀帮扶、城市社区党建、国有企业党建、基层党建责任制、党建工作信息化、城乡统筹党建格局、基层干部队伍建设、基层民主实现形式、组织设置方式创新、组织建设综合创新 18 个大类。

② 中国共产党新闻网建设运营的"党的建设数据库"于 2019 年 4 月正式上线，共收录党的十八大以来党建领域的新闻、视频、图解、论述、案例等精选稿件 7 万余条，涵盖党的政治建设、思想建设、组织建设、作风建设、纪律建设、制度建设、反腐败斗争 7 大类内容。

集；成立治安巡逻、城管进社区、文艺、调解纠纷、居民观察员、志愿者服务、党员谈心、应急8支队伍，搭建居民和社区组织沟通的交流平台；构建社区网格化管理机制，建立"社区—小区—楼栋"三级管理网格，实现党的组织和群众工作体系在社区的全覆盖。第二，规范社区便民服务体系，延伸政府的治理职能。社区居民综合服务站通过统一形象标识、统一项目设置、统一运行流程、统一服务规范、统一资源调配，进行了标准化、规范化建设。不断完善社区综合服务站功能、充分运用现代电子政务技术、定期举办文化与科技培训讲座等。第三，优化社区公共服务供给体系，形成社区多元公共服务治理格局。在确立地方政府主导地位的前提下，充分发挥市场机制与社会机制的作用。通过区、街、社区的不断投入和社会力量的参与，不断完善基本公共服务体系；构建多元主体协同供给机制，探索街道补一点、社区投一点、居民筹一点、社会融一点"四个一点"模式，逐步形成了政府主导，多元主体协同互动的公共服务治理格局。第四，完善社区居民自治体系，拓宽社区居民多元参与治理渠道。逐步建立并健全由社区居民自主参与、民主决策的社区自治体制，包括建立健全社区居委会、社区居民代表大会、社区议事会、社区监事会等。第五，培育社区社会组织体系，完善社区社会协同治理结构。积极建设社会组织孵化平台，以增强社会组织参与社区治理的能力。一方面，向社会组织购买公共服务，引入居家养老服务和田园社会服务组织；另一方面，社区自身成立服务社区群众的社会组织，建立社区自愿者服务站，开展帮残助老、扶幼助弱等特殊人群关爱活动。第六，搭建社区大调解工作体系，促成矛盾调处联动治理机制。积极推进"大调解进社区"，通过应急管理进社区，法制广场进社区，建立"大调解工作站"，形成了矛盾调处联动机制。第七，健全社区风险防控体系，维护稳定的社区治理环境。建立以社区党组织为主导的群众权益维护组织，严格落实信访工作责任制；积极探索并推进流动人口服务管理"零距离"工作模式；优化社区警务"网格化"工作模式，建立成效维护与合作管理机制等。第八，建立社区居民行为规范体系，深化社区治理内涵。建立"社区居民观察员"制度，有效遏制社区长期脏乱差现象；引导居民参与精神文明评选活动；开展社区管理居民体验行动；启动新市民培训，开展志愿者服务活动，建立社区阅览室等。

从新都街道的系统治理法实践来看，这一方法的应用与推广需要密切关注以下几个方面：第一，系统规划制定全面覆盖的子系统整治方案，以党组织为载体整合内部与外部多方资源（人、财、物），优化整合方式与治理形式。第二，加强街道党工委在"系统治理法"实施中的领导与协调作用，提高基层社会组织的自治能力，及时反映和协调人民群众各方面各层次利益诉求。第三，强化责任抓落实，注重绩效考核的系统性，科学设立绩效考核指标，分层次进行考核，确保"系统治理法"不断取得实效。

（二）辽宁盘锦高新区：企业社区党建工作模式

辽宁盘锦高新区面临区内非公企业多、情况复杂，党组织凝聚力不强、党员作用发挥不明显、党建工作标准难以统一等问题，探索实施了"12345"的企业社区党建工作模式，其主要做法如下：

第一，架构"一个党委"，以健全的组织体系实现园区企业党的组织和工作全覆盖。推行"区域化党建、社区化管理"工作模式，成立"企业社区"综合党委，建立党建工作指导站；建立党员联管、治安联防、安全联抓、卫生联管、环境联治"五联"服务机制；形成"企业社区综合党委—产业党总支—企业党支部"的"1+3+N"网格化组织体系。第二，建设"两个中心"，以功能完善的党群服务阵地为企业构筑新"家园"。围绕打造审批不出园区、服务不离园区、检查不到园区、收费不进园区的"四不园区"工作目标，打造现代化"便企服务中心"，建立党群活动中心，开展各类组织活动，丰富"企业社区"的灵魂。第三，打造"三个平台"，以便捷高效的服务助推企业赢得发展先机。包括打造引领企业党员中的科学、技术骨干联合开展技术攻关的科技创新平台；打造简化审批流程和方式以缩减审批时限与提升服务质量的审批服务平台；打造促进园区企业和党员之间全景式学习交流的网络活动平台。第四，设置"四个功能室"，以正向的激励和关怀为企业健康发展提供强大支撑。设置和成立"党员积分超市""心理咨询室""法律援助室""党建储备基金室"，以激励党员发挥先锋模范作用，缓解企业员工的精神压力和紧张情绪，保障企业职工合法权益等。第五，开展"五项活动"，以党建与企业文化的融合换来园区企业共和谐。包括持续开展道德讲堂活动、职工文化月活动、青春联谊会、支部委员主题沙龙活动、创新主题社团活动等，加强园区员工归属感和凝聚力。

上述企业社区党建工作模式在辽宁盘锦高新区的进一步深化,以及其他类似地方学习、借鉴这一模式,需要继续在以下几个方面进行加强。首先是需要继续强化政治引领作用。充分利用多种服务平台,发挥党建与促进科技创新相结合,与促进企业发展相结合、与提升企业文化相结合的作用,尤其是要注重发挥党员的先锋模范作用,使"企业社区"党委真正成为企业创业的乐园、党员生活的家园。其次是建立"园区党建工作联席会议"制度,推动园区党建工作与企业生产经营目标同向、工作同步,将党建工作融入服务企业发展的各个方面。最后是以点带面,推进非公党建"双覆盖",推动建设党建APP平台。不断实现非公企业党组织组建率和组织建设成熟率的"双提速",促进非公党建便捷化、信息化、智慧化等。

(三)上海黄浦区瑞金二路街道:"大数据"下的党建创新

上海黄浦区瑞金二路街道针对社区治理中党建引领社区治理的力量整合有待加强、社区居民服务供需对接的精准度有待提高、社区综合管理手段方式的智能化水平有待提升等实际难题,围绕"IDEA"设计思路,开发集查询(Inquiry)、分析(Analyzation)、会诊(Diagnoses)、应急(Emergency)四大功能为一体的"社区治理数据库",推动党建工作更好地引领社区治理。该数据库以汇集街道各工作数据为基础,以黄浦区人口信息库、网格管理平台、"12345"市民服务热线等业务平台提供的数据为依托,以手机应用、小区视频监控、GIS动态地图等采集的动态数据为补充,凸显社区治理中"人、事、部"三大元素,使党建工作更加具有针对性,提高施策精准性。具体做法如下:

第一,分类梳理,清晰个体,深化数据的查询功能。打破街道各项工作的信息边界,对各类社区数据重新予以梳理、关联和管理,并以标签化方式实现数据的精准定位,清晰化生活和工作在社区人群的行为特征。第二,科学分析,精准施策,强化数据的交叉对比。一是分类展示,将党建工作情况和社区综合情况进行集中展示,对各项工作进行细化分析;二是交叉比对,将党建工作和社区治理的工作数据,进行关联比对,找出工作关联性;三是强化互动,将党员、党组织、共建联建单位、驻区单位、"两新"单位等党建工作数据同 GIS 地图展示相结合，通过动态撒点、复合点选的方式，直观展示基层党建工作状态。第三，整合资源，强化会商，拓宽数据的广泛应用。数据库有针对性地拓展线上会诊功能，一方面利用共建联建平台内的社区党建资源，共同参与问题的解决；另一方面通过党建指导下的自治共治建设，将好的、成熟的案例推广出去。第四，创新技术，方便快捷，打造全天候的服务体系。配套数据库开发的"黄浦瑞金"手机 APP 具有数据实时采集、自动采集、强化沟通的功能优势，同时，将移动数据同数据库对接，提升了数据库的完整性、及时性和高效性。

瑞金二路街道"大数据"驱动下的党建创新，在深刻践行以服务社区居民为核心的社区治理创新中，提供了可复制模板，为大数据时代下社区党建工作提供了实践参考。

(四)广东深圳福田区沙头街道：对标管理

福田区沙头街道结合实际，以"党群凝起来、治理实起来、居民动起来、资源用起来、行政优起来、社区活起来"为总体目标，实施"社区对标管理"改革项目。其具体做法如下：

第一，领导统筹。一是成立沙头街道"社区对标管理"改革工作领导小组，组长由街道党工委书记担任；二是成立专项小组，下设党建组、居务组和政务组，抽调街道业务骨干，明确任务分工。第二，优化架构。以党建标准化为引领，突出社区党委在社区的领导核心作用，实行党建带群建；回归居委会自治功能，下设专属委员会，发挥其枢纽、议事、监督和服务作用；优化工作站的政务服务，精简综合服务窗口，简化居民办事流程。第三，整合资源。一方面立足现有条件，对社区办公场地和党群服务中心进行功能改造和区域划分，打造多功能党群服务中心；另一方面建立以人力资源、组织资源、场地资源和经费资源为主要内容的"社区资源管理系统"。第四，制定标准。制定《社区党建工作清单》《社区居务清单》和《社区政务清单》，共梳理社区事务 142 项，其中党建工作 29 项、居务 49 项、政务 64 项，且清单的每项内容均配有详细说明。第五，对标实施。对标上级要求和工作实际，实行社区标识、场地、制度、台账的标准化，实现人员队伍标准化和工作事务精细化。第六，发起联盟。向全市各类专业化服务机构、团体发出邀请函，倡议成立"社区服务联盟",不断新增成员单位。

沙头街道的对标管理做法,有助于引导和帮助各个社区在社区治理工作及群众纷繁复杂的诉求中,找到一套适用于社区治理及服务的上级能通过、员工能明白、群众能满意的工作标准,进而实现社区治理从立标、对标、达标到创标的循环过程,并通过"互联网+社区治理标准化",线上线下相结合,积极探索创建"智慧社区",不断打造"十分钟党建服务圈"。

二、城市社区治理的典型实践探索

本书依据民政部遴选公布的100个优秀社区工作法,① 深圳市民政局、深圳市社区建设促进会等梳理公布的23个社区工作法等,首先,着重介绍经过民政部遴选、公布的4个深圳市优秀社区的工作方法,以为同属深圳、共推现代化城市社区治理工作的燕罗街道及其社区提供"身边"的经验。其次,列举国内其他地区社区的优秀工作方法,为燕罗街道汲取社区治理经验、进行二次创新提供基本素材。

(一)深圳市全国优秀社区工作方法的典型实践探索

1. 区福保街道益田社区②"四+"工作法

首先是"党建+"夯实共建共治共享基础。通过"党建+社会建设""党建+法治建设""党建+平台建设"等,始终坚持社区党委在社区治理中的领导核心地位,创建"一核两网三化四平台"社区党建模式,将居委会、工作站、社会组织、管理处、社区居民等多元共治力量充分发挥起来,实现资源在基层整合、问题在基层解决、服务在基层拓展、民心在基层聚集。其次是"社区+"扩大共建共治共享主体。面对社区治理中业委会、物业、楼栋长(楼管员)的社会共治作用发挥不够充分,物业主体责任落实不到位,条块分割,部门协

---

① 所谓社区工作法,是对社区组织开展社区工作的工作理念和工作方法的科学总结提炼,是推进社区治理现代化的重要手段和必备工具。这一方法来自于基层探索实践,生成于基层改革创新,是具有鲜明特色的新时代群众工作方法,也是新时代党的群众路线的生动实践。

② 益田社区建于1995年,位于福田区福保街道中部,是深圳国际花园城市典型的花园社区。辖区内有社康中心、颐康之家等综合服务机构,公共服务设施完善。得天独厚的区位优势与配套齐全的公共资源,为益田社区全方位服务居民提供了强有力的保障。

作缺乏明确、规范、有效的机制等导致的街道、社区在履行社会管理和服务职能中呈现"孤军奋战"窘境,通过"社区+业委会""社区+物业管理处""社区+楼栋长(楼管员)"等创新,探索整合社区资源、条块结合,让基层社会治理力量规范、有序、有力延伸到每个角落。再次是"网格+"丰富共建共治共享内容。充分发挥网格离民心最近、离问题隐患最近、离群众需求最近的天然优势,通过"网格+治理信息""网格+专业监管""网格+服务宣传"等,探索将基层社会治理和服务的触角在网格落地,让基层社会治理力量规范、有序、有力地延伸到社区每个角落。最后是"智慧+"提升共建共治共享品质。在"智慧福田"改革创新的框架下,探索"智慧福保"工作平台,通过"智慧+政务""智慧+服务""智慧+管理"等方式,促进社会治理体系和治理能力现代化。结合多元共治、服务为重、法治证据、诚信引导等基层社会治理创新理念,以大数据信息化为科技手段和实现路径,完善数据跨级跨域融合、业务系统互联互通、城区管理应常结合、社区服务精准推送的大数据、服务型、现代化的便民惠民社区治理模式。

2. 南山区南头街道前海社区[①]"1+1+N"工作法

首先,不断巩固社区党委"1"核心。充分发挥社区党委的领头羊作用,打造"社区党委+小区党支部+楼栋党小组"的三级基层党建架构,设立小区党支部接待室,将城市基层党建工作有效延伸到社区的"神经末梢",创新"喝茶议事"决策机制,进一步完善"四议两公开"议事决策机制等。其次,夯实"1"党群服务中心平台。坚持党建引领,引入枢纽型社会组织创新党群服务中心运营机制,构建"枢纽型组织+社会组织+服务项目"社区服务模式,打造综合型服务平台。再次,培育"N"个社区服务品牌。前海社区通过民生微实事开展民生项目,同时充分整合社区党群服务中心社工力量组织开展常规服务活动场等。根据小区人口结构特点及需求,开展不同类型项目进小区服务,实现了对生活全领域、生命全过程的覆盖。前海社区以打造"党群同心 幸福前海"精品特色社区为目标,以"有事就找党委"回应居民需求,解决社区治理难题,促进党群相融;以探索将外来人口多的现代化社区建设"熟人"社区

---

① 南头街道前海社区成立于1999年12月,位于南山区中西部,面积约2.1平方公里,总人口2.3万余人,有9个住宅小区及2条商业街,是集居住、商贸于一体的现代化商住型社区。

的治理模式促进邻里相亲；以持续打造共建共治共享社区治理格局促进守望相助，有助于创建精品特色社区，树立社区党委形象，营造睦邻友好、居民安居乐业的祥和社区。

3. 宝安区新安街道宝民社区①"二三四五"工作法

一是打造"两个阵地"。创新成立广东省首个"民族之家"服务平台。通过"民族之家"，把各族居民团结、凝聚、组织起来；在社区设立"民族园"，使社区各民族居民创业学习、参加公益有渠道，聚会互动、文化娱乐有场地，增进各民族居民交流融合。二是成立"三支队伍"。包括社区民族工作协调小组、民族团结理事会、民族艺术团，不断扩大少数民族居民社区工作参与渠道，引导各民族居民共同参与社区治理和服务，丰富居民精神文化生活。三是建立"四项机制"。首先建立"十个一"活动机制。即，举办民族团圆会、举办民族游园活动、开展走访慰问居民活动、举办居民家庭亲子活动等十项活动，每年至少开展一次。其次是建立"六个必访"关爱机制。即，"重症病人重点访、生活困难及时访、生病住院随时访、居民病故两次访、天灾人祸马上访、孤寡老人和残疾人定期访"。再次是建立"分片包户"工作机制。将社区划分成10个片区，每个片区由1名片区长、3名片区员组成，将联系服务社区群众落实到人，做到责任到岗、工作到位、联系到户、关系到人。最后是建立"双向交流、资源共享"机制。社区与深圳大学等高校合作，设立"大学生社会实践基地"。四是突出"五个主题"。即，以"尊重、引导、关爱、服务、帮助"为主题开展社区少数民族居民服务工作，以心换心，促进各民族交往交流交融。

4. 盐田区沙头角街道沙头角社区②"五五"工作法

---

① 新安街道宝民社区管辖24、25两个规划区，总面积0.4平方公里，地处新安商业、旅游、文化的黄金交汇点，是一个集商贸、居住于一体的综合性城市社区，也是一个多民族共处的社区。居民来自五湖四海，呈现出"出租屋数量多、企业商家多、人口总量大且流动性强、服务需求大、管理难度大"等"两多三大"的特点，特别是外地少数民族居民到社区就业谋生、寻求发展的趋势逐年上升。

② 沙头角社区是深圳市盐田区沙头角街道4个社区之一，成立于2005年6月，总面积1.49平方公里，总人口2万余人。辖区内有2个自然村（径口自然村和元墩头自然村），实行"一站两居"，"一站"是指沙头角社区工作站，"两居"是指沙头角社区居委会、元墩头社区居委会。

一是"五个标准"促党建。认真落实"组织建设标准化、党员管理标准化、治理结构标准化、服务群众标准化、工作职责标准化"的要求，着力加强社区党建工作。二是"五个民事"惠民生。主要通过一系列相关措施与制度等，更好地听民诉、化民忧、纾民怨、征民意、促民知。三是"五项活动"树品牌。具体包括开展"邻里互助文化节"活动、开展"四点半学校"活动、开展居家养助试点服务活动、开展"魔力学堂"活动、开展"幸福港湾"活动。四是"五进社区"亮风采。扎实开展区委委员、党代表、机关在职党员、党员志愿者、党群工作者"五进社区"活动，先后开展党代表接待周、百名代表走千家、市区党代表进社区、党员"十员"志愿者活动、"文明使者"志愿服务行动暨机关在职党员进社区亮风采系列活动等，号召党员在各自岗位上发挥党员本色，为社区建设作贡献。五是"五项工作"创和谐。建强"社区党群服务中心"、建立"社区居民议事会"、开展"社区公益志愿服务项目"、推行"楼（栋）长责任制"、实施"民生微实事"项目。

（二）国内其他地区优秀社区工作方法的典型实践探索

除了前文详细介绍的深圳4个社区的工作法外，民政部遴选公布的100个优秀社区工作法还有分别来自东部地区、中西部地区或大城市、中小城市与新型城镇等的96个具有代表性的优秀社区工作法。本书在检索、整理相关资料的基础上，从其余96个全国优秀社区工作法中选择了福建省福州市鼓楼区东街街道军门社区、北京市东城区龙潭街道夕照寺社区、天津市北辰区瑞景街道宝翠花都社区等10个社区的工作方法作为代表。其典型实践探索如表0-3所示。

表0-3 国内其他地区优秀社区工作方法的典型实践探索

所在省市、街道与社区	典型实践探索
福建省福州市鼓楼区东街街道军门社区	"13335"工作法："1"是坚持党建引领；"3"是健全政社互动、居民自治、社区共治的三项机制；"3"是搭建社区工作、社区诉求、社区服务的三个平台；"3"是强化队伍、设施、经费的三项保障；"5"是打造"安居在""友爱在""和谐在""欢乐在""幸福在"的"五在社区"

续表

所在省市、街道与社区	典型实践探索
北京市东城区龙潭街道夕照寺社区	1. 组建"小巷管家"团队(面向社区居民招募、落实聘任流程、完善培训内容等);2. 践行"小巷管家"工作经(每日巡、经常访、随手做、实时报、及时记、按时刷);3. 建立"小巷管家152"管理体系(制定《"小巷管家"管理制度》1份管理总纲;完善"小巷管家"招募退出、工作职责、培训指导、志愿反哺、评价激励5项事务性制度;创新建立"'小巷管家'吹哨,街巷长报到"机制与将"小巷管家"发现问题的处置工作融入"社区共治委"议事协商机制等2个机制)
天津市北辰区瑞景街道宝翠花都社区	"13579"工作法:"1"是以人民为中心,实现党建引领、突出政治功能,优化社区服务流程;"3"是建章立制,社区党群管理"约法三章",建立社区共商共治共享长效机制与社区为民志愿服务长效机制;"5"是"五常五送","7"是"七彩七倡","9"是"九五工作法"
黑龙江省哈尔滨市香坊区民生路街道哈量三社区	"356协商议事"工作法:"3"即协商议事三个总原则(集体决策原则、少数服从多数原则、一事一议原则);"5"即议题筛选确定坚持"五议五不议";"6"即社区协商六步议事法
上海市长宁区虹桥街道荣华社区	国际社区工作法:礼仪规范法、服务推进法、契约管理法、文化交融法,推动实现美美与共、和而不同的包容性社区治理
江苏省南京市雨花台区雨花街道翠竹园社区	"四方平台"工作法:由社区党总支牵头,构建社区居民委员会、业主委员会、物业公司、社区社会组织协商议事的"四方平台",制定议事规则,每月第一个星期四召开"四方平台"联席会议,按照"商以求同,协以事成"的原则,共商社区建设与发展中遇到的难题,不断优化"四方平台"的协同机制、服务机制与集群机制
浙江省宁波市鄞州区百丈街道划船社区	"365社区服务工作法":"3"即"三联"(党员联动、社工联勤、志愿联盟);"6"即"六服务"(区域党建服务、综合便民服务、智慧信息服务、社会公益服务、特色精细服务、共享文化服务);"5"即"五机制"(民情收集、分析、处置、反馈、评议机制)

续表

所在省市、街道与社区	典型实践探索
山东省济南市历下区甸柳新村街道第一社区	"4321"工作法：以党建为龙头，提出"四个一"理念，提升社区党组织凝聚力；以自治为方向，实施"三大"抓手，激活居民参与社区治理内在动力；以服务为根本，创新两种模式，不断提高社区治理能力；以文化为灵魂，打造"人和乐居"品牌，形成共建共享良好氛围
湖北省武汉市武昌区南湖街道中央花园社区	面对物业管理的突出矛盾和长期问题，推行"一诺双评三监督"，探索形成了物业监督工作法。"一诺"指物业企业年初定服务承诺，"双评"指年终对服务承诺进行组织评价和群众评价，"三监督"指社区物业工作监督小组对物业管理过程中的"人、财、物"进行监督
四川省阆中市沙溪街道拥军街社区	"三问四小"工作法："三问"，即带着真情问需于民，把居民当亲人；带着真心问计于民，把居民当老师；带着真诚问效于民，把居民当裁判。"四小"，即小习惯赢民心、小机制聚民力、小环境惠民生、小舞台顺民意

三、典型实践探索的案例述评

第一，强调基层党组织的核心地位。提高基层党组织凝聚力和党员示范性是发挥党在基层社会治理工作中的引领作用的重要方面。在"去组织化"现象日益严重的当下，如果不注重基层党组织这块"吸铁石"的建设，社区工作就如一盘散沙。深圳的前海社区通过打造三级基层党建构架，将党建工作有效延伸至社区楼栋这一"神经末梢"，以更精准地服务居民；福建军门社区着力提升基层党组织的组织能力，打造区域化"大党建"格局，鼓励党员参选社会组织领导者；天津宝翠花都社区对党员进行精准分类，开展有针对性的教育和管理活动，通过提高党员参与热情来带动社区其他居民参与度等党建方式，卓有成效，凸显了基层党组织的凝聚力和党员的示范性，有助于推动基层社会治理现代化。

第二，贯彻"共建共治共享"原则。共治是前提。通过权力和资源下沉，培育社会组织，鼓励基层各社会主体参与社区治理，让居民有"主人翁"意识并更加了解和热爱基层社区，形成共治氛围，进而推动共建工作。共建是基层社区共同参与、产出效益的过程。在共同制定相关规划和制度后，社区进行角色分工，各司其职，精准定位，从而产生建设合力。共享是结果，包括信息、福利的共享，是社会公平的体现，是社区组织和居民在参与建设后应享有的红利。同时，要注意到，共享不是"平均主义"，需要合理的制度安排来实现，例如有些基层社区通过"积分"方式对贡献进行量化并进行奖励。

第三，把培育社会组织和调动居民参与积极性作为重点工作。各类社会组织是社区居民最活跃的场所。居民可以通过成立或参与社区的社会组织，参与社会工作和进行社会监督，有利于发现社区工作的不足，提高社区工作的透明度。基层社区也可以从社区外聘请具有专业能力的人员形成组织，来满足社区内有特殊需求的居民所要求的服务。总之，基层党委政府要落实"一切为了人民，一切依靠人民""从群众中来，到群众中去"的工作方针，适当放权社区，培育基层社会组织，鼓励社区居民参与，践行"自我管理、自我监督、自我服务"的理念。

第四，不断推进治理体系与治理能力现代化。在治理制度上，引入契约管理机制，通过建立在双方协商认同基础上的契约，有助于体现居民的共同意愿，提升社区居民的规则意识和契约精神。在治理体系上，构建党委领导，居委会主导，社会组织、业委会、社区企业、居民群众共同参与的社区治理体系，实现共治；推行社区、社会组织、社会工作"三社联动"，引进社会工作专业人才和社会组织，构建专业化、精细化的服务体系，实现共建；推动社区与区域内单位基础设施共享体系，方便社区居民和单位员工的工作生活，实现共享。在治理能力上，搭建智慧平台，利用人工智能等现代信息技术协助日常工作；引入专业人才和组织，完善社区服务人员的培训机制等方式提高服务质量；引入激励和问责机制、展开宣传教育等方式提高多元主体的治理能力。

第五节 研究内容与研究方法

本书主要根据上文关于基层社会治理现代化的理论内涵与实践要求来构

建研究框架。整个研究一共分为 10 个部分：首先是导论部分；其次是 8 个主体版块，即党建引领下的治理主体多元化协同（第一章）、责任清单下的治理目标精细化设定（第二章）、规范保障下的治理资源合理化配置（第三章）、技术创新下的治理方式智慧化应用（第四章）、制度赋能下的治理机制系统化变革（第五章）、和谐互融下的治理文化生态化营造（第六章）、民生导向下的治理效能共享化实现（第七章）、疫情防控体系的泛在化构建与落实（第八章）；最后是总结与展望部分。其中，8 个主体版块的研究思路是：首先围绕各章主题阐明主要政策背景或理论背景，其次导入燕罗街道社会治理过程中与各章主题相关的实践案例，最后对案例进行分析和总结，提炼可复制推广的治理经验，尽可能形成对于基层社会治理现代化基本模式、规律等的系统认识。

本书主要运用了以下几种研究方法：

第一，文献研究法。本书系统收集了学术界关于基层社会治理现代化的论文、著作、报告等研究文献，相关地区及其党政部门关于加强基层社会治理、推进基层社会治理体系与治理能力现代化的政策文献等，并对上述文献进行了分类整理，以梳理观点，指导具体研究。

第二，案例研究法。本书在政策文件与相关理论的指导下，以燕罗街道基层社会治理的相关实践与探索为案例，先后收集整理了 20 余个相关案例。按照案例研究的一般思路对案例进行描述和呈现、分析和总结，力图从中提炼观点并总结规律。

第三，实地调查法。本书先后于 2019 年 7 月、2020 年 8 月前往燕罗街道分别进行了为期 8~10 天的实地调查。包括对街道主要负责人、街道相关部门主要负责人及工作人员、各个社区与股份合作公司主要负责人、相关社会组织机构负责人等进行面对面的深度访谈，了解燕罗街道基层社会治理面临的主要问题、取得的基本成效以及相关经验教训等。对主导或参与基层社会治理的党工委办公室（办事处办公室）、组织人事部（街道"两新"组织党委）、维稳综治办公室、群团工作部（宣传工作部）、网格综合管理中心等部门以及罗田、燕川、塘下涌、山门、洪桥头 5 个社区工作站进行参与式观察，实地了解基层社会治理的工作内容与工作机制等。向街道工作人员、社区群众等随机发放调查问卷，获取他们对街道基层社会治理的满意度评价与建议等。

第四,专家咨询法。本书先后就课题名称、大纲、内容等咨询了公共管理与公共政策、社会保障、法律、经济管理等专业领域的专家,并多次向燕罗街道主要负责人及相关实务部门的领导进行咨询,以保持基层社会治理理论与实践有效互动,形成对这一问题的系统认知。

第一章
党建引领下的治理主体多元化协同

在基层社会治理及其现代化过程中，必须贯彻落实党的全面领导，积极发挥党建引领作用，不断"健全党组织领导的自治、法治、德治相结合的城乡基层治理体系"，① 实现多元化治理主体在基层社会治理多个方面与领域的长期协同，确保一体化融合推进基层党建与基层社会治理。

第一节 基层党建及其引领作用

党的十八大以来，以习近平同志为核心的党中央高度重视基层党建工作，推进全面从严治党向基层延伸，极其有力地推动了基层社会治理能力与治理体系现代化。习近平总书记关于基层党建的一系列重要思想和重要论述（详见表1-1），系统回答了基层党建怎么看、抓什么、如何抓等重大理论和实践问

---

① 中共中央关于坚持和完善中国特色社会主义制度 推进国家治理体系和治理能力现代化若干重大问题的决定[N]. 人民日报，2019-11-06(01).

题，为新形势下加强基层党建指明了方向、提供了根本遵循。①

表 1-1　习近平总书记关于基层党建的重要思想和重要论述

贯彻党要管党、从严治党方针，必须扎实做好抓基层、打基础的工作，使每个基层党组织都成为坚强战斗堡垒。 ——2013 年 6 月 29 日在全国组织工作会议上的讲话
把加强基层党的建设、巩固党的执政基础作为贯穿社会治理和基层建设的一条红线，建立一支素质优良的专业化社区工作者队伍，推动服务和管理力量向基层倾斜，实现从管理向治理转变。 ——2015 年 3 月 5 日在参加十二届全国人大三次会议上海代表团审议时强调
基层是党的执政之基、力量之源。只有基层党组织坚强有力，党员发挥应有作用，党的根基才能牢固，党才能有战斗力。 ——2016 年对开展"两学一做"学习教育作出重要指示
基础非常重要，基础不牢、地动山摇。在基层就是党支部，上面千条线、下面一根针，必须夯实基层。要有千千万万优秀基层骨干，结合实际情况落实好各项工作。 ——2018 年 3 月 10 日参加十三届全国人大一次会议重庆代表团审议时强调
加强党的基层组织建设，关键是从严抓好落实。要以提升组织力为重点，突出政治功能，健全基层组织，优化组织设置，理顺隶属关系，创新活动方式，扩大基层党的组织覆盖和工作覆盖。 ——2018 年 7 月 3—4 日在全国组织工作会议上讲话
党建工作的难点在基层，亮点也在基层。随着经济成分和就业方式越来越多样化，在新经济组织、新社会组织就业的党员越来越多，要做好其中的党员教育管理工作，引导他们积极发挥作用。 要加强党的基层组织建设，把资源、服务、管理下沉基层、做实基层，把每个基层党组织建设成为坚强战斗堡垒。 ——2018 年 11 月 6 日在上海考察时指出

---

① 以习近平同志为核心的党中央抓基层强基础纪实[N].人民日报，2017-06-29(01).

续表

要加强乡村两级基层党组织建设，更好发挥在脱贫攻坚中的战斗堡垒作用，提高党在基层的治理能力和服务群众能力。 ——2019年4月15日在重庆考察时强调
要把基层党组织建设成为坚强战斗堡垒，把党中央提出的重大任务转化为基层的具体工作，抓牢、抓实、抓出成效。 ——2019年9月17日在河南考察时表示
要以提升政治功能和组织力为重点，在强基础、补短板上下功夫，把基层党组织建设成为宣传党的主张、贯彻党的决定、领导基层治理、团结动员群众、推动改革发展的坚强战斗堡垒。 ——2019年11月2—3日在上海考察时的讲话
各级党组织特别是基层党组织要在联系服务群众上多用情，在宣传教育群众上多用心，在组织凝聚群众上多用力。 ——2020年3月29日—4月1日在浙江考察时的讲话
基层党组织要发挥领导核心作用，把社区管理和服务工作抓好，求真务实，让人民群众获得实实在在的好处。 ——2020年4月21日在陕西考察时强调
基层党组织是贯彻落实党中央决策部署的"最后一公里"，不能出现"断头路"，要坚持大抓基层的鲜明导向，持续整顿软弱涣散基层党组织，有效实现党的组织和党的工作全覆盖，抓紧补齐基层党组织领导基层治理的各种短板，把各领域基层党组织建设成为实现党的领导的坚强战斗堡垒。 ——2020年6月29日在中央政治局第二十一次集体学习时的讲话
推进国家治理体系和治理能力现代化，社区治理只能加强、不能削弱。要加强党的领导，推动党组织向最基层延伸，健全基层党组织工作体系，为城乡社区治理提供坚强保证。 ——2020年7月22—24日在吉林考察时的讲话

资料来源：根据人民网、中国共产党新闻网等相关公开报道整理得出。

基层党组织是宣传党的主张、贯彻党的决定、领导基层社会治理、团结动员群众、推动改革发展的坚强战斗堡垒。基层党建工作就是立足坚强战斗堡垒的定位,确保党的政治领导、思想领导、组织领导在基层的全面贯彻落实,为巩固党在基层的执政基础、提高党在基层的治理能力和服务群众能力而进行系统性建设。确保基层党组织领导基层社会治理,有效推进基层社会治理现代化,首先,必须把党的全面领导贯彻落实到基层社会治理工作的方方面面。按照中共中央办公厅印发的《关于加强和改进城市基层党的建设工作的意见》,分别明确市级党委、区(县、市、旗)党委、街道党(工)委、社区党组织在基层党建中的角色和职责(详见表1-2),增强基层党建的整体效应和总体效能,为基层社会治理现代化提供强大支撑与动力。

表1-2 市、区、街道、社区党组织四级联动中的基层党建职责

各级党委(党组织)	基层党建职责
市级党委	抓好规划指导,协调解决重大问题。
区(县、市、旗)党委	提出思路目标,具体指导推动,发挥"一线指挥部"作用。
街道党(工)委	抓好社区党建,统筹协调辖区内各领域党建工作,整合调动各类党建资源,强化"龙头"带动。
社区党组织	落实上级党组织部署的各项任务,兜底管理辖区内小微企业和社会组织党建工作。

资料来源:中共中央办公厅《关于加强和改进城市基层党的建设工作的意见》。

其次,必须发挥基层党建的引领作用,强化街道党(工)委的"龙头"带动作用和社区党组织的兜底管理作用。基层党建要在以下几个方面发挥引领作用:第一,从主体上讲,党建引领首先是党组织的领导、指导和引导作用。第二,从内容上讲,党建引领就是发挥好党的各项建设的引领作用,包括政治引领、思想引领、组织引领、党风廉政引领、制度引领。[①] 在党组织的领

---

① 刘靖北. 把城市基层党建工作放在更加突出的位置[EB/OL]. [2017-08-22]. 求是网,http://www.qstheory.cn/2017-08/22/c_1121518817.htm.

导下,通过组织联建、资源共享、信息互通等方式,结合基层社会治理的主要工作和重点领域,引导和指导各个社区、驻区单位、行业协会、"两新"组织以及楼宇、商圈、园区、行业协会、网络线上等新兴领域主体协同参与基层社会治理及其现代化过程,打造党建引领下的基层社会治理主体多元化参与协同的新格局。

第二节 案例导入

近年来,燕罗街道高度重视基层党建工作,根据上级相关文件要求,①建立街道党建任务一本书、责任一张表、工作一张图的"三个一"工作机制,

图 1-1 《党建工作职责任务书》和《基层党务工作流程图》封面

编制、形成了如图 1-1 所示的《党建工作职责任务书》和《基层党务工作流程图》。一方面,由各基层党组织结合工作实际,制定本单位党建工作任务,明确完成工作任务的具体时间,落实每项职责任务的责任人,有助于强化党建主业意识,落实党建第一责任人职责并在各党组织之间形成对比;另一方面,对街道 12 项党建工作操作流程进行了规范和流程再造,以便于各党组织参考使用。

---

① 《中国共产党支部工作条例(试行)》《深圳市党支部标准化建设基本指标》《中共深圳市宝安区委组织部 2020 年工作要点》(深宝组〔2020〕18 号)《宝安区 2020 年度落实广东省加强党的基层组织建设三年行动计划(2018—2020 年)重点任务》(深宝组〔2020〕24 号)等。

具体到党建引领下的基层社会治理，燕罗街道按照"宝安模式"①的要求，立足所辖社区实际情况，通过深入调研和多方论证，构建了以"一核双建多方联动"为主线的基层社会治理框架，将基层党建与基层社会治理有机结合，不断打造共建、共治、共享的党建共同体。围绕"党建+业务"深度融合、"党建+大群团"实践、"十分钟党建服务圈"打造、党建引领新冠疫情防控等方面，谱写了基层党建引领基层现代化社会治理的燕罗篇章。下面对燕罗街道以党建引领基层社会治理主体多元化协同的相关案例进行简述。

一、推进"党建+业务"深度融合

2019年1月，宝安区六届四次党代会报告指出：把支部建在住宅小区、建在民营企业、建在建筑工地，使党建带动业务工作的作用更加突出。按照这一要求，燕罗街道深入贯彻落实"党建+业务"理念，制定《燕罗街道"党建+业务"实施方案》，坚持"抓党建促业务、抓业务促党建"基层党建工作思路，推进党建与街道各项业务工作的深度融合，为党建高质量提升提供强大助力。该案例主要以基层党建与燕罗街道平方公里级重点产业项目土地整备工作、现代化社区治理工作、安全生产工作等的深度融合为考察对象，以在燕罗街道重点业务实践工作中分析党建引领的重要作用。

第一，以推进党建与平方公里级重点产业项目土地整备工作深度融合为立足点，确保打通项目发展的"最先一公里"。产业用地土地整备工作是推动重大产业项目规划建设、保障重大产业落地、提升区域发展能级的重要内容

---

① 即党建引领基层治理，以社区党委为核心、以党群服务中心为基点的基层治理新体制，其主要做法可以简要概括为：以四个工作原则为指导，推动"六定三下沉七强化"。四个工作原则：坚持党的领导，固本强基；坚持社区为主，党群为根；坚持体制创新，条块统筹；坚持实时泛在，实效惠民。"六定"：对社区党委定位、定责、定岗、定员、定费、定薪。"三下沉"：资源下沉，使社区党委有人有权有钱；管理下沉，让听到炮声的人指挥战斗；服务下沉，让老百姓知道惠从何来。"七强化"：强化基层领导核心选好配齐社区党委书记；强化社区专职工作者队伍综合素质培训；优化社区设置提高精细化管理；探索网格党建完善网格化管理服务；强化党建引领住宅物业小区治理工作；强化共商平台强化社区居委会自治功能；强化多方关系协调促进社会组织良性发展(参见广东深圳：党建引领基层治理体系的"宝安模式"[EB/OL].[2019-07-31]. http://dangjian.people.com.cn/n1/2019/0731/c117092-31266883.html）。

和抓手。其中，燕罗平方公里级重点产业项目面积达106.06公顷，是全市最大的土地整备利益统筹项目，由燕川片区土地整备利益统筹项目、罗田社区土地整备利益统筹项目两大部分组成，且土地整备范围均为建成区。2019年8月，宝安区正式印发《宝安区燕罗平方公里级重点产业项目土地整备工作方案》，为燕罗街道土地整备工作指明了方向。为更好地完成这一工作，燕罗街道成立平方公里级重点产业项目土地整备指挥部办公室临时党支部，发挥党员的带头作用，把党旗插在土地整备工作第一线。比如，在燕川片区土地整备利益统筹项目推进过程中，首先就是召开社区党员大会，加强党员对于项目重大意义的理解，带头向群众宣讲该项目在提高基础设施水平、发展壮大集体经济、提升获得感与幸福感等方面的政策红利，以做通群众工作、获得支持。2019年11月25日上午召开燕川实业股份合作公司股东代表大会，审议了《燕川片区土地整备利益统筹项目方案》，这是股份公司有史以来参加股东最多、投票通过率最高、反对票最少的一次股东会议，为项目推进提供了有力保障。最终，仅两天半时间就完成了全部企业签约，共211处，建筑面积达10.88万平方米，为产业项目落地提供了8万平方米的空间。随着平方公里级重点产业项目土地整备工作的持续推进，燕罗街道不断继续发挥党的基层组织的战斗堡垒作用和党员先锋模范作用，将党旗插在急难险重第一线，带动项目组成员创先争优，确保项目如期保质保量完成。

第二，以推进党建与现代化社区治理工作深度融合为切入点，确保有效破除服务群众的"中梗阻"。一方面，突出社区党委的核心作用，夯实党建引领现代化社区治理基础。主要包括以下六个方面的做法：①加强社区党组织建设。形成以社区党委为领导核心、党组织为战斗堡垒、党员干部为基本力量的社区治理架构。社区下属党组织的党员发展、换届选举等工作必须经由社区党委审批。各下属党组织支部书记统一接受社区党委管理。②落实社区党委"四项权力"。严格按照文件保障社区人事安排权、落实重要事项决定权、规范领导保障权、强化管理监督权。街道纪工委加强指导，积极发挥社区纪委的党风廉政建设和日常监督管理作用。③强化社区党委对股份合作公司的领导监督。以社区股份合作公司换届为契机，由社区党委书记兼任一级股份合作公司集体资产管理会主任，加强社区党委对股份合作公司的核心领导作用。④推动街道执法力量下沉。根据社区实际情况，将社区综合整治队、安监、网格3支队伍共392人下沉到社区，提高社区综合治理专业化水平，赋予社区党委联勤联动指挥权、考核权和"一票否决权"。⑤科学设置功能组。每个社区在"一办两平台"的基础上，进一步细化设置5个功能组。一是综合办，由社区委员直管；二是党群服务平台，由社区副书记统筹，下设党群共建组、综合窗口组2个功能组；三是综治平台（综治中心），由社区副书记统筹，下设综治维稳组、城管市容组2个功能组。⑥打造社区综治、智慧管控、应急值班三位一体平台。建立社区智慧管控指挥中心，将街道智慧管控指挥平台向社区延伸，与社区综治平台、值班室一体化运行。在街道党工委、办事处的领导下，社区党委领导核心作用不断增强，对各类组织、各方力量、各项工作、各种资源进行有效整合，社区党建、机关党建、"两新"党建互联互动，形成统筹融合局面，社区党委成为加强现代化社区治理体系建设中的主体力量，有助于在基层社区治理中贯彻落实党的领导。

另一方面，推动党建与社区治理有机融合，通过开展特色活动与项目保障现代化社区治理效果。首先，深挖本土文化，以"党建+文化传承"活动促社区和谐发展。创新党建服务模式，探索基层党建新路径，深入发展洪桥头社区"党建+洪拳"、塘下涌社区"党建+比麟堂"、山门社区"党建+七星狮"、燕川社区"党建+志愿者先锋"、罗田社区"党建+青少年生力军"等特色文化活动，创造性地将基层党建与本土文化传承有机结合起来。实现以党建引领本土文化发展，反过来又以本土文化发展夯实基层党建，实现本土文化活跃度和基层党建凝聚力"两个提升"。其次，立足红色基因，以红色文化传承项目弘扬社会正能量。在硬件方面，对中共宝安县第一次党员代表大会纪念馆、宝安抗日纪念馆等历史遗迹及周边环境进行提质改造；围绕纪念馆建立党建书吧、说事评理中心、五员进社区接访室等，开展榕树下的党课、党建朗诵汇等活动，打造红色"党建街区"项目，规划建设红色文化基地。在软件方面，拍摄《党史大讲堂：初心与使命——深圳红色基因溯源》《深圳红色基因溯源——宝安1928》等党史专题片和红色微电影；挖掘和征集以黄学增同志为代表的宝安革命先烈的史料和线索，最大限度抢救"一大"革命资料；以原有线下纪念馆为基础，搭建线上红色教育新阵地，全面利用图文、视频、VR全景等线上宣传方式，打造全年365天每天24小时正常运行的网上纪念馆。通过策划、开展既满足居民需求又发挥党组织和各类社会组织作用的特色治理活动与项目，实现共建共治共享，以更好地服务辖区群众，提升人民群众满意度。

第三，以推进党建与安全生产工作深度融合为落脚点，确保打通社会安全的"最后一公里"。① 首先，注重构筑战斗堡垒，发挥基层党组织引领作用与党员先锋模范作用。燕罗街道按照行业相近、便于管理的原则，率先探索成立燕罗街道安全管理联合党总支，下辖由燕罗街道安监办和劳动办党员组成的机关第九党支部、燕罗街道塘下涌社区危险品企业联合党支部、燕罗街道安全发展协会党支部、深圳松辉化工有限公司党支部。严格对照《中国共产党章程》第五章第三十二条关于党的基层组织八大基本任务的规定，按照"项目化、表格化、责任化、时序化"要求，制订工作计划清单，涵盖党建、安全生产等内容，将党员责任与岗位安全职责有效融合。利用"三会一课"和主题党日活动，传达上级关于安全生产的政策精神与法律法规，实现"安全知识大宣贯"。其次，注重立足安监工作实际，增强党建工作融入安全生产全过程的效果。比如通过党员"亮身份、讲安全"主题活动，让党员在工作中亮身份、亮安全责任，主动接受监督，以党员示范压紧压实安全主体责任，模范引领，提升安全整体水平；比如每月定期开展综合施策、同查同宣、行业检查、宣传培训等活动等，使党建工作在安全生产中真正看得见、摸得着。最后，注重服务企业，形成助推社会经济发展的合力。一方面，强化对企业的检查和排查，兼顾消除隐患、整改问题与宣传培训引导，全方位服务企业的安全生产工作；另一方面，采取"政治理论+业务技能"学习相结合的方式，将培训学习与党员活动结合起来，带动身边群众积极参与企业安全生产活动，实现企业员工安全意识与业务能力的双提升。总之，燕罗坚持以"没有安全这个'1'其他一切都是'0'"的理念为指导，发挥党建工作的"龙头"作用，有效保障辖区安全稳定。

---

① 徐迅，等. 对标党章发挥党的基层组织战斗堡垒作用[N]. 宝安日报，2019-11-11 (A14).

二、开展"党建+大群团"实践①

罗田社区以夯实社区党委领导核心作用为着力点,按照"街道主导推动,社区多方参与,组织自主运作"的基本思路,破解社区各类主体参与社区"共建共治共享"意识不强的局面,将社区的3家社会组织和17家群团组织统筹整合,充分发挥其参与社会管理和公共服务,成为党和政府联系群众沟通桥梁的作用,进一步规范社会行为,解决社会问题,化解社会矛盾,提高社区治理水平。该社区开展"党建+大群团"实践的做法主要如下:

(一)党委引领,建章立制

(1)强化党建引领。由社区党委统筹整合,推进党建"大群团""共建+共治"的治理模式,充分调动党员、热心群众的参与性和积极性。成立社区党建"大群团"建设工作领导小组,由社区党委书记任组长,"两委"班子任成员,将原本各自为战的多个群团组织统筹整合起来,有针对性地制订各具特色的工作方案,以社区党委为核心领导各类团体,各类团体服务居民,充分调动党员、热心群众的参与性和积极性,通过各类团体广泛动员、组织、宣传群众,化解社会矛盾,增强社区发展活力。

(2)突出阵地建设。首先,为便于社会组织、群团成员沟通交流和活动开展,由社区"两委"骨干成员负责阵地建设具体实施工作,将组织框架、管理制度和情况简介上墙,在党群服务中心设立活动平台,为社区党委、群团组织和社区群众定期联系搭建"载体",方便领导小组下设的党建"大群团"议商会围绕街道中心工作、社区重点工作与各类团体工作的一些共性问题、重要问题进行研究,协调解决议商会遇到的困难和问题;引导各类团体完成具体日常事务,收集各类团体活动资料,搜集社区居民诉求,精准快速地服务,构建各类团体和社区居民群众沟通交流平台。其次,协调解决党建"大群团"存在的困难和问题,达成共识,共同作为,使各类团体的工作联动实现规范化、程序化、长效化,引导各类团体积极健康发展。

(3)聚焦主题主线。在坚持"党和政府的声音由各类团体向群众传递,群

---

① 案例资料主要来源于燕罗街道罗田社区,该社区的"党建+大群团"实践开展较早、运行较好、成效最为明显。

众的诉求由各类团体代为表达"的原则下，解决很多活动规模不大、形式单一、参与群众不多、积极性不高的状况。定期围绕一个主题，各群团联动，充分发挥各自在提供服务、培育文化、促进和谐、扩大参与等方面的积极作用，形成聚合效应，为所代表的群体办实事。

（4）完备经费保障。各团体根据实际情况，以项目的方式申报，通过组织召开会议进行讨论，让经费使用和申报手续既符合街道财务制度又能用到实处，解决之前各类团体单打独斗，受制于人力财力，活动难以做大，甚至会因重复开展造成资源浪费的窘局，着重把影响面广、牵动全局的重点活动、项目保质保量完成，并不断做大做强。

（二）关注民生，共建家园

（1）在参与社区治理方面，响应最快最广。各群团组织均建有微信群，由社区党委统一安排工作人员作为微信群管理人员，及时准确发布党和政府的相关政策信息，并实时收集社情民意。2019年全国文明城市创建工作期间，社区将信息发布至各大群团组织微信群后，组员们迅速响应，自觉做起创文遵守者和监督者，通过微信群收集组员反馈的环境问题、安全隐患近百宗。在社区党委统筹下，组织义工队伍开展"志愿先锋，文明树新风"志愿者服务活动，每日安排两名义工行走进社区各个角落宣传创文工作；计生协会的会员们每周开展两次"大扫除"活动，义务清除社区路面垃圾、墙面油污和"牛皮癣"等。期间，新时代大讲堂的领导干部们自发为群众、商铺店主、工厂企业厂长普及创文知识、安全知识及党的知识。

（2）在参与发动群众方面，配合最快最好。2020年"七一"前夕，《南方日报》在全市发起了"以人民为中心——党建引领基层治理案例展示"投票活动，在区及街道的鼓励和支持下，罗田社区"探索党建'大群团'激发社区活力"案例累计得票37273票，经综合评定，荣获"最具示范效应案例奖"。而后，在党建大群团组织成员的支持下，罗田社区率先完成推广群众加入"学习强国"APP和注册上线群众学习小组工作。同时，在"2019宝安基层党建'双示范'评选"点赞活动中，社区党委带领大群团发动社区居民积极参与投票，罗田社区票选成绩优异，一举拿下了区委组织部颁发的"2019年度宝安区党群服务示范中心"奖。

(3)在参与矛盾化解方面,质量最高最优。一是第一时间发现问题,身在基层的群团组织最容易发现问题,并且最了解问题的来龙去脉,他们既是组织成员,也是居民群众,更是社区的情报员。二是第一时间反馈问题,在社区党委的引领下,通过党建大群团议商会、微信群,居民群众反馈问题的渠道进一步拓宽。三是第一时间化解问题,在党建大群团近千人的关系网络里与居民邻里一家亲的环境下,矛盾纠纷能够迅速在基层化解。

(三)主题活动,交流学习

(1)活动形式多样。党建大群团活动纵向分为讲座、比赛、展演等,横向分为进社区、进学校、进企业、进家庭、进机关、进公共场所等。

(2)活动内容丰富。活动内容涉及法律知识、安全教育、青少年培育、社会公益、赛事比拼、涵养提升、强身健体等多个领域。

(3)活动意义深远。截至 2020 年 8 月,罗田社区为 20 个群团组织订制了 101 场活动,参与活动群团组织人数达 2000 人,惠及居民群众过万。通过数场活动,不仅能让大家看到党和政府为人民群众谋幸福的事实,更通过实实在在的行动赢得了广大人民群众、团体组织的支持,动员其共同为构建"政通人和、安全有序、共享幸福"社区出谋划策。

三、打造"十分钟党建服务圈"[①]

为了响应市、区政策,确保满意在基层实现、服务在基层提供、力量在基层汇聚、资源向基层倾斜,为居民提供精准化、精细化的服务,燕罗街道以居民需求为着力点,整合辖区内党群资源,按照"三个一",即"一份党建服务地图、一条特色党建路线、一批高效党建服务圈"的思路,连点成面,以党建服务中心为圆心构建了一个"十分钟党建服务圈"。其中,"一份党建服务地图"以中共宝安县第一次党员代表大会纪念馆、东宝行政督导处旧址和燕罗街道办事处构建的向心圆为中心,连接起 1 个街道党群服务中心和 5 个社区党群服务中心。辖区内各类党群服务中心、红色教育基地、四点半课堂、文体图书馆、"三合一"微中心和智慧岗亭等在内的 12 大类 145 个党群服务点

---

① 崔洁,罗园等.燕罗街道十分钟党建服务圈点亮"红色服务"[N].南方日报,2020-07-07(AT074).

相继排开，成线织网，每个服务点还用不同的图标清晰标明了服务功能，居民可以便捷、准确地找到距离最近的、符合需求的党群服务点。

"一条特色党建路线"将燕罗沿线（自东向西）智慧岗亭、"三合一"综治管控警务平台、中共宝安县第一次党员代表大会纪念馆、东宝行政督导处、教育基地展览馆、茅洲河展示馆等地标串联起来，打造成一条红色党建精品路线，这条路线连起了燕罗街道的昨天和今天，展示了燕罗在治水、城市更新、新兴产业发展、社区现代化治理、文明城市创建、两新党组织建设等多个领域的发展亮点。通过这条特色党建路线，既可以了解燕罗历史，接受爱国主义教育，也可以看到今日全新的燕罗，领略"山水燕罗、智造重镇、门户新城"的现代风情。

"一批高效党建服务圈"则主要包括以下"5个服务圈"：

第一，十分钟党员服务圈。旨在凝聚党员发挥作用，让党员主动"站出来"，让居民十分钟内可以找到党组织。燕罗街道依托党群服务中心、宝安"一大"教育基地展览馆、警务多功能智慧岗亭等党群服务平台，开展形式多样的主题党日活动，要求每名党员每年至少参加2次志愿服务，为身边群众办1件好事。同时，燕罗还在每个社区、园区成立了一支党员志愿服务队，让党员们帮助解决身边群众的操心事、烦心事、揪心事。

第二，十分钟政务服务圈。主要推动政务服务中心下移，推动政务服务事项实现"秒批""不见面审批"。2019年8月底，燕罗街道就在全区率先实现社区24小时自助服务区全覆盖，先后在5个社区投放了多功能警务一体机、金融社保自助服务终端机及深圳市政务自助服务一体机3大类设备，可提供办理出入境签注、社保清单打印、处理交通违章等高频事项全天候政务服务，实现"办事不出社区，服务就在家门口"。

第三，十分钟文体服务圈。致力于有效组织文化体育活动，丰富居民业余文化生活。其实，在燕罗，已经培育起一大批文体活动品牌，其中有弘扬传统文化的龙舟赛、洪佛拳、七星狮，也有每周都会如约而至的周末音乐会以及草地音乐节等。十分钟文体服务圈让文体活动丰富了居民的生活，提升了群众的幸福感、获得感。

第四，十分钟健康服务圈。强调打通就医服务绿色通道，解决就医远、就医难、医疗水平不高的问题,让居民享受到"家门口"的星级医疗服务。2020年7月1日,全市首个社区医院在燕罗街道成立,该医院由燕罗颐年社康升级扩建而来,新建编制病床100张,增设多个病区和科室,引进多名国家、省、市名医,创新使用"互联网+"远程诊疗系统,与宝安中医院总院共建"双向转诊"绿色通道,实现了三甲医院优质医疗资源借"网"下沉和医疗服务上下贯通。

第五,十分钟平安服务圈。通过完善硬件设施,突出区域监控联防联治,打造"平安社区"。其中最具代表性的就是燕罗首创、被多家新闻媒体报道的智慧岗亭(如图1-2所示)。该岗亭集信息发布、指挥调度、网格管理、党群

图1-2 智慧岗亭的相关新闻媒体报道

联络、便民服务为一体,成为社会治安防控体系的大支点,有效节约警力50%以上。组建党员干部义务联防队,发挥网格员"宣传、排查、防控"尖兵作用,筑牢基层安全防线。

燕罗街道打造"十分钟党建服务圈"的做法和经验,被学习强国平台以《深圳宝安燕罗:打造五个"十分钟"星级党建服务圈》为标题进行宣介。这一服务群众、造福群众的基层党建探索实践,是基层党组织和基层社会治理工作的出发点和落脚点,促使基层党组织服务更加全面、精准,党建与业务融合更加具体、深入,服务群众更加到位、高效。① 通过打造"十分钟党建服务圈",燕罗街道找到了新的治理"支点",提升了党建服务的有效供给,探索出了一条适应时代发展、具有地域特色、满足人民需求的基层社会治理之路。

四、党建引领新冠疫情防控工作

自新冠肺炎疫情发生以来,燕罗街道在市委市政府、区委区政府的坚强领导下,以"严肃、严谨、严密、严格"为工作要求,在全市湖北籍人口数量前十社区居其二的情况下,科学研判提前谋划,采取强有力措施,确保了辖区"零疑似、零确诊、零感染"。同时,坚决贯彻落实上级复工复产要求,于2020年2月20日,在全区率先实现规上343家企业100%复工。其中最本质的特点和最管用的做法就是将党的领导贯穿防疫工作全过程,构建1个指挥部、11个工作组、11个专业工作团队的"1+11+11"组织框架,建立"党总支—党支部—党小组"三级领导体系,坚决落实上级对防疫工作的各项部署。

---

① 其中典型的案例有二:(1)燕罗街道的"四点半课堂"。"四点半课堂"是深圳广泛开展的民生项目,但燕罗街道发现在运作过程中,一方面家长托管需求大,另一方面"四点半课堂"效能运行较弱。2019年,燕罗精简"四点半课堂"报名流程,扩大覆盖学生范围,发挥党群服务中心的阵地作用,在党群服务中心提供学科类语、数、英等科目辅导及绘画、歌唱等兴趣培训服务。自开办以来,"四点半课堂"开展公益活动85场,服务学生超过18480人次,学生和家长交口称赞("四点半课堂"案例在本书第七章有详细介绍)。(2)燕罗街道各个社区以社区服务中心为主阵地设计和开展了多样化的活动。如燕川社区利用宝安"一大"纪念馆等革命旧址和宗祠书塾等历史文物开展青少年"爱党爱国爱家"宣传活动;罗田社区党群服务中心面积充裕,功能室齐全,每年开展培训、志愿服务、文体活动上百场;塘下涌工业园区党群服务中心组织党员骨干带头,推动职工内部小微创业活动,动员全体职工为企业发展献计献策等。

严防产生麻痹思想、厌战情绪、侥幸心理、松劲心态,把外严防输入、内严防反弹各项措施落细落实。以严的要求、硬的约束确保好的结果,统筹兼顾,大力推动防疫条件下的经济社会秩序全面恢复。① 总的来看,燕罗街道党建引领新冠疫情防控工作的主要做法如下:

第一,强化党的领导。燕罗街道第一时间印发《关于全面加强防疫工作党的领导夺取防疫阻击战胜利的通知》《关于在新型冠状病毒感染的肺炎疫情防控中充分发挥基层党组织战斗堡垒作用和党员先锋模范作用的实施方案》,鼓励党组织迅速行动,确保基层党组织在疫情防控工作中"不缺位、做到位",党员带头冲锋在一线,带头参与群防群治工作。疫情防控工作指挥部打破原有部门建制,大范围调兵遣将;为了充分整合人员,统一指挥调度,指挥部建立临时党总支,其下设的各工作组建立临时党支部,各工作组下设团队建立临时党小组,社区、园区、检疫卡口设党员先锋岗,用党的组织将所有人员有机整合,强化党的领导,提高指挥部运作效率。

第二,将党旗插在防疫工作一线。一是在重要的交通卡口、城中村、物业小区等疫情防控一线共建立 16 个临时党支部,发挥临时党组织的战斗突击性和重要堡垒作用。特别是在交通检查压力最重的雄宇路交通联合检疫站,成立雄宇路临时党支部,查处非法活禽运输 4 批次 267 羽,查处三无口罩一批 5000 只,该交通联合检疫站工作多次获市、区领导肯定。二是街道机关居住在洪桥头社区集信名城的 7 名党员主动请战,在居家隔离任务最重的集信名城,成立集信名城居家隔离工作临时党支部,主动承担集信名城 17 户,93 名隔离人员的服务工作,并于 2020 年 2 月 13 日凌晨,发现来自重点疫区的一户 4 人,未经登记返回,当晚通知民兵防化队员,将该住户遣送至街道集中隔离点隔离,及时避免在小区出现传染风险源。居家隔离人员解除隔离后,向临时党支部致感谢信并送锦旗,生动体现了"党群一家亲"。三是 6 月 15 日成立机场大酒店集中隔离观察点工作组,在上级一声令下,立即组织队伍接管全区最大隔离酒店。率先成立机场工作组临时党支部,以"老一线带新、党带群团"模式,统筹发动防控力量。

---

① 见《燕罗街道 2020 年街道党工委工作报告》。

第三,充分发挥党组织动员能力。一是党员带头冲锋。防疫工作开展过程中,燕罗街道893名党员干部亮明身份、勇于逆行、冲锋在前、连续奋战,创建36个"抗击疫情党员先锋岗",132名工作人员火线提交入党申请书,请愿到最危险站位啃最硬的骨头。二是发动广大业主减免租金。自2020年1月31日起,街道先后下发两份文件,积极动员社区党委、股份公司党支部、机关事业单位党支部、企业党组织以及广大房东,号召大家共克时艰为租户减免一个月租金,广大物业业主顾全大局,积极响应,截至2020年8月,共计减免出租屋、企业厂房等租金1159.65万元。除了减免企业、商铺51.52万平方米租金472.18万元之外,还持续推进减免出租屋租金合计508.41万元,惠及出租屋11055间(套)约2.67万人。三是引导"两新"党组织积极履行社会责任。成立7个园区党委、企业党委党员志愿者服务队,设立20个两新党组织党员先锋岗,近300名两新党员志愿者投入到防控一线,协助企业检疫点测量体温、登记信息、厂区消毒等工作。

第四,以严的要求、硬的约束确保战时状态令行禁止。先后在2020年2月21日和2月25日以短会形式召开防疫期间特殊民主生活会,街道领导班子成员学习并对照习近平总书记在统筹推进新冠肺炎疫情防控和经济社会发展工作部署会议上的讲话精神,深入查摆街道疫情防控工作中存在的问题和不足,深挖思想根源,开展自我批评。通过召开民主生活会,进一步统一了思想、团结了队伍、凝聚了共识、坚定了打赢疫情防控阻击战的必胜信心。此外,坚持赏罚分明,对在防疫阻击战中作风飘浮的5名社区党委干部、1家股份合作公司及1个集贸市场管理处相关负责人给予谈话提醒、书面检查、内部通报批评,并对其中1名失职人员作出解职处分。对来自社区工作站、网格综管中心等坚守在防疫最前线,并且在防疫工作中有突出表现的18名工作人员进行岗位晋升、工资提级,并大力宣传其先进事迹,防疫人员先进事迹的相关新闻报道如图1-3所示。

第五,关爱一线防疫人员以调动其工作积极性。燕罗按照劳动法有关要求,对春节及防疫工作加班的非在编人员,加班工资足额第一时间兑现,共计发放890人次。燕罗还在全区率先下沉人员,机关80名生力军投入火线轮战。在抗击疫情最吃劲的关键阶段,紧急抽调80名党员干部下派到各个社

燕罗街道防疫青年突击队坚守岗位 默默守护市民健康安全
2020-11-30 来源：深圳新闻网

澎湃号 > 深圳市妇联

巾帼抗疫！宝安燕罗"花木兰"硬核出击
2020-02-15 20:12 来源：澎湃新闻·澎湃号·政务

燕罗党员志愿者冲锋在家乡抗疫一线
2020-02-25 来源：深圳新闻网

图 1-3　燕罗街道防疫人员先进事迹相关新闻报道

区，支援社区开展电话排查、安全生产、社区宣传、隔离服务、巡查劝阻等一线防疫工作。此外，燕罗采取三大措施，即工作组织关系下沉、疫情结束社区党委考核合格方可返岗、表现突出的重点培养，以确保下沉人员"人在社区、心在社区、安心社区"。2020 年 2 月 14 日，燕罗开展了"特殊党日"活动，"机关党员到火线，火线人员休一天"，组织 184 名机关党员干部替换在社区抗疫以来一直在一线连续奋战的 153 名工作人员，让一线人员下火线休息一天。

第六，综合发挥"工青妇"队伍作用。工会组织慰问街道一线人员 700 人次，妇联开展对居家隔离人员心理咨询，先后提供居家隔离心理服务 2600 人次，团工委组建街道"1+5+N"防疫青年突击队，将团旗插在防疫工作一线，被学习强国平台报道。对已隔离结束人员，由工会对接，实现企业复工时对隔离人员无障碍审批。

第三节　案例分析

一、推进"党建+业务"深度融合的案例分析

首先，从打通项目发展"最先一公里"的实践来看，面临土地整备利益统筹面积广、时间紧、压力大的现实情况，在上级相关政策的指导和支持下，燕罗首先成立"平方公里级重点产业项目土地整备指挥部办公室临时党支

部"，切实发挥党组织的引领作用，协同社区党委、社区股份合作公司、社区党员、社区居民与股东等主体，不断凝聚共识、获得支持，最终圆满完成燕川片区土地整备利益统筹项目，有效保障了产业项目的落地空间，基本实现了多方共赢。在后续的土地整备工作中，我们发现土地整备作为利益统筹项目，需要结合实际情况进一步处理好政府部门与社区及股份合作公司的关系，防止过多的行政命令干预市场行为，并要在政策范围内给予一定支持。比如对于罗田社区土地整备利益统筹项目，该社区股份合作公司董事长在访谈中就说："土地整备项目实际上就是旧改，城市更新以市场为主，但旧改实际上还是以政府为主。比如我们有个利益统筹项目 55 万 ㎡，算起来，需要拿出 60% 的土地，但是政府不会给地。我们希望政府能够充分理解，不要施加太多压力。因为我们找人开发没人会过来，自己开发又没能力，只能靠政府多支持。"①如何进一步通过党建引领，寻求更多的利益共同点与平衡点，找到项目推进的"最大公约数"，仍然是打通项目发展"最先一公里"的重要问题。

其次，从破除服务群众的"中梗阻"的现代化社区治理情况来看，形成了街道党工委领导下的社区党委负责制，社区党委的核心作用不断凸显，集中体现在对社区治理内外部主体的统筹与协同上。其一是社区党委负责下的内部多元主体协同，包括对社区党组织、党员干部、社区股份合作公司、街道 3 支执法队伍、"一办两平台"功能组等进行协同，其主要目的在于整合各类资源，有效响应社区居民需求，提供高质量的公共服务和产品。其二是以内部主体协同为基础的外部多元主体协同，主要是注重借智借力，比如与社区文化传承组织（如洪桥头社区的洪佛拳、塘下涌社区的比麟堂、山门社区的七星狮等组织）、志愿者组织（如燕川社区的志愿者先锋等）以及相关高校、企业等的协同。通过社区党建引领下的持续协同，一方面可保持对社区中各个具体要素的有效治理，"第一个是'人'；第二个是'店'；第三个'出租屋'；第四个就是'车'。管好了这些，社区治理才真正谈得上是治理"。② 另一方面可保持与社区居民的有效互动，倾听问题和诉求，增强居民参与度。"社区治理的最终目的就是为了让社区居民感到安全感、幸福感……必须是大家，是

---

① 对罗田社区股份公司董事长 L 的访谈（20200810LT）。
② 对燕川社区 C 书记的访谈（20200811YC）。

本地人和外来人融合在一起，一起去参与，才有氛围，社区才能和谐。"①燕罗街道的现代化社区治理取得了较好的成效，未来需要进一步明确社区党组织在治理结构中的核心作用。发挥好社区党组织总揽全局、协调各方的核心功能；发挥好社区党员在现代化社区治理中的先锋模范作用；发挥好社区党建工作平台载体的作用，推动形成合力共治的社区治理新局面。

最后，从确保打通社会安全的"最后一公里"的做法来看，成立党总支与党支部并发挥其协同作用是党建引领确保一方平安的不二法门。除了在案例中所述的安全生产领域成立的燕罗街道安全管理联合党总支，以及下辖的安监办和劳动办党员组成的机关第九党支部、塘下涌社区危险品企业联合党支部、安全发展协会党支部、深圳松辉化工有限公司党支部等，还有综治办党支部以党建引领，高质量打造警务多功能智慧岗亭，将岗亭升级成为党群联络点、义警服务点和义工工作点，发挥"一名党员，一面旗帜"的示范带头作用；还有网格中心党支部的"三级管理，四级走访制"、外驻的燕罗派出所党支部的"党建引领，警企共建"等结合实际情况保障公共安全与社会安全的治理探索等。通过党组织来协同相关企业中党支部与党员进而辐射到企业员工，协同义警、义工等队伍来增强维护公共安全的合力，协同房东、业主、企业负责人等群体来确保特定场所的安全等。比如在企业安全生产监管工作中，"安监人员应该扮演好几个角色：安全知识的宣传员、法律常识的解读员、安全管理的监督员"，② 利用"三会一课"和主题党日活动，做好安全生产知识、法律的宣传，确保企业安全生产工作落到实处。总之，要将党的领导贯彻落实到维护辖区安全稳定的各个方面，通过党建引领构建"大安全"的新格局。

二、开展"党建+大群团"实践的案例分析

如果说"党建+业务"是党建引领、推动重点工作，那么"党建+大群团"则是党建引导、带动相关群团组织及其成员。如案例所述，罗田社区的实践以社区党建引领为根基，在硬件上加强活动阵地建设与强化经费保障，在软件上立足社区民众诉求、聚焦社区治理主题并开展多样化活动，促进群团组织

---

① 对山门社区 W 书记的访谈（20200811SM）。
② 对安监办 P 主任的访谈（20200812AJB）。

参与社区治理、发动群众力量、参与矛盾化解，充分调动了各类团体及其成员参与基层社会治理的积极性。

笔者团队在调研中获悉，罗田社区现有户籍人口1442人，外来流动人口6万多人；社区设有慈善帮扶协会、计生协会、老年人协会3家社会组织以及17个社会团体组织，即知青团队、妇女涵养小组、青春家园、统侨服务站、残疾人关爱小组、关工委、社工团队、义工团队、公共法律服务站、馨和家园、篮球队、乒乓球队、瑜伽小组、新时代大讲堂、青少年生力军、环境与物业委员会、绿水青山健步团。以上各社会团体组织涵盖社会各行各业、各类群体，成员人数累计近千人。社区还将上述社会团体组织分别归纳到宣传教育组、团结互助组、服务帮扶组、文体活动组、成长关爱组5个组别，分别确定了各组别的主要负责人，并能够通过线上与线下途径保持常态化沟通与交流。在党建引领下，"大群团"发挥了重要作用，反过来也极大地延展了基层党建的服务范围，提升了基层党建的功能。

三、打造"十分钟党建服务圈"的案例分析

其一，从案例反映的基本理念来看，基层党建工作理念"虚与实"相结合，着眼于解决民生实事问题。"十分钟党建服务圈"的实践，首先秉持"哪里需要党建服务，哪里就有党的工作和党的阵地"的全域党建理念，"党建最重要的就是政治建设，不能把党的建设等同于干党务工作"。[①] 只有做实党建工作，不断凝聚党员干部与人民群众参与基层社会治理的共识和力量，才能发挥基层党组织和党员作用，把组织活力转化为发展活力、把党建优势转化为发展优势。其次以党建服务地图与特色党建路线为基础，将12大类145个党群服务点连接起来，基层党建工作理念不断朝着听实情、办实事、出实效的方向转变，办好办实"四点半课堂"民生项目，积极开展宣传、志愿、文体等多项活动。依托"十分钟党建服务圈"，街道党员带头服务群众，解决民生问题，深入开展"五员进社区"965人次，走访接待群众4936人次、企业161家，收集问题570条、现场解决529条；党员带头听民声，深入基层一线，

---

① 对街道党工委G书记的访谈(20200814DGW)。

解决问题1138个，居民的获得感和体验感得到进一步提升。

其二，从案例追求的主要目标来看，基层党建服务供给"点与面"相结合，有利于提升公共服务的覆盖面。燕罗以党群服务点为基础，把以下几个层面的基层党建服务不断由点拓展到面：第一，基层党员的主动服务与志愿服务。党员干部依托岗位为民众提供公共服务，积极参加志愿服务，夯实了人员队伍支撑基层党建服务的基础。第二，基层社区的政务服务。实现社区24小时自助服务区全覆盖与日常生活高频事项政务服务全天候保障，形成了基层党建强化政务服务的格局。第三，基层群众在文体生活、医疗健康、公共安全等方面的服务需要。通过立足本土文化开展特色活动，引入外部资源实现医疗健康服务有效供给，运用先进技术保障基层公共安全等，实现了基层党建效能转化为基本公共服务。通过这些实践措施，基层党建在服务区域、内容、对象等维度的覆盖面不断扩大，居民的幸福感进一步增强。

其三，从案例采取的多种措施来看，基层党建模式探索"旧与新"相结合，有助于形成具有地域特色的党建机制。一方面是立足原有基础，不断激发基层活力。比如以现代化社区治理为基础，在"一核双建多方联动"的基层社会治理架构中，突出社区党委这个核心，发挥社区党委在基层党建工作中的积极作用；再比如以弘扬洪佛拳、龙舟赛、七星狮等传统文化为基础，推行"党建+文化传承"，保证基层党建要素的本土化融入效果。另一方面是开展探索创新，有效响应民众需求。抓住"十分钟"这个要求，立足便民、惠民的目标，把基层党建工作内容具体化，有效贴近居民生活与工作需要，争取打造涉及更多领域、满足更多需求、解决更多问题的"党建服务圈"。

其四，从案例实践的具体效果来看，基层党建效果评价"内与外"相结合，有助于拉近基层党建与辖区居民的距离。站在内部评价的角度来说，正如燕罗街道相关负责人在接受采访时所说，"这五个'十分钟'基本囊括了街道党群服务的全部内容，完整坚实地支撑起了'十分钟党建服务圈'。通过这五个'十分钟'，可以使党建便民服务圈更加可触可摸可感，从而助推基层社会治理新格局的形成"。[①] 通过党建服务，拉近了基层党建与辖区居民的空间

---

① 对街道党组工部相关人员的访谈（20200810ZGB）。

距离。站在外部评价的角度来说,燕罗街道的"十分钟党建服务圈"颇受好评,比如在《南方日报》2020年7月举办的第三届"以人民为中心——党建引领基层治理"案例征集活动中获得"最具群众获得感案例"的单项奖。这说明燕罗的基层党建实践切实增强了民众的获得感,拉近了基层党建与辖区居民的心理距离。

总之,燕罗街道的"十分钟党建服务圈"协同了基层社会治理中的政府主体、社会主体、市场主体等多样化主体,统筹了人力、服务、社会资本等多样化资源,形成了以党建促进基本公共服务、探索基层社会治理机制、增强民生保障的良好局面。

四、党建引领新冠疫情防控工作的案例分析

正如上述案例所述,燕罗街道新冠肺炎疫情防控取得阶段性的良好成效,最本质的特点和最管用的做法就是将党的领导贯穿于防疫工作全过程,这集中体现在对各类参与疫情防控主体的深度协同上。其一是街道党员领导干部、各类临时党支部与党小组;其二是社区党委、股份公司党支部、机关事业单位党支部、企业党组织以及广大业主与房东;其三是包含园区党委、企业党委党员志愿者服务队的"两新"党组织;其四是工会组织、妇联、团工委等群众性团体组织。多元主体的大范围协同,首先离不开党组织的领导、引导和指导,把党支部、党小组建立在疫情防控第一线,充分发挥党员领导干部的模范带头作用,确保疫情防控的各项部署得以严格贯彻执行。比如在疫情防控初期,尽管防护服等防疫物资缺乏,"我们(综合执法队)按照街道统一部署,还是坚守在防疫一线,当时主要是守卡点、测体温、查车牌,巡查人员密集的酒吧、商店等"。① 其次离不开具体的机制和平台,前者比如"党总支—党支部—党小组"三级领导体系和机制,后者比如"三合一"综合工作平台,"疫情防控,最有效的是'大围合',当时就是通过'三合一'平台进行一体化指挥和处置的",② 以此把党建引领作用切实转化为抗疫防疫效能。

燕罗街道的疫情防控工作还有不少亮点,比如率先建立如图1-4所示的

---

① 对综合执法队Z中队长的访谈(20200813ZFD)。
② 对综治维稳办Y副主任的访谈(20200812WWB)。

疫情防控工作体系，完善从街道—社区（股份合作公司）—工业园区—企业的工作链条，实现组织维度的快速响应。比如在街道指导下的社区自发创新，如升级围合方式：2020年1月23日上午开始以警戒线等简易方式围合，24日升级为铁马式围合管理，25日采取固定式铁丝网围合，至2月3日落实全部社区按2米高的标准加固围合。再比如适应疫情防控的资源需求变化，防疫物资从储备到生产，协调辖区企业，推动厂家、原料、厂房、设备采购"四条腿一起跑"，建成一条口罩生产线，创造了20分钟选址、35小时产品下线的"防疫速度"，把"仓库再大，不如有个工厂"①的目标理念转化为实践保障。这些都体现了党建引领下的基层社会治理有效探索与创新。

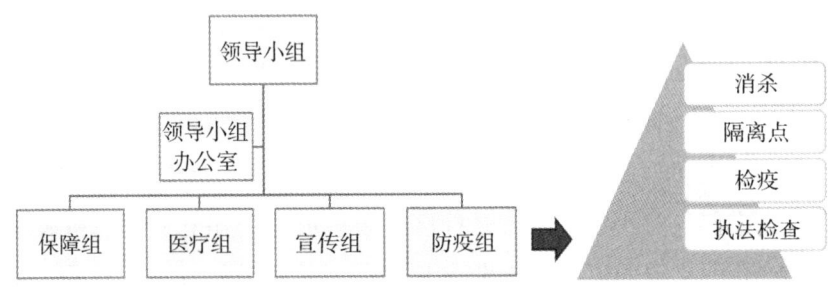

图1-4 燕罗街道疫情防控工作体系

第四节 案例总结

基层社会治理主体的多元化协同，一方面是治理主体多元化，不断发挥专业社团、社区社群、企业组织、社会个体等多元主体的协同作用，形成功能互补、互联互通的治理系统，消除信息孤岛，实现有效治理。② 另一方面是在多元化治理领域通过一系列的治理制度设计与执行来进行高效协同，以确保基层社会治理中的重要问题得到解决、主要诉求得到回应、基本矛盾得

---

① 对街道党工委G书记的访谈记录（20200814DGW）。
② 魏江. 后疫情时期的社会治理多元主体协同体系建设[J]. 科学学研究，2020，38（3）：389.

到化解，其中基层党的建设及其引领作用就是最关键的治理制度基础。只有巩固和加强这个基础，才能把党的领导这一制度优势转化为治理效能。燕罗街道党建引领下重要业务工作的高效率推进，众多"大群团"的高质量参与，数个"服务圈"的高水平打造以及新冠疫情防控的阶段性胜利等，就体现和证明了上述结论。围绕党建引领下的治理主体多元化协同，燕罗的实践案例可以提供以下三个方面的启示：

第一，基层"党建+"是激发基层社会治理活力、调动基层社会治理多元化主体积极性的红色引擎。燕罗街道以党建促业务，以业务促发展，把党建融入基层社会治理多元化主体参与共建、共治与共享活动中，取得了良好成效。在基层社会治理中，应当坚持以居民为中心，用问题导向、实践导向和目标导向来思考、研究和设计"党建+"工作，不断探索"党建+自治""党建+法治""党建+民生""党建+文化""党建+非公"等形式，将党的建设与社区社会事业紧密结合在一起。[①] 所以，基层"党建+"必须结合当地实际情况，解决"加什么"的问题，不能眉毛胡子一把抓，最终可能导致基层党建看似处处都在，但是不务实、不落地的局面。可以在做实做好"党建+"工作的基础上，朝着"+党建"的工作方向和思路转变，因为"党建+"把党建作为抓手和动力，一旦"加什么"的问题没有解决好，这个抓手就可能丧失动力作用。而"+党建"是把党建作为标准和支撑，有助于更好地促使基层社会治理各项工作严格按照党的领导、党的建设、党的宗旨等来推动。

第二，围绕民生和服务抓基层党建是找准基层社会治理着力点、提升基层社会治理满意度的不二法门。燕罗街道以"十分钟"为要求打造的党员、政务、文体、健康和平安服务圈，其出发点和落脚点均在于为辖区民众提供优质服务，进一步回应民生需求、解决民生问题。笔者在检索和整理国内其他地区基层社会治理案例时发现，围绕"党建服务圈"构建，目前至少具有以下两个不同点：一是党建服务圈的时间与空间要求不一样，前者比如"五分钟""八分钟""十分钟""一刻钟""二十分钟"等，后者比如"200 米""300 米""500 米"等。由此可见，不管是哪种标准，都应该强调党建服务的便捷性与响应

---

① 张艳国，李非."党建+"在城市社区治理中的独特功能和实现形式[J].江汉论坛，2018(12)：125.

性。二是党建服务圈的范围和内容不一样，并且呈现出扩大化的趋势，比如涵盖但不限于医疗、健康、养老、法律、就业、创业、政务、文体、治安、警务等领域。这说明党建服务应该聚焦于民生，强调的是其多样性与普惠性。因此，围绕民生和服务抓党建，最重要的是落实、落实再落实，必须结合当地公共服务资源基础和民众需求，运用党建保障服务效率和质量，不断解决民生问题。通过抓党建、抓治理、抓服务，把基层党建、社会治理、公共服务融为一体，党组织挂帅，形成组织间的协作治理网络。①

第三，把基层党建在平时做实、在战时用好是应对基层社会治理风险、将制度优势转化为治理效能的重要途径。从燕罗街道党建引领新冠肺炎疫情防控工作成效来看，正是因为平时抓好了党的建设工作，通过急重险难工作与任务锻炼了党员干部队伍，发挥了党员干部队伍的先锋模范作用，才能够在疫情期间做到将党旗插在防疫工作一线，表现出强大的党组织动员力、执行力与战斗力。相关学者的研究表明，区域化党建针对转型时期的社会结构形态特征，能够在新的时代背景下建构一种执政党与社会的良性互动机制，以重新整合社会，提升社会治理能力，应对社会转型风险。② 所以，基层党建可以在平时状态、战时状态以及两者的转换状态中发挥切实作用，团结一切可以团结的治理主体和参与力量，调动一切可以调动的治理要素和资源，实现基层社会治理风险的早识别、早预警与早处置。真正把党的领导这一中国特色社会主义最本质的特征和最大的制度优势更好地转化为治理效能，为国家长治久安提供最坚实的基础与基层保障。

---

① 曹海军，刘少博. 新时代"党建+城市社区治理创新"：趋势、形态与动力[J]. 社会科学，2020(3)：12.

② 唐文玉. 以区域化党建应对社会转型风险[J]. 理论与改革，2011(5)：43.

第 二 章
责任清单下的治理目标精细化设定

清单制作为一种新型的治理技术工具,尽管在绩效增进方面尚存争议,但不可否认的是,随着时间的推进,它已经从市场治理领域逐步扩展到了政府治理和社会治理领域。从最初的部分地区试点到全国范围内的普遍采纳,清单制在较短的时间内得到了迅速发展。伴随着这一进程,社会治理中的公共服务清单、社区事务准入清单和社区自治清单因其在有效锚定治理目标方面的显著优势,无论在理论界还是实务界都得到了广泛的关注。①

第一节 责任清单:一种新型治理技术

责任清单的内涵建立在对"责任"的分析之上。具体而言,"责任"作为一个颇为复杂的词汇,其语义在不同的情境下也有着不同的内涵。考虑到责任

---

① 彭勃,付建军. 城市基层治理中的清单制:创新逻辑与制度类型学[J]. 行政论坛,2017,24(4):38-45.

清单设立的目的是规范政府行为,因此分析责任清单的基础就是准确理解"行政责任"的内涵。责任清单涉及的行政责任,有多方面、多层次的含义。从广义的层面上看,行政责任是指行政组织为增进公共利益和推动社会发展而承担的应做之事,亦即行政组织的社会义务。[1] 社会义务不仅意味着行政组织做正确的事(to do right thing),即做有利于而不是不利于公众和社会的事,而且意味着正确地做事(to do thing rightly),即按规则而不是不按规则做事。广义的行政责任,既包括积极的责任也包括消极的责任。从狭义层面上看,行政责任是指行政组织及其工作人员因违法或者不当行政所应承担的否定性法律后果,即行政法律责任、消极责任。[2] 行政法意义上的行政责任通常是狭义的。责任清单上的"部门职责""责任事项""责任边界"指的是积极意义上的行政责任,与政府职能、政府义务相对应;而责任清单上的"追责情形"指的是消极意义上的行政责任,即行政组织工作人员违法或者不当行政,需要承担的行政法律责任。从责任种类上看,行政责任包括政治责任、法律责任和道德责任。法律责任又称为行政法律责任;[3] 政治责任因其政治色彩较浓,道德责任因不具有法律强制性,它们通常不适合通过法律途径追究。因此,责任清单所谓责任主要指法律责任。[4]

理解了"责任"的内涵后,我们能够对责任清单有更加深刻明晰的理解。总体而言,责任清单是与权力清单相对的一种新型治理技术。自十八届三中全会以来,在党中央和国务院的大力倡导下,进行政府权力清单制度改革已然成为一种显性要求。为了落实这一要求,各地政府开展了积极行动,根据本地实际纷纷建立了标准化的权力清单制度。与此同时,出于权责对等的原则性考虑,权力清单的建立也对责任清单的同步建立提出了客观要求。从这

---

[1] 陈向芳. 论责任清单制度的价值及其建构路径——基于政策文本的实证分析[J]. 福建农林大学学报(哲学社会科学版), 2015, 18(6): 78-83.

[2] 陈向芳. 基于清单管理模式的政府权责边界构建问题研究[J]. 理论导刊, 2017(1): 4-9.

[3] 陈向芳. 论责任清单制度的价值及其建构路径——基于政策文本的实证分析[J]. 福建农林大学学报(哲学社会科学版), 2015, 18(6): 78-83.

[4] 陈向芳. 论责任清单制度的价值及其建构路径——基于政策文本的实证分析[J]. 福建农林大学学报(哲学社会科学版), 2015, 18(6): 78-83.

个角度来看，权力清单与责任清单是一对伴生物。

责任清单建立的必要性与可能性来源于对权力的责任约束。具体而言，权力清单制度的建立与完善，其目的是"将权力关进制度的笼子"，以规范权力的行使，锁闭权力寻租的空间。权力清单能够以一种条分缕析的方式，对权力的运行进行规范化引导，实际上构成了一种政府的行为准则，并以此作为公众获取有效服务的重要工具，同时有利于维护政府风清气正的良好形象。然而，值得注意的是，尽管权力清单在一定程度上为政府部门的权力行使确立了规范性的依据，但这并不意味着政府的行为会自动朝向积极行使职权、提高工作效率的方向迸发。可以这样理解，如果不对责任进行清晰的规定，权力清单可能会导向政府的不作为，反而影响权力清单预期的实施效果。此外，权力清单的约束界定的是"能够做什么"，而责任清单界定的则是"必须做什么"，两相对比之下，能够明显看出责任清单的刚性约束对于政府的政策执行有着更为直接的影响。

总体而言，"有权必有责，权责需对等"的原则必然要贯彻在权力清单与责任清单的构建过程中，各级政府"要按照权责一致的原则，逐一厘清与行政职权相对应的责任事项，建立责任清单，明确责任主体，健全问责机制"。① 从责任清单的建构理念，或者说建构目标来看，责任政府、服务政府和效能政府是其应有之意，三种理念的叠加，共同赋予了责任清单的丰富内涵和实际价值。

首先，应用责任清单的重要目标是建立责任政府，提升政府治理能力。现代国家中责任政府的源起或可追溯到资产阶级革命后的英国。英国语境下的"责任政府"模式讲求的是政府的执政行为必须得到议会的认可和授权，也就是说，政府需要对议会负责。目前，大多数西方国家也秉承着同样的理念建构这一类型的责任政府，以满足资产阶级的利益诉求。与之不同的是，中国的责任政府是对人民代表大会负责，也就是对广大人民群众负责。具体而言，在中国语境下，"责任政府的要义在于公共权力的行使者必须对公共权力

---

① 中共中央办公厅，国务院办公厅.关于推行地方各级政府工作部门权力清单制度的指导意见[N].光明日报，2015-03-20.

的最终所有者负责"。① 责任清单的应用实现了对责任政府的积极建构。一方面，从政府与人民的关系来看，在对人民负责的客观要求下，责任政府建立的目的是规避有权无责的畸形政府模式。另一方面，全面深化改革也对责任政府的构建提出了新的要求，建立责任政府实际上是提升政府治理能力和水平的重要手段。为了对民众需求进行及时高效地回应，经由责任清单建立责任政府就成为一种必然。

其次，应用责任清单的重要目标是建立服务政府，积极履行公共服务的供给职责。建设服务政府是对"为人民服务"宗旨的贯彻和落地，这就要求政府在服务的各个环节都必然要体现以民为本、以民在先的工作理念。为了满足服务型政府的构建需求，责任清单的应用也成为一种必然手段。实际上，"打造服务政府"这一目标的提出较为明确地规定了责任清单的目标导向和具体内容——服务政府角度的政府责任清单的制定应该以民众的物质文化需求为标准，以政府是否满足民众的需求来判定责任的履行情况。从当前责任清单的实施效果来看，清单的制定和执行基本上贯彻了服务政府的建设导向，在较高的程度上回应了民众的切身需求，体现了公务人员的服务担当。

最后，应用责任清单的重要目标是建立效能政府，确保政府权力使用的效率与质量。何为效能政府？这是一个较为复杂的命题，简单来说，效能政府应该被理解为政府行政的高效与高质，而这也正是建设现代政府的重要目标。进一步来看，提升行政质量的关键在于提升政府能力，因此建设效能政府的努力方向应该聚焦于提升政府的效率与能力。考虑到责任的明晰能够规范和引导政府的行为——明确政府部门的各项职责、规范政府办事的各项流程，因此，责任清单的建立至少能够在效率提高方面部分实现效能政府的建构目标。在提高政府能力上，责任清单的建立不会自动实现政府能力的提升，只有政府部门及其公务人员自觉承担满足居民需求的政府责任，并主动作为，能力的提高才有实现的基础。不过，尽职履行责任清单的过程正是政府不断学习的过程。在这一过程中，政府为了更好满足民众需求，就需要学习和掌握更为先进的管理技能，同时密切与民众的联系与交往，建立更为融洽的政

---

① 陈国权，徐露辉. 责任政府：思想渊源与政制发展[J]. 政法论坛，2008(2)：31-38.

民关系。可以这样理解，责任清单的建立为建立效能政府提供了一个理想的切入口，但责任清单有必要联结其他工具、手段一并使用，才能够达致最为理想的施策效果。更为重要的一点在于，责任清单下的政府责任界定实际上也减轻了不必要的政府负担，而这无疑也为效能政府下政府效率和能力的提高奠定了更为坚实的基础。

进一步而言，从责任清单的价值功能来看。责任清单制度秉承"责任法定""权责一致"的法治理念，追求权责统一的目标，以责任追究来制约权力不作为和乱作为，力争从制度上约束逃避责任的冲动。① 尽管各地政府公布的责任清单在细节方面有所差异，但责任清单的内容大体一致。主要包括三个部分：①责任事项目录，包含部门职责、具体责任事项、实施依据、责任主体等基本要素；②部门之间的责任边界，列明多部门共管事项、主要依据、相关部门的具体责任范围等；③追责情形，即行政机关及其工作人员行政违法和行政不当的各种具体情形。② 从行政法的视角看，责任清单属于政府信息公开行为，而非行政规范性文件。③ 政府制定责任清单，将分散于法律法规和文件中的责任事项、责任情形进行集中梳理，列表并公之于众，主动接受社会监督，其行政伦理本质是从制度层面对政府与社会、市场关系的重新审视和定位。④

行政责任的功能是指国家设置、运用行政责任所可能有的积极社会作用。责任清单与权力清单、负面清单一道，都是全面深化改革大背景下的改革措施，其价值功能蕴涵在全面推进依法治国特别是法治政府和责任政府建设的改革命题当中。从国家治理现代化的角度来看，责任清单的功能包括以下三个方面：

---

① 陈向芳. 论责任清单制度的价值及其建构路径——基于政策文本的实证分析[J]. 福建农林大学学报(哲学社会科学版), 2015, 18(6): 78-83.
② 陈向芳. 论责任清单制度的价值及其建构路径——基于政策文本的实证分析[J]. 福建农林大学学报(哲学社会科学版), 2015, 18(6): 78-83.
③ 周亚越, 张芝雨. 政府责任清单：需要构建完整责任链[J]. 浙江工业大学学报(社会科学版), 2016, 15(3): 287, 292, 327.
④ 陈向芳. 论责任清单制度的价值及其建构路径——基于政策文本的实证分析[J]. 福建农林大学学报(哲学社会科学版), 2015, 18(6): 78-83.

一是指引和规范行政组织行为,警诫潜在违法冲动。通过梳理责任清单目录并予以公开,使得行政组织及其工作人员清楚各自的职责所在,也让广大人民群众、社会组织和团体知道行政组织行为所归所循,以此划定行政组织行为"警戒线",增强全社会的责任政府理念,这一理念的逻辑结果必然是行政组织必须为其行为负责。①

二是明示行政组织责任范围,明确行政组织角色定位。有所不为方能有所为,要想更好地发挥政府的作用,就不能要求政府去做所有的事情。② 我国现在法治建设的根本就是建设有限责任政府,政府的主要职能在于提供公共服务,当前改革的重要内容是建立与市场经济相匹配的有限责任政府。③ 通过制定责任清单,政府首次对责任主体、责任项目、追责情形进行梳理、归类和集中,将隐含在法律文件中的政府责任直观地披露出来。政府责任清单的公布,客观上起到了明示政府责任范围和明确政府角色定位的作用,将政府责任置于社会各界的监督之下。④

三是划分部门责任边界,促进行政归责。具体包括:①行政权力行使的边界,即在合法行为与违法、不当行为之间划清界限;⑤ ②部门之间的职责边界,明确不同部门的职责界限,有利于从制度上解决职能不清、多头领导、政出多门等弊端。⑥ 行政归责即行政责任确认是行政责任落实的逻辑前提,归责的功能在于为责任是否成立寻求依据。行政归责是一个动态的判断过程,主要任务是明确谁必须对何事、何种行为负责以及在什么范围内负责的问题,而责任清单恰恰满足了这个需要。⑦

---

① 高秦伟. 论责任政府与政府责任[J]. 行政论坛, 2001(4): 16-17.
② 张鹏举. 责任政府建设的基本问题及其反思[J]. 党政干部学刊, 2014(11): 34-38.
③ 应松年. 有限责任政府是法治政府建设的根本[N]. 社会科学报, 2014-08-21.
④ 陈向芳. 论责任清单制度的价值及其建构路径——基于政策文本的实证分析[J]. 福建农林大学学报(哲学社会科学版), 2015, 18(6): 78-83.
⑤ 陈向芳. 论责任清单制度的价值及其建构路径——基于政策文本的实证分析[J]. 福建农林大学学报(哲学社会科学版), 2015, 18(6): 78-83.
⑥ 陈向芳. 基于清单管理模式的政府权责边界构建问题研究[J]. 理论导刊, 2017(1): 4-9.
⑦ 陈向芳. 论责任清单制度的价值及其建构路径——基于政策文本的实证分析[J]. 福建农林大学学报(哲学社会科学版), 2015, 18(6): 78-83.

总的来说，责任清单目前已经成为基层社会治理领域逐渐被重视和采纳的一种新型治理技术。尽管责任清单的推行仍以政府为主导，但我们不能否认责任清单对民众需求的回应和对基层社会治理中制度需求的反馈。可以说，正是在责任清单的基础上，责任政府、服务政府和效能政府实现了功能整合和价值归并，由此实现了基层社会治理绩效的提高。

第二节　案例导入

燕罗街道自成立以来，一直十分注重借助责任清单的治理方式实现治理目标的精细化。无论是常规性、长期性的具体工作推进，还是应急性、短期性的重要工作督导，责任清单的应用可以说随处可见，并已经内化为燕罗街道整体性工作体系的一部分。下面将以三个案例对燕罗街道应用责任清单实现治理精细化的过程予以具体地描述和呈现。

一、疫情防控中的治理目标精细化

2020年以来，新冠肺炎疫情的侵袭对经济社会发展和人民群众生活带来了危机。燕罗街道有效防范化解了新冠肺炎疫情带来的风险与挑战，取得了抗疫防疫工作的阶段性胜利。在燕罗街道细密的应对措施中，责任清单的推行为防疫的巨大成就奠定了坚实的基础。具体而言，防疫责任清单由防疫责任体系、防疫工作链条、防疫分区划分等几个部分组成。

防疫责任清单推行的关键在于防疫责任体系的清晰。疫情期间，燕罗街道先后设立1个指挥部、11个工作组、11个专业工作团队，一件工作一个部门负责，职责不交叉，责任到人。层级清晰，专业分类，可操作性强。此外，在燕罗街道的防疫责任体系中，总指挥由街道主要领导担任，指挥部办公室主任和11个工作组组长由副书记和党工委委员担任，11个工作团队主任由街道班子成员担任。高规格配备责任领导，有利于组织协调街道上下总体动员一竿子插到底，有利于物资资源大规模统筹调动直接到位，有利于高效指挥、步调一致、整齐划一、令行禁止。

防疫责任清单推行的重点在于防疫工作链条的完整。疫情期间，考虑到协同行动有助于提升疫情防控的成效，燕罗街道迅速建立了"街道—社区（股份合作公司）—工业园区、企业"的完整工作链条。街道上下整体动员，先后在5个社区、10个股份合作公司、166个工业园区、486家独栋企业，16个城中村全覆盖建立了防疫工作组织架构，分别由各单位一把手担任第一责任人，完善防疫、排查、隔离等责任分工，共涉及898名具体工作责任人。同时，根据防疫情况的变化，燕罗街道还先后增减调整设置医疗、隔离、交通路检、执法巡查、工矿商贸等11个工作团队。在工作过程中，燕罗街道逆向思维，倒推工作，建立大数据研判团队，每天对隔离人员逐个建档、分析评判，倒推劝返、排查、人口数据、路检、检疫闸口工作漏洞92个，并逐一堵塞风险。

防疫责任清单推行的方式在于防疫分区划分的明确。燕罗街道将全街道划分为3道防线；① 绘制街道疫情防控防线、绿区、检疫点分布图，并实行挂图作战。

同时，燕罗街道还成立由社区工作站、派出所、社康中心、网格员组成的"四位一体"防控工作小组，建立5300余个楼栋长守夜人零报告制度，成立楼栋检疫组，落实楼栋长主体责任，全天候24小时值守，每天报告，夯实出租屋楼栋防线。在明确了防疫分区之后，燕罗街道还积极利用现代化的科技手段提高各分区内防疫情况的识别和监测水平。具体而言，燕罗街道利用无人机对五个社区进行依路线巡查，重点对各社区围合口、道路、公共场所等存在的人员聚集、逗留玩乐、翻越围合区、不戴口罩等行为进行劝导、驱散，帮助巡查人员发现"隐情"，推动防疫巡查工作"零死角、全覆盖"。利用大数据、物联网及数据共享技术，实时反馈重点防疫区人员信息及数据分析报告到决策端，开发燕罗街道防疫智慧系统，建立社区检疫自主申报平台，实现零报告无缝衔接对其做好居家观察，严防疫情扩散。

---

① 1. 路检：1个。2. 村：16个；园区及企业：652个（其中园区：166个，园区外企业：486个）。3. 楼栋：5359个；绿区：713个（即干净区，其中社会：46个；园区及企业：652个；工地：15个）；6124个检疫点［其中社会：98个（燕川：34个、罗田：12个、塘下涌：28个、山门：12个、洪桥头：12个］；园区及企业：652个（其中园区：166个，园区外企业：486个）；工地：15个；楼栋：5359个（燕川：1482个、罗田：1056个、塘下涌：1715个、山门：623个、洪桥头：483个）。

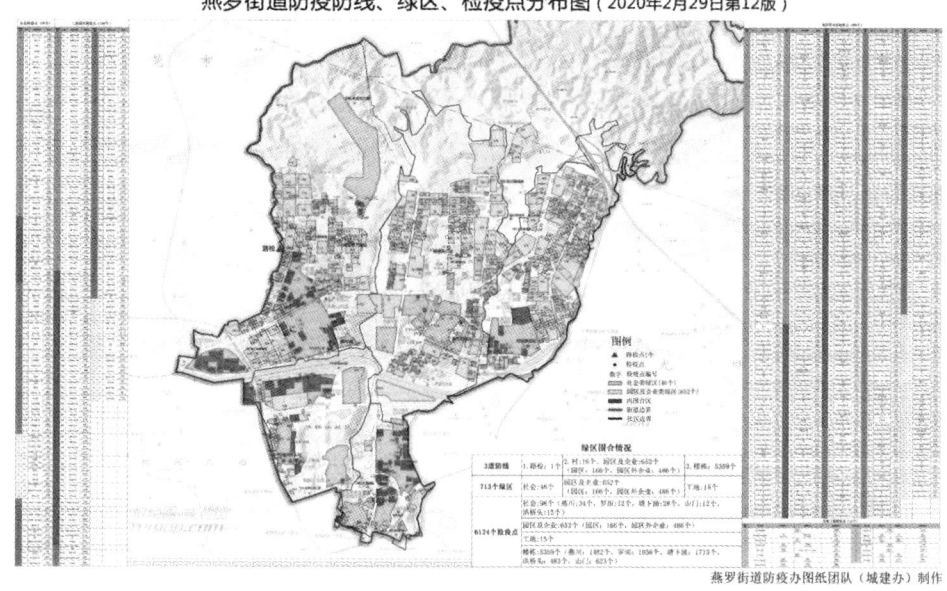

图 2-1　燕罗街道防疫防线、绿区、检疫点分布图

此外,燕罗街道还参照街道 2019 年创文时"条块结合、以块为主"的原则,建立了如前文所述的"11445"工作体系(第一个 1 是指 1 个街道领导小组,第二个 1 是指领导小组办公室,第一个 4 是指防疫组、保障组、医疗组、宣传组 4 个工作组,第二个 4 是指在防疫组下设消杀、隔离点、检疫、执法检查 4 个团队,5 则是指燕罗所辖的 5 个社区)。

在防疫责任清单应用的过程中,燕罗街道综合执法队根据省、市、区及街道指示,结合工作实际,制定了《燕罗综合执法队关于新型冠状病毒肺炎防控工作方案》,并设立疫情防控卡口、社区防疫检查点及企业防疫检查点,全面落实疫情防控工作。日常开展执法检查工作,对违法建设行为、违法经营、私养活禽与贩卖野生动物、疫情期间违规开业等情况进行排查。这可以看作是疫情期间责任清单与具体工作方案结合的典型案例。具体而言,燕罗街道综合执法队在疫情期间主要开展了以下几项工作。

(一)防疫专项工作

第一,成立智慧系统团队。自 2020 年 1 月 25 日开始部署开发电子通行证。该系统针对街道管辖交通卡口、社区、企业三个场景,对流动人员进行测温，为街道监测重点疫区来深人员的工作提供信息化支撑。电子通行证①实行"红名单"动态管控以进一步强化对重点人群的管控。通过该系统，有效实现了检疫工作人员与返深人员的物理隔离以及重点疫区来深人员的快速识别和预警。此外还对信息进行分析，为街道防疫工作提供信息支撑。

前期先行在街道管辖入深交通卡口投入使用，2020年1月28日后又在各社区及工矿企业围合区域检疫点投入使用。截至2020年8月，累计制证144000余人。智慧系统信息团队将重点疫区来深人员信息及时提供给网格工作人员进行核查，对重点人员进行居家隔离或集中观察。系统累计筛选重点人员近1400人，占街道居家隔离或集中观察总人数的78.9%，为燕罗街道防疫工作提供了有力的支持。

第二，设置疫情防控卡口。2020年1月26日，根据街道指示，燕罗综合执法队在辖区内进入深圳的主要路口设立疫情防控卡口（共2处：雄宇路检查点、南光桥底检查点），对入（返）深车辆及人员进行相应的信息登记以及体温检查。1月25日至30日16时期间，塘下涌雄宇路检疫点共检疫车辆3322辆，其中湖北车次54次，其中武汉来抵（返）深车次0辆；检疫人次8233人，其中湖北人次117人，其中武汉籍人次0人；发现发热患者人数0人，其中湖北患者0人，其中武汉来抵（返）深人数0人；运送活畜活禽动物车次1辆（查扣活鸡17只，已无害化处理），参加的街道人数193人次（执法队、劳动办、整治队）、交通局0人次、交警人数42人次、医务人员22人次，派出所73人次、其他人员0人次。根据街道部署，综合执法队1月30日已将雄宇路、南光桥底检查点的检疫工作与交安委办进行交接完毕。

从2002年1月26日大年初二起，综合执法队全员到岗到位，外勤人员划分为三个防控组，实行24小时三班倒，分别在瑞塘路、涌头107路和罗田林场三处设置小卡点，对逆行进入燕罗街道的群众和车辆进行劝导，引导其走大路经过体温检测后进入辖区。截至2020年2月26日，综合执法队三个小卡点共出动执法人员511人次，出动车辆190车次，劝返群众5285人次，劝返车辆2667车次，其中电动车1623车次、自行车844车次，汽车200车

---

① 电子通行证分为蓝色和红色两个版本，蓝色通行证代表情况正常；红色通行证代表来自疫情重点发生地或者正在居家隔离、集中观察人员。

次，发放告知书37份。

第三，成立社区防疫巡查队。2020年2月10日，燕罗街道正式成立社区防疫巡查队，由综合执法队一中队抽调21名执法队员，联合社区，共同开展社区巡查工作。截至3月5日，共出动巡查人员900余人次，出动车辆210车次，巡查街道辖区内农贸市场35家，超市132家，药店57家，餐饮门店273家，便利店117家，商铺315家，公园广场11处，制止群众聚集、聚餐、打牌等115起，劝说群众戴口罩47起。

第四，下沉社区支援防疫工作。T5致和路—广田路交会点、T6恒瑞四路—广田路交会点、T7众福路—广田路交会点、T16众福路—洋涌路交会点4个检疫点共检疫38715人次、16051车次、发热患者1人（由120接走）、湖北籍返深（或经过疫区）7人（社区送至隔离点）等。

（二）日常工作

第一，开展非法养殖、非法贩卖野生动物等情况的排查工作。截至3月5日，共出动执法人员351人次，出动车辆84车次，分别在燕川市场、上山门市场、洪桥头市场及辖区内各个农庄共排查到买卖野生动物，共查处私养家禽6宗，查扣活鸡120只、活鸭8只以及其他活禽34只，送往深圳市城市废物处置中心进行无害化销毁处理。

第二，联合市监、卫监、水务部门组成联合执法团队，对疫情防控期间哄抬防疫物资、生活物资物价的违法行为进行联合执法，对所管辖区店铺及市场加强排查。截至2020年3月5日，共出动592人次，执法车辆579车次，张贴发放各类通知共计1367余份，保证市场商超菜肉等供给充足、价格平稳，防疫物资供应情况无囤积居奇、哄抬物价现象；联合水政监察队检查污水排放情况，行动以来暂未发现乱排放污水的违法行为。

第三，加强市容市貌管理工作。共出动人员514人次、车辆168车次，整改整治各类违法行为128宗，包括：乱摆卖21宗、乱张贴7宗、乱堆放39宗、乱挂晒11宗、超门线62宗、广告灯箱1宗、违法养犬1宗、非法养殖2宗，整治共享单车23处、查扣共享单车12辆、"随手扶"183辆次。

第四，开展烟花爆竹、黑煤气安全排查及流浪乞讨人员等专项工作，对所管辖区内店铺及市场加强排查，共出动执法队员514人次、168车次，排查门店 163 家次，暂未排查到有违规销售、储存烟花爆竹及黑煤气的违法行为。

第五，对辖区内中心区域、车站、公园广场、商场超市等人员密集场所，以及各交通路口、站台、立交桥底等区域全面排查，同时加强路面巡查，排查到流浪乞讨人员 1 人，已移交社会事务组民政部门处理。

第六，防止人员聚集、降低传染风险，共规劝餐饮店和大排档推迟营业 158 家，检查开业商铺防疫情况 25 家次，均已向社区备案，基本符合开业条件，门店卫生防疫问题检查（测温仪、登记等）检查门店 107 家、整改 51 家；劝阻人员聚集 8 处。

第七，公厕、垃圾收集点，检查公厕 14 处、整改问题 2 宗；检查垃圾收集点 40 次，暂未发现问题。

可以说，精密化的责任设定与较为健全的配套保障，成为燕罗街道在疫情防控期间实现"零疑似、零确诊、零感染"的重要凭借。通过清晰的责任体系、完整的工作链条和明确的分区划分，责任清单的实施基础得到了稳步构建，责任清单的实施目标也在逐渐推进的过程中得到了贯彻和落实。经由责任清单链接起来的包括人力、物力、财力等各项资源和疫情防控的繁杂任务紧密交织，共同构成了燕罗街道这一基层行政组织在应急治理方面的现实图景。

二、网格化管理中的治理目标精细化

燕罗街道借助责任清单的方式开展有效治理的另一案例主要体现在网格化管理方面。网格化管理（也可以称为"网格化社会管理"）是指行政组织运用行政手段，将所辖区域划分为若干网格状的管理单元，每个网格指派一名网格管理员对网格中的人与事进行管理。这种管理方式与传统的街居制相结合，成为目前社区治理的主要模式。随着互联网、地理信息系统、无线通信等信息技术和电子设备的大量普及以及管理理念的不断创新，网格化管理在实践中不断更新。[1]

燕罗街道网格化管理方面的责任清单应用首先体现在罗田社区"一格多

---

[1] 吴青熹. 基层社会治理中的政社关系构建与演化逻辑——从网格化管理到网络化服务[J]. 南京大学学报（哲学·人文科学·社会科学），2018，55(6)：117-125.

元"工作的有效实施。

首先，从"一格多元"的工作目标来看，罗田社区按照力量下沉、关口前移的工作要求，以"制度+科技+责任"为依托，坚持"一格多员，捆绑作业"的原则，将部门力量下沉到基层，整合社区工作站、各职能部门、股份合作公司等基层管理力量，定格、定人、定责，实现"网中有格、格中有人、人人有责"，建立"一格多元"网格化管理机制，把问题发现在基层、把整治落实在基层、把监管压实在基层，使问题及隐患"第一时间发现""第一时间处置""第一时间解决"，推动各项工作有序、严谨、可控、高效运行，力争做到"小事不出格、大事不出社区"。

其次，从"一格多元"的网格构建来看，罗田社区在社区48个基础网格的基础上，按"等距离+等任务"原则，综合考量人口规模、地域面积、"三小"场所数量、建筑物数量等，在48个基础网格上，形成18个整治网格。每个整治网格由社区"两委"班子成员、专职管理岗人员、股份公司董事、监事担任网格长，统筹网格内的整治工作，对格内的工作负全面责任；街道下沉的综合执法队、网格综合管理中心、安监办、城管办、劳动办、派出所等相关职能部门工作人员下沉到每个整治网格，实行包干责任制，负责网格内各项工作的具体实施。此外，每个整治网格均包括一个网格长、一个副网格长及若干名组员，共8~11名成员。组员包括：社区工作站工作人员、股份公司工作人员、网格中心、综合整治中队人员。格内大小事务均由网格长负责统筹；副网格长协助网格长开展工作；网格文员负责资料整理汇编；组员需听从格长安排，参与巡查整治。

再次，从"一格多元"的工作内容来看，按照社区网格化管理的分配，网格长各自组织格内人员开展工作。笔者在调研中发现，网格的工作内容主要分为两类：其一是日常工作内容。各网格长要带领网格内人员进行分区化管理，坚持"每半月一会""每半月一巡""每半月一报"的网格化管理制度。即每半月召开一次网格小组会议，针对会议形成的问题进行综合巡查整治，而后以文档的形式进行梳理总结并上报。其中，"每半月一会"由各网格长自主确定开会时间、地点及形式，主要是了解各自网格的基本情况和解决相关问题。"每半月一巡"由各网格长自主确定时间地点组织开展巡查工作，各部门下沉至社区的工作人员与社区工作站、股份合作公司组成工作团队，各司其职，通力合作，对整治格内的出租屋流动人口、治安、查违、城管、安监、消防、计生、卫生防疫、文体旅游、环水等事件进行全方位、全覆盖、无死角的巡查整治，并督促整治格内企业、物业等履行主体责任。"每半月一报"由各网格文员整理上交资料，住宅区、工矿企业区上交既定的分门别类的汇报材料。

其二是专项工作内容。一是专业整治。安监、消防、派出所、交管、交警等职能部门要对职责范围内的专业事件或需要启动行政执法程序的案件进行专业整治。二是突出问题整治。社区定期进行分析研判，针对一段时间内高发或整治率较低的事件，将其列为重点整治对象，由网格长统一调度指挥，格内所有人员服从安排，集中力量进行专项整治。三是联合整治。社区党委定期举行夜巡、安全巡查等联合行动，加强综合执法巡查整治工作；组织所有网格成员每周召开工作例会，对网格内的安全、治安、环境等情况进行总结分析，对短时间内高发或整治率较低的事件，列为重点整治对象，并做出整治措施计划，由社区党委统筹，整合各方执法和整治力量联合整治重点难点问题。

最后，从"一格多元"的管理体系来看，罗田社区主要做了两方面的工作，一是压实网格人员队伍的管理。为打造社区全覆盖智慧型责任网格，由社区党委统筹整合社区专职工作者和街道下沉人员力量，不同队伍互相融合、搭班作业，共同对挂点网格负责；赋予社区党委对格内成员请休假审批权；落实"一片一群"，各网格成员在微信群上及时沟通，做到发现问题马上报告、相关职能队伍马上处理、处理结果马上反馈，不同职能队伍相互配合，做到"一起发现问题、共同解决难题"，进一步加强末梢治理水平。二是建立社区智慧管控指挥中心，将街道智慧管控指挥平台向社区延伸，与社区综治平台、值班室一体化运行。依托社区智慧管控微中心，接入社区视频监控系统，纳入社区应急值班体系，将社区综治、智慧管控、应急值班三位一体整合成一个平台。

从街道层面来看，燕罗街道构建了整体性、精细化的网格管理体系，力求精准落实各项职责。

一是搭建社区网格责任体系。优化网格精细化管理，以现行的基础网格为单位，按照社区地域面积、人口数量和小区楼栋数等将社区划分若干个片区，建立分片包干管理制度，建立工作台账，掌握相关底数，包括人口、三小场所、出租屋、社情民意、社会和自治组织等信息，"两委"班子成员管片，社区专职工作者、下沉队伍入格，分片包干，明确责任。

二是做实区域化党建网格建设工作。对接智慧宝安管控平台系统、宝安通APP、市党建信息系统和党代表系统，录入并完善宝安区域化党建网格系统的党员信息，形成全覆盖信息联网管理体系，实时展示街道党建各项指标运行情况和5个社区中党组织和党员最新信息。

同时，网格中心还会主动对责任清单以外的事项进行延伸性的服务拓展。网格综合管理中心的L副主任在访谈中以街道的房屋出租事项向笔者团队举例：

> 以前群众办理租赁业务，三个工作日就要给群众办事的回复，后面为了减少群众的等待时间，我们就改革，只要你资料齐全，在网上我们就立刻进行审批，给证；如果材料不符合，我们也会通过政务网告诉群众哪些手续不符合。这样的话，就极大地方便了群众。我们是分住宅类和非住宅类，住宅类一般要提供甲乙双方的身份证，只要提供的材料是符合的，我们就通知前台办理。如果没有时间，我们也可以通过快递投送。我们也有网格，如果群众需要，但来不了大厅或是年纪大的，不会网上办理，那么我们网格员会去他们的出租屋，服务前移，服务到家，帮他们进行租赁合同手续的办理。还有就是每个街道，我们也把租赁和党建结合起来，因为我们很多党员也是业务骨干，我们就是这样来推动辖区工作。至于出租编码卡的办理，第一次拿编码卡我们就会一次完全审核好相关材料，这样以后办理就不用每次还要拿身份证、房产证等相关材料过来。

此外，网格化管理尽管主要为应对常规性事务而设立，但是在发生应急事项时，网格化管理同样承担了重要的职责，而这些职责可能外化于责任清单而成为内生性的工作职责。如燕罗街道的女子网格巡查中队就在疫情防控中发挥了重要的作用：

> 女子网格巡查中队，有 18 名队员，其中女性 15 名。今年中队防疫工作也做得很出色，被评为广东省妇联和卫健委的防疫典型，现在正在创深圳巾帼文明标兵岗。她们利用她们的细心，发现了很多不起眼的安全隐患，也协助公安抓住了网上通缉的逃犯。这次防疫也是服务居民，服务到家，把居民日常生活所需的物品送到家门口。因为防疫期间物资比较紧缺，为了节省物资，我们是穿着雨衣干活的，回来一看，队员们全都是汗，完全湿漉漉地回来。①

三、创建文明城市中的治理目标精细化

社会主义核心价值观作为社会主义根本的价值理想、价值原则和价值规范，是中国特色社会主义软实力的核心和中华民族安身立命之根本。党的十八大提出的社会主义核心价值观，既深刻反映了社会主义中国新时期的价值理念，更是五千年中华优秀传统文化的传承与发展。在全国文明城市创建的过程中践行社会主义核心价值观，凸显了中国话语、中国特色和中国精神，从而使之成为全体人民的"心灵习惯"。因此，创建全国文明城市必须紧紧抓住培育和践行社会主义核心价值观这个根本，使之与创建文明城市工作相辅相成、相得益彰。②自 2005 年获评首届全国文明城市以来，深圳已连续五次获得"全国文明城市"称号。为了延续这样的优良"传统"，进一步弘扬社会主义核心价值观，深圳市全力争创第六届全国文明城市。作为深圳的西北门户，燕罗街道也面临着较大的创文压力。在这样的背景下，为了取得创文的胜利，燕罗街道也在创文领域以责任清单的思路开展了有效治理。

在创文具体举措方面，安监办的 H 副主任向笔者团队介绍："创文方面，

---

① 对网格综合管理中心 C 主任的访谈(20200811WGZX)。
② 杜仕菊，程明月. 文明城市创建：践行社会主义核心价值观的引擎[J]. 华东理工大学学报(社会科学版)，2016，31(6)：70-74.

我们有一整套的措施方案，巡查员负责的领域，比如门前三包等，都是需要做好的。在消防方面，将消防安全办挂在我们安监办，采取定期巡查维护措施。宣传标语的更新也是我们负责。按照街道的部署，我们对几个市场进行消防安全的督导检查，如果发现了就是要进行整改。按照书记的话说，就是'像绣花针一样，深耕细作，把工作做好'。"①

在创文的创新亮点方面，团工委的工作人员向笔者团队介绍："一个创新点就是志愿者参与创文。创文的话，我们街道专门开会，成立了9支创文服务队伍，通过近期集中开展志愿活动，协助街道创文。志愿者尽量从组织架构等方面确保可以长期参与。团委根据街道创文领导小组精神统筹志愿活动，2019年成立了街道义工联这个社会组织，目前创文的志愿者队伍大概200人，每周2~3场专门的志愿服务，比如清理牛皮癣、发放致居民的一封信等。具体来说，每天都会组织义工开展垃圾分类督导、亲子义工、环保义工、心理咨询、疫情防控等多方面的志愿队伍共同将卫生死角变成亲子型的社区小花园。但当前还是面临着青年参与社会治理难、志愿服务还需要提升的问题。"②

在创文的工作体系方面，街道工作人员向笔者团队介绍："创文就让所有部门联系起来，大家一起干，形成体系，'六位一体'变成了'九位一体'，把工作抓起来。通过创文把标准提高，以后就在标准上建设。以前我们是城中村，甚至是'村中村'，所以如何把这个'村中村'治理好，我们这两年也花了很大的精力和功夫。书记经常说'干净的地方就安全'。现在的问题是，创了这么多年文明城市，怎么还在创文，你创好了不就可以了？以后按照这个机制和标准保持就行了嘛。这两年大家都还是感觉环境卫生、社会治安等都有很大的改善和进步。""到了基层都是具体的事儿，创文那会儿，六七点阿姨们都扫完地了，但到了上班时间，又有很多垃圾。我们就是'每小时巡查'，你自己的一亩三分地你要负责全天候干净，如果做不到，按照公司要求扣钱。书记经常讲'点的突破、面的巩固、质的提升'。就是先解决一个个案，然后推开，最后总结提升、制度化，拿来就能用。我们把宣传、消防等八九个口

---

① 对安监办相关负责人的访谈（20200812-AJB）。
② 对团工委相关负责人的访谈（20200812-TGW）。

的工作都放在创文这个体系下面，齐头并进，反倒是能够做好了。包括防疫，我们也是这么干，就是工作体系化。今年，我们去检查创文，以前卫生间卫生纸、洗手液都没有，今年把标准具体化，不能有水渍、纸要配齐，只要认字，都能看懂'什么是干净'。"①

同时，街道工作部门与社区之间协调配合，也成为实现创文责任清单落实的重要举措。主抓创文的街道工作人员向笔者团队表示："我们在创文的公共秩序、市容这方面做得多一些。这么大街道光靠我们不行，还需要社区配合。平时，我们的市容分队分了很多小组，对辖区的主干道、背街小巷进行巡查，看到乱摆放、乱张贴，是必须要管的。因为你平时严得管，到了创文阶段，业主们就有意识，不会乱来。另外，就是共享单车的管理。由于燕罗主要是哈啰单车，我们经常约谈哈啰公司，包括投放点的设置、人员运力有没有到位、巡查的频次等，我们都有要求。我们和企业对接，要求他们做好，一旦他们没有按照我们的要求做，我们就去执法。"②

此外，创文责任清单的落实在实践中遇到了一些阻碍。由于创文对环境卫生提出了较高的要求，因此"地摊经济"对环境和秩序的潜在影响可能会与创文要求产生冲突。针对这种情况，执法大队的负责人表示："像疫情后搞地摊经济，很多业主就会说，国家和中央都支持我们，你们管我们干吗？同时市里也开会了，要求我们文明执法，对于首犯的，以教育为主；累犯的，必须查，但也要考虑文明执法。所以当时我们也是一直在商讨，我们怎么去平衡地摊经济和创文。市里说，创文期间是必须严格执法。针对地摊经济，市里也开过会，主要领导也强调过深圳作为大都市，不宜盲目搞地摊经济，所以我们这边提地摊经济比较少。"③

总的来说，尽管创文期间责任清单的推行在实践中遇到了一些障碍，但责任清单的稳步落实对于提升居住环境质量、营造良好社会风气的确起到了积极的作用，因而受到了燕罗街道相关工作人员的认同。

---

① 对组工部相关负责人的访谈（20200814-ZGB）。
② 对执法大队相关负责人的访谈（20200813-ZFDD）。
③ 对执法大队相关负责人的访谈（20200813-ZFDD）。

第三节 案例分析

从以上两个案例可以看出，责任清单作为一种有效的治理技术与治理方式，已经在社会治理现代化的过程中得到了全面贯彻与应用。目标分解下的任务推进极大地提升了治理绩效。从燕罗街道的治理情况来看，防疫和网格化分别代表了责任清单应用的突发事项和一般事项。此外，燕罗街道在创文和系统性社区治理的过程中也同样进行了细致的任务分解。以系统性的社区治理为例，燕罗街道设置了48项治理任务分解表，内容涉及强化社区党委领导、构建职能架构体系、优化力量下沉配置等多个方面，每一项具体的任务都有相应的完成时限、责任单位与之相对应，如表2-1所示。

表2-1 社区治理各项任务分解表

序号	事项	完成时限	责任单位	备注
1	畅通社会监督渠道、加强社区党风廉政建设；对街道各职能部门把关不严造成社区党委不能有效行使"四项权力"的进行责任追究	长期推进	纪检审计办	
2	社区股份合作公司集体资产管理委员会主任由社区党委书记兼任、二级股份合作公司集体资产管理委员会主任由社区党委委员兼任，董事长候选人原则上应为中共党员	长期推进	集体资产办、各社区	集体资产办牵头
3	探索建立将社区集体经济的使用支配权赋予社区党委的机制，对社区集体股份收益的使用，需经集体资产管理委员会动议，由社区党委、居委会、工作站、股份合作公司、集体资产管理委员会、监事会组成联席会议集体研究决定	5月底前	集体资产办	

续表

序号	事项	完成时限	责任单位	备注
4	在继续深入发展洪桥头社区"党建+洪拳"的党建+360°服务模式基础上，推出燕川社区"党建+志愿者先锋"、罗田社区"党建+青少年生力军"、塘下涌社区"党建+比麟堂"、山门社区"党建+七星狮"的"党建+文化传承"活动项目	9月底前	组织人事部、党建服务中心、各社区	组织人事部牵头
5	探索成立"园区党校"，开展"党建+安全生产""党建+和谐劳资关系"等活动	10月底前	组织人事部	
6	在"一办两平台"的基础上，进一步细化设置5个功能组。一是综合办（不再细分组），由社区委员直管；二是党群服务平台，由社区副书记统筹，下设党群共建组、综合窗口组2个功能组；三是综治平台（综治中心），由社区副书记统筹，下设综治维稳组、城管市容组2个功能组	4月底前	各社区	
7	在整合社区政务综合窗口事项和党群服务中心窗口事项的基础上，将目前社区两个窗口合二为一，实现"一站式"服务	5月底前	党工委办（政务办）、党建服务中心、各社区	党工委办（政务办）牵头
8	逐步丰富事项服务种类，提升窗口服务质量，引进自助服务终端、智能评价器、PAD等现代化设备，打造社区政务管理服务综合性智慧化平台	11月底前	党工委办（政务办）、各社区	党工委办（政务办）牵头
9	规范居务监督委员会运作机制，建立健全社区居民议事会制度，鼓励居民积极参与社区事务	5月底前	社会事务办	

续表

序号	事项	完成时限	责任单位	备注
10	设立社区矛盾纠纷调解工作室，从社区退休老干部、老党员等人员中物色和培养"义务调解员"	6月底前	司法所	
11	发挥社区基金会作用，以社区邻里节为载体，开展形式多样的邻里互助活动	长期推进	社会事务办	
12	建立加大学习型社区建设力度的机制	5月底前	党建服务中心	
13	鼓励社区成立丰富群众精神生活的社会组织、团体、协会，建立常态化的管理和运作机制	长期推进	社会事务办	
14	通过购买服务方式引入法律专业团队，为社区居民提供公共法律服务	5月底前	司法所	
15	一个社区聘请一名心理咨询师	5月底前	社会事务办	
16	一个社区聘请一名以上禁毒社工	5月底前	综治办	
17	做好"民生微实事"的实施，做好项目征集、评议、确定、实施、验收工作，加大对民生资源薄弱地方的投入；加强社区"民生微实事"经费保障	11月底前	组织人事部、社会事务办、集体资产办、城建办、各社区	组织人事部牵头
18	依托党群服务中心设置群众接待、矛盾纠纷调处、心理咨询等功能区域，场所建设面积控制在300~500平方米	8月底前	党建服务中心、各社区	党建服务中心牵头
19	以现行的基础网格为单位，按照社区地域面积、人口数量和小区楼栋数等将社区划分若干个片区，建立分片包干管理制度	4月底	各社区、执法队、安监办、网格管理中心	各社区牵头

续表

序号	事项	完成时限	责任单位	备注
20	由社区党委统筹整合社区专职工作者和街道下沉人员力量,落实"一片一群",各网格成员在微信群上及时沟通,做到发现问题马上报告、相关职能队伍马上处理、处理结果马上反馈,加强末梢治理水平	长期推进	各社区、执法队、安监办、网格管理中心	各社区牵头
21	落实网格日常整治、专业整治、联合整治机制,确保"小事不出格、大事不出社区"	长期推进	各社区、执法队、安监办、网格管理中心	各社区牵头
22	优化巡、拨、办、督机制,根据实际情况对巡查事项进行优化;根据实有事件的发生规律和季节变化,对巡查频次进行优化;按照"谁上报、谁核查"的原则对系统推送已整治的事件进行核查,对于网格员核查不通过的事件退回整治	长期推进	网格管理中心	
23	打造社区综治、智慧管控、应急值班三位一体平台	6月底	党工委办(管控中心)、各社区	党工委办(管控中心)牵头
24	做实区域化党建网格建设工作	长期推进	组织人事部	
25	街道各社区挂点领导每周应至少安排1天时间到社区现场办公,协调解决社区在实际工作中遇到的困难与问题	长期推进	各挂点部门	
26	做好"五员"下社区工作	长期推进	组织人事部	
27	推动社区综合整治队、安监、网格3支队伍下沉到社区,由公职人员或业务骨干带队	3月底前	组织人事部、执法队、安监办、网格管理中心	组织人事部牵头
28	城管办指定1名社区联络员,负责社区与部门之间的沟通协调,确保政令畅通	3月底前	城管办	

续表

序号	事项	完成时限	责任单位	备注
29	劳动办指定1名社区联络员,负责社区与部门之间的沟通协调,确保政令畅通	3月底前	劳动办	
30	社区党委对社区综合整治队伍年度考核比重不低于70%;其余人员队伍,社区党委考核比重不低于50%。考核结果作为评优评先、选拔重用和绩效工资发放的重要依据	每年年底	组织人事部、执法队、安监办、网格管理中心、各社区	组织人事部牵头
31	加强下沉人员管理,建立周例会、月交流会制度,其中周例会主要是各单位下沉人员的总结交流会议,月交流会是社区所有人员包括专职工作人员和下沉人员的总结交流会议	长期推进	各社区	
32	鼓励有条件的股份合作公司支持和参与社区公共服务	长期推进	集体资产办	
33	制定工厂企业、物业管理公司、保洁企业、出租屋业主、楼栋长、承租户以及各类经营商户在治安、消防、安全、城管等方面的责任清单,并多渠道公告公示,明确各类社会主体的主体责任	4月底	综治办、安监办、城管办、网格管理中心	
34	优化购买社区清扫保洁服务管理考核机制	4月底	城管办	
35	提出加强对物业小区的监督检查的具体措施	4月底	城建办	
36	开展星级评定、每季评比等工作;对"村改居"小区开展"以奖代补"考核工作,对排名靠后的物业小区、物业服务企业进行通报公示	长期推进	城建办	

续表

序号	事项	完成时限	责任单位	备注
37	督促出租屋业主、工业区经营者配备专职楼栋长；在商品房楼栋组建兼职楼栋长	5月底前	网格管理中心、安监办、城建办	
38	依托各社区党群服务中心，设立新时代讲习所和说事评理中心	5月底前	党建服务中心、社会事务办、各社区	党建服务中心牵头
39	对现有社区工作人员完成过渡	5月底前	组织人事部	
40	对除上级文件认定的、通过考核考试完成过渡的社区专职工作人员以外的人员进行清理，对原额外人员或无财政预算保障的人员建立分流退出机制	2019年年底前	各社区	
41	制订社区专职工作者绩效工资考核办法	6月底前	组织人事部	
42	制订社区专职工作者培训计划，分批次开展人员培训	11月底前	组织人事部	
43	完成社区经费项目调整及使用审批流程优化，明确经费审批权限和开支范围	5月底前	集体资产管理办	
44	妥善安排好街道机关下沉人员的办公场所、用餐需求、办公设备等	6月底前	集体资产管理办、行政事务服务中心（后勤）、各社区	各社区牵头
45	做好车辆保障，为每个社区配备2台执法整治车辆	6月底前	行政事务服务中心（后勤）	
46	各社区工作小组督促和指导各社区开展现代化社区治理体系建设工作，每周向街道工作领导小组办公室报送《工作简报》	长期推进	各社区工作小组	
47	及时对社区治理工作推进的情况进行跟踪报道	长期推进	宣传工作部	

续表

序号	事项	完成时限	责任单位	备注
48	街道督查室要将各单位开展现代化社区治理体系建设工作的情况纳入督办系统，建立督促检查、跟踪问效制度，对各单位工作推进、责任落实情况进行督查督办	长期推进	党工委办	

将视角转回到上述两个案例。无论是疫情防控抑或网格化的职能配置，燕罗之所以能取得显著成效的重要原因都需要我们细致地予以探究。具体而言，案例中亟待关注的主要问题在于：为什么燕罗街道能够通过责任清单的应用实现社会治理绩效的提高？特别是在疫情防控这一问题上，在客观条件不利的情况下实现辖区"零疑似、零确诊、零感染"殊为不易，尽管我们不能将达成这一目标的"功劳"全部归于责任清单的应用，但不可否认的是，无论从何种角度来看，责任清单的应用都成为燕罗街道阻击疫情的一柄"利器"。因此，对责任清单应用的具体案例进行剖析将为基层社会治理现代化的绩效提升作出一定贡献。

具体而言，案例中的责任清单应用有其具体指向，但是抛却具体的事项，我们能够明显地感知到其根本目的在于实现"社区治理精细化"，并以精细化的统筹方式实现具体事项的合理应对。何为"社区治理精细化"？习近平总书记在2017年第十二届全国人民代表大会第五次会议上海市代表团全体会议上指出："城市管理应该像绣花一样精细。"这意味着"社区治理精细化"应该成为社区治理中的规范化、精准化治理模式，其发展方向应该是社区治理中的多元主体共同决定，但最主要的应该由社区和居民决定，因为他们是真实感受社区治理成效的受体。进一步来讲，社区治理精细化是在多元需求的催生下应运而生的，多元需求所具有的广泛和差异以及社区治理事项的繁杂共同引导了社区治理精细化的推进方向。与既往粗放的治理模式不同，精细化要求的就是治理目标的明确化、治理内容的全面化、治理方式的多样化、治过程的精细化。① 社区精细化治理的根本前提和价值理念是"以人民为中心"，实现路径则是"共建共治共享"。此外，精细化的社区治理还要求依据专业标准选用专业人才，以信息化和资源共享等现代化的手段推进具体工作。案例中燕罗街道具体工作的开展基本上较为完整地体现出人本化、智能化和多元化的特点，而这些特点正是社区治理精细化内涵下的具体要求。

首先是人本化。在社区治理的内涵未被广泛宣传和采纳的时期，社区存在的目的就是为了维护社会稳定。新时期社区治理的概念已经远远超出了社区管理的指涉范围，以人为本、满足多元主体需求才是能够长期存续的价值理念。为此，相关部门应在这一价值理念下不断优化社区治理的方式方法，以适应多元主体需求的变化，特别是要实现居民满意度的提高，促进人的全面和可持续发展，并将这些要素作为衡量社区治理工作绩效的首要标准。在具体的落实中，人本化的要求主要体现在政策落实的过程必须首先考虑居民需求的满足，而不能将其外生为政策执行的附加效果。相关部门需要以居民满意度和幸福感作为各项工作的起点，并通过各种措施鼓励以居民为代表的多元主体参与社区治理。实际上，以人为本或者说以人民为中心就是一个追求公共利益实现的过程，公共利益集中表现为居民的各种利益诉求，而积极回应居民的合理诉求，也就是实现公共利益的过程。从燕罗街道阻击疫情的具体情况来看，防疫防线、绿区、检疫点的设置就极大地体现了以人民为中心的价值理念。面对新冠疫情的肆虐，如果不通过严格的点位设置来预防可能发生的危险情况，不通过细致的责任认定来确定工作人员的职责义务，稍有不慎就会对人民群众的安全造成极大地损害。为此，人本化对精细化的社区治理提出了原则性的要求，二者在责任清单的应用上实现了重合。

其次是智能化。随着信息技术的快速发展，运用智能化的信息技术促进社区精细化治理也成为一种不可或缺的手段。运用云计算、大数据、GPS 以及 GIS 技术建立起一个资源共享的数据库或信息平台，实现信息汇总整合与共享互通。现代信息技术与社区治理相结合，扩大了信息来源，增强了信息反馈的时效性，一定程度上提高了精细化的治理水平。在燕罗街道的疫情防

---

① 刘亚梅，武育芝. 城市社区精细化治理内涵及模式研究[J]. 中国管理信息化，2019，22(16)：205-206.

控体系中，智能化手段也得到了大规模的应用。如前所述，燕罗街道利用无人机对五个社区进行依路线巡查，重点对各社区围合口、道路、公共场所等存在的人员聚集，逗留玩乐，翻越围合区，不戴口罩等行为进行劝导、驱散，帮助巡查人员发现"隐情"，推动防疫巡查工作"零死角、全覆盖"。利用大数据、物联网及数据共享技术，实时反馈重点防疫区人员信息及数据分析报告到决策端，开发燕罗街道防疫智慧系统，建立社区检疫自主申报平台，实现零报告无缝衔接对其做好居家观察，严防疫情扩散。此外，网格化的管理手段更不必言，智慧型责任网格的全覆盖是燕罗街道借助智能化手段开展有效治理的典型实践。可以说，正是智能化手段的普遍运用，减轻了街道和社区工作人员的任务负担，为责任清单的落实提供了有效助益。

最后，社区精细化治理不再单纯通过政府的行政手段进行管理，而是采取政府各层级、各部门、社会组织以及个人共同参与的治理模式。多元主体发挥优势共同参与、各司其职，在治理过程中相互监督，提升社区治理水平。从这个角度来看，在疫情防控、网格管理和创文行动中，多元主体的参与已成为一种实然趋势。特别是在疫情防控中，由于选点范围较大，加之街道人力资源有限，因此企业和居民也积极地参与了防疫点位的坚守和巡查工作。为数众多的企业和居民还自发组织了抗疫志愿服务队，积极奔赴抗疫一线从事各项工作，多元主体的合力作用在疫情防控中得到了全面展现。

对案例进行进一步考察，能够发现燕罗街道在社会治理方面的有效性得到了极大彰显。特别是在疫情防控期间，社区的封闭式管理概念借助于网格化明确的空间划分，促成了包括疫情宣传、排查、防控及上报责任在社区这一最小治理单元的落实。实际上，社区作为社会治理的基本单元，其治理效果直接关系到党和国家大政方针政策落实程度，关系到居民群众的切身利益以及城乡基层的社会和谐稳定发展大局。结合既有的理论和调研燕罗社区治理的实践案例，本章将进一步从参与主体、制度机制、资源配置三个维度分析各社区在抗疫中应用责任清单治理的有效性。[1]

第一，从主体参与的有效性来看。首先，行政主导自然是占据首要地位。

---

[1] 易外庚，方芳，程秀敏. 重大疫情防控中社区治理有效性观察与思考[J]. 江西社会科学，2020，40(3)：16-24.

从历史经验来看，在突发公共卫生事件的影响下，行政组织的作用是关键的，尤其是在危机中社会群体心理混乱的状态下，街道一级行政组织在疫情管控的政策执行、信息提供、社区公共产品服务等方面扮演着十分重要的角色。在调研中发现，为了防止可能出现的感染病例，燕罗街道在很短的时间内，完成了防疫工作方面的全面部署，并且让其运转起来，减轻社区居民的恐慌心理，同时提供了一系列的便民公共服务，稳住了社区的局势，取得了良好的抗疫效果。各个社区在街道的统一指导和部署安排下，第一时间成立了疫情防控小组，采取了封闭式管理、地毯式排查等防控措施，实现零确诊、零疑似，防疫效果显著。

其次是基层党组织和党员的先锋模范作用。面对疫情，全街道各党组织和广大党员干部主动请战，坚守在联防联控第一线，坚守在各自的工作岗位，让党旗高高地飘扬在"抗疫"的一线。此次调研的社区第一时间发挥了党支部和党员的先锋模范作用，各社区党员积极参与到人员排查登记、测量体温、宣传引导、卡点值守等一系列抗疫工作中。通过坚守在抗疫最前线，发挥党的领导作用，引领更多的社区居民参与到社区治理过程中，提升了社区的主体参与度。

最后是社区居民主人翁式的参与。行政组织与社区居民及其组成的社区自治组织关系，关乎多元协商治理的质量。只有社区自治组织作为主动参与的主体并秉承着理性负责的态度来参与社区治理，才能促成合力作用的发挥，助力完成社区的有效治理。此次调研的燕罗街道多个社区就充分发挥了各方的作用，燕川、罗田、山门、洪桥头和塘下涌社区居民主动参与疫情防控，自愿扛起抗疫责任。由此可见，以上社区充分发挥了居民自治作用，为此次防疫工作良好效果的取得发挥了重要作用。

第二，从制度机制的有效性来看。首先，全国性统一的防疫机制自然是疫情防控中的主导性和原则性制度，这也是防疫责任清单的根本遵循。本书所调研的所有社区均按照突发公共卫生事件一级响应机制的要求，实行了疫情时期的工作部署。国家层面的法律保障和机制保障，为抗疫社区的有效治理提供了强力支撑。

其次，广东省、深圳市和宝安区围绕疫情防控出台了很多指导性政策，这些政策成为燕罗街道实施有效防控的具体依据。调研发现，疫情发生后，燕罗街道各社区都在严格落实疫情防控措施，加强对流动人口的管理，实施交通卫生检疫，开展群防群治。本地防疫制度的完善与机制的建立为社区抗疫取得良好成果发挥了不可替代的作用。

最后，社区内部的机制建设对于社区治理起着至关重要的作用，社区内部的沟通机制建设更是重中之重，尤其是在城市社区中异常明显，甚至直接影响到社区治理质量。调研发现，此次疫情发生之后，燕罗街道迅速在各社区成立疫情防控工作小组，由各社区主要负责人挂帅，调集所有资源投入到防疫攻坚战当中，社区干部通过以往的沟通机制比如社区议事会、微信群，使社区各部门、各主体拧成一股绳。对于社区人员进出管理，社区通过机制创新，实现了在防疫要求下对居民的正常生活的影响降到最低限度。由于社区是直接面对大众，掌握的实际情况比上级政府更多，因此其内部针对本社区实际情况制定的规则和机制有利于实现更有效的治理。

第三，从资源配置的有效性来看。首先是社区治理"硬"资源的使用。社区的很多问题在社区微信群、QQ群、社区信息采集、社区大数据、视频监控等新技术方式的帮助下，可以更好、更有效地解决。在此次疫情防控过程中，燕罗街道各社区采用新技术为社区的有效治理提供必要的技术保障，高清摄像头、"一屏全控"系统、综治平台等得到了广泛的使用，既实现了问题的快速有效处理，也减少了社区人员工作量和感染风险，为疫情时期社区的有效治理提供了技术保障。社区管理中不再使用一张纸、一支笔的传统登记方式，而是通过扫描二维码、微信小程序等方式进行实时录入汇总，最大限度地避免近距离接触而产生的交叉感染风险。街道和社区通过微信群及时发布疫情动态，让多数居民能够第一时间把握疫情情况，及时做好防护，避免恐慌。特殊时期，燕罗通过一系列的技术手段，大大提高了社区治理的有效性。

其次是社区治理"软"资源的使用。人的作用是关键性的，硬件的良好运行，需要优质的软件作为支撑，社会治理现代化需要重视人力资源建设。社区工作人员不仅要处理社区的日常事务，还要调节社区内居民关系，处理突发事件，社区工作人员的能力越强，社区工作开展会越顺利。在此次调研中发现，大多数社区工作人员政治意识强，应急反应快，人员调度合理，为社区疫情防控取得良好的效果提供了保证。燕罗街道各社区在疫情发生后的第一时间，严格按照街道部署执行了封闭式管理的决定，尽管少数社区居民有抵触心理，但是经过社区工作人员的耐心解释和劝导，最终居民们都理解和支持特殊时期的这一做法。街道书记带头，坚持卡点值守、上门排查、体温测量、劝散聚众等疫情防控管理，为燕罗街道实现零感染作出了重要贡献。此外，在这次疫情防控中，网格员发挥了特殊的作用，网格员在采集录入人口、出行等基础信息，及时排查安全隐患动态信息，开展疫情防控宣传、医疗物资及生活用品保障服务等方面，帮助完成了针对空巢老人、孤寡老人、残疾人等特殊群体的大量的疫情管控和协助管理等工作。网格员克服居住分散、排查难度大、信息变化快、人手有限等诸多困难，在疫情信息收集、流动人员管理、卡点值守人员召集等公共服务方面付出了努力。

第四节 案例总结

通观燕罗街道以责任清单实现治理目标精细化的相关举措，我们认为这些举措中体现的共性价值具有一定的借鉴和推广意义。具体而言，至少可以在以下两个方面借鉴燕罗街道的有益做法。

一是实现多元主体在社区层面的协作治理。社区层面的协作治理是指基层行政组织、社区、企业、社会组织、社工、居民等多元主体在社区场域内形成联动网络，实现资源共享、优势互补、分工合作、平等协商的伙伴治理关系，并在此基础上有效回应社区问题和居民需求，推动社区发展。协作治理具备社区问题与需求回应所应有的现实基础。与此同时，社区层面的协作治理也面临着发展困境。从燕罗街道的治理实践来看，在建立共识、明确边界、联动机制与平台创建这三个维度上发力，有助于发挥协作治理在绩效提高方面的巨大作用。

首先就建立共识而言，整合多元治理主体的不同目标定位和行动理念以建立共识，这是协作治理格局生成与发展的重要前提。[①] 在目标定位层面，

---

① 张开云，叶浣儿，徐玉霞. 多元联动治理：逻辑、困境及其消解[J]. 中国行政管理，2017(6)：24-29.

社区治理的"美好"目标应该是"居民为本""社区为本"的"善治"。一是一致的目标定位应该建立在对居民需求和社区公共问题研判基础上综合考量而形成。二是一致的目标定位应该是通过多元主体、多元平台和多元机制的合力来推动社区发展，提升社区意识，增进居民福祉。三是一致的目标定位应该是有利于对社区居民"增权赋能"，从而有助于提升社区居民的参与力和自治力。① 在价值理念层面，助人自助等行动理念能有效促进协作治理行动的统一和效能的提升。在多元主体的协作治理格局中应该倡导"助人自助"的价值理念。② 在疫情防控期间，燕罗街道组织的志愿服务队正是践行"助人自助"价值理念的最好范例。街道一级行政组织与社区居民就一致抗疫达成共识，双方都为这一目标的完成贡献了自己的力量。

其次就清晰界定治理主体间的职责分工边界而言，多元协作治理模式的构建是一个基层行政组织、社区、企业、社会组织和社工等不同主体间的互动过程，联动主体多、联动范围广，多元主体的职责分工模糊将对治理绩效产生重要影响。③ 为此，应当合理界定多元主体间的职责分工。在分工协作时，行政组织担当的角色是服务规划者、政策设计者、资金提供方，而社会组织、社区或社会其他力量则扮演着"服务供应链"上的服务生产者或提供者的角色。④ 实际上，在整个抗疫过程中，燕罗街道一直肩负着整体性的协调统筹职责，各项工作方案的制订、应急情况的处理无不建立在街道主动作为的基础上；而社区居民、企业和社会组织则承担着辅助性职责，如志愿服务、物资捐赠等活动的有效开展，基本建立了主体间良好的协作分工格局。

最后就创建联动治理机制与平台而言，一是创建多元主体参与机制与平

---

① 张开云，叶浣儿，徐玉霞. 多元联动治理：逻辑、困境及其消解[J]. 中国行政管理，2017(6)：24-29.
② 张开云，叶浣儿，徐玉霞. 多元联动治理：逻辑、困境及其消解[J]. 中国行政管理，2017(6)：24-29.
③ 张开云，叶浣儿，徐玉霞. 多元联动治理：逻辑、困境及其消解[J]. 中国行政管理，2017(6)：24-29.
④ 余敏江. 从技术型治理到包容性治理——城镇化进程中社会治理创新的逻辑[J]. 理论探讨，2015(1)：141-145.

台。构建社会主体对公共事务和公共服务的参与机制与平台有助于协作治理从浅层型治理迈向深层型治理。① 为此，基层行政组织要转换思维，从问题回应思维转换为与社会合作构建伙伴关系、尊重公众合理利益诉求、民主协商、社会自治的思维。二是创建多元主体沟通协商机制与平台。要倡导制度化沟通协商，夯实沟通协商的制度化基础，制定和完善多元主体沟通协商议事规则，设计合理便利的沟通协商流程，清晰界定沟通协商事项的范围。② 要搭建多元主体间的沟通协商平台，包括沟通协商的组织平台、网络平台等。通过沟通协商平台，实现信息的及时推送、共享和应用，实现便利沟通和透明协商。三是创建多元协作治理信任机制与平台。信任有助于降低多元主体协作治理的交易成本，也是多元主体间深层联动的重要保障。③ 可以说，燕罗街道在疫情防控、网格化治理和创建文明城市的系列行动中，最为突出的亮点就是构建了部门间、社区间、企业间、社会组织间和居民间的联动机制，无论多么困难的治理任务，在联动机制的统筹下，各方主体能够实现及时配合，力促目标的有效实现。从这个角度来看，联动机制的建立可以成为其他基层行政组织在实现社会治理现代化过程中予以借鉴和考察的重要经验。

二是应用技术治理提高治理绩效。有学者指出，当前国家治理已经由总体支配向技术治理转变。具体而言，技术治理的基本内涵主要有两个方面：一是指政府通过应用现代信息技术来提升社会治理效率；二是指政府的治理方式和管理手段正在变得越来越"技术化"。④ 随着科学技术的迅猛发展，技术治理成为中国治理语境中引导政策推行与改革实践的主要逻辑。⑤ 换言之，在信息化和网络化时代，技术治理为提升城市基层社会治理绩效开辟了一条

---

① 张开云，叶浣儿，徐玉霞. 多元联动治理：逻辑、困境及其消解[J]. 中国行政管理，2017(6)：24-29.

② 郭彩琴，吕静宜. 完善社区参与式互动治理结构的对策研究[J]. 行政论坛，2018，25(4)：106-110.

③ 张开云，叶浣儿，徐玉霞. 多元联动治理：逻辑、困境及其消解[J]. 中国行政管理，2017(6)：24-29.

④ 渠敬东，周飞舟，应星. 从总体支配到技术治理——基于中国30年改革经验的社会学分析[J]. 中国社会科学，2009(6)：104-127，207.

⑤ 黄晓春，嵇欣. 技术治理的极限及其超越[J]. 社会科学，2016(11)：72-79.

新的路径。实际上,广义上的"技术治理"已经成为一个用程序化手段解决社会问题的过程,① 而街道层面的技术治理,则可以理解为街道通过应用现代化的技术手段提升社区治理效率,推动社区治理各项目标的高效实现。诚如在调研中了解到的那样,燕罗街道的网格化管理、社区智能服务平台、智慧管控微中心、用电安全监控系统等技术手段已经得到了大规模的推广和应用,在此次疫情防控中,信息技术的应用也发挥了巨大作用。

相对于传统的管理信息系统及其信息处理方式,信息技术广泛应用所取得的成效主要表现在以下几个方面:提升了信息处理的效率,促进了公共决策的理性化和科学化,提高了公共服务的智能化水平,增进了公共管理的透明化程度,给社会民众带来了看得见摸得着的实惠和福利,尤其是更加贴心、精准和便捷的服务等。②

此外,云计算、大数据、互联网、物联网等信息技术可以为社会治理提供强有力的技术支持。信息技术的革新拉近了社会的空间距离,使得交流沟通变得更加便捷,这正好可以填补社区"冷漠"的缺陷。③ 大规模的移动互联网用户群体为社区治理智能化奠定了坚实基础。社区治理应当积极借助移动互联网、智能终端和各类网络社群平台等信息技术,实现信息传送、发布的即时性,整合共享信息资源,实现社区居民生活的便利化、智能化和交互化。④ 在疫情期间,燕罗街道的工作人员通过QQ群、微信群等平台,开辟信息沟通传递交流的有效渠道,不同的治理主体都可以随时通过智能手机或客户端就社区在疫情期间的各项议题展开交流,掌握社区公共事务的最新动态。⑤ 燕罗街道还借助云计算、大数据等技术,分析和预测社区的

---

① 彭亚平. 治理和技术如何结合?——技术治理的思想根源与研究进路[J]. 社会主义研究,2019(4):71-78.
② 韩志明. 技术治理的四重幻象——城市治理中的信息技术及其反思[J]. 探索与争鸣,2019(6):48,58,157,161.
③ 陈晓春,肖雪. 共建共治共享:中国城乡社区治理的理论逻辑与创新路径[J]. 湖湘论坛,2018,31(6):41-49.
④ 陈晓春,肖雪. 共建共治共享:中国城乡社区治理的理论逻辑与创新路径[J]. 湖湘论坛,2018,31(6):41-49.
⑤ 陈晓春,肖雪. 共建共治共享:中国城乡社区治理的理论逻辑与创新路径[J]. 湖湘论坛,2018,31(6):41-49.

疫情态势，完善社区的预警机制，确保社区的公共安全。可以说，社区实际上建立了一个共建共治的智能化平台，实现了"智慧社区"对疫情的有效治理。

此外，疫情的冲击实际上对社区各项制度提出了完善的客观要求，在制度需求识别到制度完善的一整套流程中，街道关注的重点一直是社区治理中共建共治共享的价值理念，正是在这样的价值导向下，街道的制度完善目标才如此明确。不能忽视的是，制度完善过程中的技术治理，实际上搭建了需求与目标实现之间的连接桥梁。

以网格整治机制的实施为例，如前所述，燕罗街道将网格整治分为三类：日常整治、专业整治和联合整治。日常整治指的是由网格内包干成员对所辖网格内的实有事件进行巡查整治；按照上级网格办《网格员督办微小事件清单》的规定，对清单中涉及的事件实地处理或责令相关责任主体进行整改，对于情况紧急的事件则由网格员上报相关部门处理，确保"小事不出格、大事不出社区"。专业整治指的是加强巡查和整治队伍的配合，对在日常整治过程中发现的无法在现场处理解决的问题，或需要专业执法力量和程序处理的专业事件，巡查的网格成员将发现的问题反映到网格群里，由相应网格内下沉到社区的对口职能队伍按照职责进行专业整治。联合整治指的是社区党委定期举行夜巡、安全巡查等联合行动，加强综合执法巡查整治工作。可以说，燕罗街道通过精细的网格体系划分和严密的网格治理举措，有力地促进了社区安全建设。此外，燕罗街道的工作人员还表示，信息技术的应用在一定程度上减轻了他们的工作负担，许多常态化、程序化的工作可以通过计算机系统来录入，不再需要大量的时间。由此可见，社区治理制度完善中的技术治理不可或缺，而这也正契合了行政体系中一直以来呼吁的价值理性与工具理性的整合。在共建共治共享的价值导向下，我们理应追求工作效率的不断提高，因为社区治理最后的落脚点就是解决社区问题。不能忽视的是，问题的解决除了需要现代化的设备，更重要的是培养具备现代化意识的人。不论是街道还是社区、一线还是机关内部，所有的工作人员都应该具备现代化社区治理意识。每个人既是问题的发现者，也是问题的参与者，最后都应该通过积极的探索成为问题的解决者。

综上所述，在清单式治理过程中，基层社会治理的主体、客体和手段在责任清单中实现了交互式融合和对话，而这正是基层社会治理现代化的必然前提。燕罗街道正是通过科学合理、明晰具体、高效执行的治理责任清单，实现了基层社会治理目标的精细化设定和治理效果的规范化提升。

第三章
规范保障下的治理资源合理化配置

治理资源的有限和治理任务的繁重共同要求治理资源的合理配置,而如何实现治理资源的优化配置则成为一项关键性议题。实际上,作为一个资源载体的城市基层行政组织,承载的治理资源种类是较为多元的。相较于乡村社会,城市基层行政组织在自然资源的丰富程度上有较大差距,但是社会资源的供给则并不匮乏。一般而言,城市基层行政组织拥有的治理资源大致可以分为三类。第一类是国家赋予治理主体的刚性的、显性的政治资源,如法律法规性资源、组织资源、政策性资源。[①] 获取这种资源的主体一般被纳入体制设计内部,街道一级行政组织是这一资源主要的获取主体。第二类是城市基层内部产生的柔性的、隐性的治理资源,如文化资源和社会资源。凭借这种资源参与治理的主体较多地获得了城市社区居民的支持和认可,是城市社区内生的非体制性主体。第三类是围绕城市社区集体经济衍生的各种经济

---

① 任艳妮. 多元化乡村治理主体的治理资源优化配置研究[J]. 西北农林科技大学学报(社会科学版),2012,12(2):106-111.

资源。

第一节 治理资源：类型及其合作路径

首先是政治资源方面。政治资源在本质上应被理解为政治行为主体实现政治利益的工具，这也是政治系统正常运行的基础。① 从工具性的角度来看，政治资源应该包括物质性和非物质性资源，物质性资源主要包括法律资源、人事资源和财政资源等，非物质性资源则包括意识形态资源、体制资源和规范资源等。② 城市社区治理中的政治资源不仅是影响他人的工具性手段，更多的是体现一种代表国家的强制性力量，拥有这种资源的治理主体具有较强治理权威。具体而言，城市社区治理中的政治资源主要可以分为法律法规性资源、政策性资源和组织资源。③

一是法律法规性资源。法律法规性资源是治理主体获取治理权力的强制性保障，凭借这一治理资源进行治理的主体拥有较强的治理权威和动员能力。在城市社区治理中，作为基层行政组织的街道被法律法规赋予管理权限。④这些法律法规既保证了街道治理的有效运行，也为街道这一治理主体如何进行治理提供了法律上的依据。

二是政策性资源。政策作为资源配置的一种重要手段，得到了广泛的使用，目前已经成为党和政府主要的执政手段之一。党和政府不断推出和更新的系列政策通过引导和规范，将社区居民凝聚到党和政府的政策体系中。⑤政策性资源主要指中央、各级地方党委和政府等不同层面的有关政策文件

---

① 金太军，赵军锋. 政治资源配置与和谐社会构建——和谐社会的政治社会学分析[J]. 理论探讨，2008(2)：1-6.
② 吴翰. 如何进一步发挥中国政党制度资源优势[J]. 中共中央党校学报，2008(4)：30-33.
③ 任艳妮. 多元化乡村治理主体的治理资源优化配置研究[J]. 西北农林科技大学学报（社会科学版），2012，12(2)：106-111.
④ 饶常林，常健. 我国城市街道办事处管理体制变迁与制度完善[J]. 中国行政管理，2011(2)：85-88.
⑤ 徐勇. "政策下乡"及对乡土社会的政策整合[J]. 当代世界与社会主义，2008(1)：116-121.

规定。这些政策文件规定相比法律性规定更具灵活性和时效性。近些年来，党和政府不断在重要会议和文件中提及基层社会治理的重要性，并围绕这一议题出台了众多相关政策，由此为城市基层输入了源源不断的国家和社会资源，加强了社区居民与党和政府之间的联系，加深了广大社区居民对中央政府的认同感。

三是组织资源。组织资源是指各个治理主体展开活动的组织平台，是将各行为主体整合起来的组织机构。① 政府要在城市基层发展中扮演主导角色，而组织是政府推动城市基层发展的体制性力量。当前城市基层社会治理主体可凭借的组织资源分为正式组织和民间组织。正式组织是经由管理者通过正式的筹划，并借助组织图和职务说明书等文件予以明确规定的、具有严密的组织结构、受法律保障的团体，主要包括居民自治组织（居委会）、政治组织（如党的组织）和社会性组织（如青年、妇女、志愿者协会）。民间组织是满足居民不同利益要求的团体，一般是群众自发成立，靠利益、感情、习惯、兴趣等维系，主要包括宗族、宗教和居民自发组建的社团三类。②

其次是经济资源方面。大多数学者认为城市基层集体经济的来源和性质对基层社会治理产生了重要的影响，而城市基层集体经济状况不同，治理的具体过程和重点也就不同。强大而发达的集体经济，是最为重要的治理资源，能够为治理主体实施有效治理提供直接的物质条件支持。③ 有强大的集体经济作支撑，治理主体才能够提供高质量的公共服务和公共产品，在城市基层社会治理中才能够有所作为。对于燕罗街道而言，股份合作公司在为股民带来巨大收益的同时，也为街道开展基层社会治理提供了巨大的支持。

再次是文化资源方面。在基层社会治理过程中，文化资源不仅包括科学知识，还包括本土文化，如城市基层一定范围内的风貌、风气、风土人情、

---

① 任艳妮. 多元化乡村治理主体的治理资源优化配置研究[J]. 西北农林科技大学学报（社会科学版），2012，12(2)：106-111.
② 任艳妮. 多元化乡村治理主体的治理资源优化配置研究[J]. 西北农林科技大学学报（社会科学版），2012，12(2)：106-111.
③ 李蓉蓉，张树峰. 村庄治理资源的有效配置研究[J]. 当代世界与社会主义，2008(1)：96-100.

道德舆论、村规民约等一系列规范和影响社区居民的文化因素。① 社区内的道德权威、家族权威仍然和法律、法规一起约束和规范着居民的一言一行，成为居民的言行标准，以减少基层社会治理过程中的管理成本；正确、规范、完善的村规民约能够弥补法律上的缺位。② 目前，在一些城市社区的治理实践中，结合了传统伦理道德因素在内的村规民约成为基层有效治理的重要资源。

最后是社会资源方面。社会资源实际上指的就是社会资本，城市基层社会资本主要是指处于长期生活共同体之内的城市社区及其基本组成单位，如家庭、家族、邻里等社会组织的内部要素在长期相互交往、互信合作的过程中形成的一系列关系网络，以及维持这些关系网络的价值理念、行为规范等。③ 传统社会资本指由传统的血缘和地缘关系延伸而形成的熟人社会网络关系，体现了密切的人际关系，治理主体必须深谙和利用这种关系进行治理，否则其他的治理资源难以发挥作用。④ 现代社会资本是以现代公民的权利和义务为基础，体现更广泛社会层面的普遍信任与合作，基于业缘或趣缘关系而建构的现代组织是其最重要的表现形式，这是现代民主社会的特征。⑤

上述内容主要涉及治理资源的类型。在目前的基层社会治理中，无论是体制内还是体制外的主体，无论其现有治理资源是什么，如果不能很好地发挥既有资源的优势，就难以取得理想的治理绩效。因此，各个治理主体要根据城市基层的实际情况对现有资源进行不断强化和积极发掘更多的治理资源，巩固治理地位，体现治理优势。⑥ 为此，探索一条围绕治理资源展开多元主体合作的路径就成为提升治理绩效的理性选择。

---

① 任艳妮. 多元化乡村治理主体的治理资源优化配置研究[J]. 西北农林科技大学学报（社会科学版），2012，12(2)：106-111.

② 秦海燕. 公共治理视角下贫穷地区村级治理资源研究[D]. 电子科技大学，2008.

③ 李登. 新农村建设中的社会资本：转型与成长[J]. 中共福建省委党校学报，2009(7)：17-22.

④ 任艳妮. 多元化乡村治理主体的治理资源优化配置研究[J]. 西北农林科技大学学报（社会科学版），2012，12(2)：106-111.

⑤ 吴先举. 论新农村建设中社会资本的激活与重构[J]. 唯实，2007(7)：88-90.

⑥ 任艳妮. 多元化乡村治理主体的治理资源优化配置研究[J]. 西北农林科技大学学报（社会科学版），2012，12(2)：106-111.

首先，多元治理主体应围绕治理内容，发挥各自优势，主动获取治理资源。城市基层社会治理的内容涉及增进公共利益的诸多方面，① 就目前城市基层社会治理现状来看，治理内容主要可以分为几个方面。

一是行政导向的治理。这是从国家意志的角度区分出来的，主要包括国家下达给城市基层的各种行政任务，如计划生育指标的完成、征兵、义务教育、低保识别、特困供养等。② 考虑到任务的性质，这一治理任务的承接者必然为体制性主体，也就是各级行政组织。街道一级行政组织作为基层社会治理的权威性体制性主体，要在完成这些治理任务的过程中不断提升治理的权威性，任何疏忽都有可能导致治理资源的消解。当然，考虑到治理任务的繁重，体制外主体也得到了参与治理的权限与空间，行政导向的治理也已经吸纳这些主体作为有效治理的重要依靠。

二是经济导向的治理。这一层面的治理主要指的是与城市基层经济发展有关的治理，街道一级行政组织也能够部分参与城市基层发展规划的设计、集体经济的发展、公共财政的管理、土地征用及承包等活动。城市基层在经济层面的治理不仅要发挥体制性主体的力量，更需要体制外主体的共同参与，尤其是各种经济组织和非体制精英的参与，这是主体获取经济资源最有效的途径。③

三是公益事业治理。主要指与公共设施、公益事业等相关的治理，如道路、桥梁、灌溉、水利建设、造林、学校、公共娱乐设施建设等。由于这类治理往往需要人力、物力、财力的极大动员，因此，体制性主体具有优势。同时，要动员其他治理主体共同参与才能达到预期目标。④ 对于这一类关乎全体居民共同利益的事务，治理主体应该有所作为，积极积累自身的治理资

---

① 蒋万胜，宋建昕. 农村反贫困中的信任建设[J]. 延安大学学报(社会科学版)，2011，33(3)：38-41.
② 任艳妮. 多元化乡村治理主体的治理资源优化配置研究[J]. 西北农林科技大学学报(社会科学版)，2012，12(2)：106-111.
③ 李克龙，许建文. 经济欠发达地区乡村治理主体优化组合研究[J]. 四川理工学院学报(社会科学版)，2013，28(3)：17-21.
④ 任艳妮. 多元化乡村治理主体的治理资源优化配置研究[J]. 西北农林科技大学学报(社会科学版)，2012，12(2)：106-111.

源和权威。

其次，应该融合体制内和体制外治理主体的治理资源。在实践中我们能够清楚地认识到，基层社会治理主体的有效治理不仅要依靠制度、法律的支持，更重要的是要得到社区居民的认可。因此，两种类型的主体在参与治理过程中都必须努力融合不同的治理资源，实现治理资源的融合和互补，以期取得"1+1>2"的治理效果。

最后，应当完善现有的治理资源体系，培育和发掘新的治理资源。在基层社会治理取得一定成效的同时，我们应该着力从4个方面对现有的治理资源体系进行完善，力争构建一个科学合理的资源体系：第一，完善配套的法律法规，规范体制内治理主体行为，引导非政府组织建设，成立各类兴趣社团等民间组织，丰富治理的组织资源；第二，健全基层财政管理机制，完善吸纳资金的运行机制，夯实治理的经济资源；第三，加强基层干部队伍建设，提高街道和社区干部的管理素质，吸纳非体制精英参与基层社会治理，优化治理的人力资源；第四，大力发挥文化资源的作用，培育良好的道德文明风尚，强化村规民约的建设，挖掘治理的文化根基。①

第二节　案例导入

燕罗街道位于深圳市宝安区，于2016年12月26日挂牌成立，辖区面积36.51平方公里，建成区面积16.6平方公里。燕罗街道下辖5个社区，社区股份合作公司10家，常住人口约27万，户籍人口8633人。由于地处偏远，加之社区治理制度不健全、城市发展基础薄弱、生活设施配套不健全等短板，燕罗街道成立之初治理情况和理想中的治理水平存在着一定的落差，尤其是在成立时间短、工作人员少的背景下，在及时完成上级政府的任务要求，及时有效回应辖区内企业、社会组织和民众的诉求等方面还有较大的改进空间。不过，随着时间的推移，燕罗街道的治理制度不断完善，通过治理资源的优化配置，在很大程度上破解了街道治理资源供给有限、治理效能低位锁定

---

① 任艳妮. 多元化乡村治理主体的治理资源优化配置研究[J]. 西北农林科技大学学报（社会科学版），2012，12(2)：106-111.

的问题，不仅提升了街道和社区工作人员的能力素质，更重要的是提升了社区居民的满意度，实现了基层社会治理的主要目标。下面以三个案例对燕罗街道通过治理资源的优化配置实现治理绩效提高的过程予以具体的描述和呈现。

一、燕罗街道垃圾分类系列活动

垃圾分类，一般是指按一定规定或标准将垃圾分类储存、分类投放和分类搬运，从而转变成公共资源的一系列活动的总称。分类的目的是提高垃圾的资源价值和经济价值，力争物尽其用，减少垃圾处理量和处理设备，降低处理成本，减少土地资源的消耗。由于过去并不重视垃圾分类工作，我国未能获取垃圾分类的巨大效益。为此，2019年9月，为深入贯彻落实习近平总书记关于垃圾分类工作的重要指示精神，推动全国公共机构做好生活垃圾分类工作，发挥率先示范作用，国家机关事务管理局印发通知，公布《公共机构生活垃圾分类工作评价参考标准》，并就进一步推进有关工作提出要求。

在上级党委和政府提出垃圾分类的具体工作要求后，燕罗街道迅速开展行动，力争实现垃圾分类工作的落地。然而，街道和社区人力资源的限制，导致垃圾分类的督导工作未能全面贯彻，居民的垃圾分类意识也未能普遍树立。为了破解这样的不利局面，燕罗街道在疫情防控局势稳定后，迅速组织了"燕罗垃圾分类青年突击队"，借助体制外的志愿力量开展垃圾分类的宣传与引导。

"阿姨，您这个属于厨余垃圾，应该投放到这边这个垃圾桶。"身穿红马甲的燕罗志愿者在燕罗各个小区引导社区居民正确投放垃圾。

自垃圾分类工作启动以来，燕罗团工委积极组建志愿者队伍，按照街道工作部署，落实落细垃圾分类各项工作任务。为切实做好疫情防控期间社区垃圾分类工作，将社区垃圾分类融入疫情防控工作，燕罗团工委于2020年4月8日下午开始组织垃圾分类青年突击队，开展垃圾分类环保宣传工作，引导市民按照垃圾分类标准对垃圾进行投放。

据介绍，这支垃圾分类青年突击队主要由志愿者、城管办和社区的部分在职青年组成。尽管知道垃圾分类工作需要长期坚持，活动常常需要在下午6点以后持续开展，但还是有不少青年人主动加入。"环境保护至关重要，需要集聚大家的力量，人人都参与进来，才能真正促进垃圾分类实效"，这是队伍中的青年们共同的初衷。①

据了解，燕罗街道垃圾分类青年突击队员们分成宣传组和引导组。其中宣传组通过手举宣传牌、播放喇叭、发放宣传单的形式，向过往市民宣传垃圾分类对防控疫情的好处与垃圾分类知识，同时积极引导辖区居民平时要提前做好生活垃圾分类处置，尽可能地做到"在家分好类、定时拎下楼、定点精准投"，倡导居民养成良好的垃圾分类习惯。"爱护环境，人人有责，感谢你付出的一份力"是队员们说得最多的一句话。活动中志愿红马甲和城管蓝马甲形成了一道靓丽的风景线。

燕罗街道垃圾分类青年突击队还将常态化普及垃圾分类知识，进一步提高市民参与垃圾分类的积极性，让垃圾分类工作真正落到实处。此外，在2020年6月5日上午，燕罗街道团工委联合城管办以"山水燕罗，我是行动者"为主题，组织环保志愿者队伍沿茅洲河进行巡河护河暨垃圾分类宣传活动，传播绿色发展理念。

当天上午6点，志愿者们在燕罗湿地公园集合。燕罗城管办工作人员对志愿者进行垃圾分类培训，列举了许多日常生活中垃圾分类遇到的各种问题，志愿者们认真听讲并结合实际积极提问。随后，志愿者们以健步走的形式，分成巡河护河、垃圾分类宣传两组同步开展志愿活动。巡河护河组手拿垃圾袋，沿着茅洲河清理河岸垃圾。宣传组积极向过往市民宣传垃圾分类理念，形成人人参与的浓厚氛围。来自"两新"团组织的青年团员小魏是第一次参加志愿活动，他表示，当天是"六·五"世界环境日，向大家倡导垃圾分类，养成爱护环境的良好习惯，感觉很有意义。

据悉，燕罗团工委还将继续围绕垃圾分类、文明劝导、环境保护等开展集中性的志愿服务活动，提高大家的环境保护意识，进一步动员市民积极参

---

① 燕罗志愿者引导居民垃圾分类[EB/OL]．[2020-09-10]．http://barb.sznews.com/MB/content/202004/13/content_844419.html．

与到环境保护实践中来，共建山水燕罗。①

除了专项的垃圾分类志愿活动，燕罗街道还开展了垃圾分类亲子活动。"破损的水银温度计属于有害垃圾，应该归类放到这个垃圾桶里。"2020年6月7日下午，燕罗团工委联合城管办、燕川社区开展的垃圾分类亲子志愿活动，在燕川社区如火如荼地进行。活动中，志愿者向在场青少年就如何开展垃圾分类进行引导，耐心讲解什么是可回收垃圾、什么是有害垃圾、什么是厨余垃圾和其他垃圾，并向大家展示直观易懂的垃圾分类方法。讲解结束后，现场青少年还进行垃圾模拟分类演练，现场设置了8个模拟分类垃圾桶以及各类垃圾的图片，通过通俗易懂的小活动，让大家及时掌握所学的垃圾分类知识。

在此基础上，燕罗街道团工委积极响应关于宝安区落实国家《中长期青年发展规划（2016—2025年）》的实施方案，成立了垃圾分类亲子义工队，并联合燕川社区亲子义工队开展"观赏垃圾焚烧场的点滴"活动。活动共组织13对垃圾分类亲子义工参与，焚烧厂讲解员现场向大家讲解垃圾要如何"变废为宝"。

"这场活动特别有意义，最重要的是孩子通过观察垃圾的处理过程，让他们认识到保护环境的重要性，比单纯的课本学习要好得多。"参与这次垃圾分类亲子活动的家庭都对此次活动表示出极大的认同。

垃圾分类的志愿活动还与街道的创文活动联接在一起，被作为共性解决的突出治理任务。如2020年8月1日，燕罗街道山门社区亲子环保志愿服务队伍开展了创文环保志愿活动，共吸引20对亲子家庭参加。在活动过程中，义工领队带领亲子义工们清理社区内环境，小义工们的参与热情度非常高，见到垃圾纷纷主动上前清扫，不放过视线范围内的任何垃圾。家长们一边协助一边教导孩子保护环境，不要随便扔垃圾，尊重和理解环卫工作人员。此次活动旨在鼓励家长和孩子多共同参与志愿服务活动，增进亲子间的关系，受到了在场亲子们的一致好评。

可以说，围绕垃圾分类这一突出的治理议题，燕罗街道积极动员体制外

---

① 传播绿色发展理念 巡河护河宣传垃圾分类［EB/OL］. http://barb.sznews.com/PC/content/202006/08/content_870159.html，2020-09-15.

治理主体参与治理，进行治理资源的供给，在一定程度上缓解了居民参与感不足、街道人力资源不充分的问题，可以说是对治理资源优化配置的一次典型而积极的尝试。

二、燕罗街道反家暴项目与活动

构建和谐社会是社会治理现代化的重要内容，没有一个和谐的社会作为基础，社会治理现代化就只能成为语义上的期待，而无法真正成为惠及居民生活的政策实践。将注意力放置于燕罗街道这一个案，我们在调研中发现家暴问题在燕罗街道外来务工人员群体中发生的频率不低。这个问题成为燕罗街道社会治理现代化建设中需要关注的问题，很有可能影响社会和谐稳定发展。针对这一问题，燕罗街道也凭借多方资源、采取多种方法予以应对。

街道妇联的有关负责人向笔者团队介绍："针对家暴，我们宝安区出台'八项规定'，网格员发现家暴可以报给我们妇联或派出所。同时我们还设立了有奖家暴服务热线，开设了家暴宝安第一课等活动以防止家暴的发生。另外，由多部门联合，派出所承担首接责任，出台了'家暴的告知书'。居民报派出所的话，我们会报给街道的心理咨询师，或社区心理咨询师和律师，一般是联合处理。"[①]

此外，考虑到燕罗工业企业的现实需求，街道妇联还专门面向街道辖区内6个园区的企业职工，开设"爱流动，家和谐"关爱项目，同时进行户外宣传、心理咨询讲座、心理辅导志愿者培训的项目，每个园区都会开展这三场主要的反家暴活动。

妇联负责人进一步介绍："根据上报的数据，我们燕罗算是比较和谐的，一方面家庭问题有它的隐秘性，左邻右舍也不见得发现。另一方面就是妇女的忍让性。不过有一点，对于高危暴力我们是不调和的，有的不愿意离婚，我们就会向区法院申请'高危人身安全保护令'。情况不太严重的话，我们会尊重妇女的要求，进行调解。妇联开展这些工作，还是很有意义的，能拯救许多家庭。"[②]

---

① 对燕罗街道妇联负责人的访谈(20200812-FL)。
② 对燕罗街道妇联负责人的访谈(20200812-FL)。

如前所述，燕罗街道妇联面向园区职工开展了一系列关爱活动，其宗旨是"爱流动促健康心理 家和谐建无'暴'园区"。具体而言，为增强燕罗街道园区职工反家暴意识，提升心理健康水平，2020年6月19日下午，燕罗街道妇联组织心理咨询师们在塘下涌社区同富裕工业园区举办了一场反家暴心理关爱户外趣味宣传活动，拉开了燕罗街道"爱流动·家和谐"工业园区职工关爱项目活动的序幕。

据了解，该项目分为户外趣味宣传、心理沙龙培训和关爱志愿者招募三种不同的形式，先后在街道6个园区有序开展。首场户外趣味宣传活动，结合反家暴和心理关爱知识，设置4个游戏关卡，通过生动有趣的游戏互动，深入浅出地科普反家暴及心理健康知识，引导职工们树立反家暴意识，提高维权能力，增进心理健康水平。同时向职工发放反家庭暴力法、婚姻法和妇女权益保障法等法律宣传资料近千册。在活动现场，职工们盯紧并瞄准宣传板上的"反家暴、零容忍"几个大字，使"反家暴、零容忍"口号以及"家暴只有零次和无数次"理念深入人心。现场第一关的游戏就引来了众多职工的积极参与。第二关是牢记12338反家暴热线，通过我们童年最喜欢的打沙包游戏，击中"12338"共5个数字，让职工们轻松记住反家暴热线。第三关是厘清反家暴处理流程。通过将相关处理操作贴到反家暴处理流程图中正确的位置，让职工们牢记反家暴投诉和处理流程中的关键常用步骤，做到心中有数、积极举报。第四关则是精准区分家庭冲突和家庭暴力，不让家庭冲突升级为家暴。在心理咨询师讲解家庭暴力与家庭冲突的区别后，职工能分类"家庭冲突"和"家庭暴力"的内容及特征，正确认识了家庭暴力。

现场工作人员为职工们答疑解惑，组织开展问卷调查，同时招募园区关爱志愿者。通过填写心理健康问卷，职工们进一步了解心理健康知识和求助途径。后期将有专业的心理咨询师为关爱志愿者讲授心理关爱知识和技巧，提高反家暴辨识和处理的能力，做到自助、助人、共助，打造和谐园区。

该项目的心理沙龙培训也非常受职工欢迎。2020年6月22日上午，专业心理咨询师为企业职工讲授了"情绪压力管理——乐享工作快乐生活"课程，从理论到实践，声情并茂地将情绪压力的来源和有效消除压力的方法呈现在大家眼前，使大家能够真正体会到乐享工作、快乐生活。同时帮助职工建立对自己岗位的热爱，将压力变成动力，更好地工作和生活，引导职工养成积极向上的思维观念，减少日常工作和生活中的负面情绪和冲突。

结合同富裕工业园区活动的成功经验，燕罗街道妇联将在辖区其他5个园区继续开展"爱流动·家和谐"心理关爱活动，将反家暴理念和心理关爱知识100%覆盖至所有园区，持续强化反家暴及心理健康知识的普及，进一步推动妇儿友好型街道的建设。

此外，燕罗街道还会定期挑选合适的主题，并以此在6个园区开展专场心理沙龙。以最近一次心理沙龙①为例，燕罗街道设置了6个主题供各园区选择：

（1）自我关系——女性心灵成长。

带领学员探索"自我""本我""超我"，让三个"我"达成动态平衡，获得心灵成长，为家庭提供一股平和的力量。

（2）亲密关系——幸福婚姻的秘籍。

幸福的婚姻需要经营。通过案例分析与讨论，让学员总结出婚姻保鲜秘诀，并通过角色扮演的方式去验证其是否有效。

（3）亲子关系——让孩子快乐成长。

亲子关系是引发家庭矛盾的重要导火索之一。引导学员了解亲子相处之道，构建和谐亲子关系，让孩子快乐成长，让家庭更加有爱。

（4）同事关系——人际沟通的钥匙。

引导学员学会高效沟通的方法，缓解因无效沟通引发的冲突和激烈情绪，从而减少家暴的导火索。

（5）情绪压力管理——乐享工作快乐生活。

个体如果缺乏情绪认知和情绪管理的知识与方法，就会在情绪激动之下难以自控，只能凭本能的行为动作来表达自己的情绪。因而应引导学员觉察、分析自己的情绪反应模式，探索适合自己的情绪表达、宣泄方法，快乐工作、快乐生活。

---

① 笔者根据燕罗街道妇联提供的资料整理。

(6) 职业倦怠期——累的背后。

长期做一项工作，难免会产生倦怠心理，引发众多负面情绪。因而应引导学员探索"工作累"的背后未被满足的心理需求，以及如何合理满足这些需求，从而缓解职业倦怠心理，减少负面情绪，营造和谐园区氛围。

三、"双宜小村"建设

"城中村"是指伴随城市郊区化、产业分散化以及乡村城市化的迅猛发展，为城建用地所包围或纳入城建用地范围的原有农村聚落，是乡村—城市转型不完全、具有明显城乡二元结构的地域实体。经过改革开放40多年的快速发展，全国主要城市普遍存在未来新增用地量难以满足经济发展需要的局面，多地相继出台政策和若干意见，提出通过"三旧"改造促进集约用地，满足当地的产业结构升级和经济发展方式转变，因此近年来一些城市相继开展了城中村改造工作。城中村改造作为一项改善人居环境、提升城市品位、优化城市空间布局、推进城市化进程的民心工程，在现实中常常会遇到诸多方面的阻力，因拆迁改造引起的群体事件也时有发生。

深圳作为特大城市，在城中村改造方面也开展了有益尝试。以宝安区为例，2017年9月，宝安区召开"双宜小村"创建工作领导小组会议，听取"双宜小村"创建工作总体开展情况和各街道"双宜小村"选点工作总体情况汇报，会议明确了20个城中村作为2017年"双宜小村"选点。由于创建"双宜小村"符合宝安实际以及老百姓需求与产业发展需要，各相关部门要将选点"双宜小村"创建实施方案做扎实、马上推、落实好，所有改造资源要向"双宜小村"倾斜，引进大企业参与"双宜小村"创建工作，改造总体要有形象、有规模，要形成标杆，为下阶段"双宜小村"创建在宝安全区铺开积累经验。

据了解，宝安区目前有465个城中村，占全区建成区面积的37.5%，较低的生活成本成为外来务工人员、产业工人的居住首选。但在基础设施、社会秩序、环境卫生等方面存在诸多问题，是宝安城市发展的一块短板。宝安区坚持为产业、人才"双服务原则"，自2017年至2020年，分批次对全区465个城中村开展"双宜小村"创建工作，通过实施党建、安全、文明、美丽、市政、便民六大工程共58项具体工作任务，让城中村"看得见月亮，记得起乡愁，留得住记忆"，全面推动城中村基础设施、社会秩序、环境卫生等跨越式提升，让"双宜小村"成为宝安的形象品牌和靓丽名片。宝安将依据城市更新整体规划，做好城中村综合整治和拆除重建的分类统计，高标准编制"双宜小村"专项规划，确保"一社区一规划、一村一方案"。①

在宝安全区选出的20个城中村试点中，燕罗街道的燕川一村、三村榜上有名。为此，笔者团队专门就"双宜小村"的建设工作听取了燕川社区C书记的看法，C书记介绍：

> 在社区建设这一块，我们搞"双宜小村"（在这一过程中遇到了不少问题）。像隔壁的小区塘尾新村小区，70个业主不同意做"双宜小村"规划，觉得围起来改造对他们做生意、招商造成影响，为此经常来社区上访。我们就通过网格（楼栋长打交道）、安监和整治队，三个队伍统筹力量，把这个问题解决好了。当时我们通过网格每天做工作，后来业主们也就同意了。除了楼栋的改造，店面的改造更加困难。我们通过整治队对遗留问题进行清理，为他们创造好的环境；还有就是安监，检查他们的配套设施，不合格就封店。我们还会配套视频门禁、安检、灯光，差不多一栋楼投入40万元的建设经费；还有就是以前没有排污，现在解决了这个遗留问题。我们通过资源合理配置解决问题，不仅区里表扬，居民也满意。隔壁的这个小区年前有15%的空置率，"双宜小村"做了之后基本上没有空置，都租满了。工厂的员工都来这个小区租房，因为安全、宜居，租金当然也就可以涨，房东也满意。所以我们整个社区都在推"双宜小村"。业主们一传十十传百，大家都知道"双宜小村"好，就都支持了。所以我们就是通过下沉人员的宣传、解释来做工作。总之，就是以党委引领，统筹八方，做好工作。
>
> 另外，有一个商业街在街道办旁边，20世纪90年代建的，条件差，也是我们社区党委统筹几个部门进行整治。由于街道办在旁边，不能影响我们街道的"脸面"，我们就召集业主开会，怎么样清理杂物、弄围

---

① 宝安首批20个"双宜小村"选点出炉[EB/OL]. [2020-10-10]. http://barb.sznews.com/PC/content/201709/14/c174571.html.

墙，等等，他们刚开始不同意。我们就说虽然不是你们围起来的，但你们是使用者，就应该解决问题。到最后，我们还是通过网格员每家每户去走访（我们有稿子，让他们念），当时商业街拆了100多户乱搭乱建的铁皮房。网格做工作，安监也马上来说安全问题的重要性，他们同意了，我们就叫整治队马上来拆（也请了第三方），一个多月就做好了。所以我觉得把社区打造成准街道办这是非常重要的。

还有一些店面，长期乱排污水，我们发现后，第一次先警告，等你承认了就签个回执，我们留底。重犯的话，我们就查封。

总的来说，社区治理是治理什么呢？第一个"人"；第二个"店"（我们有1500家店面，要门前"三包"，管理不到位，就要查封）；第三个"出租屋"（当时丢垃圾，都是从楼上丢，要经常宣传禁止高空丢垃圾）；第四个就是"车"。社区治理好不好，归根到底还是要靠人，人员到位了，就能搞好。但话说回来，我们是郊区，跟市中心社区不一样，基础设施、人文要差很多。我们有8万多打工者，相对而言，文明意识差、素质低，我们压力也大。我们没有现代化环境，基本上是工业、旧村。我们接下来还是要跟工厂企业、楼栋长做宣传，一起做这个工作，把家园搞好。①

据了解，目前燕川三村的"双宜小村"建设工作也已经接近尾声。② 从燕川三村的具体情况来看，燕川三村于1997年建成，位于燕罗街道燕川社区北部，南北边有广田大道、红湖路交汇处，整治范围面积约3万平方米，流动人口8676人、出租屋70栋，三小场所96家。该村于2010年起实行物业管理，管理费为每平方米0.5元。就具体改建情况而言，燕川三村系列改建工程总投资2755万元。其中，"双宜小村"项目投资1231.53万元、燃气入户项目投资1354.24万元、视频门禁项目投资169.4万元。外立面升级改造面积约6480平方米、拆除现状破旧挂壁路灯30套，新建挂壁灯37套、道路硬化

---

① 对燕川社区负责人的访谈（20200811-YCSQ）。
② 深圳宝安网. 燕罗街道率先完成三期"双宜小村"建设［EB/OL］．［2020-10-15］．http://ibaoan.sznews.com/content/2019-04/02/content_21584897.htm.

约 13310 平方米、规划停车位标线约 6600 米，安装视频门禁 70 套、三线下地约 1435 米，新建消防管 269 米、消火栓 6 套、阀门井 5 座；拆除污水管道 1181 米、污水井 99 个，新建污水管道 1300 米、污水检查井 86 个等。

就整治效果而言，整治前，该村主要存在路面破损严重、巷灯老旧昏暗、电线横七竖八、车辆乱停乱放、污水直排等问题。针对存在的问题，街道和社区对症下药，如今该村路面由沥青铺设并划有交通标线和停车位，机动车和非机动车停放有序；昏暗的巷灯得以提亮，杂乱无章的电线已是"横平竖直"，管道改造后污水直排也不复存在，村内环境面貌及软硬件设施均焕然一新，其翻天覆地的提质受到了广大市民群众的一致好评。

第三节 案例分析

通观以上三个案例，能够发现燕罗街道通过治理资源的优化配置，高效解决了各项突出的治理问题，显著提升了治理绩效。细致分析以上三个案例，至少能在以下几个方面挖掘出一些重要信息。

一是燕罗街道积极发展社区志愿力量，借助志愿力量实现治理资源的扩充。一般而言，志愿服务是志愿者不以获取物质报酬为目的，而是自愿贡献时间、能力和财富，为社会和他人提供的公益服务。我国现代志愿服务活动既受到西方志愿精神的影响，也是中华传统慈善文化的延续与复苏。① 如果把视角聚焦到社区志愿，能够发现我国社区志愿服务是伴随着社会主义市场经济的发展应运而生的。社区志愿服务从无到有、从小到大，在探索中求发展，在创新中求突破，在奉献中抓落实，社区志愿服务的领域不断扩展，队伍不断壮大，志愿精神在全社会得到了广泛传播，参与社区志愿服务已逐步成为一种崇高的社会风尚。②

随着志愿服务的快速发展，志愿者的服务对象从老、弱、病、残等社区弱势群体逐步扩展到全体社区居民，服务领域从单纯的社会救助延伸到就业

---

① 魏娜. 我国志愿服务发展：成就、问题与展望[J]. 中国行政管理，2013(7)：64-67.
② 巨东红，康凯. 志愿者参与社区志愿服务的动机及行为分析[J]. 山西农业大学学报（社会科学版），2016，15(3)：215-219.

培训、医疗卫生、社区治安、文化教育、便民利民等诸多方面。① 在城乡基层社区开展长期、自愿、无偿、互助的志愿服务工作，已经成为中国和谐社区建设和现代社区治理的重要内容。可以说，社区志愿服务无疑是中国开展时间最长、效果最为显著的志愿服务领域，而志愿服务更是成为推进城乡社区自治的重要力量。

所谓"社区自治"，是指"脱离强制性干预的外部力量，社区内各利益主体通过民主协商的方式来处理社区公共事务，并使社区呈现出自我教育、自我管理、自我服务、自我监督的发展状态"。② 不过，社区自治的形成必须要建立在社区居民自我认同、自我发展的基础上。这样一方面可以满足基层社会日益多样化的利益诉求，另一方面也有助于化解部分基层社会矛盾。

在现代社会中，志愿服务因其服务内容的广泛性和活动形式的多样性决定了其在动员社会力量方面具有强大的号召力和影响力。③ 根据国内外志愿服务的发展经验来看，志愿服务参与社区服务能够达成多个社会目标：一是让社区成员共同参与服务，发现并解决共同面临的问题；二是为没有话语权的弱势群体代言；三是促使更多人参与到社区服务；四是补充完善社会部门的功能；五是帮助社区居民吸收新知识、获得新技能，充分发挥个人潜能与创造力；六是促进家庭、社区和社会的团结。④ 就此而言，志愿服务应当成为推进城乡社区自治的重要力量。

从上述这些角度来看，燕罗街道正是牢牢把握了开展社区志愿服务的精髓与本质：培育社区志愿力量参与社会服务，发动居民自我服务，由此构建社区自治的稳固基础。同时，考虑到人际交往动机是志愿者参与服务的重要动机，许多志愿服务参与者表示参加志愿服务可以扩展自己的交际圈，使自己得到锻炼。

---

① 魏娜. 我国志愿服务发展：成就、问题与展望[J]. 中国行政管理，2013(7)：64-67.
② 向德平，申可君. 社区自治与基层社会治理模式的重构[J]. 甘肃社会科学，2013(2)：127-130.
③ 张勤，赵德胜. 论社会建设进程中志愿服务新的定位[J]. 中国行政管理，2013(3)：44-47.
④ 彭华民. 论志愿服务的社会工作督导模式[J]. 中国青年研究，2010(4)：31-35.

此外，为了激励志愿者积极服务的行为，燕罗街道还对参与社区志愿服务的志愿者们进行了精神激励和价值激励。所谓的精神激励主要包括认同、尊重、感谢、荣誉等。精神激励是燕罗街道使用范围最广泛的激励方式，也是我国一直倡导的主要激励方式。① 所谓的价值激励，就是将志愿行为内化进他们的价值观。在一个志愿精神昌盛的国家，必然会有大量的公民参与到志愿服务中来，在这种人人参与、媒体和民间组织全力支持的社会网络中，志愿者就会感到强烈的荣誉感。② 从案例一可以看出，燕罗街道的志愿者在参与服务的过程中得到了居民的认可、支持和鼓励，为志愿者赢得了强劲的社会激励。

二是燕罗街道积极借助妇联的作用，发挥枢纽型社会组织的作用。2018年11月2日，习近平总书记在同全国妇联新一届领导班子成员集体谈话时明确指出：做好家庭工作，发挥妇女在社会生活和家庭生活中的独特作用，发挥妇女在弘扬中华民族家庭美德、树立良好家风方面的独特作用，以小家庭的和谐共建大社会的和谐，形成家家幸福安康的生动局面，是党中央交给妇联组织的重要任务。③

如何实现"以小家庭的和谐共建大社会的和谐"？从最基本的一点来看，作为社会最基本组成单位的——家庭，其内部必须营造一种良好的和谐关系，而家庭暴力则是影响这一关系形成的主要障碍。为此，正视、预防和制止家庭暴力自然便成为妇联责无旁贷的工作。④ 随着家暴问题受到的社会关注不断增多，相应的公益机构、研究中心、社会组织等如雨后春笋般涌现，反家暴工作变得蓬勃、多元。

从我国目前的情况来看，我国枢纽型社会组织的主体主要是党领导下的

---

① 毕素华. 社区志愿激励机制探析：个人和组织的两层面分析[J]. 社会科学研究, 2011(6)：86-90.
② 毕素华. 社区志愿激励机制探析：个人和组织的两层面分析[J]. 社会科学研究, 2011(6)：86-90.
③ 习近平同全国妇联新一届领导班子成员集体谈话[EB/OL]. [2018-11-02]. http://www.xinhuanet.com/photo/2018-11/02/c_1123655674.htm.
④ 丁瑜，杨凯文. 妇联购买"反家暴"社会工作服务的制度变迁研究——以M市某反家暴专项服务项目为例[J]. 社会工作, 2019(5)：62, 75, 110.

工会、共青团、妇联等人民团体，其制度建构按照从上而下的逻辑进行，属于单向度的制度供给。① 枢纽型社会组织的建设最直接或显现的功能是对国内社会组织"双重管理"制度体制的突破，体现了政府赋权让渡职能与社区自治能力的共生与合作。进一步而言，妇联作为枢纽型社会组织，可以成为凝聚同领域社会组织的有效载体，可以作为新时期人民团体联系相关社会组织、发挥桥梁纽带作用的组织形态，即作为人民团体与相关社会组织参与社会治理创新的实践方式。

从案例二反映的情况来看，燕罗街道妇联在反家暴的服务供给中，主要具有以下两种功能。

首先是提供社区公共服务。燕罗街道的"爱流动，家和谐"是在妇联的支持与鼓励下发展起来的，这一类型公共服务的供给对象主要集中在妇女、儿童、家庭三大领域，辅助发展反家暴宣传引导服务，特别是关注外来务工人员家庭，为这部分群体提供心理、情绪以及生活等各方面的支援。此外，燕罗街道妇联还策划和开展了大型主题性社区活动，在特定日期和时段，举办反家暴系列活动，提升参加者防止和应对家庭暴力的能力。这一"服务型导向"功能内涵通过枢纽平台作用，使得公共服务下沉到社区，降低了社区民众获取公共服务的成本。

其次是动员整合社会资源。社会管理体制的有效性取决于政府、社会、市场和公民个体等主体所拥有资源的整合程度。② 燕罗街道妇联创办的反家暴系列活动作为街道打造"妇女儿童友好型街道"的重点项目，在资源分配与利益协调方面具有较强的自上而下的色彩。因此，这些活动相比于其他社会组织开展的活动，具有更强的社会资源整合与动员能力。实际上，燕罗街道妇联在动员整合社会资源方面做了很好的尝试，可以说打造了"妇工+社工+义工"的"三工联动模式"，以妇女、儿童、家庭三大领域为重点对象，有效地发挥了政府主导、社工运行及社会资源支持的三方联动的方式。通过这些

---

① 沈荣华，鹿斌. 制度建构：枢纽型社会组织的行动逻辑[J]. 中国行政管理，2014(10)：41-45.

② 朱晓红. 协同共治格局下妇联枢纽型社会组织参与社区服务研究——以广东 D 市 H 家庭服务中心为例[J]. 社会工作与管理，2016，16(1)：55-60.

努力，燕罗街道妇联展现出枢纽型社会组织对社会资源的整合与动员功能，推动社会服务供给从无序走向有序，降低了社会服务运行成本，增强了组织的稳定性。

三是燕罗街道实施了柔性治理的有效手段，以共性的价值理念解决了突出的治理问题。在当前社会转型的特殊时期，现代性因素不断代替传统性因素，原有社会系统被解构，而新的社会系统尚没有建立起来，社会系统处于不平衡状态，社会问题不断涌现，社会矛盾不断凸显，对政府治理提出了巨大的挑战。如何应对这些挑战，是当前各级政府面临的重大课题。作为一种新的治理模式，柔性治理可以提供令人振奋的答案。老子告诉我们："天下之至柔，驰骋天下之至坚。"(《老子·第四十三章》)燕罗街道作为基层行政组织，其特征正是直面广大民众，采用柔性治理的手段正是善用治理资源的明智之举。结合案例的具体呈现和调研中的理论感知，燕罗街道开展柔性治理的手段主要有以下几种。

第一是施行真诚的情感治理。柔性治理首先建立在情感资源开发运用的基础上，注重情感投入，在管理者与被管理者之间架起一座感情交流的桥梁，激发感动正能量，促使管理者与被管理者的关系融洽和谐。① 柔性治理要求政府坚持用真心对待群众、用真诚打动群众、用真情感动群众，真正做到在思想上尊重群众，政治上代表群众，感情上贴近群众，行动上深入群众，工作上为了群众，自觉与人民群众同呼吸、共命运、心连心，真正赢得人民群众的信任，使民众产生心灵触动并自觉服从管理。燕罗街道通过对业主和商户耐心沟通的讲解，使群众接受了"双宜小村"的改建计划，这正是通过情感治理实现治理目标的典型例证，有助于增进群众对社会治理的支持和认可。

第二是施行切实的利益治理。柔性治理坚持以人为本，根本上是要维护、保障、增进最广大人民群众的利益。② 柔性治理要求政府把民众的忧乐和疾苦放在心头，时刻把人民的利益放在首位，深入基层、深入群众调查研究，

---

① 谭英俊. 柔性治理：21世纪政府治道变革的逻辑选择与发展趋向[J]. 理论探讨，2014(3)：150-153.
② 谭英俊. 柔性治理：21世纪政府治道变革的逻辑选择与发展趋向[J]. 理论探讨，2014(3)：150-153.

掌握社情民意，及时发现、分析和解决人民群众最关心、最直接、最现实的利益问题，正确反映并妥善处理各种利益关系，认真考虑和兼顾不同阶层、不同群体的利益。在利益冲突面前，政府要站在最广大人民群众利益的立场上进行理性选择，两利相权取其重，两害相权取其轻，切实维护公民权利并满足其合理的利益需求，才能真正得到群众的认可和支持。尽管"双宜小村"的改建计划对居民的生活造成了短暂的不便，但是改建后的生活环境状况得到了极大改善，利益获取也最直观地体现在了租金的上涨上。换言之，实实在在的利益增进，推动了居民对改建计划的大力支持。

第三是施行科学的民主治理。柔性治理注重人的身份主体性和平等性，强调公民参与公共事务的基础性地位，重视国家权力与社会权利之间的互动。① 行政组织施行民主行政，是公民表达利益、行使权力和保护公民权利最有效的途径，其作用是显而易见的。② 燕罗街道的工作人员综合运用倾听、谨慎思考、协商的技巧，为居民参与开辟路径和创造渠道，通过与居民的平等对话，让居民在参与公共事务治理中自我锻炼、自我管理、自我激励、自我完善。

第四是施行灵活的依法治理。柔性治理是基于制度之上但又超越制度刚性的一种治理形式。看似冷冰冰的法律其实是最基本的道德，具有丰富的人文关怀内涵。柔性治理要求在依法治理的过程中坚持"理性、平和、文明、规范"的执法原则，充分尊重管理对象，树立亲民、为民、爱民意识。③ 实际上，燕罗街道的"双宜小村"建设在严格执法的同时，还做了许多宣传教育和耐心细致的思想工作，积极采取指导、建议、提醒、劝告等非强制性方法，把强制变成商量、把制止变成劝止，始终做到语言文明、行为文明，用充满人情味的治理艺术感化居民，使其心悦诚服，真正反思自己的行为，从而排除居民对法律和公共权力的畏惧和对立情绪，进一步增强其认同意识，从源

---

① 谭英俊. 柔性治理：21世纪政府治道变革的逻辑选择与发展趋向[J]. 理论探讨，2014(3)：150-153.

② 许吉. 从行政价值关系的嬗变看地方政府的柔性化管理[J]. 延边大学学报(社会科学版)，2010，43(2)：121-125.

③ 谭英俊. 柔性治理：21世纪政府治道变革的逻辑选择与发展趋向[J]. 理论探讨，2014(3)：150-153.

头上预防危险行为的发生,实现治理的终极目标。①

总的来说,柔性治理注重平等和尊重、主动和公民精神,更多地代表了民主、协商与沟通的公共价值,可以从内心深处激发居民的内在潜力、主动性和创造精神,从而参与到公共事务活动领域,对疏解社会治理困境具有极强的价值功用,为实现公共治理的善治目标奠定了坚实基础。②

第四节 案例总结

综观燕罗街道合理调配治理资源的社会治理举措,不难发现其中蕴含着极大的价值增量。如何扩散这些价值成为值得关注的重要问题。具体而言,燕罗的经验主要可以尝试从以下几个方面进行总结。

首先,确保志愿服务治理资源的有效供给。实际上,现阶段我国社区志愿服务出现了困境,其实质在于行政管理体制与志愿服务属性之间的双重矛盾。第一,组织方式引发社区志愿者的自愿参与和被动参与的矛盾。在社区志愿活动的开展中,一部分居民的志愿服务参与并非出于个人积极主动的参与,而是通过协管或者楼门长邀约被动参与。这与我国的传统动员式社区服务有着一定关系,也对志愿者的被动服务参与产生了一定影响。尽管志愿服务强调的是自由意志与自愿属性。但是,在我国社区却广泛存在着相当一部分志愿者的参与是被迫或者无奈的福利性参与。③ 此外,社区"被志愿"的普遍存在也反映了社区志愿者组织成立初衷并非完全发自居民内心、基于自愿原则,而是基于街道职能部门推动而成立的现实情况。这在一定程度上违背了志愿者的个人自由意愿与意志,成为一种半强制性的志愿行为。第二,志愿者组织的管理能力不足导致了个体服务与组织激励之间矛盾。一方面,很多地区由于社区志愿者参与不足,街道不得不通过有偿诱导等手段招募临时

---

① 谭英俊. 柔性治理:21世纪政府治道变革的逻辑选择与发展趋向[J]. 理论探讨, 2014(3):150-153.

② 谭英俊. 柔性治理:21世纪政府治道变革的逻辑选择与发展趋向[J]. 理论探讨, 2014(3):150-153.

③ 辛华,王猛. 三重矛盾:我国社区志愿服务的困境与破解[J]. 社会建设, 2016, 3(1):88-96.

志愿者;另一方面,临时志愿者的招募又违背了志愿精神,排挤了真正的志愿者,最后导致志愿者组织中劣币驱逐良币现象的出现。所以,志愿者的服务过程也是管理过程。不仅要认识到志愿者的个体无偿服务的一面,更要看到组织的激励和管理对志愿者个体行为的作用与影响。整体而言,志愿服务应该是一种有计划的符合社会道德规范的行为,这种行为在有组织的环境中发生,使陌生人受益。正是由于志愿服务的组织性,使得志愿者的动机、对志愿者的激励成了志愿服务管理和研究的主要方向。如果没有对志愿者有效的激励和保障措施,社区志愿服务的可持续发展就需要打个大大的问号。

笔者团队在调研过程中发现,燕罗街道的志愿服务并未陷入这样的困境,原因主要在于两点。第一,燕罗街道通过志愿服务理念的传播和普及,推动志愿者从被动参与到自愿参与。由于个人的内在驱动是志愿服务发展的动力之一,社区志愿者组织若要摆脱对行政化手段的依赖,就必须发挥居民自身的志愿精神内在驱使动力。因此,社区志愿服务的前提是针对社区居民需求和愿望设计合适的志愿服务项目,采用多种类型的活动形式激发居民的志愿精神。案例中燕罗街道组织的垃圾分类活动,一方面响应了当前的政策号召,另一方面回应了居民的切身需求,在社区居民的积极参与下,志愿者通过亲身活动参与到美好环境的重塑。事实证明,切合居民需求的志愿活动激发了居民的主动参与精神,为志愿精神的扎根奠定了坚实的基础。第二,燕罗街道通过加强对志愿者的管理和激励,实现了个体激励到组织激励的转变。现有社区志愿服务存在两种倾向:一是过度物质化,无论什么活动都要进行物质激励,比如通过米、面、油的发放等提高社区志愿者参与的积极性;二是过度精神化,认为志愿者都是活雷锋,非常高尚、"毫不利己,专门利他",因此在社区志愿服务过程中不提供任何物质保障与激励。实际上,个人的大多数行为是由特定的目标和需要所激发,如果要了解某一行为发生的原因,就应该从该行为能够实现的目标或满足的需要进行考虑。在调研过程中发现,燕罗街道为了发挥志愿者的治理资源,为志愿者队伍提供了多方面的支持。首先是动员行政支持,以提供宽松的公共空间和制度环境。值得注意的是,燕罗街道的支持主要体现为"撬动效应",而非直接干预。例如,在一定规则下,给予志愿者自由选择的空间、充分的信任,培育其能力,或者通过行政组织的较少投入，吸引社会和市场的较大投入。再者，燕罗街道下一步打算通过多样化的合作方式，搭建平台，服务志愿者组织的成长，或者提供资金促进社区志愿服务的多元化发展，保障志愿者的权益与能力提升。通过志愿者组织发展和激励带动志愿者的个体成长、自主性发挥，以及从个体行为到志愿者组织激励的制度安排，最终实现社区志愿服务的可持续发展。

其次，燕罗街道通过新型治理手段的应用，破解治理资源不足的弊病。燕罗街道地处改革开放的前沿阵地深圳市，这既提供了广阔的发展前景，也面临着突出的治理问题，而快速城市化带来的问题就成为其中的一个难点。可以说，在当前城市化数量脱离于质量、城市化成本脱离于收益的现实下，加上长期以来政府主导下被动、粗放的外生型城市发展模式，导致城市资源与环境承载能力趋于饱和，甚至出现了许多发展速度和规模超过城市承载能力的尴尬现象，效率低下、环境污染、资源过度消耗和短缺、交通拥堵等问题相继出现，严重制约着城市经济增长的可持续性，导致城市发展面临新的巨大挑战。如此频繁地出现"城市病"问题，不利于城市持续发展和人民生活水平的提高。同时，在城市发展的过程中注意力更多地集中于经济发展，忽视了经济社会的协调进程，由此带来的资源与环境问题、可持续发展问题日益严重。在新型城镇化、信息化、市场化、国际化的背景下和新时代的现实需求下，城市应当逐步实现资源配置更优化、居民生活质量更高、城市社会服务更全面、城市生活环境更适宜的目标。城市功能能否实现合理转变，关系到城市能否健康发展，关系到城市居民的幸福水平。从这个角度来看，当前急需构建完善的城市精细化治理体系，上到城市的规划设计，下到城市的构成要素，从而增强城市精准、深度解决发展问题的基本能力，推动城市健康发展。

燕罗街道是如何破局的呢？新型治理手段的应用成为燕罗街道善用治理资源的突出表现。可以说，只有优化治理资源配置，做到精确匹配，才能真正实现治理绩效的显著提高。在粗放型城市发展模式下，基层社会治理手段也一直处于较为宽泛和粗放的状态，这不仅是对资源的浪费，还因为无法找准基层社会治理痛点和难点，弱化了治理效果，降低了公民对基层社会治理的满意度。社会治理现代化应当在充分了解城市居民需求、城市问题发展现状及规律的基础上，找到城市问题的症结所在，同时采用精确匹配的治理手段，实现城市基层社会治理资源配置的最优化。① 面对当前治理中需求个性化、问题多元化的现状，基层行政组织应当精巧搭配治理手段，有机整合，使其发挥最大效用。从燕罗街道的具体情况来看，柔性治理自然是一种应用范围较广的有效治理手段。在此基础上，燕罗街道的工作人员实际上是把情感带回到了城市基层社会治理的过程中。整体来看，城市基层作为国家权力与社会的对接地带，直接影响着国家与社会的关系。基层干部的言语行为也直接影响着民众对国家权力的态度和情感。因此，作为国家代理人的社区工作者如何深入民众，无疑是一个非常重要的问题。正式制度和治理技术是国家权力进入基层社会的主要载体，但是，正式制度和治理技术并不能解决一切问题；而且制度和技术的冰冷特质容易让民众产生畏惧或反感。因此，社区治理不仅是制度与组织之间的互动关系，而且必须充分发掘"人"的价值。② 尤其是在矛盾纠纷化解等涉及民众切身利益的过程中，人情、面子等方式可能比制度和技术更奏效。燕罗街道的基层干部在工作中采用情感治理的方式，从较为宏大的角度来看，实际上是一种柔化刚性体制结构的策略性行为，有利于推动国家权力更好地嵌入基层社会。

在调研中发现，情感实际上是在日常生活中"处"出来的，燕罗街道的社区干部注重在日常交往中培养与社区居民之间的情感。除了日常工作沟通外，社区干部在工作之余也会参与到同社区居民的交流互动。社区干部并非科层体制中的正式"干部"，跟普通居民相比，社区干部并没有太多优越感，这有利于缩小他们与社区居民之间的心理距离。更为重要的一点在于，大部分社区干部即便不在本社区居住，但也基本是本地人。他们能够与社区居民共享相似的生活习惯、行为方式和语言表达，而不会存在沟通障碍。一般而言，日常生活中的私人交流可以建立比较深厚的情感关联，将两者之间的陌生关系转化成熟人关系。个人间融洽、顺畅的互动可以对彼此的亲密关系进行确

---

① 张明斗，刘奕. 新时代城市精细化治理的框架及路径研究[J]. 电子政务，2019(9)：76-84.

② 吴晓林. 中国城市社区建设研究述评(2000—2010年)——以 CSSCI 检索论文为主要研究对象[J]. 公共管理学报，2012，9(1)：111，120，128.

认,个体能够从这种确认中获得积极的情感体验。这种积极情感的累积会转化为情感能量而促使互动者期待下一次互动,进而使得两者的关系更加亲密。在这个意义上,情感治理可谓国家治理体系的润滑剂。它不仅能够弥补科层制技术治理中缺乏人情味的治理模式,而且有利于干群关系的维系,更是基层干部践行群众路线的重要路径。同时,它也可以提升国家权力在基层社会的认同度。[1]

总的来说,无论是借助何种外生于体制的力量,在治理资源有限和治理需求不断扩大的矛盾背景下,治理绩效的提高都来源于治理资源的优化配置。在体制内力量有限的条件下,燕罗街道在体制内外的政治资源、经济资源、文化资源、组织资源等方面的高效资源调配可成为参考的重要范例,在一定程度上具备推广的显性价值。

---

[1] 田先红,张庆贺. 城市社区中的情感治理:基础、机制及限度[J]. 探索,2019(6):160,172,2.

第 四 章
技术创新下的治理方式智慧化应用

《中华人民共和国国民经济和社会发展第十四个五年规划和2035年远景目标纲要》强调要"加强基层社会治理队伍建设,构建网格化管理、精细化服务、信息化支撑、开放共享的基层管理服务平台",同时,不断完善治理体系的信息化建设。在新技术和治理体系不断融合的背景下,依托于技术创新的治理方式智慧化转变,在基层社会治理现代化建设进程中的重要价值逐渐凸显出来。

第一节 智慧治理:现代化基层社会治理的重要特征

智慧治理是一种基于新技术发展,综合运用互联网、移动互联网、大数据和云计算等技术,通过技术创新充分搜集、分析和整合数据,并使之运用到治理过程的新兴治理模式。从基层社会治理的维度来看,智慧治理是一种创新性的治理方式,以技术革命和创新平台为载体,将智慧化的应用场景运用于改进治理体系、提升治理能力，进而通过治理主体的广泛参与、辖区居民的广泛运用、治理数据得到充分搜集和分析，促进治理效能高效转化的治理模式。智慧治理不仅是科学技术进步必然结果，也是基层社会治理现代化的必然方向。具体而言，基层社会的智慧治理需要在以下几个方面加以推进。

首先，现代化基层社会治理应依靠智慧治理方式实现公共服务的智能化和数据化。随着经济社会生活的不断发展，人们对公共服务的时效性和便捷性提出了更高的要求。在互联网、移动互联网和大数据技术日趋成熟的今天，人们对公共服务的要求已不再仅仅仅局限于一般性事务的办理，而是更关注办事效率和便利程度。同时，社交网络的普及也推动人们对于个人利益的诉求是否得到及时解决更为关注。因此，智能化和数据化也成为现代化基层社会治理应有之意。

其次，现代化基层社会治理应采用智慧化的分析方式实现公共服务供给精细化和精准化。大数据技术的进步与普及极大地降低了其适用成本，基于大数据技术发展而来的数据分析技术可以帮助基层社会治理主体在应对复杂性的社会需求分析等方面提供更为便捷和准确的路径。在分析处理复杂社会关系的过程中，借助大数据技术，治理主体可以清晰地找到不同人群之间的差异化需求，并对这些差异化需求进行精细化处理并提供精准的公共服务。

最后，现代化基层社会治理应通过智慧化的治理方式促进公共服务的多样化和差异化。在基层社会治理过程中，通过新技术和新平台的使用，可以搜集更为广泛的数据资源，进一步将这些数据进行整理和分类，治理主体可以将拥有不同需求的人群进行分类，并将公共服务进行多样化和差异化的设置。将公共服务通过智慧化的手段进行有针对性的多样化设置和区别于不同用户的差异化设定，可以在最大限度上节约基层社会治理资源，并实现治理效能的精准分享。

第二节 案例导入

随着科学技术进步，新兴信息技术和科学技术产品与基层社会治理的融合不断加深。作为基层社会治理的新模式，智慧治理正在推动基层社会治理现代化进程迅速发展。近年来，燕罗街道通过整合各方面的人力资源和物力资源，依托新技术和新设备的引入，不断进行探索和创新，通过不懈努力打造了多个带有智慧治理特征的公共服务产品，在探索智慧治理与基层社会治理相融合的路径上作出了积极的探索，从实践层面为基层社会治理现代化提供了可以参考和借鉴的样本。我们通过走访、调研和文献分析，结合燕罗街道打造的"三合一"智慧平台、多功能"智慧岗亭""智慧查违"系统的运用以及LED公共信息平台建设四个典型案例，对燕罗街道在智慧治理与基层社会治理相融合的经验进行介绍和分享。

一、创新打造"三合一"智慧平台

近年来，在燕罗街道组织和领导下，街道所辖的各个各社区充分发挥党委领导核心作用，不断提升对于智慧化治理方式的认知和知识储备，不断加强自身队伍建设，提升知识储备，积极整合各类社会治理资源，积极探索社会治理新的路径。燕罗街道在罗田社区试点打造综治管控警务"三合一"综合工作平台（见图4-1），实现信息共享、矛盾联调、警民联动，发挥"1+1+1>3"的实际作用；与此同时，建立资源共用共享平台，日常开支实现"1+1+1<3"。

图4-1 燕罗街道创新打造"三合一"智慧平台

一方面，握指成拳实现"1+1+1>3"。维稳综治、管控应急和社区警务是社区治理的三股中坚力量，日常工作中三支队伍各司其职。但燕罗街道位于两市三区交界的特殊区位，给社会治安防控和社会管理带来很大的挑战和压力。在工作人员有限的情况下，遇到重大问题时，"各自为战"显得力不从心。"三合一"综合工作平台，就是将这三股力量捆绑在一起，集中办公，明确设岗定责，统一工作流程，统一安排勤务，实现资源共用。一旦遇到重大事件时，其优势便更加凸显——启动联勤联动工作机制，社区可调动多方力量及时研讨部署、参与处置，这已在燕罗取得明显成效。①

另一方面，资源共享实现办公开支"1+1+1<3"。"过去办证甚至还要跑到光明，这几年燕罗政务服务、矛盾调解等有了很大进步，现在甚至连社区都不用出了。"市民在罗田社区办公楼可以发现挂有"罗田社区24小时政务自助服务区""罗田社区综治中心""罗田社区警务室"三块牌子。走进工作站办公楼，一楼的前台功能区由综合中心受理与警务咨询共用，避免群众多跑路。调解室内摆放着投诉人、调解人等铭牌，当有工作需要时，它又摇身变成了会议室。社区指挥中心令人眼前一亮，四个高清投影仪将四面白色墙壁都变成了显示屏，所播放的视频影像更多了，大大节省了使用成本，日后指挥中心改造升级时还能避免资源浪费。该指挥中心为管控视频指挥、警务指挥中心和综治视联网平台共用，分别连接公安网、深众平台、街道管控中心专网和公安视频专网等系统，为社区治理增添"千里眼"，助力社区指挥调动各警务室、警格、智慧岗亭、网格和重点部位警力、网格员参与应急事件的处置，实现视频会议、应急值班值守、消防灭火等应急救援、视频集成应用和网格化应用五大功能。社区办公楼面积虽然有限，但五脏俱全。一楼大厅摆放着多功能警务自助服务、金融社保自助服务、政务自助服务等仪器，可随时为市民提供政务服务，使群众办事不出社区。社区自行采购的防暴盾牌、头盔等在装备区整齐摆放。便民服务区、禁毒工作区、精防工作区、分析研判区等区域也一应俱全。"内容和功能的整合，既节约了行政资源，又便于联勤联

---

① 资料来源：根据相关媒体报道与实地调研整理而成（"燕罗积极探索社会治理新路径：在罗田社区试点打造综治管控警务'三合一'综合工作平台 [EB/OL]. [2019-09-09]. 宝安日报，http://barb.sznews.com/MB/content/201907/09/content_687800.html）。

动。"燕罗街道综治办负责人介绍说,通过"三合一"工作平台,社区已建立形成矛盾纠纷联调、社会治安联防、应急事件联处、警备力量联勤、突出问题联治、基层平安联创的工作机制。①

二、首创多功能"智慧岗亭"

岗亭是治安防范的前哨阵地,也是基层社会管理工作的窗口和门户。燕罗街道以市际、区际以及主干道治安岗亭为基础,整合应急、公安、政务、综治、党建等工作内容,综合提升岗亭功能,打造了一座座集信息发布、指挥调度、网格管理、党群联络、便民服务为一体综合服务岗亭(见图4-2)。

图4-2 燕罗街道首创多功能"智慧岗亭"

目前街道共建设智慧岗亭6处,基本覆盖了街道主要卡口、路段和重点区域。作为深圳的"西北门户",地处两市三区交界处的宝安区燕罗街道历来是社会治安防控和社会管理的重镇。在街道东北角,与光明区交界的一处路口,矗立着一座近5米高的崭新岗亭。这座2020年6月开始运营的智慧岗亭,不停歇地注视着周边每天约两万辆车流和5万多人流,守护一方平安。与传统岗亭

---

① 资料来源:根据相关媒体报道与实地调研整理而成("三合一"平台探出社区现代化治理新路子[EB/OL].[2019-09-09].宝安日报,http://barb.sznews.com/MB/content/201907/09/content_687669.html)。

相比，燕罗智慧岗亭整合了互联网、物联网等技术，"颜值"也显著提升，变身集信息发布、指挥调度、网格管理、党群联络、便民服务为一体的智慧岗亭，成为社会治安防控体系和打造共建共治共享的社会治理格局的大支点。①

这座21平方米的现代化智慧岗亭宽敞明亮，近乎360°的玻璃幕墙让四周一览无余，工作台上摆放的多台联网电脑，正播放着多个平台的实时情况。"岗亭是治安防范的前哨阵地，也是基层社会管理工作的窗口和门户。智慧岗亭整合了应急、公安、政务、综治、党建等内容。"燕罗街道综治办负责人介绍说，"首先，它是一个智能化信息化的指挥平台"。这名负责人指着工作台上一台电脑说，岗亭对接了公安网和深众平台，可实现民警辅警指挥调度，实时调阅执法记录仪，不需实地查看即可掌握所属群防群治力量的勤务情况，随时掌握人员在岗情况，真正实现遇有突发状况"连得通、叫得到、看得见、拉得出、冲得上、打得赢"，做到"一呼百应"。"岗亭不仅能实现对周边的实时监控，还是一双千里眼、智慧眼。"岗亭值班人员介绍说，岗亭对接了公安视频专网，岗亭视频监控实现与社区警务室、屯兵点、消防站及各类重点场所互联互通，如果发现警情、重大突发事件和安全应急事件时，能第一时间做出反应，调动各方力量，就近开展处置。同时，视频专网电脑安装了人脸识别系统，可实时布控。网格化巡查是当前治安防控体系的重要一环。智慧岗亭目前也已经对接街道管控中心专网，可实时在线视频通话，开展"大智慧""大巡查""大执法"，对街道发生的事件进行分拨处置、数据查询统计和人、事、物落图落格巡办。据初步测算，该岗亭建成后，仅罗田片区就可减轻四分之一的警力负担，初步实现集约化、科学化、合理化用警，大大提高了用警和处置效率。②

智慧岗亭不仅是治安防范的前哨阵地，还是党群联络点、义工工作点和公共服务点，成为燕罗街道共治共融共享党群工作的大平台。燕罗街道每周都会组织各党支部轮流到岗亭开展交通疏导、接受群众咨询，帮助群众解决

---

① 资料来源：根据相关媒体报道与实地调研整理而成（智慧岗亭：一键式指挥 一站式便民[EB/OL]．[2019-06-20]．南方日报网，https://ishare.ifeng.com/c/s/7nqmoNR2Q4t）。

② 资料来源：根据相关媒体报道与实地调研整理而成（燕罗小岗亭 蕴含大智慧[EB/OL]．[2019-06-25]．宝安日报，http://barb.sznews.com/MB/content/201906/25/content_678363.html）。

问题，通过亮身份、亮岗位、作表率，发挥"一名党员，一面旗帜"的示范带头作用。在正常工作时段，由义工固定时间轮值工作，开展各种形式的志愿活动。街道的管控、综治、安监、劳动、司法、交通等职能部门，则每周轮流安排一天时间，开展治安防范、普法教育、交通文明、安全生产等主题宣传咨询服务活动。此外，智慧岗亭24小时开放给义警、环卫工人、网格员、巡查员等队伍工作交接班和日常工作间隙临时休整时使用，以解决治理队伍途中折返耗费时间长的问题，保证工作的连贯性和时效性。①

在智慧岗亭旁边的多功能便民柜，里面摆放着多种涉及医疗、汽车、消防等的应急用品，可以随时提供给有需要的市民使用。燕罗街道综治办负责人说，他们在岗亭常设便民服务站、值勤救助点和门户宣传点，打通了服务群众的"最后一百米"。目前，智慧岗亭已经成为周边居民的民生服务区，投入以来，燕罗街道组织各种形式活动10次，接受群众求助20人次。"比如，我们配备有AED简易除颤仪，岗亭每一位值班人员都经过了严格培训，能够准确操作除颤仪。"据现场值班服务的义工介绍，目前便民服务站里一共有应急用品和工具共计65种，此外还可以为居民提供公交指引、物品暂寄、失物招领等贴心便民服务。除了便民柜，在智慧岗亭西侧还设置有防爆警械柜和微型消防站，用于防爆反恐应急处置和一般的火灾紧急救援。在这里，警力24小时值守，可以接受群众报警、求助、咨询，发布预警信息，提醒居民加强防范。值得一提的是，与传统岗亭不同，这个智慧岗亭的外部主体上方安装有全彩LED屏。此LED屏为"N合一"宣传载体，可根据街道不同时期工作重点播放视频、图片、标语、公共应急信息、值班电话等。目前，该LED屏已设计完成门户新城、扫黑除恶、龙舟赛、党建、志愿者服务五个模块，公共应急信息和值班人员电话可随时滚动播出。②

通过一段时间的运作，智慧岗亭已初显成效。一是通过统一指挥调度，

---

① 资料来源：根据相关媒体报道与实地调研整理而成（燕罗首创智慧岗亭撑起"三大平台"[EB/OL].[2019-06-26].深圳特区报, http://sztqb.sznews.com/MB/content/201906/26/content_678734.html）。

② 资料来源：根据相关媒体报道与实地调研整理而成（燕罗首创智慧岗亭撑起"三大平台"[EB/OL].[2019-06-26].深圳特区报, http://sztqb.sznews.com/MB/content/201906/26/content_678734.html）。

最大限度实现集约化、科学化、合理化用警。据燕罗派出所初步测算，仅罗田片区就可减轻四分之一的警力负担；二是智能化处置事件的方式，可以在岗亭对执法、巡查、巡逻等工作进行调度，大大提高了用警和处置效率；三是便民化的服务模式，丰富了岗亭功能，燕罗街道已经在这里组织了各种形式的活动10次，接受群众求助20人次。

探索无止境，创新在路上。燕罗街道将全面总结智慧岗亭的经验做法，继续优化和提升其功能，并在街道其他社区进行推广，使这种亲民社会治理工作体系落地生根、开花结果，为宝安构建社会治理新体制新机制，提供可复制、可推广的工作经验，贡献燕罗智慧。

三、"智慧查违"系统的创新运用

如图4-3所示，深圳宝安区"智慧查违"系统是智慧宝安的专属板块之一，以区查违办为指挥中心，10个街道为分中心，经促、城管、环保水务、规划国土4个管地部门为副中心构建的查违信息联网系统，整合了全区4833个社区网格员力量，实现了对全区巡查、执法力量的统一调度，对违建查处工作的"巡查、定格、查办"三大节点实施全面管控，形成巡、办、管、督的闭环管理。系统对巡查人员巡查公里数、巡查路径违建发现率、执法人员案件办结数、履职到位率等进行综合评价分析，自动生成日报、周报、月报、年报等各项指标考核报表，以及对巡查、执法人员的实时定位和轨迹查询等功能，

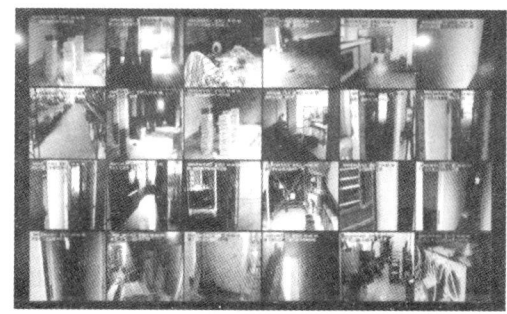

图4-3 "智慧查违"系统的实时监控数据中心

使案件和人员在系统中"事过留痕，人过留迹"，实现对部门和人员的全面考

核和督办。区监察局可随时登录系统进行抽查,负责对区土地规划监察局各街道和管地部门巡查、查处情况的全面监督;系统每周生成网格违建增量统计报告,为全区查违形势的分析判断提供数据支持,并作为各相关单位履职情况的评价依据。①"智慧查违"系统的功效主要体现在以下几个方面:

第一,"智慧查违"系统的运用实现了巡查范围覆盖无死角。宝安在街道层面组建街道综合巡查队、专业巡查队、机动督查队三支巡查队伍,将违法建筑巡查纳入网格员12类156项实有事件巡查清单,依靠超过5000人的巡查队伍,构成一张全覆盖、无盲区的巡查网。宝安将违法建设行为列为A类事件,"微网格"由网格员巡查,"中网格"由街道属地巡查,"大网格"由区查违办机动巡查,一天一巡,对违法抢建行为进行抓拍,通过移动终端PDA实时录入"智慧查违"系统。在巡查维度方面,通过网格员、巡查员"地上巡",无人机、卫星遥感"天上看",群众举报、媒体曝光等多种方式,及时发现地表、建筑物变化情况。②

第二,"智慧查违"系统的运用促进了数据搜集分析、监测、处置智慧化。充分发挥智慧宝安管控指挥中心查违分中心数据集成、运行监测、分拨处置、指挥协同、应用评价五大功能,推动查违工作提质提效。系统自动分拨案件,智慧查违系统接收案件信息后,按"板块划分、属地管理"原则,自动分拨到相应街道责任片区执法员。通过"智慧查违"系统,可实现与现场巡查、执法人员视频通话。该系统还可以绘制查违形势图,系统实时生成全区现有存量违建、新增违建电子地图,违建所有相关信息、各环节责任人信息等都与图标捆绑,"一键知全局"。此外,该系统实时记录巡查人员的轨迹、里程、发现率,以及执法人员案件办结数、履职到位率等数据,实现对部门和人员的全面考核和督办。与此同时,系统在分析研判方面也有强大功能,系统自动生成日报、周报、月报、年报等相关统计数据,为分析研判违法抢

---

① 资料来源:根据相关媒体报道与实地调研整理而成(打造智慧查违系统[EB/OL].[2016-06-01].深圳特区报,http://sztqb.sznews.com/html/ 2016-06-01/content_3538281.htm 等)。

② 资料来源:根据相关媒体报道与实地调研整理而成(巡办管督闭环管理,构建智慧查违新格局[EB/OL].[2016-06-01].宝安日报,http://barb.sznews.com/html/2016-06-01/content_3538335.htm 等)。

建行为易发高发时段、区域等规律提供数据支持。①

第三,"智慧查违"系统的运用加强了执法过程多部门联动。建立查违工作与政法、执法、网格等部门的"大联动"工作机制,握指成拳,形成强大合力。同时,引导和组织"两代表一委员"、离退休干部、社区党员、楼栋长和居民代表等社会各界力量参与到违建巡查中来。在各街道成立了综合整治大队,按照"巡办分离"的思路,专门负责执法查处辖区各类违法建设行为。违建所在街道责任片区执法员接收系统分拨案件后,马上到现场核查,确属违法建设行为的,迅速开展执法查处,一般案件在3个工作日内处置完毕,并将处置结果反馈到系统。对依法可予拆除的坚决拆除,对新出现的基础坚决回填,对未产生增量的抢建及时制止,并依法采取强制措施,消除违法抢建的外部条件。②

第四,"智慧查违"系统的运用有助于构建和完善社会信用信息系统。宝安已成立了社会信用信息中心,负责全区社会信用信息的归集、交换、共享和使用,正在加快建设大诚信数据库,建立违建参与者诚信档案,将企业和个人参与违法建设,以及是否主动整改情况纳入诚信记录,向政府、企业、金融机构和社会各界公开,倒逼违建参与者自觉履行行政处罚决定。目前,查违、建设等部门对向违建提供预拌混凝土的企业,对违反施工管理法律法规的建设和施工企业依法进行查处,将其不良行为记录在案;对企业的相关资质进行考核,让不守法和不诚信的单位和个人付出应有的代价。

四、LED 公共信息平台建设

通过 LED 显示屏滚动播放重要公共信息,如重要通知、赛事预告、日常警情、天气情况以及汛情等信息,让居民迅速有效地了解能够影响自身生活的相关信息,是提升社会治理水平、实现共建共治共享的一个有效手段。为

---

① 资料来源:根据相关媒体报道与实地调研整理而成(打造智慧查违系统[EB/OL].[2016-06-01]. 深圳特区报, http://sztqb.sznews.com/html/ 2016-06-01/content_3538281.htm)。

② 资料来源:根据相关媒体报道与实地调研整理而成(巡办管督闭环管理,构建智慧查违新格局[EB/OL].[2016-06-01]. http://barb.sznews.com/html/2016-06-01/content_3538335.htm)。

了打造燕罗街道义务发布公共信息平台，充分挖掘社会资源公共服务价值，全面探索燕罗街道公共信息义务发布员队伍建设，燕罗街道使用147块公共LED屏第一时间发布重大气象预警、重大信息、重点宣传等关乎广大人民群众切身利益、人身安全信息，保证公共信息准确、高效地发布。

如图4-4所示，街道按照500米全覆盖标准，统筹利用辖区现有147块公共LED屏，建成公共信息发布网络，组建义务宣传联络群，网格员、公共场所LED显示屏管理人员成为义务信息发布员，街道工作人员实时发布汛期气象、易涝点、安全防护等应急信息，义务信息发布员实时更新屏幕显示内容，实现社会效益和经济效益有效结合。通过公共LED电子屏累计滚动播放台风、暴雨气象预警、创文宣传、"打黑除恶"等公益宣传信息播放时长达20160小时，增强了公益信息发布的及时鲜活性，有助于辖区居民准确、及时地掌握重大信息，以提升获得感和幸福感。①

图4-4　LED公共信息平台建设

---

①　资料来源：根据相关媒体报道与实地调研整理而成(整合公共场所信息发布平台，燕罗利用辖区147块LED显示屏让宣传全覆盖，提升汛期预防效能[EB/OL]．[2020-05-27]．https://baijiahao.baidu.com/s?id=1667836439230171045&wfr=spider&for=pc)。

在实地调研过程中，如此接地气的宣传方式吸引了辖区群众驻足了解相关信息。比如汛期应急防护的信息第一时间在 LED 屏上得到广泛传播；又如，通过加强宣传，确保将"龙舟赛"对辖区的影响降到最低。这一创新举措既服务了居民，也让发布单位履行了社会责任，提升了单位声誉，得到辖区居民和商家的一致好评。当家住燕罗街道罗田社区的李女士被问及对于 LED 平台广泛应用的感受时，她说："我觉得这种方式很好，每个人都非常关注天气的变化，在路上行走，到商场买个菜，抬头就能看到滚动播放的汛期相关信息。这也提升了我们居民的应急防护意识，是真正把公共服务送到居民身边，为大家提供精准化、精细化服务。"同时，燕川社区辖区某大型超市的工作人员则评价道："暴雨期间通过我们的 LED 显示屏及时发布汛期信息，能让路人、顾客及时提高防护意识，这是我们商场应尽的社会责任，居民看了这些汛期信息，增强了对我们商场的好感，提高了我们商场的声誉，这对我们也是一种很好的宣传，达到了社会效益和经济效益的有效统一，这种方式很好。"①

第三节　案例分析

一、基层社会治理方式智慧化与传统治理模式间的结构性张力

（一）科学技术的发展和应用推动治理信息传递方式和方向的改变

在传统的基层社会治理模式中，由于配套设施的局限性所导致的沟通路径不畅通，基层社会治理辖区居民的信息交换受到严重制约，对应的信息传递方向也多为以政府权威驱动的自上而下的单方向传导。政府在基层社会治理中所担任的是管理者的角色。随着科学技术的发展，以及科学技术产品的不断丰富，新技术和新平台不断运用，使得原有的信息壁垒被消解，不论是自上而下的治理信息传递，或是自下而上的政策信息反馈，都在信息获取渠

---

① 资料来源：根据相关媒体报道与实地调研整理而成（105 块户外 LED 屏统一发布暴雨信息！燕罗创新做法值得点赞！［EB/OL］．［2019-06-19］．https://www.sohu.com/a/321628103_487460）。

道不断增加、互联网技术的广泛应用、社交平台逐步完善的背景中变得更加顺畅和公开化。因此，治理信息的传递方式和方向由于科学技术的发展而发生了改变，治理主体对新技术和新平台的认识势必也得到了相应的更新与提升，治理方式的智慧化也就成为基层社会治理发展的必然趋势。

(二) 大数据和新平台的运用促使治理主体信息表达方式的转变

大数据和新平台的广泛应用给社会经济发展带来的变化是革命性的。在传统治理模式中，信息传递方向更多的是自上而下的命令式政策性话语，新技术推动下沟通方式的出现让治理主体信息表达方式发生了根本性的变革。互联网平台、移动互联网终端、社交媒体的丰富，使得治理主体之间的自下而上和横向平等对话获得了更为便捷的途径，原有的信息壁垒也随着新技术的冲击逐渐消解殆尽。智能手机、移动终端、平板电脑等消费类电子产品的平民化也让人们从原有的技术限制中解脱出来，弱化了人们在基层社会治理过程中信息交流和意愿表达的难度，让话语和信息在治理主体间更加顺畅地流动。在治理主体信息表达发生转变的背景中，话语和信息的流动代表的是原本处于基层社会治理底层的辖区居民转变成信息的反馈者和意见的提供者，从单一的信息接受者转变为信息节点的承担者。因此，基层社会治理的智慧化进程同时也是辖区居民参与基层社会治理不断深入的过程。这一改变不但推动了基层社会治理模式的进步，也让治理成果得到了更加普遍、便捷的共享。

二、基层社会治理体系智慧化再造与实践探索

(一) 基于信息对称的公共服务流程

治理方式的智慧化要求基层社会治理主体对公共服务流程进行再造。在过去的基层社会治理体系中，政府的权威是政策制定的基础，这种权威保证了政策制定的稳定性和有效性，但由此引发的各个治理环境中治理主体间的信息不对称就难以避免，相应的公共服务流程和公共产品产出也面临着不适用的风险。伴随着治理方式智慧化的发展，信息交换和沟通途径的丰富必然推动公共服务流程进步，原本处于信息壁垒两端的治理主体可以通过更新的、更有效的方式进行信息传递，极大地提升了沟通效率和信息的准确性，从而可以让公共产品实实在在地让辖区居民共享。正是通过让信息充分交流，公

共服务供给主体得到的反馈才显示出需求主体准确的需求,进而使公共服务的需求主体获得充分的公共服务。

(二)以新技术手段为载体的服务工具

在信息时代,治理方式的智慧化还推动了以新技术为依托的服务工具的更新。互联网、移动互联网、社交媒体等新兴生活场景的广泛应用让人们有了新的参与社会治理的途径。随着新技术手段在社会生活中应用得愈发普遍,对于基层社会治理来说,上述变化也是进化公共服务提供方式、提升民众意见反馈效率的变革契机。在智慧化治理的情境中,新技术和新平台的广泛运用可以更加高效地促进基层社会治理方式的改变,以此加速社会治理效能的转化。

(三)以网络为纽带和以居民为主体的社会组织

治理方式的智慧化需要基于以网络为纽带和以居民为主体的社会组织进一步参与和监督。植根于传统治理观念的政府管理模式,给予居民参与公共治理的空间十分有限,因此中国基层社会治理环境中的基层社会组织发展也相当迟缓。随着科学技术的发展,治理方式的智慧化进程为培育基层社会组织提供了生存和发展的必要条件。在相对自由开放对话的社会组织中也会促使民众自发地产生更多的信息交流,从而有利于使民众参与到基层社会治理的各个环节,以智慧化的手段推动基层社会治理现代化的进程。

(四)以网络为平台的多元对话

治理方式的智慧化为以网络为平台的多元对话提供了更为广阔的空间和可能性。传统治理观念中,信息壁垒导致了基层社会治理各个环节的参与主体没有形成平等对话和信息交流的途径。这种信息流通的不顺畅也导致了很多本可以消解在萌芽中的基层社会治理问题的出现。现实生活中同样存在着在身份、地位影响下的由信息不对称而产生的信息沟通鸿沟。新技术和社交媒体的广泛应用,为消除这种信息不对称提供了技术支持,也为基层社会治理过程需要的广泛民主协商和多元主体参与提供了载体和空间。

三、全面实现基层社会治理方式智慧化的现实困境

(一)基层社会治理主体对智慧化治理理念的理解有待提升

基层社会治理现代化是包含基层社会治理体系现代化、基层社会治理过

程现代化和基层社会治理能力现代化三个维度的演化过程。智慧化治理是内生于这三个维度的治理要素，也就是说，治理方式的智慧化既是现代化基层社会治理的重要特征，同时也是治理现代化进程不可缺少的必要条件。我国现阶段的基层社会治理视域内的公共事务具有复杂性的特征，其公共产品的涉及范围十分广泛，导致了传统治理主体对于治理方式的选择多为被动方式，即多以规避风险和简化流程为行为目的指向。而随着经济社会发展的深入，这种传统的治理方式显然已经不适用于现阶段的基层社会治理对象的复杂性问题，因此基层社会治理主体转变机械化的治理理念，推进智慧化治理方式就显得尤为重要。

随着科学技术的进步，互联网和大数据的使用在经济社会发展的各个层面都取得了前所未有的发展，这种发展为基层社会的治理的智慧化转变提供了有利的条件。新技术和新平台在政府治理领域的广泛应用使得原本具有信息壁垒的政府决策过程变得难以保持，从客观上要求政府在治理理念上必须让决策更加符合公共利益的要求，以提升治理对象的公共满意度。同时，新技术和新平台的运用也提供了进一步强化民主参与治理过程的优化路径，使治理主体更容易感知到治理对象的相关诉求，为决策的合理性提供了保证。智慧化治理的要义就在于通过新技术和新平台的广泛运用，让治理方式从传统的以国家强制力为出发点的管理模式向更具主动性、开放性和参与性的治理模式转变。燕罗街道在实践过程中通过新平台和新系统的运用，将信息技术发展与治理模式转变有机统一起来，一方面从治理主体角度增强了政府部门、企事业单位、社会公益组织和辖区居民之间的互动和沟通；另一方面也达到了通过治理过程普及智慧化治理理念，增强新技术在基层社会治理过程中的可及性，为营造良好的治理环境提供了必要保证。

(二)基层社会治理主体间的知识鸿沟和技术壁垒有待消解

智慧化的治理方式在提升基层社会治理体系现代化和治理能力现代化向治理效能转化的效率的同时，也在一定程度上加深了治理主体间的知识鸿沟和技术壁垒。由于中国现阶段的具体国情，新技术和新平台在不同领域、不同行业甚至不同居民的生活中存在着工具使用度、数据运用度和用户体验等不同程度的差别，以至于出现了城乡之间的两极分化。在大数据时代，由于对数据资源的拥有程度、数据运用程度以及主体的创新能力的差别，新技术和新平台的技术门槛从客观上限定了参与基层社会治理过程的知识储备和技术基础，城乡居民之间，不同行业之间，仍然存在着信息不均衡的现象。因此，应在基层社会治理智慧化的过程中要求政府及相关的技术服务部门将工作重心向技术的大众化倾斜，提高新技术和新平台在公众范围内的可及性，消除基层社会治理主体间的知识鸿沟和技术壁垒，激励多元化的治理主体主动参与到智慧化的治理过程中，以达到智慧化治理的治理效能产出的目的。

(三)基层社会治理主体间的协作方式和利益共享有待深化

智慧化治理方式的普及和运用从政府的行为角度来看，政府的角色是机制的创建者和硬件的提供者，真正要向治理效能转化还要求更广泛的治理主体参与到治理智慧化的进程中来。新技术和新平台与治理模式的相结合，不仅需要政府各个相关部门间的联动与配合，更需要参与治理过程的各个治理主体相互学习、相互协作，以形成工具互通和数据共享的统一行动模式。不论是传统的治理模式，还是基于新技术和新平台的智慧治理模式，其最终目标都是让治理效能得到共享。因此，智慧化的基层社会治理主体需要积极引导和激励各方治理参与者参与到治理过程中，通过数据分享、资源整合、工具互通等多种方式，既将各方优势运用与治理环节，同时也让治理成果得到各方共享。事实上，智慧化治理是依托现代化的技术和治理模式将基层社会治理过程中产生复杂信息进行融合、加工和分享的过程，只有通过治理主体间不断深入的协作和利益共享，才能提升基层社会治理的有效性。

四、持续推进基层社会治理方式智慧化的对策和建议

(一)认知升级：增强治理主体对新技术的知识储备和认知水平

相对于互联网、移动互联网和社交网络而言，智慧治理在大部分人眼中还是一个新兴概念，因此基层社会治理智慧化的前提就是完成治理主体对"智慧化治理"这一概念的认知升级。如前文所述，新技术和新平台的蓬勃发展正在从根本上变革每一个人的生活方式，同时也在分化不同知识储备和认知水平的人群，相应地决定了其在社会治理体系当中的位置。面对如此发展情境，社会中的个人特别是基层社会治理的参与主体更应当提升对于新技术和新平

台的知识储备和认知能力。智慧化的治理就是将新技术和新平台应用于治理过程，为治理体系提供一种新的交互媒介；它也是基层社会治理主体间的新沟通途径，在信息化和技术化的背景下，完成对治理流程的智慧化再造。因此，参与到智慧化基层社会治理的人们应当以一种更为开放的态度，充分运用新技术和新平台为治理行为提供的工具，提升治理效能的转化效率。

当然，我们也不能过于追求技术和手段，盲信其可以解决现行治理体系中的一切问题。但理性、客观的认知和严谨、科学的态度有助于我们将智慧化的手段恰当地应用于治理过程。从这个意义上说，智慧化治理的效能转化很大程度上取决于治理主体对新技术的知识储备和认知水平。从治理方式创新的角度看，智慧化治理模式的变革势必会改造原有的社会治理生态，在一定程度上影响很多组织和个人的利益获得方式。与此同时，技术创新本身被广泛接受也可能是一个长期的过程，很多探索和路径是在实践过程中不断试错前行的。从传统的社会管理体制向智慧化治理模式的转变需要包括政府在内的各方面治理主体形成合力和共识，政府更需要从引导者向服务者转化，充分认识到多元治理主体的共同参与对于推进基层社会治理智慧化的重要性和必要性。同时，以服务者的角色将资源、数据和信息向治理主体开放，并且将权力中心下移，通过科学合理的协商制定有利于公共利益产生的制度和行为规范，为智慧化治理的推进提供沟通和决策的准则。同时，还需注意到智慧化的治理模式势必需要更长的时间让其逐渐展现其优越性，而且在长时间的探索过程中可能会出现阻碍和挫折，这也需要用认知升级来让治理主体坚信智慧化的必然性和广阔前景。

（二）能力升级：提升治理主体对新方法和新流程的理解能力和运用

如前文所述，治理方式智慧化推动下的新技术和新平台的广泛应用对于基层社会治理现代化有着重要的推动作用。但回到具体国情，我们会发现这种智慧化的过程同样蕴含着对传统观念的冲击和挑战。新技术和新平台的推广使用在消解传统的信息壁垒的同时，也对广泛参与到社会治理中的主体对于新方法和新流程的理解提出了更高的要求。新技术本身的陌生感也造成了参与到基层社会治理过程的参与主体呈现两极分化的趋势，即熟悉新技术和对新生事物感兴趣的参与者会有更强的主动参与意识，也更乐于通过新的方式参与到基层社会治理中来；而那些缺乏新技术相关专业知识和缺乏学习能力的主体，就有被隔绝在智慧治理环境之外的可能性。因此，作为智慧化治理方式的创新者和推动者，政府有责任和义务加强基层社会治理主体对新方法和新流程的理解运用能力。例如，在基层开设相关的教育课程、定期举办知识普及活动以及在多媒体平台讲解智慧化治理的相关观念等，这些方式都可以实现提升居民对于新的治理方式的理解和运用能力的目的。

从社会学的角度出发，治理主体对于新方法和新流程的理解运用能力还取决于居民自我身份的认定，即居民对自己在基层社会治理体系中的归属感和身份认同感。归属感强并且有足够身份认同感的居民，更容易接受和采用更为有效的新方法和新流程参与基层社会治理。在传统治理观念中，居民长期生活在政府主导的社会管理制度下，机械地接受自上而下的管理指令传达，这种被动接受无法建立起足够的归属感和身份认同感。智慧化治理提供的新方法和新流程为治理信息的顺畅流通提供了空间和可能性，基于互联网、移动互联网和新媒体平台的公共领域构建，为居民信息交换和意见反馈提供技术环境，提升了居民对于基层社会公共事务的参与热情，有助于居民在参与基层社会治理的过程中获得归属感与身份认同感。

(三) 产业升级：提高参与治理活动的相关软硬件的易用性和可及性

在治理方式智慧化的进程中，政府的角色应当是协助相关企业和部门以易用性和可及性为目的创新开发新平台和新治理工具，帮助各方力量创造有利于各部门之间数据交换和数据共享的技术条件和权限，同时也要为基层社会治理的未来发展留有可扩展的空间。只有通过这种方式，才能切实地将辖区居民生产生活的智慧化水平提升到新的高度，从而为推进基层社会治理的现代化提供新的条件和空间。治理的智慧化需要多方协同、多元参与和共同推进，在政府的正确引导下，有目的地进行产业升级，才能以技术进步推进治理工具的进步。另外，新工具的开发和使用离不开专业技术人员，当然，专业技术人员也是治理效能转化成果的受益者。因此，在新平台和新工具的开发过程中，应当扩展参与研发的公众参与度，不仅从数据上对技术开发提供帮助，而且应当从宣传和科普的角度为新技术和新平台的产出提供群众基础。

智慧化治理需要不断地进行产业升级，通过公众参与和技术进步保证新平台的易用性和可及性。笔者通过调研观察到，燕罗街道在积极推进新技术和新工具普及应用的同时，不断让辖区居民真正参与到整个智慧化治理过程中，在多种技术手段的运用和赋能下，使居民真正享受到新技术和新平台为自己生活带来的改变和进步。与此同时，随着新技术和新平台的应用进一步加深，数据平台也面临着更新和升级的需求。技术升级需要大量的数据搜集和用户体验反馈，居民的反馈和意见也成为技术部门进一步提高技术服务精准性的底层经验支持，实现了从技术到应用再到反馈的良性互动。智慧化治理需要的是治理工具不断提升易用性和可及性，产业升级的目的应当是打造一个面向整个基层社会的数据搜集、数据整合和信息反馈平台，只有在技术升级的过程中保证了技术本身的易用性和可及性，才能在治理智慧化的过程中确保治理效能转化的有效性。

第四节　案例总结

通过实地调研和案例分析，可以看到燕罗街道在运用新技术进行基层社会治理创新方面进行了许多的努力和探索，将新技术手段运用于基层社会治理的实践中也卓有成效。即便是在深圳市的智慧城市建设整体水准比较高的情况下，燕罗街道在基层社会治理现代会进程中所做出的努力也值得肯定，其具体表现在如下几个方面。

首先，依托"三合一"平台建设，实现治理资源共用共享。基层社会治理的重点在社区，难点也在社区。燕罗街道围绕社区治理现代化这一主线，将社区综治中心、管控微中心和社区警务室的功能进行整合，建设社区"三合一"综合工作平台，实现了资源共用、信息共享、矛盾联调、警民联动，既强化了基层社区的管理力度，又提高了工作实效，更为社区居民提供了快捷、便利、周到的服务。通过打造综治管控警务"三合一"综合工作平台，发挥了"1+1+1>3"的实际作用；通过建立资源共用共享平台，日常开支实现了"1+1+1<3"的效果。

通过"三合一"工作平台的建设和运用，基层社会治理现代化的治理效能转化也逐渐凸显。第一，"三合一"平台建设促进了维稳综治、管控应急和社区警务力量的协作与互动，形成了社区治理的合力。维稳综治、管控应急和社区警务力量是社区社会管理三支重要的力量，包含街道下沉工作人员、社区工作人员、社区民警、治安消防员、整治队员、社工等，平时均由各自主管部门负责管理。社区"三合一"平台建设，就是将三支不同力量整合集中办公，明确设岗定责，统一工作流程，统一安排勤务。通过力量的整合，理顺了管理机制，实现了条块结合、人员综合管理，既整活了前台，又强化了后台，保证社区管理力量实现了最大效用。第二，"三合一"平台建设明确了各个参与治理主体的权责范围，合理整合了公共资源，既保证了诸多模块职能的独立性，又提升了公共资源的利用效率，还确保了在应急事件处理过程中的资源高效配给。燕罗整合了社区综治中心、管控微中心和社区警务室的规范标准，按照一室多用的原则，设置多功能区，如前台功能区为综合中心受理与警务咨询共用，指挥中心为管控视频指挥、警务指挥中心和综治视联网平台共用，会议室与调解室共用等。另外，按服务内容分设功能区，如便民服务区、禁毒工作区、精防工作区、信息采集区、分析研判区等。发生重大应急突发事件时，利用社区"三合一"工作平台，启动联勤联动工作机制，调动力量及时参与处置。内容和功能的整合，既节约了行政资源，又便于联勤联动。第三，"三合一"工作平台建设完善了综合管理服务的具体目标，即建设社会管理平台、打造指挥调度平台、打造应急救援平台以及建设便民服务平台。平台以社区综治中心为基础，定期排查调处矛盾纠纷，严格管控吸毒人员、精神障碍患者、社区矫正人员等重点人员，以维护社会稳定。同时，依托社区警务室公安专网、视频专网系统，在社区便可指挥调动各警务室、警格、岗亭、网格和重点部位警力、网格员，参与应急事件处置；基于社区管控微中心与街道对接，可以实现视频会议、应急值班值守、消防灭火等应急救援、视频集成应用和网格化应用五大功能。另外，平台专门规划了便民服务区，设置了警务查询、社保查询、政务服务查询和银行自助柜员机，方便社区居民群众办事，体现社区的服务功能。

其次，创新建设"智慧岗亭"，打造智慧治理新样态。岗亭是治安防范的前哨阵地，也是基层社会管理工作的窗口和门户。燕罗街道以市际、区际以及主干道治安岗亭为基础,整合应急、公安、政务、综治、党建等工作内容,综合提升岗亭功能,打造出集信息发布、指挥调度、网格管理、党群联络、便民服务为一体的综合服务岗亭。目前街道共建设智慧岗亭6处,基本覆盖了街道主要卡口、路段和重点区域。"智慧岗亭"在燕罗社会治理中起到了重要作用。第一,"智慧岗亭"的建设有利于以科技为支撑,打造智能化信息化指挥平台;有利于对接三大系统,实现三大功能:"岗亭+指挥调度"功能、"岗亭+智慧巡办"功能和"岗亭+联勤联动"功能。第二,"智慧岗亭"的建设有利于构建以党建为引领的共治共融共享党群工作平台。将党建党群工作结合到岗亭建设当中,通过设立党群联络点、公共服务点和义工工作点等举措,做到党与民共融,民与党同心。第三,"智慧岗亭"的建设有利于便民利民为民的综合服务平台构建。以民以本,服务为先,将为民理念贯穿岗亭建设始终,通过建设便民服务站、设立值勤救助点和建设门户宣传点等方式,实现便民利民为民的基本功能。

最后,"智慧查违"、LED信息平台等新技术的运用,凸显了治理方式的智能化、信息化和现代化。智慧查违系统是智慧宝安的专属板块之一,以区查违办为1个指挥中心,10个街道为分中心,经促、城管、环保水务、规划国土4个管地部门为副中心构建的查违信息联网系统,并整合全区社区网格员力量,实现对全区巡查、执法力量的统一调度,对违建查处工作的"巡查、定格、查办"三大节点实施全面管控,形成巡、办、管、督的闭环管理。智慧查违系统的运用实现了综合综合巡查范围全面覆盖、数据搜集分析和监测智慧化、执法过程多部门联动以及构建和完善社会信用信息系统等功能和治理资源的整合。第一,巡查范围覆盖无死角。宝安在街道层面组建街道综合巡查队、专业巡查队、机动督查队三支巡查队伍,将违法建筑巡查纳入网格员12类156项实有事件巡查清单,依靠超过5000人的巡查队伍,构成一张全覆盖、无盲区的巡查网。第二,数据搜集分析、监测、处置智慧化。充分发挥智慧宝安管控指挥中心查违办中心数据集成、运行监测、分拨处置、指挥协同、应用评价五大功能,推动查违工作提质提效。第三,执法过程多部门联动。建立查违工作与政法、执法、网格等部门的"大联动"工作机制,握指成拳,形成强大合力。同时,引导和组织"两代表一委员"、离退休干部、社区党员、楼栋长和居民代表等社会各界力量参与到违建巡查中来。第四，构建和完善社会信用信息系统。成立社会信用信息中心，负责全区社会信用信息的归集、交换、共享和使用，正在加快建设大诚信数据库。

除了使用"智慧查违"系统为基层社会治理提供技术支撑，燕罗街道为了充分挖掘社会资源公共服务价值，全面探索燕罗街道公共信息义务发布员队伍建设，打造了燕罗街道义务发布公共信息平台。燕罗街道使用147块公共LED屏第一时间发布重大气象预警、重大信息、重点宣传等关乎广大人民群众切身利益、人身安全信息，保证公共信息准确、高效的发布。通过LED显示屏滚动播放重要公共信息，如重要通知、赛事预告、日常警情、天气情况以及汛情等信息，让居民迅速有效地了解能够影响自身生活的相关信息，是提升社会治理水平、实现共建共治共享的有效手段。

第 五 章

制度赋能下的治理机制系统化变革

推进国家治理体系和治理能力现代化，是新时代全面深化改革的重要举措。党的十九大报告提出，打造共建共治共享的社会治理格局，加强社会治理制度建设，完善党委领导、政府负责、社会协同、公众参与、法治保障的社会治理体制，提高社会治理社会化、法治化、智能化、专业化水平。[1] 而打造制度体系、实现制度化治理则是推进基层社会治理现代化的核心内容。国家治理体系现代化的核心就在于完善的治理制度，具体表现在社会生活的各个方面都被纳入完备的制度框架内良性运转，人治痕迹被逐渐抹除，社会治理不再是因人成事或因人废事。制度建设是基层社会治理的重要治理能力来源，推进基层社会治理现代化必须紧抓制度建设和制度创新，进而以此为基础，通过治理制度机制的变革为基层社会治理"赋能提效"。

---

[1] 习近平. 决胜全面建成小康社会 夺取新时代中国特色社会主义伟大胜利[N]. 人民日报，2017-10-28.

第一节 制度化治理：治理效能的重要来源

习近平总书记明确指出，"相比过去，新时代改革开放具有许多新的内涵和特点，其中很重要的一点就是制度建设分量更重，改革更多面对的是深层次体制机制问题，对改革顶层设计的要求更高，对改革的系统性、整体性、协同性要求更强，相应地建章立制、构建体系的任务更重"。① 这一论述深刻指出，在新时代推进国家治理现代化的一个重要方面和依托就在于加强制度建设。

制度稳，则国家稳。基层社会治理是国家治理的神经末梢和"最后一公里"，基层社会治理现代化则是国家治理现代化的重要组成部分和基础。国家治理能力的现代化离不开基层社会治理的现代化，基层社会治理能力的提升需要以健全、科学、高效的制度体系作为前提。治理成功的关键就在于各治理主体之间有一套完整、合理的"游戏规则"，用以规范和指导各治理主体之间、治理主体与治理对象之间的关系以及治理资源的使用和分配问题，这里所说的"游戏规则"即有制度之意。

对于什么是制度、什么是基层社会治理的制度，我们需要作详细的考察。"制度"是一个宽泛的概念，大家共同遵守的办事规则和行动准则就是一般意义上的制度。② 美国经济学家道格拉斯·诺斯从新制度经济学的视角出发，认为"制度是一系列被制定出来的规则、守法程序和行为的道德伦理规范"；③ 政治哲学家罗尔斯则认为"制度是一种公开的规范体系"；④ 英国社会学家吉登斯则通过分析社会结构与社会行动的关系，提出了"制度是社会中的互动系统"的观点。⑤ 从广义上来说，制度是在特定社会范围内统一的、调节人与人

---

① 习近平. 习近平谈治国理政(第三卷)[M]. 北京：外文出版社，2020：112.
② 刘鸿兴. 老年人刑法宽容制度探究[D]. 吉首大学，2012.
③ [美]道格拉斯·C. 诺斯. 经济史中的结构与变迁[M]. 陈郁，罗华平，等译. 上海：上海三联书店，上海人民出版社，1994：225-226.
④ [美]罗尔斯. 正义论[M]. 何怀宏，译. 北京：中国社会科学出版社，1988：50.
⑤ [美]乔纳森·H. 特纳. 社会学理论的结构[M]. 邱泽奇，译. 杭州：浙江人民出版社，1987：572.

之间社会关系的一系列习惯、道德、法律、戒律、规章、条例等的总和。①

事实上，基层社会治理与制度的耦合有着深刻的理论和实践逻辑。理论为基层社会治理的制度创新提供顶层设计，而在治理实践中所遇到的问题则为基层社会治理制度创新提供动力和目标。

新制度主义为基层社会的"制度化治理"提供了有益启发。在新制度主义的理论框架中，制度意味着一系列的规则、组织和规范。② 制度的目的是约束基于"经济人假设"追求主体利益最大化的个人行为。也就是说，制度天然带有"约束"属性。这种约束形成了人与人之间相互影响的关系，从而搭建起社会行动的框架。在新制度主义语境下，制度还意味着一种结构性的安排，比如社会中的各类组织本身就是制度的表现形式。近年来，"观念"也成为制度内涵"大家族"中的一员，观念对制度选择和政策发展变化的影响越来越被看重，成为制度研究的一个重要方面。

新制度主义如一个理论丛林，有不同的理论流派互相争鸣。其中，理性选择制度主义、社会学制度主义和历史选择制度主义是最广为人知的三大新制度主义流派，而近年来受到越来越多关注的话语制度主义是新制度主义理论发展的前沿理论。这四大新制度主义理论流派可以为我们提供丰富多元的视角去审视基层社会治理中的制度及二者之间的关系。

理性选择制度主义认为"追求自身利益最大化"是公民行为的根本动机，然而，这种基于个人理性的行为会带来集体的非理性——"搭便车"或是"公地悲剧"，进而造成集体行动困境。理性选择制度主义强调均衡概念，认为解决集体行动困境后个人之间的互动模式会达到一种均衡状态，而制度对于维持这种均衡状态同样起到至关重要的作用。③ 因此，有必要通过设计科学合理的制度去对个人行为进行约束，使个人理性与集体理性渐趋一致，不致产生个人与集体的利益冲突，从而为集体行动的成功提供组织行动前提。理性

---

① 刘丽娟. 互动治理型社区动员：新时代城市社区建设新的行动策略[J]. 湖北行政学院学报，2019(4)：50-56.

② 谷志军. 从地方政府管理到地方治理：基于新制度主义的解读[J]. 红河学院学报，2009，7(6)：24-27.

③ 乐龙飞. NGO参与应急管理的制度变迁——基于时机—动力—路径框架的分析[J]. 四川大学学报(哲学社会科学版)，2020(2)：185-192.

选择制度主义认为行动者会根据自身的利益偏好去做出行为选择，因此在制度框架下，其行为带有一定的可预期性。当然，这种预期是建立在行动者对制度的服从的基础上的，而要使行动者服从于制度，就必须制定为所有行动者所接受的赏罚分明的规则，建立起服从制度将受益、违反制度将受罚的"服从机制"，并逐渐形成尊重和敬畏制度的组织文化。在行动者规则意识、制度意识不断强化的过程中，集体行动也将更加接近成功的目标。因此，制度在基层社会治理中的一个重要作用就是为行动者提供行为预判的参考坐标，使其遵从、服从制度，避免个人利益动机与社会利益追求之间的矛盾冲突，促进基层社会治理这一集体行动的成功。

社会学制度主义并不赞同将经济学的理性假设直接引入政治学研究之中，认为参与政治的个体并不是追求利益最大化的"经济人"，而是"社会人"。[1] 如杰克·奈特认为，社会结果是一种个人行动与社会结构两者互动的产物，社会制度不断发展不是集体目标或利益的帕累托最优结果，而是分配利益冲突的副产品。[2] 社会学制度主义继承了社会学的传统组织理论，认为组织具有对个体行动者的教育功能，可以影响人的偏好，代表一种利益结构，并且具有对政治结果和公共政策的可预期性。社会学制度主义强调文化对组织和行为者的影响，认为组织具有教育功能。它反对有目标的、理性的制度设计，认为好的制度意味着规范的整合性，能创造集体价值和共同伦理，为政治认同提供基础，并提高组织应对挑战、完成任务的能力。[3] 社会学制度主义者还反对将以官僚制为代表的组织视为实现效率最大化的手段，认为这种由组织构建的制度形态之所以存在并非由于其最适合完成任务，而是在当前社会文化背景下具有最广泛的认可度，可以提升组织的外部合法性。基于对这种工具主义、功能主义的批判，他们强调规范、文化象征体系等非正式因素，尤其是认知结构和信念，故而制度影响行为的方式可以被视为通过提供行为所必不可少的认知模板、范畴和模式影响个体的基本偏好和对自我身份的认

---

[1] 唐兴军，齐卫平. 政治学中的制度理论综述：范式与变迁[J]. 社会科学，2013(6)：25-31.

[2] 杰克·奈特. 制度与社会冲突[M]. 上海：上海人民出版社，2009：19.

[3] 黄新华. 政治科学中的新制度主义——当代西方新制度主义政治学述评[J]. 厦门大学学报(哲学社会科学版)，2005(3)：28-35.

同,即制度变迁可以被视为一个趋同化的过程。在基层社会治理中,社会文化、行动者的情感、认知结构等非正式因素往往发挥很大的影响作用,必须加以重视,尤其是要充分认识社会治理的"社会性",将社会治理放在更加宏大的社会视角下加以考量。

历史制度主义强调国家本身的独立性和自主性,认为集体行动者、制度都有着自己的历史,它们塑造着利益表达,而宪法、制度、国家结构、政策网络构成了政治过程,塑造着政治结果。[①] 历史制度主义强调从广泛的意义上研究制度与个人行为之间的关系,强调制度的运作和产生过程中权力的非对称性,认为社会成员之间的权力关系影响制度形态的差异,社会集团之间权力关系的变化受特定制度的形成和运作模式的影响;制度发展过程中存在路径依赖,即前一阶段的政策选择一般会深刻影响后一阶段的政策方案,政治制度的变迁和巩固存在着路径依赖。当然,历史制度主义也认为政治结果具有多元动因,制度并不是全部,而是其中一种因素,导致某一种政治结果是多重因素的共同作用。在承认制度在塑造行为者策略的同时,历史制度主义还强调制度对行为者偏好形成的影响,[②] 在历史制度主义者看来,个人偏好并非既定,而是可以被解释的对象。基层社会治理是国家治理的重要组成部分,受到既有制度和政策的深刻影响,有着显著的路径依赖性,因此如何对待"旧制度"、如何实现已有经验教训的批判继承,是基层社会治理必须思考的问题。

对话语性制度主义而言,话语本身是可供行动者识别的一套规则,制度则是被公众认可的话语。当话语被制度化之后,取得权威及公众支持的制度又将持续影响特定语境中的话语形成,此即话语与制度之间的互动关系(二者相互影响)。从理念到话语再到制度,对话在这当中扮演着关键角色。对话是一个传递观念的行动者之间互动的过程,"对话不仅是你在讲什么,它包括在公共领域的政策构建和政治沟通中你对谁说出你的观点,如何说、为什么说

---

① 唐兴军,齐卫平. 政治学中的制度理论综述:范式与变迁[J]. 社会科学,2013(6):25-31.

② 乐龙飞. NGO参与应急管理的制度变迁——基于时机—动力—路径框架的分析[J]. 四川大学学报(哲学社会科学版),2020(2):185-192.

以及在哪里说"等。① 对话主要包括政策行动者之间的协作性对话以及政治行动者与公众之间的沟通性对话。话语能够促成行为改变是话语制度主义最为关心的主题，能否实现该目标取决于多种因素：一是话语能否明确表达内容，这涉及话语信息传输的准确性；二是不同部门之间话语的一致性和连贯性，这影响话语内容的可信度；三是话语的制度语境，这会通过"意义语境"映射"交互逻辑"从而影响话语能否成功。② 基层社会治理现代化就是在特定场域内为社区居民的话语影响力提供平台，激励居民产生表达的愿望，并提高居民的表达能力，进而呈现话语表达的"最大公约数"所产生的影响，从而在社区居民中产生示范效应，推动社会资本建构和社区共同体的形成。

除了新制度主义等理论滋养外，基层制度治理的制度逻辑还来源于广阔丰富的治理实践土壤。通过制度的完善和创新推进治理现代化是党和政府的一条清晰工作逻辑线。在现代社会，制度本身就是一种重要的社会治理方式，通过制度变迁与创新释放治理效能，实现从"制"到"治"的转变是基层社会治理的应有之义。在推进和实现基层社会治理现代化的过程中，必须处理好治理主体、治理客体与治理对象之间的关系，通过制度赋能，实现治理体系之治理效能的提升。事实上，治理体系的核心内容就是治理制度，只有抓住制度及其执行这个关键，才能将治理的制度优势更好地转化为治理效能。治理体系与治理能力是结构与功能的关系，有了好的治理体系才能提高治理能力，提高治理能力才能充分发挥治理体系的效能。因此，要实现基层社会治理体系的创新与基层社会治理能力的现代化，就必须以不断优化治理制度，形成一套相辅相成的系统策略，依靠制度及其执行能力来保障与提升基层社会现代化治理实效，即实现以"制"而"治"、由"制"到"治"的转变。

在基层社会治理中加强制度建设的一个重要目的就在于通过科学合理的制度设计和制度安排以及有效的制度执行来为基层社会治理"赋能"，亦即提升基层社会治理相关主体"发挥能力的能力"。赋能实际上是一个"赋权增能"

---

① 肖晞. 政治学中新制度主义的新流派：话语性制度主义[J]. 华中师范大学学报（人文社会科学版），2010，49(2)：23-28.

② 孟祥林. 我国社区治理的三个向度：制度创新、社会资本建构与社区共同体塑造[J]. 新疆财经，2019(4)：47-60.

的过程，在赋能的过程中让被赋能者分享信息、权威、配置资源，培养其相关技能等，从而赋予个人和组织解决问题的能力及满足自我需要，在此基础上实现治理效能的提升。①

我国多地在基层社会治理创新方面进行了卓有成效的实践探索，尤其是发端于北京平谷的"乡街吹哨，部门报到"模式以及发端于浙江桐乡的"三治合一"治理模式在全国广泛推广，产生了较大影响。从这些基层社会治理模式创新中我们也可以看到"制度"在其中扮演着很重要的角色，通过合理高效的制度设计和安排为治理主体，尤其是基层社会治理主体赋能增效，是上述两种典型治理模式的共同取向。如"乡街吹哨，部门报到"模式聚焦办好群众家门口的事，树立到一线解决问题的导向，推动重心下移、力量下沉，建立基层社会治理的应急机制、服务群众的响应机制、打通抓落实"最后一公里"的工作机制，② 实质上就是以一系列制度机制创新作为前提保障，切实赋予了街道乡镇更多的自主权。而"三治合一"的目的即是以法治强保障，以德治扬正气，以自治增活力。③ 通过"大事一起干、好坏大家判、事事有人管"，以"自治、法治、德治"三治建设在源头预防纠纷、在就地化解矛盾、在基层解决问题，从而实现治理有效，为乡村振兴提供良好环境。④ 而自治、法治和德治在源头、在就地、在基层的融合和衔接本身也需要制度对基层社会治理相关主体的权责、职能加以明确和规范。

我们之所以需要制度，是因为制度可以用来决定谁有资格在某个领域制定决策，应该允许或限制某种行动应遵循何种程序或规则、必须提供何种信息，以及如何根据个人行动给予回报，而这是实行治理的必要性条件。把制度优势更好地转化为治理效能，是推进基层社会治理现代化的根本目的。制度建设与治理能力建设恰是实现这一根本目的之"两翼"。邓小平同志指出，

---

① 宋彩萍，张新培. 走向赋能管理：创新院系治理模式的战略设计——基于上海对外经贸大学A学院院系治理的案例分析[J]. 高等教育评论，2017，5(2)：151-161.
② 蔡明月. 接诉即办：首都基层治理的一个创造[J]. 前线，2020(2)：77-79.
③ 关于加强和改进乡村治理的指导意见[J]. 农村. 农业. 农民(B版)，2019(7)：35-38.
④ 董敬畏，沈大友. "三治合一"共建乡村善治格局[EB/OL]. [2018-07-20]. 中国共产党新闻网，http://theory.people.com.cn/n1/2018/0720/c40531-30159189.html.

"领导制度、组织制度问题更带有根本性、全局性、稳定性和长期性"。① 党的十九大报告作出了"中国特色社会主义进入新时代"的重大判断。进入新时代，我们党把制度建设摆到更加突出的位置，强调构建系统完备、科学规范、运行有效的制度体系，使各方面制度更加成熟、更加定型。在深刻复杂变化的发展环境中，实现党的十九届五中全会提出的"十四五"规划目标和2035年远景目标，要更加依赖制度建设和制度创新。②

第二节　案例导入

近年来，燕罗街道在制度创新上持续发力，通过一系列对治理机制和措施的变革，进一步推动了治理制度的承载力和创造性，以制度创新激发基层社会治理活力，通过创新体制机制、转变政府职能，有效提升了公共服务能力和水平，进一步提升了群众的获得感和幸福感，为基层社会治理现代化提供了坚实的制度保障和机制支撑。本章将考察燕罗在社会治理制度化方面的探索，选取三个案例，分析其制度化治理图景和逻辑，并总结归纳出基层社会治理现代化的制度建设进路。

一、从局部到全面——综治维稳的"燕罗作为"③

基层工作千头万绪，随着改革进入深水区，改革所涉及的社会利益矛盾愈发凸显，信访和维稳一直以来都是基层工作的重中之重，是基层经济社会平稳健康发展的前提，也是痛点、难点。近年来，燕罗街道高度重视将信访维稳工作融入社会治理现代化建设，强调把矛盾纠排查化解在基层，构建综治维稳的大平台格局。

在矛盾萌芽阶段排查和化解矛盾，是成本最小也最为有效的方式。这就需要在第一时间摸清基层社会可能的引发信访事件的问题，从而采取前置措

---

① 邓小平文选(第2卷)[M]. 北京：人民出版社，1994：333.
② 宋世明. 把制度建设与治理能力建设摆到更加突出的位置[N]. 四川日报，2020-12-07.
③ 资料来源：根据相关媒体报道与实地调研整理而成(燕罗街道着力构建大维稳大信访新格局[EB/OL]. [2018-06-19]. 南风窗网，https://www.nfcmag.com/sv/1212.html？topc=1.)。

施,从而将风险化解于未爆发之际。为此,燕罗街道以排查信访信息为重点,着力编制纵向到底、横向到边的信访信息排查、反馈网络。在街道层面,燕罗组建了由400名专职维稳信息员、237名网格员、50名劳动监察协理员组成的维稳情报信息队伍,形成了纵横交错、覆盖各层面的维稳工作沟通网络。在社区层面,燕罗街道充分发挥网格员、楼栋长、社区民警、志愿协管员、小区保安人员等一线人员的作用,将搜集到的各类矛盾信息第一时间上报,从而实现信访信息的"纵向到底"。在企业层面,燕罗有大片产业园区,全街道共有2000多家各类企业,企业是燕罗的重要社会主体力量,也是信访矛盾预防的重要领域。基于辖区内企业多、来深建设者多的实际情况,燕罗街道发展了近900人的"企业信息员",涉及全街道近800家企业,并统一建立了劳动管理塔式微信群,初步实现了企业信访信息捕捉的智能化覆盖。特别值得一提的是,在新冠肺炎疫情期间,由于外出受限,燕罗街道网上的信访量(包括各类建议、投诉、意见等)比上年增加了120%,但街道综治维稳中心对每一条留言都会回复,办结率达到98%,从而将矛盾化解在萌芽状态,为抗疫期间的社会稳定大局提供了坚实保障。

燕罗街道意识到上访在很大程度上是由于民意反映渠道被堵塞所导致的,因此,及时了解、掌握和疏通民意就成为"抓早抓小抓苗头"的重要方法。燕罗街道在这方面也进行了符合本地实际的探索。一方面是建章立制。燕罗街道将信访维稳工作作为重要的"指标性任务"来抓,建立起"一把手挂帅、分管领导牵头、班子成员分片挂点社区的工作机制"。燕罗街道在落实好日常排查、分流、交办、督办制度的基础上,进一步修改完善了工作例会、矛盾纠纷排查调处责任、维稳信息排查、街道领导和责任部门包案制度、信访首办首问责任、处置群体性事件工作预案、群体性事件处置责任追究办法等工作制度,加强了对信访维稳工作的监督考核,用考核标准的提高倒逼相关人员提升信访维稳工作动能。

另一方面是创新思路。燕罗街道用"下访思维"解决"上访"难题,通过建立三种"下访机制"将信访维稳工作重心前移、关口下移,较大程度上提高了工作效率。其一,通过领导下访机制,变群众上访为干部下访,依托群众路线拉近了干群距离、密切了干群关系。领导下访不仅能缩短干群关系,而且能倾听群众的疾苦和呼声，最大限度地化解基层社会矛盾。在领导下访中，燕罗街道提出街道领导班子成员每周至少安排一天，采取坐班接访、现场接访等方式现场接待来访群众，听取群众诉求，解决实际问题，这就给了信访群体一定程度上的"意见表达出口"。其二，创新出除现场接访外，领导下访的另一核心内容——即领导"带案下访"机制。燕罗街道强调街道领导要承担和落实"包销案"责任，对涉及信访维稳案件的对象要做到每周走访，街道科级以上的干部每周都会深入基层社区一线接访群众，让群众当面表达自己的意见、建议和诉求，并现场办公，解决群众反映的问题。其三，通过"五员"下访社区机制，在街道能力范围内，组织街道正科级以上干部、"两代表一委员"实现每周开展一次进社区活动，在活动现场当面倾听群众反映的情况，能够当场解决的问题就当场解决；不能现场解决的问题则会做好工作记录，转交职能部门限期解决并给当事人以答复。

此外，燕罗街道搭建了"1+5+14"维稳专班架构体系，即成立了1个街道维稳专班领导小组及办公室、5个社区维稳专班小组和14个职能工作专班的维稳工作组织架构，这成为街道维稳工作的"芯片"，充分发挥了"综合协调，快速反应，精准调处"的主导性作用，体现出快速高效、协同的指挥机制。不同职能工作专班对应环境、卫生、交通等不同领域，工作专班注重源头治理、基层社会治理和综合治理，找准矛盾症结，综合运用法律、政策、经济、行政等手段和教育、调解、疏导、协商等办法，依法依规、合情合理处理问题和调处矛盾纠纷。通过此种形式，燕罗街道妥善解决了辖区内的数件信访事件。

燕罗街道辖区只有一个派出所，警员66人、辅助人员405人，按照警力配备是每万人2.55名警力，而全深圳市的是每万人9.66名警力的配置比例。针对街道警力不足的问题，燕罗街道提出"向科技要警力"的口号，兴建了6座智慧岗亭、1734套电子探头、5个社区警政"三合一"工作服务平台，创建了27个安全文明小区。借助科技手段，燕罗对社会的管控力更强了，也减少了人力成本。值得一提的是，燕罗街道街道围绕社区现代化治理这一主线，将社区综治中心、管控微中心和社区警务室的功能进行整合，建设社区"三合一"综合工作平台，实现资源共用，信息共享、矛盾联调、警民联动，既强化了社区基层的管理力度，又提高了工作实效，更为社区居民提供了快捷、便利、周到的服务。群防群治是燕罗缓解警力紧张问题、化解社会矛盾的一项重要制度安排，燕罗组建了一支义警队伍（"两长"，即楼栋长、门店店长，共 7020 人；"两员"，即物管员、保安员，共 1593 人），自 2017 年 4 月成立"两长两员"群防群治义警队伍以来，队伍在群防群治工作中发挥了积极作用，在推进安全生产主体责任落实、全面参与大巡逻大防控工作和切实履行"三查一巡"义务方面取得了较好经验。燕罗还通过成立燕罗塘平安促进会、"楼栋长联合会"等方法，广泛发动社会各界积极参与群防群治工作，并在相关组织中成立党支部，通过党建引领加强对这些组织的政治引导。燕罗以公安派出所为主导，以社区治保会为平台，组织上述群防群治队伍，通过落实网格化巡逻责任，推进社区警务与社区巡逻防范工作等举措进一步提升了街道的出警能力。例如，针对精神病人等社会风险特殊群体，燕罗有关部门会定期走访，进行心理辅导，配置相关治疗药物。燕罗街道针对低中高风险人员，合理分配管理资源，进行分类管理，根据矛盾纠纷诉求内容和性质，细化分解为 13 大类，按照"谁主管、谁负责"和"属地管理"原则，落实到具体主管部门、社区调处化解。燕罗街道在人员密集场所装设探头，探头与警务平台相连，并设有人脸识别系统。人脸识别系统能自动识别精神病人尤其是高危暴力，继而及时进行预警并上报。接到警示信息后，综治人员会即刻处置，附近的民警、义警也会同时收到警示信息，前去共同参与处理。又如，在街面巡防方面，燕罗派出所按照"定人、定岗、定路段、定区域、定责任"的"五定"工作责任制，安排警力每天分三班开展治安巡逻防范，提高辖区见警率。老百姓看到街上的警察和警车，自然也会更加安心、放心。燕罗街道还制作了 5 万个"治安巡逻"红袖章，分发给在基层社区工作一线的网格员、保安员、保洁员、安监巡查员、社区整治队员、义务巡逻队员，这些基层防治力量在小区开展的"红袖章"大巡逻已经成为燕罗辖区的一道靓丽风景线。

总体来看，近年来，燕罗正是通过不断创新制度安排和工作机制，进一步提升了社会综治维稳工作的治理效能，实现了信访率的连年下降，2019年，该街道实现了"0 越级上访"，将信访矛盾妥善解决在了街道一级，为打造"平安燕罗""和谐燕罗"和维护燕罗的经济社会发展大局提供了坚定保障。

二、从悬浮到下沉——力量下沉的"燕罗经验"

宝安区现代化社区治理体系的一大重点就是要"强化社区党委领导核心，推动区直机关、街道力量下沉到社区，把社区打造成'准街道办'"。燕罗街道在推进基层社会治理现代化的过程中牢牢把握这一原则，推动治理力量合理、有序向社区一线下沉。截至2020年8月，燕罗街道根据社区情况，已平稳完成3批共221名社区工作人员向社区专职工作者过渡；有序推动网格巡查队、社区综合整治队、安监办等多股执法力量共392名人员下沉到社区，劳动办和城管办按照1个社区1名联络员形式对接各社区。

为了解决下沉人员与社区衔接配合这一老大难的问题，燕罗街道有效推动下沉人员与社区专职工作者融合工作，对下沉人员进行定期考核，进一步提升了社区党委的权力，赋予社区党委联勤联动指挥权、考核权和"一票否决权"。安监、网格等部门的下沉人员人事关系留在原部门，但其工作则由社区负责管辖，其工作成效的大部分的考评权在社区手里，这就极大解决了社区曾经面对的"人员下沉了，但却指挥不动"的尴尬局面。燕罗街道主张下沉人员"真正下沉"，由社区百分之百地管理下沉队伍，社区具有统筹安排网格员的权力，社区书记有考核方面的建议权。"整治队员下沉到社区后管理由社区来管，社区书记挂中队长，我们的中队长挂指导员，工资由我们发，业务情况我们也要了解。对社区来说，这是非常好用的一支队伍。这也是我们的队伍，我们开会每周会大点名，每周中队长都会去社区了解整治队的工作情况。"①与此同时，街道下沉人员也可以参与对社区书记的民主测评，行使自己的监督权。燕罗街道还通过实行每日小结会、每周碰头会、重大紧急事件及时会商的"三会制度"，进一步加强下沉队伍与社区的运作联系，完善了日常工作机制与联动机制。燕罗的人员下沉模式在一定程度上构建了较为合理和融洽的"条块"力量互动关系，有利于部门力量和社区力量这两个积极性的共同发挥。燕罗街道下沉社区人员统计表如表5-1所示。

---

① 对洪桥头社区书记的访谈（20200812HQT）。

表 5-1　燕罗街道下沉社区人员统计表

类别	燕川	罗田	塘下涌	山门	洪桥头
社区专职工作者	49	49	47	39	39
社工	6	6	6	6	6
下沉人员	156	80	149	46	61
合计	211	135	202	91	106

值得一提的是，为了最大限度地发挥下沉人员的作用，燕罗街道还首创了"共融共建轮值轮训"的工作模式。燕罗充分发挥社区党委核心作用，统筹运行下沉人员与社区专职工作者混编干活工作机制，实行每周"1+1+2"（1次班子会、1次下沉人员例会、2次联合整治行动），社区综合整治水平得到了提升，各社区的消防安全、城管事件、公安事件等11类实有事件办结率平均上升了8个百分点。这进一步聚合了下沉人员与社区专职工作者这两支社区治理最重要力量的作用，从而使这两支社区治理力量能够充分融合，实现力量的无缝高效对接。例如，燕罗辖区内的屯兵点和微型消防站共设有床位336个，而燕罗派出所治安消防员仅有103人，利用空余的233个床位，按每个屯兵点5名、每个微型消防站10名的标准，由社区党委分批安排社区人员到屯兵点或微型消防站参加轮训，轮训由社区党委书记做总统筹，内容由兼任社区党委副书记的社区警长专门制定。轮训期间，社区工作人员与治安消防员同吃同住同训练，准军事化管理，既提升了工作作风，也密切了社区专职工作人员与下沉人员之间的关系。又如，燕罗以屯兵点或微型消防站为根据地，将社区进一步精细划分成管理片区，一个点负责一个片区。同时，将社区人员科学统筹分配，与治安消防员搭班工作，形成了固定工作时间、规定工作范围组建队伍联勤执法的社区巡防模式。联勤执法队伍由社区派专员统筹指挥，具备多种职能，可同时处理治安消防、市容市貌、网格巡查等多项工作，既提升了队伍凝聚力，又填了补执法漏洞和消除执法盲点。

燕罗还以"大数据+责任网格"为支撑，以"1+1+6"下沉队伍为依托，优化网格巡办机制，将全街道222个基础网格划分为48个片区，"两委"成员管片，社区专职工作者和下沉队伍入片，建立"三级分类"巡办机制，同时从时间和空间维度对实有事件的高发时段、高发区域、高发类型和动态变化过程进行大数据分析研判,及时掌握巡查和整治重点,发现问题积极主动应对。

我们在洪桥头社区了解到,在人员下沉以前,该社区工作站缺乏专业的执法力量和队伍,面对社区出租屋众多、流动人口密集的社会治安挑战,以及居民违规搭建、消防力量不足等问题时,只能"望洋兴叹",心有余而力不足。在此背景下,只能依靠有限的社区工作者的巡查,然而,居民一旦和社区工作人员"混熟了",往往就产生了情理法的问题,有时候社区工作者巡查发现了违规占道经营的现象,居民承诺整改,但巡查走了之后,就又"照旧占道"了,或者干脆向社区工作者"求情"。而社区工作人员又没有真正的执法权限,只能进行劝导而不能实质执法。这种工作状态,让基层社区工作人员感到无力。自从网格、安监、执法等部门下沉的40人队伍到了社区之后,情况大为改观,洪桥头社区党委整合拥有执法权限和专业能力的下沉队伍和社区工作者的力量,可以充分解决以往不能解决的社区治理难题,治理效能大大提升。一个典型的变化就是,对于拒不整改的商户,以前社区只能"劝导为主",但人员下沉后可以做到"坚决查封"。针对和下沉人员的关系问题,洪桥头社区的有关负责人就表示,"社区基本上能管到他们(下沉队伍),他们挺配合的。因为我们都相互理解,重点工作大家都是在社区党委领导下的一家人,日常工作我不掺和,但重要工作大家要一起搞。说到底,还是要街道下放考核权;还有就是社区要有统筹的工作安排,沟通要到位合理,双方要相互理解,比如我们经常和下沉队伍的队长在早午餐的时候,一起在饭堂交流,这就提升了大家的交流度、增进了感情和理解"。①

除了街道带有"行政力量"的人员下沉之外,燕罗还将以前由城管部门管辖的多达1500人的环卫队伍全部下沉分到社区,环卫外包企业全体工作人员下沉社区,受街道、社区双重领导。这进一步明确了社区负责环卫企业的直接管理,同时赋予社区考核环卫企业的权限。社区书记为环境卫生的主要责任人,社区分管城管工作的两委班子成员为直接责任人,社区工作站为整治责任主体,负责指导、督促、监管环卫企业根据方案要求开展环境卫生整治,

---

① 对洪桥头社区书记的访谈(20200812HQT)。

进一步提高了环境卫生整治效率。各社区工作站有权对所属范围内的环卫服务企业进行考评，满分100分。考核内容分为作业质量(70分)、人员考勤(30分)两大部分。每月10日前各社区工作站汇总上个月考评结果、佐证材料并报城管办进行分类汇总。其中作业质量由各社区工作站组织工作人员按照《燕罗街道环卫服务现场质量标准》进行巡查并以拍照(录像)、文档记录等方式进行考评。每发现一个问题扣0.5分，每周检查不少于一次，月度考核分数为当月各次检查考评得分的平均分。人员考勤以社区工作站"九点点名"（即五个社区同一天同一时间进行集中点名，确保人员到位）制度结果为考核依据，每缺勤一人扣0.5分。与此同时，街道也加强对社区的环境卫生考核（满分为100分）。每月城管办联合执法队对社区进行检查考核、评分。考核分环境卫生(70分)、门前三包(30分)两大部分，由各行业单位负责组织开展市容环境暗检，以拍照(录像)、文档记的方式进行记录。城管办每月10日前收集汇总各社区得分情况并通报。根据"有权必有责，权责要对应"的下沉逻辑，通过这一系列的制度创新和规范，一方面极大提升了社区对环卫工作的主动性和主导能力，另一方面也明确了对社区尤其是社区书记的责任和监督方式。环卫力量下沉社区后，社区基本上可以做到环境问题的定点、定人、定时解决，初步构建起"10分钟保洁圈"。深圳市、宝安区主要领导视察燕罗街道时都对燕罗的环境卫生状况给予高度肯定。可以说，制度建设已成为燕罗建设"最干净街区"的有力抓手。

除了"人"下沉之外，权财物的下沉对于提升社区治理能力来说也是必不可少的部分。燕罗街道近年来致力于提升社区硬件水平，建设了社区管控微中心，将街道智慧管控智慧平台向社区延伸，与社区综治平台、值班室一体化运行。每个社区在"一办两平台"的基础上，进一步科学细化设置5个功能组。一是综合办，由社区委员直管；二是党群服务平台，由社区副书记统筹，下设党群共建组、综合窗口组2个功能组；三是综治平台(综治中心)，由社区副书记统筹，下设综治维稳组、城管市容组2个功能组。与此同时，燕罗街道赋予社区党委书记更多的经费自主审批权，2019年核拨保障经费683万元，社区财政统筹相较以往更加灵活，社区更加能办事、办成事，在一定程度上进一步解决了社区"巧妇难为无米之炊"的问题。燕罗街道还将权力进一步下放到社区，通过每周组织召开一次联席会议、两周一次共建共治会议、每个月一次的党委会议、党支部会议等保障社区党委充分行使人事安排权、重要事项决定权、领导保障权和管理监督权"四项权力"。

燕罗街道通过"人往基层走、钱往基层投、政策向基层倾斜"，将治理力量进一步下沉到了基层社区一线，取得了显著的治理成效，巡查整治水平也随之提高了。随着街道执法力量的下沉，2019年，燕罗街道社区综合整治水平得到了提升，各社区的消防安全、城管事件、公安事件等11类实有事件办结率平均上升了8个百分点，达到99.59%，燕罗街道社区各类实有事件办结率排名从全区第9上升至第1。老百姓的幸福感和获得感得到了进一步增强。

三、从分散到组团——城市空间扩展的"燕罗速度"①

土地资源是城市建设最为重要也是最为紧缺的资源之一，土地征迁往往是最容易引起社会矛盾和争议的问题。燕罗街道成立于2016年，是深圳的西北门户，地理位置偏远，特殊的地理区位给了燕罗发挥"后发优势"、实现"弯道超车"的可能性，但也造成了区位劣势的客观存在。燕罗街道班子成员"居安思危"，意识到周边长安镇拥有滨海湾新区，沙井街道所拥有"空港新城、海洋新城、会展新城、海上田园城"四城叠加优势，以及新桥街道正在发展2.3平方公里重点城市更新单元、光明国际科学城等项目，必将助力其片区迎来新的发展机遇，燕罗街道若不奋起直追、迎头赶上，三五年后将面临"发展代差"和脱节时代发展的困境。燕罗要实现城市空间的扩容更新，就必须以适宜的土地承载为前提。而这依赖于卓有成效的土地整备和管理、违建拆除等手段作为支撑。2018年，燕罗拆除消化违法建筑48.2万平方米，完成全年任务的108.7%，洪桥头后山工业区、东莞涌头交界处等历史遗留乱搭建全面拆除。开展罗田新建收费站、轨道6号线、罗田林场地块等土地整备项目15个，整备土地11.7万平方米；和谷山汇城、翡翠阳光名苑两个城市更

---

① 资料来源：根据相关媒体报道与实地调研整理而成（燕罗打响平方公里级土地整备"攻坚战"[EB/OL].[2019-12-06]. http://k.sina.com.cn/article_1924738303_72b92cff02000o5xa.html？from=news&subch=onews.）。

新项目封顶预售，实现街道房地产项目零突破；岗润工业区更新项目开工建设；罗田第一工业区更新项目顺利拆除；上山门旧村和洪桥头东片区旧村2个棚户区改造项目启动。在城市空间扩展上创造了"燕罗速度"。

燕罗要实现"弯道超车"，发挥"智造重镇"优势，筑巢引凤就是必然选择。近年来，燕罗积极创造土地空间拓展的新模式、新路子，在实践中探索出了被宝安区委区政府命名为"燕川模式"的土地整备模式。如前文所述，对于深圳市最大的燕罗平方公里级重点产业土地整备项目所涉及的1.2平方公里总用地面积而言，燕川片区的统筹项目可以释放的产业用地达16.5万平方米，罗田片区统筹项目可释放产业用地40万平方米，足见统筹项目之于燕罗平方公里级土地整备项目的重要性。燕罗领导班子通过一系列的工作创新，最终创造出了3天谈完、7天搬完、20天拆完、30天交地的"燕罗速度"，这为燕罗今后的战略性新兴产业、高端制造业发展释放了成规模、高品质的空间载体。

燕罗街道全体工作人员统一思想，明确认识到"并不是地处湾区，就天然是大湾区和示范区航船上的乘客，要找到登上'双区'航船的摆渡船和梯子"。2019年8月21日，宝安区正式印发《宝安区燕罗平方公里级重点产业项目土地整备工作方案》，燕罗正式开启了土地整备攻坚战。

具体来说，自燕罗平方公里级产业项目土地整备工作启动以来，在区委区政府的高度重视和直接领导下，在兄弟单位的积极配合下，燕罗街道抽调精兵强将，以态度要坚决、行动要迅速、作风要踏实、效果要良好的"四有担当"精神齐心协力推进项目实施。

在燕罗平方公里级重点产业项目土地整备项目的酝酿阶段，燕罗街发现燕川片区朗东地块范围的8万平方米土地在整备范围之内。然而，该区域本就有大量厂房，是燕川社区股份有限公司集体收入的主要来源之一。如若按照传统的整备模式进行操作，那么必然损耗燕川社区的集体利益，会受到巨大阻力。与此同时，街道也发现，在很多涉及整备的区域，医院、学校等基础设施并不完善，如果土地整备后新建了现代化商住小区，人口大幅增加了，又会导致新的民生服务的供需难题。在此情况下，燕罗街道主要负责人提出通过城市更新、利益统筹的方式，在土地整备的同时实现民生短板的补齐，由此，政府、居民和企业才能实现共赢。

燕罗街道积极组织领导班子成员、执法队队长，各机关事业单位成员，各社区工作站、股份公司班子成员，土地整备事务中心全体工作人员参加由土地政策法规专家讲授的土地整备利益统筹政策法规培训，进一步统一思想。同时，燕罗邀请知名规划单位和评估公司，将燕川和罗田土地整备的"利益得失账"算清楚、讲透彻。燕罗街道还主动积极对接宝安区的城市更新和土地整备局等部门，进一步强化区—街政策对接。燕罗整合了散布在燕川、罗田等社区的建设用地，将街道后续将会兴建的学校、医院、商场等集中布局于罗田水和根玉路两侧，形成集聚效应，进一步擦亮燕罗门户。同时，街道也为社区尽最大努力向区和市里争取留用地，保障社区的切身利益。燕罗在街道层面还抽调了36名业务骨干作为专职工作人员，全程脱产参与工作推进，并积极到沙井、新桥、石岩等兄弟街道学习取经，先后召开120次会议扎实推进相关工作。这些准备工作为燕罗平方公里级土地整备工作的顺利进行提供了前提。

在前期准备做好后，燕罗街道动员街道工作人员连续奋战，采取"大兵团作战"模式，分工协调，提前20天完成项目立项及测绘、评估工作，为项目总攻奠定基础，得到区领导及有关单位的高度认可。在2019年11月25日上午召开的燕川实业股份合作公司股东代表大会上，与会人员审议并通过了《燕川片区土地整备利益统筹项目方案》，值得一提的是，这次会议创造了该社区股份有限公司自成立以来参会股东最多、反对票最少的纪录。燕罗采取的一个根本性方法就是"利益统筹"，将股东的土地利益通过货币利益的形式实现置换补贴，得到了股东的认可和接受。在当天的会议上，工作人员给与会股东作了《深圳市燕川实业股份合作公司燕川片区土地整备利益统筹项目方案（规划研究部分）》以及《燕川土地整备利益统筹项目实施方案（货币补偿部分）》的详细说明，根据方案，在土地整备中，涉及社区除了能够得到资金补偿之外，还能按政策分得一定的工业、居住和商业用地，这将从长远上为社区后续发展提供增值空间和发展动力。与会股东直观清楚地感受到自身的利益并没有损失，感受到了党和政府的诚意和良苦用心，最终使得方案得以高票通过。另外，就是通过"城市更新"的概念让利益相关者真正受益并转变观念，燕罗街道相关负责人多次就土地整备和城市更新的关系作出说明，强调燕川和罗田片区的土地整备利益统筹项目一方面将解决街道重点产业发展的产业用地问题，另一方面也将使城市得到更新，配套以更加完善和高质的医疗教育、文化卫生服务场所以及体育场地、公园等基础设施，城市环境品质也将得到巨大提升，而这对燕川和罗田社区自身集体经济的发展壮大和居民生活幸福度提升有着巨大作用。在具体工作中，燕罗创新出"一边谈判、一边搬迁、一边拆除"的"三个一"工作机制，仅用时两天半，就完成了8万平方米范围内全部企业签约，共211栋，建筑面积达10.88万平方米，为"3天谈完、7天搬完、10天拆完、30天交地"的工作目标啃下了最后一块"硬骨头"。

除了与社区对接之外，燕罗还十分注重做好与企业对接的工作。燕罗多次召开企业搬迁安置工作推进会，力争把土地整备城市更新对企业的影响降到最低。街道层面成立工作组，主动上门与相关企业对接，为需要搬迁的企业找临时厂房和员工宿舍，并争取对企业的优惠政策，包括租金优惠、税收减免等。企业感受到了来自街道和社区的关心，积极主动配合拆迁工作，最终使得利益统筹项目得以顺利开展。

特别值得一提的是，在此次土地整备大兵团作战的过程中，党员干部冲锋在前，发挥了示范带头作用。"项目初期，党员干部经常带领大家加班到凌晨一两点，饿了就点份盒饭，但是作为宝安的一名党员干部以及对家乡的情怀，在燕罗即将大变样前，加班是值得的。"①在燕川股东大会上，《燕川片区土地整备利益统筹项目方案》能够得到高票通过离不开党员的带头作用。据燕川实业股份合作公司党支部书记、董事长介绍，股份公司分层级召开了政策宣讲会，首先就是党员大会，凭借党员对项目重大意义的理解，发挥党员的先锋模范作用，带头向村民们宣讲政策所带来的红利：这里将建设城市道路、医疗、教育、文化体育场所以及公园等基础设施，有利于集体经济发展壮大，有利于提升居民的获得感、幸福感，有利于下一代人的健康成长。这样一来就做通了群众股民的工作，得到了大家的大力支持。

可以说，燕罗街道正是通过以土地整备利益统筹和城市更新的思路创新

---

① 对燕川社区主要负责人的访谈（20200811-YCSQ）。

以及"大兵团作战"的实干努力，取得了令人瞩目的城市扩容更新的"燕罗速度"，这也为燕罗今后的发展奠定了坚实的"土地承载能力基础"。

第三节 案例分析

以上三个案例展现了近年来燕罗制度化治理的实践探索。无论是多措并举解决综治维稳这一基层社会治理"老大难"问题，还是通过制度化的人财物和权力下沉从而优化条块关系，或是在城市发展空间拓展方面探索出的土地整备的"燕川模式"，都离不开制度的保障。基层社会制度化治理的目的是在治理过程中，通过科学合理的制度提升治理效能，而这依赖于合理的制度供给、有力的制度执行以及两个环节的高效衔接，除此之外，稳定的制度保障也必不可少。在上述三个案例中，燕罗之所以能取得较好的治理成效，正是因为在制度的制定、运行和保障方面下了功夫，形成了制度治理的燕罗经验。

一、制度供给

科学合理的制度是制度化治理的手段载体，也是目的。在上级党委、政府的领导与支持下，燕罗通过多种渠道构建起来源广泛、刚柔并济、正式与非正式相结合的制度体系，为燕罗的基层社会治理现代化提供了合规律性、合目的性，符合燕罗实际，彰显燕罗特色的制度依归。燕罗社会治理制度文件（部分）如表5-2所示。

一方面，从制度供给的类型来看，燕罗社会治理的制度体系具有以下几个典型特点。

一是制度层次多元，衔接精准。按照制度制定的主体层级来分，以燕罗街道为参照面，燕罗社会治理的制度规范有来自中央、广东省、深圳市、宝安区等的"上位制度"，也有燕罗街道层面结合街道自身实际制定的"本体制度"，亦包括街道所辖各社区、各部门制定的"下位制度"。其中，上级政府的制度规范带有全局性与导向性；燕罗街道层面与社区、部门层面的制度则是燕罗在基层社会治理中自主探索制定出的一套行为规范，具有浓厚的本地色彩。如燕罗建立健全治保组织各项管理制度，建立完善议事协调、安全检查、治安责任、考核评比、教育培训、请示汇报和接受监督制度，为综治维稳工作提供了制度指南。为推动土地整备顺利实施，宝安区制定了《宝安区燕罗平方公里级重点产业项目土地整备工作方案》，燕罗也制定了《燕川片区土地整备利益统筹项目方案》。为推动文明城市创建、建设"最干净街区"，燕罗制定了《燕罗街道文明城市建设环境和卫生工作八项规则(试行)》，要求环卫人员全部下沉到社区，并就其管理做了详细规定。这些不同层次的制度规范是燕罗推进制度化治理的重要制度来源。燕罗也注意到不同层级制度之间可能会存在"制度空隙"，因此，在落实上级文件精神的同时，燕罗也注意街道燕罗实际制定"本土化制度"。如 2018 年 3 月，在宝安区全面铺开现代化社区治理体系建设后，燕罗街道就以街道"一号文"的形式印发了实施方案。该方案配套有 20 个子方案、48 条分解任务、20 条强化措施，基于此，燕罗构建起以党委为核心，以传统文化和红色文化为载体，多方力量和资源联动的"一核双建多方联动"社会治理格局(见表 5-2)。

表 5-2 燕罗社会治理制度文件(部分)

制度来源	代表性制度文件	出台时间	主要内容
中央	《中共中央 国务院关于加强和完善城乡社区治理的意见》	2017 年	实现党领导下的政府治理和社会调节、居民自治良性互动，全面提升城乡社区治理法治化、科学化、精细化水平和组织化程度，促进城乡社区治理体系和治理能力现代化
广东省	《广东省推进民政领域基层社会治理体系和治理能力现代化的若干措施》	2020 年	强化基层党组织的政治引领，增强城乡社区治理能力，培育规范发展社区社会组织，发挥社会工作者专业优势，提升基本民生保障和基本社会服务水平，夯实民政领域基层社会治理基础等
深圳市	《深圳市推进全国市域社会治理现代化试点工作三年行动方案（2020—2022 年)》	2020 年	明确细化在完善党委领导体制、政府负责体制、民主协商体制、群团助推体制、社会力量协同体制、公众参与体制，建立权责明晰、上下贯通的纵向治理架构七个方面的具体任务

续表

制度来源	代表性制度文件	出台时间	主要内容
宝安区	《关于进一步加强现代化社区治理体系建设的实施方案》	2018年	以提升组织力为重点,强化社区党委领导核心作用,通过明确社区"六定"构建完善"一核六体系",进一步整合社区资源、理顺体制机制、推动力量下沉、夯实基层基础,不断提升社区治理体系和治理能力现代化水平
宝安区	《关于规范社区管理体制提升治理能力的工作意见》	2015年	规范理顺社区工作机制,确保运转高效合理有序;提升社区组织发挥作用效能,推动基层工作创新发展;加强基层干部队伍建设,进一步夯实基层基础;强化组织领导,进一步完善保障机制等
燕罗街道	《关于进一步加强现代化社区治理体系建设的实施方案》	2018年	对接宝安区文件精神要求,结合燕罗实际,提出构建"一核双建多方联动"社会治理新格局的一系列制度、规范、要求
社区和部门	《罗田社区现代化治理工作制度》	2018年	成立了以社区党委为核心的"一办两平台"工作机构,制定了组织架构图,建立了《罗田社区现代化治理工作制度》及配套的"1+6体系"制度等

二是刚柔并济,制度配合相得益彰。从制度的强制性程度来看,在上述三个案例中,燕罗综合运用了规制性制度、规范性制度和激励性的文化制度,"刚柔并济""恩威并用",丰富了制度内涵,促进了制度实施。规制性制度是制约、规制、调节社区参与者行为的强制机制,社区中规制制度的目标是"政府治理和社会调节、居民自治良性互动"的国家机制、市场机制、社会机制相互协调的协作共治机制。明文规定的政策文件是燕罗在社会治理过程中必须遵循的带有强制性的制度规范,在土地整备过程中,燕罗以《燕川片区土地整备利益统筹项目方案》《燕川土地整备利益统筹项目实施方案(货币补偿部分)》等带有强制性的规制性制度明确规定了街道、社区、股份公司、企业和居民等主体的权利和责任,协调了多方利益以共同致力于燕罗城市发展空间

的拓展。规范性制度则关注城市社区生活中惯例的、可评估的和义务性的维度，为社区参与者提供一种共同的观念或默认知识，逐渐成为一种自觉遵守的行动规范，规范性制度主要通过行业协会、社会团体、专业协会等社会组织实施。如在解决信访问题的过程中，燕罗成立了燕罗塘平安促进会、"楼栋长联合会"等社会组织，发挥其广泛联系社会的优势，强化群防群控机制。这些社会组织运行的内在逻辑就在于"平安""稳定"已成为燕罗干部群众共同持有的共同观念，人们愿意自觉遵守。激励性的文化制度能够改变社区参与者的认知，它是一种仅通过文化传播就能维持特定组织行为的高度制度化的社区制度体系，包括行政文化、社区认同、以社区信任为基础的社区精神生活以及符合伦理道德的社区伦理规范等方面。文化制度对社区参与者产生积极或消极的激励作用，对社区治理活动和治理能力产生直接影响。在调研过程中发现，"有制度的就按制度办，没有制度的就先完善制度，然后按制度办"①已成为燕罗干群的普遍共识，燕罗"按制度办事"的行政文化正在悄然形成。而在社区和居民个人层面，正是出于对社区强烈的认同感和归属感，以及在"一核双建多方联动"治理架构中形成的以红色文化和传统文化为基石的社区丰富精神生活的凝聚下，制度化治理得以拥有实现土壤。

三是正式与非正式制度相结合，拓展了制度治理的韧性空间。正式制度与非正式制度的区别，就表现形式而言，在于正式制度有其相应明确的具体存在和表现形式，它通过正式、规范、具体的文本来确定；非正式制度规则是无形的，也不需要正式的组织机构来实施，它存在于社会的风俗习惯和人们的内心信念之中，以舆论、言语等方式相互传递，可以渗透到社会生活的方方面面发挥作用。② 从实现机制来看，非正式制度不具有外在的强制约束机制，对非正式制度的遵守不是依靠外界压力，而是依靠内心的自省和自觉；正式制度则具有外在的强制约束机制，凡生活在一定的组织机构内，其行为都受到某种正式制度规则的约束，如若违反，就会受到强制性的惩处。在上述三个案例中，相关的政策文本的机制制度是正式制度的重要组成部分，如

---

① 对燕罗街道党工委 G 书记的访谈（20200814DGW）。
② 樊慧玲. 正式规则·非正式规则·潜规则[J]. 广西经济管理干部学院学报，2008（3）：60-62.

燕罗为贯彻落实深圳市打造全国最干净城市的工作部署以及"城市质量提升年"工作措施，根据宝安区委区政府的系列工作部署，自2019年8月9日召开"大巡查、大暗访、大整治"动员部署会以来，按照文明城市建设、城市管理、河长制、安全生产、消防安全、道路交通安全的"六位一体"工作机制开展"大巡查、大暗访、大整治"行动，发布了19份系列文件，推出了"三个一"工作机制、"双考核制度""一小时清洁圈"等制度，为城市卫生环境治理提供了丰富的正式制度依归。除此之外，无论是综治维稳、治理下沉还是土地整备，非正式制度都起到了巨大作用，如社区领导与下沉人员之间通过坦诚的沟通交流形成在制度规定下的相互默契的责任分工，党员在土地整备中发挥先锋模范带头作用等，这些行为都不是正式制度的明文要求，而是出于内心的自省和自觉。以非正式制度为补充，正式制度也得以更好地发挥出制度效果。正式制度与非正式制度相结合的制度体系，增大了燕罗在制度治理的弹性和回旋空间，提升了燕罗制度化治理的效能。

另一方面，从制度制定的渠道来看，燕罗的社会治理制度主要受以下几个方面的影响。

一是对接和落实上级政府的相关制度安排。如结合燕罗实际落实宝安区"六定三下沉"制度方案，执行宝安区层面制定的《宝安区燕罗平方公里级重点产业项目土地整备工作方案》等。二是总结归纳街道职能部门在实践中探索出的可行路子，将其制度化，成为燕罗街道今后在相关治理领域的制度规范。如在综治维稳中，街道下沉工作人员、社区工作人员、社区民警、治安消防员、整治队员、社工等，平时均由各自主管部门负责管理，社区"三合一"平台将三支不同力量整合集中办公，明确设岗定责，统一工作流程，统一安排勤务。通过力量的整合，理顺了管理机制，实现条块结合，人员综合管理，既整活了前台，又强化了后台，从而保证了社区管理力量发挥了最大的效用。"三合一"平台建设的制度机制也成为燕罗社会治理机制的一张响亮招牌。三是积极吸收借鉴外部的制度治理经验。"他山之石，可以攻玉"，燕罗也注重学习其他地区先进经验，提升自身制度治理科学性。如在推进土地整备的过程中，燕罗街道层面就派出多名业务骨干赴沙井、新桥、石岩等兄弟街道学习取经。

二、制度执行

有了科学合理的制度供给之后，如何保障制度的高效运行，确保制度落实到位就成为当务之急。制度的执行实际上是制度主体与制度对象在一定的制度环境中通过一定的方式相互作用的过程。从上述三个案例中我们可以很明显地感知到燕罗在制度化治理过程中对制度执行的高度重视，具体来说，燕罗主要通以下几方面入手，来最大限度地保障制度执行的成效：

一是压实主体责任，实现制度责任化。制度主体是直接参与制度设计并发挥重要作用的群体。制度的高效执行离不开具有高度责任感的执行主体。燕罗街道通过督导考核、目标分工等手段责任到人，使制度执行主体的责任意识被最大限度地激发出来。如在案例二中，环卫外包企业全体工作人员下沉社区后，受街道、社区双重领导。在此基础上，燕罗进一步明确社区负责环卫企业的直接管理，同时赋予社区考核环卫企业的权限。社区书记为环境卫生的主要责任人，社区分管城管工作的两委班子成员为直接责任人，社区工作站为整治责任主体，负责指导、督促、监管环卫企业根据方案要求开展环境卫生整治，明确的责任分工压实了制度主体的责任，进一步提高了环境卫生整治效率。

二是引导制度对象，提升其参与意识。制度执行的作用对象对制度的理解和配合直接影响着制度执行的成败，具有主人翁意识和服务意识的制度客体往往会把参与制度执行当作自己的权利和义务，发挥能动性，从服从制度到认同制度，积极地参与到制度执行中去。燕罗注重培养制度对象的参与意识并提高其参与能力，在制度构建和设计的初始阶段，就建立起制度对象的需求和建议的发现机制，通过多种渠道了解、吸收制度对象对制度的意见和建议，使制度设计与制度对象的需求更相匹配，从而减少制度执行的阻力。在制度的具体执行阶段，燕罗也重视制度对象的参与和监督，保障制度执行不偏离"民意轨道"，比如在案例三中，通过召开燕川市区股份合作公司股东代表大会，街道和社区工作人员为土地整备的利益相关方详细讲解、解读了《燕川片区土地整备利益统筹项目方案》等政策，统一了思想，赢得了居民、企业等的认可。又如，在打造"最干净街区"的过程中，城管办对社区工作站、环卫企业进行培训，培训内容为上级关于环境卫生整治的重要工作部署，以及相关规章制度、工作方案；分享城市管理工作经验，传达重要会议精神，从而提升了环卫制度对象的制度执行配合意识和能力。燕罗还注重通过社区宣传栏、社区微公众号、燕罗街道信息公开网络平台等多种渠道公开相关制度，提升了制度之于制度对象的知晓度。在此基础上，燕罗实现了制度主客体的良性沟通和联动，推动了制度的有效落实。

三是优化制度环境，营造良好的制度执行氛围。制度执行环境是一种宏观的背景性因素，是指"一系列用来建立生产、交换与分配基础的基本的政治、社会和法律基础规则"。[①] 制度执行环境实际上就是制度客体和对象在制度制定（供给）与制度执行过程中的作用场域。良好的制度执行环境是制度治理不可或缺的前提条件，燕罗一方面通过法律、制度的宣传和培训等方式加强制度主体与制度对象的"制度意识"；另一方面，把权力关进制度的笼子里，让权力在阳光下运行，营造"干部清正、政府清廉、政治清明"的制度环境，从而为制度执行者提供良好的执行环境。此外，燕罗还注重增强领导干部的主动性、积极性和创造性，完善干部容错机制，从制度上减轻思想包袱，切实提高领导干部的执行意愿,[②] 从而营造出重视制度、相信制度、主动执行制度的良好制度执行环境氛围。

四是运用技术手段，提升制度执行的效率。在科技时代，"制度+科技"能极大地提升制度运行效果。燕罗在制度执行过程中注重发挥科技手段的作用，实现制度执行的科技化。如综治办为进一步落实联勤联动制度，将智慧岗亭系统对接公安视频专网，岗亭视频监控与社区警务室、屯兵点、消防站及各类重点场所互联互通，发现警情、重大突发事件和安全应急事件时，能第一时间做出反应，调动警力，就近开展处置。又如，为坚决落实《宝安区燕罗平方公里级重点产业项目土地整备工作方案》的要求，查违控违是必不可少的重点工作。燕罗执法队借助智慧查违系统，每天安排班组通过PDA智能终端对辖区进行全方位巡查监管的同时，动态管控全区存量停建违建，极大地

---

① [美]道格拉斯·C.诺斯.经济史中的结构与变迁[M].陈郁，罗华平，等译.上海：上海三联书店，上海人民出版社，1994：270.
② 彭忠益.制度执行力的制约因素及提升路径[J].国家治理，2020(13)：55-62.

提升了工作效率,助推了土地整备工作的顺利完成。

三、制度保障

制度作为实现社会治理功能的一项基本工具,这确保社会治理过程规范化、有序化、连续化和一贯化的载体。① 从一定意义上说,制度决定了治理效能发挥的空间和可能产生的活力,而要最大限度地发挥这种"决定力",又需要构建坚实的制度保障体系以保障制度治理的顺利实行。制度供给与制度执行是制度化治理的基本内容,所谓制度保障,则是保障制度供给与执行的一套规则与过程,是制度化治理的"稳定器"与"压舱石"。上面提到的三个案例之所以能取得良好的制度治理效果,离不开燕罗扎实的制度保障工作。

一是保障前提,致力于制度治理的法治化、民主化、科学化。制度治理的法治化要求制度的制定、执行等各环节必须依照法定程序进行,不能违反法律,不能违法损害社会利益和公民权利。民主化的制度治理则强调政府与社会公众之间的对话,强调在制度过程中引入民主参与,以便在政府与社会之间建构共识,形成公共利益,使行政决策获得社会大多数人的认可和支持。制度的科学性是制度治理成功的基础,通过将信息、技术、经济成本收益分析以及相关智库、专家所代表的专业知识的作用等引入制度过程,从而保障制度的科学性,是制度治理的必然要求。燕罗在制度化治理过程中始终遵循相关法律法规、规章制度,保证街道和社区层面的制度的合法性。燕罗制度治理的原则就是"有制度则按制度办,没制度则完善制度,然后按制度办",这意味着制度在燕罗治理过程中发挥着基础性的指南作用。从一定意义上说,制度本身也是广义上"法"的一部分,这也体现出燕罗制度治理的法治化取向。上文提到,燕罗曾多次组织召开土地整备利益统筹相关政策法规培训会,邀请相关专家对土地整备利益统筹相关政策进行解析和案例分享,并且多次进行调研和召开座谈会,听取居民、社区、企业等相关主体的意见建议。专家学者在燕罗土地整备利益统筹制度过程中起着重要的参谋作用,利益主体则是制度治理的直接受众,通过听取其意见建议,群策群力,可以进一步保

---

① 范逢春,尤佳. 社会治理现代化:理念、制度与过程的三维重构[J]. 河南社会科学,2015,23(1):23-28.

障制度的科学性，而这也在很大程度上体现了制度制定过程对民意的尊重，体现了制度治理的民主性。

二是保障实效，重视制度治理的评估与监督。制度的生命力在于执行，制度治理的效能在很大程度上就表现为具有不确定性的制度执行效果。燕罗始终高度重视对制度执行及其效果的评估与监督，重视对制度执行考核结果的运用，重视对制度的设计及其操作性、系统性做进一步的深度探究，检视执行性制度整体运行中可能存在的不足，以有效规避制度漏洞，提升执行效能。① 如厕所卫生管理制度是燕罗下沉环卫人员、创建文明城市、打造最干净街区系列制度的重要组成部分，燕罗重视对厕所卫生考评结果的运用，厕评行动发现的问题均纳入环卫企业月度考核扣分内容，城管办根据考核扣分情况，对5个社区、3家环卫企业、28座市政公厕进行横向比较排名，每月公布排名结果。通过这种对治理制度的效果评估和考核监督，燕罗强化了制度治理的主体责任，进一步保障了制度治理的实效。

三是保障活力，正确对待治理制度的延续与创新。制度治理作为一种治理方式，其完善和发展需要从持续的改革和创新之中获得动力。燕罗正是在"变"与"不变"的结合中，保持了制度治理的延续性和生命力。② 基层社会治理千头万绪、任务繁重，在既有的工作经验基础之上进行治理创新，吸收借鉴已有制度的合理成分，并在此基础上结合本地实际，进行制度创新，能够降低制度创新的风险，其制度功效也往往更大。如在案例一中，燕罗一方面坚持排查风险、化解矛盾、引导上访群众等已有的综治维稳工作经验；另一方面也结合燕罗实际，积极创新工作思路，用"下访思维"解决"上访"难题，从而提升了综治维稳工作效率。

第四节 案例总结

纵观燕罗在通过制度化治理推进基层社会治理现代化的过程，除了上文提到的在制度制定、制度执行和制度保障方面，燕罗探索出了一条符合燕罗

---

① 朱联平. 如何加强对制度执行的监督[N]. 学习时报, 2020-03-02.
② 黄琦. 深化改革与制度创新有机结合[N]. 中国国门时报, 2018-08-13.

实际、彰显燕罗特色的制度治理之路之外，我们认为，燕罗还在以下几个方面给我们提供了有益启示。

第一，准确把握基层制度治理的制度特性。作为一种治理方式，制度在社会治理中有着举足轻重的影响；然而，任何事物都由正反两面构成，制度也如一把双刃剑，在社会治理中呈现出二重性的功能属性。一是制度追求的确定性与治理需求的多样性之间的内在冲突。上文提到的各种类型的制度有助于明确工作的重点、流程以及责任分工，实现用制度管人管事的治理确定性。因此，在一定程度上来说，制度既是一种治理手段，也是治理所追求的目标。然而，伴随着社会的现代化转型和治理环境的剧烈变化，追求同一性和确定性的制度本身也易陷入多样性式微的困境。一方面，将治理中的一切事务纳入制度的范畴，极易导致治理模式固化、治理创新标签化以及治理内卷化问题的凸显，"趋同式创新"的制度治理会导致制度效用的削减。另一方面，基层社区自带高度多样性与流动性特点，治理问题各不相同且容易裂变或扩散。而法律法规、规章条例等制度又在很大程度上具有稳定性、同一性与滞后性的特征，在化解现实治理危机时缺乏灵活性、多样性与及时性，存在制度失灵的风险。二是制度精准性与系统性要求的冲突。街道和社区是社会治理的最基层单位，庞杂的制度体系一方面能够使得各方主体的利益得到较为全面和精准的协调。另一方面，"上头千条线，下面一根针"，由于基层社区治理内容涵盖社会生活的多个方面，一旦制度过多，且显现零散性、碎片化倾向，制度漏洞与盲点就不可避免。缺乏系统配合和衔接的"碎片化"制度，反倒会增加制度成本，削减制度功能，损耗制度的公信力。

燕罗是如何处理制度本身固有属性之间的冲突的呢？我们发现，无论是着力构建"大综治格局"，维护社会和谐稳定，还是治理力量下沉社区，提升社区的治理能力，抑或是土地整备、更新城市、改善基础设施、增强人民群众的幸福感和获得感，燕罗所出台的各类制度，都指向治理制度的本质属性——人民性。党的十九届四中全会提出，"坚持和完善共建共治共享的社会治理制度"。燕罗积极塑造社区共同体，以公共空间为载体、以公共精神为核心、以公共交往为纽带，消除多元主体间的冲突张力，建设起人人有责、人人尽责、人人享有的治理共同体格局。制度主体和制度对象成为密切联系和交流的利益共同体和治理共同体，双方在互惠和共享的交往互动中，共同遵守制度共规范。通过基层组织"赋能"、社会组织"授权"、市民群众"参与"等方式协调统一，积极营造公共空间、培育公共精神，汇聚社区治理最大合力，最终形成守望相助、联结紧密的共同体。由此，制度治理的多样性与确定性、精准性与系统性的相互协调和配合得以在这一共同体中被加以明确、接受和实现。

第二，切实提升基层社会治理的制度能力。一是提升制度吸纳力。制度吸纳力具体指制度保障公民权利、保障人民主体地位的能力，实现社会公共利益、实现社会公平正义程度的能力，其对立面是制度排他、制度索取。国家制度吸纳力事关人民对执政党执政地位与国家政权合法性的认同度，事关人民对国家治理能力的满意度，事关被管理者对管理者心理认同度。行为遵从度是国家政权合法性获得人民认同的能力，公民权利是制度吸纳力的基石。如前所述，燕罗在制度治理过程中，始终强调制度的"人民性"属性，事实上就是要在最大限度上使制度的出台和执行是为燕罗的公共利益服务、是为燕罗人民的福祉服务。正是由于此种考量，所以我们可以看到在综治维稳、土地整备以及下沉式治理过程中，这些制度能够得到绝大多数老百姓的理解、支持和配合。二是提升制度整合力。所谓制度整合力，就是在民主集中制组织原则基础上有效整合政府、市场和社会的各种力量、各种关系，其对立面是"多龙治水""一盘散沙"。[1] 如在案例三中，平衡好政府、企业、社区、股份公司、居民个人等不同主体的利益是土地整备工作顺利推进的前提，宝安区和燕罗街道先后多次召开座谈会、协商会，听取利益相关主体的意见，并且就城市更新、土地整备等相关主题多次进行学习培训，在《深圳市燕川实业股份合作公司燕川片区土地整备利益统筹项目方案（规划研究部分）》以及《燕川土地整备利益统筹项目实施方案（货币补偿部分）》等制度文件中兼顾各方利益，最终得到了相关主题共同认可的"最大公约数"，从而统筹了多方利益，整合了多方力量，为土地整备攻坚战的胜利奠定了前提。三是提升制度执行力。制度的生命力在于执行。如前所述，燕罗通过压实制度主体责任、

---

[1] 宋世明. 推进国家治理体系和治理能力现代化的理论框架[J]. 中共中央党校（国家行政学院）学报，2019，23(6)：5-13.

引导者制度对象、构建良好制度执行环境和借助科技手段等措施，不断提升制度执行力，确保出台的制度能落到实处。如在案例二的卫生文明城市建设中，燕罗就格外强调对考核结果的运用，规定"厕评"行动发现的问题均纳入环卫企业月度考核扣分内容。城管办根据考核扣分情况，对5个社区、3家环卫企业、28座市政公厕进行横向比较排名，每月公布排名结果。这种强监督考核规则在很大程度上倒逼制度主体强化制度执行。

第三，抓住基层社会治理制度的核心面向加以完善。社区治理关键是为了提升治理效能，在这个过程中，党建、民主协商以及减负增效是最为重要的制度内容。一是优化社区党建制度。2018年8月，广东省委、省政府印发《关于加强和完善城乡社区治理的实施意见》，要求充分发挥基层党组织领导核心作用，引导基层党组织不断提升组织力，持续整顿软弱涣散城乡社区党组织，制定实施基层党组织标准化建设的指导意见，加强城乡社区党风廉政建设，推动全面从严治党向基层延伸。在这一要求下，深圳市与宝安区均制定了具体的基层党建办法，以更好地发挥基层党组织领导核心作用。燕罗立足上级政策精神，牢牢把握新形势下社区党建最大的优势——如何调动社区各方资源共同参与社区治理创新，不断优化社区党建制度，围绕宝安区"六定三下沉七强化"基层社会治理模式的要求，严格推进"六定"强核，牵住社区党委作用发挥这个"牛鼻子"。通过定位、定责、定岗、定员、定费、定薪，把党委这一"基层社会治理的关键"突出来做实做硬做强。在推进燕川平方公里级土地整备的过程中，党员大会先于股东代表大会之前召开就是为了发挥党员的先锋模范作用，增强党组织的战斗力。二是优化社区协商民主制度。新时代城市社区应当践行"有事好商量，众人的事情由众人商量，找到全社会意愿和要求的最大公约数"的理念，推进协商民主制度化、多层化、广泛化发展。燕罗利用"五员"进社区、政协委员"直通车"、政协委员联络站等平台，充分听取社区民众意见，认真解决社区民众身边的问题，发挥了协商民主在现代化社区治理中的积极作用。燕罗以街道党工委、办事处为主导，建立了社区党委和工作站、社区股份合作工作、社区志愿组织、社区居民等多元治理主体共同参与协商民主的合作机制，定期协商；并注重引导社区居民培养遇事协商的自觉，用社区居民自己喜欢的形式进行协商，从而建立社区社会组织运行机制和居民参与的微观治理机制。三是优化社区减负增效制度。党的十九届四中全会审议通过的《中共中央关于坚持和完善中国特色社会主义制度 推进国家治理体系和治理能力现代化若干重大问题的决定》指出，"推动社会治理和服务重心向基层下移，把更多资源下沉到基层，更好提供精准化、精细化服务"。燕罗街道按照打造"准街道办"的要求，加快推进各个社区"一办两平台"建设，制定和出台社区党委、工作站和居委会的事项清单；实现费随事转，凡未列入清单的事项，需区级及以上党委政府有明确规定的方可下放至社区；积极为社区"减负"，清理、归并对社区的各类考核、评比、检查，制定严格的目录管理等，通过这些措施，燕罗极大地提升了社区层面的制度承接能力和执行效能。例如，《燕罗街道文明城市建设环境和卫生工作八项规则(试行)》中提到的"三个一"工作机制是指"一个社区、一个领导、一个小时"，即燕罗街道每个社区每天都有一个挂点领导督战环境卫生整治工作一个小时，对社区环境卫生整治工作再部署、再动员、再安排，领导下沉社区在一定程度有利于进行工作协调。而社区有权考核下沉的环卫企业，则进一步提升了社区的积极性。

总而言之，基层社会治理现代化的实现离不开卓有成效的制度治理。科学民主的制度制定、高效有力的制度执行、坚实完备的制度保障，是燕罗制度治理的显著特色，这为燕罗治理效能的提升提供了强大的制度动力和制度能量。

第 六 章
和谐互融下的治理文化生态化营造

文化,是基层社会治理的一个重要维度和领域。一方面,基层社会治理涉及对经济、政治、民生、文化等多个领域的建设、改造;另一方面,文化本身也是基层社会治理的手段和载体。在城市基层社区,文化是一个社区区别于另一个社区的主要标志,通过"随风潜入夜,润物细无声"的方式为社区成员烙印下身份标识和社区认同,每个长期生活在社区中的人都会感受到这种潜移默化又深远持久的"软影响"。随着城市更新和发展,社区的设施和环境会发生改变,但扎根于居民心中的社区文化却不会发生改变,因而社区文化可以作为基层社会治理的"稳定维持器",在一种相对稳定的状态中保持治理脉络的连续性。社区成员的生活背景、性格爱好等个人特质并不相同,但社区文化却是社区成员共同认可和接受的"公约数"。因此,社区文化又可作为基层社会治理的"黏合剂",在现代"陌生人社区"中聚集起社区成员对社区治理的合力。而营造出一种符合社区实际、彰显社区特色、取得社区认同的治理文化生态,是当前社区治理所需要思考的重要课题。概而言之,文化之于基层社会治理的作用是显著的，治理文化的生态化营造应成为推进基层社会治理现代化的有力工具和载体。

第一节　社区文化营造：一个重要的治理向度

基层社会治理是一个广域性的持续过程，所面临的是一个包含多元主体，各种利益彼此交织甚至相互对立和冲突的环境。基层社会治理的一个重要目的也就是使多元各异的利益相适应和协调，让多方主体能够"和谐地携起手来"采取合作行动，共同致力于社区治理水平的提高。那么，如何促使各方能够抛开固有的追求自身利益最大化的所谓"经济人理性"而进行合作型的集体行动，就是基层社会治理成功所必须解决的问题。

一般来说，人们或出于权威性压力，服从于施之于自己的行为规范；或出于内心认同，自觉接受施之于自己的行为规范。前者主要是通过带有强制性的正式制度为载体；后者则主要依靠非正式制度安排，社区文化是其中一个很重要的方面。基层社区治理实际上是一个多主体的互动过程，它依赖于带有行政性质的街道办（党工委）、社区、社区居民以及辖区内其他主体之间的合作。作为一种集体行动，合作并不是自发产生的，它以集体行动成员之间的相互信任为基础。如果没有相互的理解与信任，个人从自己的私利出发而忽视公共（社区）利益的"集体行动的困境"将不可避免地产生。由此，培育社区居民群体中的信任就对基层社会治理非常重要。事实上，随着居民个人意识的愈发觉醒和民主化、市场化的愈发深入发展，单靠传统的带有行政强制性质的命令去管理或说治理社区已经很难再在社区中引起共鸣。此外，快节奏的都市生活挤压着社区居民的人际交往空间，邻居之间相互不认识的情况比比皆是，社区成员之间已成为"身边的陌生人"，居住场所的物理间隔和人际交往的断裂会继续加深社区成员之间的心理隔阂，从而不利于社区信任的产生。而这些问题的解决都需要以居民情感上的交往和融洽为前提。因此，在社区居民群体中构建起"共同体"，鼓励居民在自主状态下相互合作，形成自治习惯，提高自治能力，就成为城市基层社区治理现代化的一种必然选择。社区文化营造或许可以为此作出贡献。

城市社区并不是一个单纯的地理空间上的概念，它也内在地带有社会文化性质。一般来说，在同一社区之内，人们共享着统一价值、规范和意义，接受着同一社会符号和社会文化的熏陶。可见，要内聚起社区居民民心就需要培育和强化社区文化氛围以及在此基础上形成的居民对社区的认同。当然，社区文化并不能被社区居民不加甄别地加以接受和认同，因此，这就需要街道和社区发挥主动性，去营造认同度高、凝聚力强的社区文化，从而让社区居民形成文化自觉，认同和接受社区文化。以此为前提，社区居民之间的互信感和融洽感、社区居民对社区的认同感和归属感将得以产生。在对社区有着强烈的认同和归属感的"社区人"身上，我们将会发现社区公共事务将成为他们共同关注、关心的生活的一部分，他们将主动地与街道和社区以及其他社区组织合作，去为社区建设贡献自己的力量。在来自街道的自上而下的治理和来自社区的自下而上的自治的共同作用下，社区的善治才能真正得以实现。从这个意义上说，文化营造对社区治理来说至关重要，它能够对社区居民的心理和日常行为直接产生意义上的指导和构建，它是增强居民对社区的认同感和归属感、增强其对参与社区公共事务的热情，形成社区共同体、培育和提高其自治意识和自治能力的深层次动力。

社区文化即社区居民在社区的共同生活的基础上所形成的具有社区特色的价值观念、风俗习惯、行为模式以及公共道德等。根据结构功能主义的观点，社会是由不同部分按照一定的结构组成的系统，不同组成部分的结构关系对社会系统整体功能的发挥有着重要影响。社区文化作为基层社区治理的一个重要方面，也有着重要的治理功用。具体来说，社区文化营造对基层社区治理具有以下几个方面的重要作用。

一方面，对社区居民来说，社区文化营造是社区居民的精神补给。营造社区文化要回答的关键问题就是"为谁营造"的问题。社区居民作为社区文化的重要营造者和直接感受者，无时无刻不接受着社区文化的影响，社区文化在一定程度上说就是社区居民的精神养分。社区文化对居民的价值观念和行为方式将产生潜移默化又深远持久的影响，其一旦被社区居民所认可和接受，就会排斥其他文化的"侵扰"。具体来说，社区文化对居民的影响主要表现在以下几个方面。一是良好的社区文化将提高社区成员的精神境界。社区文化不管以何种形态和载体表现出来，其宣扬的必定是社区的精神内核，良好的社区文化会在社员成员中倡导积极健康的、正确的人生观、价值观、世界观、行为模式和公共道德。文以化人，这将是提升社区居民精神境界的重要推动力。二是社区文化有利于社区成员间良好人际关系的形成。工业化和城市化的到来加快了生活节奏和工作强度，人与人之间的联系和交流越来越少，我国的社区管理体制也从"单位制"转变为"社区制"，城市社区中的"熟人社会"正逐渐失去生长土壤。但是，人们除了工作之外的大部分时间毕竟还是在社区度过的，如何拉近在忙忙碌碌中渐趋疏远的社区成员间的关系就成为促进社会和谐所需要解决的问题。社区文化具有共时性和共通性，能够将社区居民凝聚在一个价值维度，从而拉近彼此间的心理距离。丰富多彩的社区文化活动也能为社区成员提供相互联系和交往的平台，从而在社区成员间形成精神纽带，成为心理上的"一家人"。三是社区文化有利于增强社区成员对社区的认同感和归属感。社区文化可以在社区成员心中传递一种身份认同，即"我们都是这个社区的一分子，社区文化由我们共同享有"，有了身份认同，社区成员便会意识到自己身为社区一分子的责任与义务，以及当社区取得成绩时，会产生一种自豪感。由此，社区居民会对社区更加认同，对社区的归属感会更强。四是社区文化能满足社区成员的精神需求。现代社会高强度、高节奏的生活和工作特点是压力型社会的重要成因。根据马斯洛的需求层次理论，当物质生活得到满足后，人们会向往更高层次的精神生活的满足，有社会交往和情感上的需要，而社区文化正是调节舒缓压力、满足情感需要的有力载体。通过多种形式的社区文化活动，社区成员可以得到情感和精神上的回应，在"同一频道"的文化空间里，与其他社区成员之间实现心灵上的交流和情感上的融合。在这样的环境中，作为个体的社区成员，其人格也融入了整个社区整体。这种融入社区大家庭的"参与感"成为社区成员丰富精神体验的必要组成部分，可以为社区精神的形成奠定情感基础。

另一方面，就社区层面而言，社区文化可以说是推进社区治理现代化的根基之所在。就基层社会治理而言，社区文化的首要价值就在于它能塑造社区的"共识"。这种基于社区成员共同认可的价值观、行为模式、理想信念的"共识"对社区治理来说能起到减少摩擦、节约治理成本的作用，在"社区共识"的指引下，社区成员会自觉为社区治理出谋划策，积极主动地参与社区治理现代化的进程。具体来说，社区文化对社区的作用主要表现在以下几个方面。一是社区文化营造是塑造社区公共精神的必然前提。所谓社区公共精神，即是指社区成员对社区所抱有的一种责任感，社区成员愿意为社区的发展贡献自己的力量，甚至让渡一部分自己的利益而为公共利益的增进服务。在社区公共精神的引领下，社区成员成为"公共人"，不会仅基于自己的私人利益，而是会站在公共的立场上、站在社区大众的角度去思考问题。具有社区公共精神的社区成员会愿意彼此敞开心扉相互合作，从而避免陷入集体行动的困境，而这对于社区治理现代化来说至关重要。二是社区文化营造是和谐社区建设的必要条件。社会和谐是中国特色社会主义的本质属性，社会和谐离不开社区和谐，文化营造是社区和谐的重要抓手。如前所述，社区组织开展丰富多彩的文化活动等文化建设能够促进社区居民之间情感的交流和心灵的融合，可以增强居民对社区的归属感和认同感；提升居民的文化素质，使其能更好地具备现代公民意识和更好地激发其主人翁意识，对社区、对其他社区成员具有更加强烈的关怀，促进形成互助、友爱、真诚、和谐的人际关系，从而为和谐社区提供良好的人际关系氛围。三是社区文化营造是提升社区竞争力的重要手段。在城市发展进程中，不同社区之间的竞争日趋激烈化，如何在竞争中脱颖而出最终靠的是社区的实力。社区实力不仅包括经济发展、基础设施等"硬实力"，也包括彰显社区特色、推动社区治理发展的社区文化等"软实力"。一方面，社区经济、政治等方面的改革、进步离不开文化的支撑和引导，提高社区文化软实力可以塑造良好的社区形象，为社区发展提供精神动力和智力支持；另一方面，营造社区文化还能为社区带来文化产业发展的契机，创造经济价值，以"软实力"增强"硬实力"，为社区发展夯实动能。

概而言之，文化营造是实现以低成本推进基层社会治理现代化的重要方式，也是衡量基层社会治理现代化水平的重要指标。文化营造的价值追求可以渗透至基层社会治理的方方面面，对基层社会治理起到正向的价值引导作用。文化营造直面多样化的社会需求，可以更好地满足社区成员日益丰富的精神文化需求，构建起更加和谐稳定的社区环境。现代化和城市化淡漠了社区成员之间的感情和关系，被社区成员所共同认可和接受的社区文化对社治理来说因此具有了情感根基般的意义，在社区文化的黏合下，"熟人社会"将在现代城市得到孕育空间。

党和政府高度重视文化在国家治理中的重要作用，习近平总书记指出："一个国家、一个民族的强盛，总是以文化兴盛为支撑的，中华民族伟大复兴需要以中华文化发展繁荣为条件。"[1]基层社会治理也需要文化的兴盛和繁荣发展作为支撑。我们习惯于认为社区和文化之间的关联就在于政府(街道办)在诸如发展规划、成果管理、方向引导等方面对社区文化进行的所谓"文化管理"，而忽视了"文化治理"这一有别于"文化管理"概念之于社区治理的重要意义。事实上，文化治理即是指以政府为核心的多元主体利用和借助文化的功能作用，采取一系列与文化相关的措施和对策，对在治理过程中出现的问题加以矫正和克服的过程。我们需要注意的是，"文化治理"的主体是多元化的，既有政府力量，也有社会组织、企业、公民等其他主体；而"文化管理"则是政府单方面指向被管理主体。"治理"和"管理"一字之差，却有着内涵上的根本不同，可以说文化治理是"更基础、更广泛、更深厚"的治理。文化营造即是政府进行文化治理的主要治理工具，[2] 政府通过优化社区的文化资源配置、促进社区的文化服务的均等化，从而激发起社区成员对社区的文化认同和身份归属感，即是文化营造的出发点。

第二节　案例导入

近年来，燕罗街道高度重视社区文化的治理功能，意识到社区文化是社区和谐稳定的组成细胞，在推进基层社会治理现代化的过程中，注重对社区文化的营造，通过文化这一软工具实现基层社会治理的提质增效，进一步满足了燕罗广大人民群众的精神文化需求，更形成了独树一帜的红色文化、传统文化和志愿者文化相融合的燕罗治理文化生态。通过治理文化的生态化营

---

[1] 中共中央党史和文献研究院. 习近平关于社会主义化建设论述摘编[M]. 北京：中央文献出版社，2017：3-4.
[2] 需要说明的是，街道办严格意义上说并不是一级政府，只是区一级政府的派出机构，但是在现行体制下，街道办承担的职能大多是行政职能。因此，街道办也可视为政府力量，属于广义上的政府组织。

造,燕罗居民对社区和街道的认同感、归属感有了明显提升,幸福感和获得感有了明显增强,社区成员自我管理、自我服务、自我教育、自我发展的意识和能力也在社区文化的作用下得到提高。下面以案例的形式对燕罗在红色文化、传统文化和志愿者文化方面采取的文化营造和治理措施进行介绍。

一、红色文化引领——燕川社区的红色课堂①

作为一座建城仅40年的现代化城市,深圳的红色资源并不算多。燕罗街道的红色资源在深圳发展史上具有独特地位,1928年中共宝安县第一次党员代表大会在这里举行,1944年广东第一个县级抗日民主政权——东宝行政督导处在这里建立,广东党组织早期重要领导人、宝安县党组织的创建者黄学增和广东省党龄最长的中共党员谭天度在这里留下足迹。可以说,燕罗街道是深圳市红色火种的初育地。近年来,燕罗街道积极落实《宝安区加强红色主题党建工作方案》,弘扬革命传统、传承红色基因,把"红色主题党建"融入了"十分钟党建服务圈"中,党建服务圈因此具有了鲜明的"燕罗特色"。

燕罗街道打造的红色品牌——"红色党建路线"包括精品线路、文化作品、传承活动三大部分。将燕罗沿线(自东向西)智慧岗亭、"三合一"综治管控警务平台、中共宝安县第一次党员代表大会纪念馆、东宝行政督导处、教育基地展览馆、茅洲河展示馆等串联起来,打造成一条红色党建精品线路。如前文所述,这条线路连起了燕罗街道的昨天和今天,展示了燕罗在治水、城市更新、新兴产业发展、社区现代化治理、文明城市创建、两新党组织建设等多个领域的发展亮点。通过这条路线,既可以了解燕罗历史,接受爱国主义教育,也可以看到今日全新的燕罗,领略"山水燕罗、智造重镇、门户新城"的现代风情。这条红色文化之路已成为当代燕罗人心灵上的"朝圣路",在燕罗人心中播撒了红色种子,让红色文化在燕罗更加光彩夺目。

中共宝安县第一次党员代表大会纪念馆和东宝行政督导处纪念馆所在地位于燕罗街道的燕川社区。近年来,燕罗高度重视对辖区内红色资源优势的

---

① 资料来源:根据媒体公开报道以及实地调研整理而成(燕罗街道传承红色基因打造"红色品牌"丰富红色文化色彩[EB/OL].[2018-07-02].深圳宝安网,http://ibaoan.sznews.com/content/2018-07/02/content_21037057.htm)。

开发利用,着力营造红色文化,擦亮红色品牌,打造"红色街区"。燕罗从软件和硬件两方面着手,打造宝安区乃至深圳市的红色教育基地。在硬件方面,燕罗同步修缮中共宝安县第一次党员代表大会纪念馆和东宝督导处纪念馆,让红色旧址"换新颜"。在中共宝安县第一次党员代表大会纪念馆旁,设立"新时代讲习所"暨说事评理中心、党建书吧、五员进社区接访室等,与中共宝安县第一次党员代表大会纪念馆形成联动,打造了特色"党建街区"项目,至 2020 年已累计接待市内外参观超 5 万人次,焕发了红色资源新生命力。在软件方面,燕罗拍摄了深圳首部红色微电影,街道以中共宝安县第一次党员代表大会纪念馆的历史背景为题材拍摄《深圳红色基因溯源——宝安 1928》红色微电影以及《初心和使命——深圳红色基因溯源》党史"大讲堂",弘扬爱国主义精神。

红色文化作品一直是燕罗推动红色基因活起来、传下去的"利器",燕罗除先后制作了上面提到的以纪念中共宝安"一大"为主题的《初心和使命》和《宝安 1928》之外,还打造了中共宝安"一大"网上纪念馆及东宝行政督导处(宝安抗日纪念馆)虚拟展馆,自上线以来,该网上纪念馆通过利用图文、视频、VR 全景等线上宣传方式,实现了全年 365 天每天 24 小时正常运行。此外,在区委组织部的指导下,燕罗组建了街道课题组,深入挖掘中共宝安县第一次党员代表大会旧址史料资料,考证相关文字资料 125 万字,中共宝安县第一次党员代表大会教育基地展览馆顺利开馆。展览馆共收录展出珍贵历史照片、图片 121 幅;原创历史情景剧《宝安 1928》亮相宝安博览会。2020 年 7 月 3 日,由宝安区委组织部主办、燕罗街道党工委承办的"传承红色文化 弘扬革命精神"系列作品首发仪式——深圳市宝安区庆祝建党 99 周年系列活动在宝安区青少年宫举行,漫画《追寻红色基因——中共宝安县党组织的诞生》、漫画《黄学增与宝安》、黄学增系列明信片、专题片《人民的力量——东宝行政督导处纪事》、原创歌曲《碧海丹心黄学增》等系列红色文化作品首发。这些红色文化作品以生动有趣、通俗易懂的方式,全方位展现了宝安革命史。燕罗通过这些红色文化作品,让红色记忆立体化、可视化、可读化,让红色文化直抵人心,让红色精神润物无声,取得了良好的红色文化宣传效果,创造了良好的社会效益。

此外，一系列红色基因传承活动也在燕罗展开。燕罗街道开展党建知识微竞赛，主题党日活动坚持将党课学习和学习反馈相结合，通过组织党史、党建知识微竞赛来加强党员学习效果。自 2020 年 7 月以来，燕罗街道组织机关、各社区、两新、派出所等 102 个党支部轮流到街道"红色主题党日"活动区开展"传承红色文化，弘扬革命精神"主题党日活动，瞻仰革命遗址，重温入党誓词、学习光辉党史、聆听革命故事，参加活动党员千余名。辖区学校也积极开展"我心向党、礼赞祖国""小小讲解员"等系列思政教育活动，参与活动青少年近 1400 人次。燕罗街道还推出"党建朗诵汇"系列活动，与深圳大学合作，通过朗诵工作坊和朗诵会的艺术形式，每月上旬、下旬在中共宝安县第一次党员代表大会纪念馆门前举办交流活动，通过微信公众号扫码加入，营造全员学习的良好氛围。2018 年 8 月，燕罗街道还开展了一场以"忆峥嵘——永不褪色的红色记忆"为主题的老党员口述历史采集拍摄活动，老党员们围绕燕川基层党组织建设、发展、壮大历程以及改革开放前后的历史见证等内容进行讲述，发挥了老党员的宝贵资源优势，也展示和留存了燕川社区丰富的历史记忆。2018 年国庆前夕，燕罗街道举办了"红色燕罗，祝福祖国"中共宝安县第一次党员代表大会纪念馆推广快闪活动，引起群众极大的热情和兴趣，更加彰显了燕罗的红色基因。此外，燕罗街道还组织青少年开展"追寻红色足迹 传承红色基因——'党建领航·童心向党筑未来'"系列活动，将红色基因深深根植于青少年心灵。

特别值得一提的是，在燕罗街道办正门口左前方不远处的中共宝安县第一次党员代表大会旧址（纪念馆）周边已经形成了浓厚的红色文化氛围。如图 6-1 所示，纪念馆门口的 LED 屏上滚动播放着党中央的相关报告精神，不时有党员和群众驻足学习观看。纪念馆右侧的"党建书吧"也吸人眼球。据了解，燕罗街道是将以往的一家大排档升级改造成立目前的党建书吧，书吧目前藏有党史党建、人文社科等方面的 700 多册图书，对外开放，有义工专人值班，免费为广大党员群众提供阅读服务，丰富了他们的精神世界。在书吧旁边的爱心驿站中，街道办为来往居民提供了饮用水、雨伞和移动电源借用等爱心服务，空间虽然不大，但却温暖人心。纪念馆左侧的"新时代讲习所"每周都举行"讲习"活动，通过"讲""习"结合、"学""做"互促的方式，成为燕罗宣讲习近平新时代中国特色社会主义思想和党中央会议、政策精神的重要场所。位于讲习所旁的"说事评理中心"每天都会有街道领导班子成员来此轮流为有困难和意见的辖区居民说事评理，不仅拉近了干群关系，也便利了对街道、社区居民的服务。在街道办门口公园里的五棵榕树上悬挂着多块关于党的十九大精神的宣讲牌和习近平总书记的重要讲话的宣讲牌，这已成为燕罗红色文化中心区靓丽的风景线。据了解，在"党建街区"项目中，燕罗街道的党员干部常在榕树下以"自习+讲习"的方式共同上党课、学习党的理论精神，展现党员"不忘初心"扎根群众的"榕树精神"。"榕树下的党课"已成为燕罗干群重要的精神栖息地。

图 6-1　中共宝安县第一次党员代表大会纪念馆

据燕川社区相关负责人介绍，在清理违建等工作中，红色文化也发挥了巨大作用，这让人印象颇为深刻。"由于燕川是红色基地，我们因此通过红色基因去做居民的工作。很多居民是党员，社区党委跟他们说了这些后他们都愿意听，社区党委请他们参与和支持，他们不说二话。商业街（拆违）那儿也有很多党员。我们有一大旧址，很多人来参观，我们要老党员给村民上党课、进行红色教育。大家都重视了、清楚了，工作才能好做。反正社区所有工作都离不开党，先从党员做起，党员给家人做工作，这样慢慢就做起来了。"① 可见，在燕罗街道，红色文化已经成为其推动治理现代化的一个重要"软工具"，并且发挥着潜移默化、深远持久的改造居民精神世界的巨大作用。

二、传统文化滋养——比麟堂龙狮团、七星狮舞与洪佛拳②

燕罗街道除了具有丰富的红色文化资源外，传统文化也是其重要的文化资源优势。尤其是洪佛拳、比麟堂龙狮团及七星狮舞等该街道独具特色的三大传统文化载体，在燕罗基层社会治理中发挥着独特作用。近年来，燕罗街道深挖本土文化，以"党建+文化传承"促社区和谐发展，深入开展洪桥头社区"党建+洪拳"、塘下涌社区"党建+比麟堂"、山门社区"党建+七星狮舞"、燕川社区"党建+志愿者先锋"、罗田社区"党建+青少年生力军"等特色文化活动，创造性地将基层党建与本土文化传承有机结合起来，依托传统文化资源优势，深挖本土文化，传承红色文化，促进和谐社区的建设，助力基层社会治理现代化。

在燕罗街道的洪桥头社区，有一种流传了近300年的传统功夫——洪佛拳。该社区400多名原住民中，有200多人在学习和传承洪佛拳。每年都会在年底开展集训，持续到春节前。且每年年底会有大型聚会活动，把香港等地的各个洪佛拳分支请过来一起交流，规模达上千人。农历大年初一，在社区公共篮球场还会有免费的武术展示。在学生暑假期间，社区则会举办免费的、纯公益性质的暑期培训班，以在少年儿童群体中传承洪佛拳，一代一代接着学。在街道的支持下，洪桥头社区将洪佛拳成功申请为区级非物质文化遗产，并成立了洪佛拳协会，在协会内部成立了党支部，引导洪佛拳爱好者、社会组织等积极参与相关活动。燕罗街道还将该协会打造成为"党建+洪拳"

---

① 对燕川社区主要负责人的访谈（20200811YC）。
② 资料来源：根据媒体公开报道以及实地调研整理而成（洪佛拳、七星狮舞……深圳这个街道，用党建让"非遗"焕发光彩[EB/OL].[2018-09-20]. 南方杂志，https://baijiahao.baidu.com/s?id=1612118389892849133&wfr=spider&for=pc）。

项目示范基地，夯实党建在基层的扎根基础，形成了借助党建力量推动行业协会快速发展，同时行业协会快速发展又反哺党建的新路子，实现了本土文化活跃度和基层党建凝聚力的"两个提升"。值得一提的是，洪桥头已经连续13年举办社区邻里文化"传统美食节"活动，活动现场会安排"洪佛拳"武术及醒狮表演，通过将洪佛拳表演与传统美食文化相结合，打造出具有洪桥头特色的美食文化节，进一步推进社区邻里关系融合，促进社区和谐发展。社区居民也普遍认为，通过洪佛拳，社区提高了凝聚力，改善了居民的精神面貌，社区氛围也变得更加融洽。

塘下涌社区则拥有一支独具特色的、在海内外享有盛名的民间龙狮团——比麟堂龙狮团，2019年更是为央视春晚献艺助兴。据了解，比麟堂创立于清朝道光年初，距今已有190余年的历史，比麟堂龙狮团成员主要由本地青少年和外来务工青少年组成，是促进街道文化产业繁荣的生力军、后备军，传统文化与时代青春的融合在比麟堂龙狮团中得以生动体现。为弘扬中华优秀传统文化，促进街道文化产业繁荣，燕罗街道近年来加大了对比麟堂龙狮团的扶持力度。一是在经费投入、设备设施购置、队伍建设和节目创新等方面给予大力扶助，推进项目基地升级改造；二是将比麟堂龙狮团纳入"文化春雨行动"活动点管理，丰富市民精神文化生活，为传统文化注入活力；三是支持比麟堂龙狮团代表街道参加各级各类比赛，弘扬中华传统舞狮文化，扩大影响力；四是在队伍标志标识、牌匾、设备设施及基地升级改造等方面嵌入"党建+"360°服务联盟标识，引导项目和团队在党的领导关怀下不断健康壮大。

燕罗街道"七星狮舞"是宝安区唯一的国家级非物质文化遗产项目，是极具地方特色的传统狮艺，有着重要的历史价值、文化价值和社会价值。据了解，七星狮舞以鼓乐雄壮、动作威猛而著称，狮头与狮尾协调配合，狮子的动静与鼓乐的节奏配合，展示狮子的喜、怒、哀、乐、动、静、移、睡、卧、行、跃等绝活，并配合得丝丝相扣、相得益彰，体现了狮子与人类相通的各种情绪和性格。除了历史价值、社会价值、文化价值，七星舞狮的健身价值也不言而喻。燕罗街道从多个角度开展传承保护发展这一传统文化，比如编印七星狮舞教材，为非遗传承提供理论支撑和表演指导；建立学校狮舞队，目前建有燕山小学队伍、松岗二小队伍及山门文琰醒狮训练社；在燕山小学建立学校狮舞队，开设七星狮舞传承课堂，使之成为燕罗孩子们一处重要的课外课堂，做到"传承传统文化从娃娃抓起"，通过"启动仪式""点睛仪式"等民俗公开课、校园常规训练课堂活动等一系列举措，燕罗街道将七星狮舞传统文化精髓深深带入每一个学生心中，让"醒狮文化"，成为燕山学校的校园特色文化。此外，街道还积极鼓励项目代表传承人和符合条件的七星狮舞队员入党，夯实传统文化组织中的党组织力量。

通过一系列的引导、扶持措施，燕罗传统文化发展取得了诸多成绩。2019年，洪佛拳武馆落成，薪火相传；成功开拍《七星狮舞》《洪佛拳》等4部宣传片，18个短视频，《洪佛拳说》舞台剧在全区巡演；街道文联等9个文艺家协会分会揭牌成立；"比麟堂龙狮"更是献艺2019年央视春晚。这些成绩的取得证明燕罗探索出的"党建+传统文化"路子是符合街道发展实际的，是正确的。传统文化在燕罗的传承和发展，让越来越多的人接触社区传统文化、珍惜和传承社区传统文化，这进一步提升了燕罗人民的凝聚力，增强了精气神，改善了燕罗人的精神面貌，进一步满足了群众的精神文化需求，为和谐燕罗的建设营造了良好的文化氛围。

三、志愿文化暖心——义工与志愿文化建设

义工志愿服务文化是燕罗街道的又一文化特色。"为他人奉献自己的时间、精力、知识，帮助他人，收获快乐"的精神理念已被燕罗人广为接受和实践，这正是一共志愿者文化在起作用。燕罗广大义工队伍秉持"只要人人都献出一点爱，世界将变成美好的人间"的大爱奉献精神，在服务他人、奉献社会方面展现了燕罗风采。而燕罗街道也依托浓厚的志愿者文化，在促进和谐社会、文明社会建设方面持续发力，取得了较好成绩。

在山门社区，志愿者义工队伍已经成为该社区一支重要的社区治理力量。相关负责人表示："我觉得社区治理的最终目的就是让居民感到安全感、幸福感，但是要做到的话，需要付出很大的工作量和努力。我们社区人员复杂，本地的、外地的都有，社区治理必须是大家融合在一起，一起去参与，有氛围，社区才能和谐。怎么样让本地人和外来人融合在一起？我们主要的抓手

就是义工和志愿者。我们有社工专门组织义工去社区做服务,带动本地居民参与义工。如先去服务居民,让居民感受到自己得到帮助了,他们也会想去帮助别人。所以我们会慢慢地通过义工的参与和帮助去进行交通劝导、文明劝导、慰问老弱病残。比如对于老人,我们义工里有医生,他们会对老人进行健康检查,两个月一次。通过这一系列的做法,带动本地人参加志愿服务,促进社区融合、和谐,也解决了社区治理的一些老大难问题。目前,600多名原住民中,长期参与义工工作的已经有40多人了。"①可见,志愿者义工服务已经成为山门社区工作的一个有效抓手。

山门社区团工作负责人介绍的一个案例给我们留下了深刻印象。2018年"山竹"台风侵袭深圳期间,社区工作人员发现一个流浪阿姨在社区一个凉亭居住多日了,于是劝她去附近的救助站。但那位流浪阿姨有点精神障碍,并不愿意去救助站,说是"要等孩子来接她"。社区工作人员和义工于是将其带到宾馆安置点,照顾其生活的同时帮助她寻找家属。义工们通过发布寻人启事、借助媒体帮助等形式,都没有找到流浪阿姨的亲属。其间,一位疑似亲属的湖南籍女士曾联系社区,以为流浪阿姨是其离家多年的姐姐,但最后证明并不是。可以说,为了帮流浪阿姨找到亲属,山门的社区工作者和义工们想尽了办法。义工们发现,流浪阿姨平时不说话,只是写不同的字,写不同的名字。后来,燕罗派出所也参与到了"寻亲"工作中,通过人脸识别在身份数据库中发现流浪阿姨写的名字中有一个广西籍的名字,对比后,原来是其丈夫。于是山门社区工作者和义工以及派出所工作人员迅速与其丈夫取得联系,考虑到两地距离遥远,往返接送不安全,需要几天时间,当时恰逢国庆假期,于是社区安排流浪阿姨住在宾馆,并安排了两名义工去宾馆陪她,一直到2018年10月9号她家人来到深圳认亲。最终,流浪阿姨得以顺利和家人团聚。

这一暖人故事曾被当地新闻媒体广泛报道,产生了良好的社会效应。山门社区以此为契机寻求街道支持,建立了志愿者之家,用于志愿者交流、培训和救助临近流浪者。志愿者之家实行三班倒,全天24小时都有两名志愿者

---

① 对山门社区主要负责人的访谈(20200811-SMSQ)。

义工值守。志愿者之家也是配套宝安区下达的"邻里三相志愿服务"①要求的一部分,宝安区虽并未硬性要求邻里三相志愿服务的常态化,但山门社区主动作为,目前已经基本实现志愿服务的常态化。例如,该社区有 30 户孤寡老人,社区会组织固定的、熟悉孤寡老人的义工定期走访慰问,社区会对他们进行培训,提升其服务能力。通过这一形式,山门孤寡老人感受到了社区的温暖,也得到了切实帮助。该社区还结合党建,开发了一个志愿服务"点菜"系统,居民有什么需求可以在系统里说明,社区便会组织提供相应的志愿服务。

据了解,山门社区志愿者义工队伍刚建立起来时,只有 50 余人的规模,且大多数是老年志愿者,年龄结构不甚合理。近年来,山门积极组织义工学习、座谈,每个季度都有交流座谈,听取他们的意见,激发群众献身志愿服务的意愿。如今,在山门的美食节活动中,每次都有 80 多名义工参加,社区举行的大型篮球赛也有义工服务的身影,每年两次的义务献血活动广大义工也积极参与;义工还在劝解家暴、对青少年自杀倾向进行心理辅导等方面贡献着自己的力量。目前,山门的义工队伍已发展为 500 余人的规模,其中 120 人是活跃积极义工(积极义工的评定标准是一年服务 30 小时以上),可以实现常态化志愿服务。这在人口仅 2 万余人的山门来社区说,已是不低的比例了。在义工队伍中,有维修小家电的、理发的,有企业家捐款,有退休医生和老师提供公益性质的健康咨询和学习辅导……其主力是家庭妇女和老人家,同时,这当中也建立了 100 多人的青少年服务队,把爱心的火炬一代代传下去。

志愿服务文化不仅是在山门社区,在整个燕罗都已经蔚然成风。燕罗五个社区都成立了多样化的社会组织和义工组织。值得一提的是,燕罗在街道"红燕跑团"基础上,发动各社区和各园区成立"特色跑团",将跑步爱好者凝聚在一起,宣传社会正能量。如罗田社区率先成立组建了"罗田社区绿水青山健步团",团员达 200 余人,几乎每周都会组织活动,团员中本地人和外来人都有,这就有利于外来人员的融入,增强他们的归属感。罗田社区每年还会举办暑期公益培训班,年平均受益的青少年超过 200 人,其中大部分是来深

---

① 即相识、相知、相助,通过志愿服务带动邻里关系和谐,把志愿服务带入基层社会治理中。

务工人员子女。社区还建有特色青年志愿服务队伍，鼓励社区青年参加社区特色志愿者服务队伍，根据社区工作的工作重点，开展各项活动，比如巡查河道等。现今，罗田的义工队伍已达 120 余人（网上注册义工多达 1000 多人），义工队伍实行小组化操作，分工日趋细化。又如，燕川社区紧紧依托得天独厚的红色文化资源优势，围绕中共宝安县第一次党员代表大会纪念馆开展红色教育传承志愿活动；洪桥头社区则在麒麟山公园提供常态化的便民服务；塘下涌社区则和辖区内的工业园党委一道联合开展文明创建活动，等等。广大义工志愿者服务在燕罗各个社区的每个角落，提升了服务度，传播了正能量。

在激发义工志愿者服务奉献社会的同时，燕罗也注重对义工志愿者的关爱和帮助。如山门社区成立志愿者之家后，社区每个月都会推选"志愿服务之星"，目前来看，一个月要参加 100 多小时的志愿服务（50 多次）才能跻身"志愿服务之星"的前五名，这从一个侧面反映了广大义工志愿者极大的服务热情和极高的志愿服务参与度。山门社区还规定了专项行动表彰，交通文明劝导满 100 天等都可以得到表彰，这就激发了志愿者们的热情和荣誉感。该社区还结合腾讯 99 公益平台开展了两个针对志愿者的公益项目，一个是关怀社区志愿者，如果志愿服务中受伤了，社区会上门慰问看望，送去一定的慰问金；二是病床关爱项目，结合社区实际给志愿者中的患病人员进行募捐，其目的就是要让志愿者和义工都能感受到温暖，以更高的积极性投入公益事业。

在街道层面，燕罗举办"玫瑰香"称号志愿服务表彰大会，发布由街道出品的公益歌曲《玫瑰香》，以歌曲的形式颂扬志愿者义工，讲述广大志愿者弘扬"奉献、友爱、互助、进步"的高尚情操，这对于加强志愿者的凝聚力和归属感，进一步强化燕罗的志愿者文化氛围发挥了重要作用。此外，在燕罗创建文明城市期间，燕罗成立了燕罗街道文明引导志愿服务队、交通劝导志愿服务队、环卫督导志愿服务队、垃圾分类志愿服务队、河道巡查志愿服务队、蓝马甲志愿服务队、文明观察员志愿服务队、企业义工志愿服务队、社区创文志愿服务队 9 支创文服务队伍，协助街道创文，街道团委根据街道创文领导小组精神统筹志愿活动，2019 年成立了街道层面的义工联这一社会组织，在提升街道志愿组织管理制度化的同时，进一步增强了志愿者义工的集体感、归属感。自义工联成立以来，14支街道直属志愿者队伍及社区志愿者团队一共组织志愿活动6500场次，服务群众超过20万人次。

燕罗街道广大义工志愿服务组织和志愿者朋友长期以来秉承"奉献、友爱、互助、进步"的志愿服务精神，无私奉献，为燕罗城市品质的提升、城市环境的改善，为燕罗和谐社会的建设作出了积极贡献，已成为社区基层治理的重要抓手和帮手。燕罗的志愿服务工作取得的成效正是深圳这座"志愿之城"志愿文化的基层写照。在社区居民心中，志愿服务已融入了自己生活的方方面面；而在义工人心中，虽然付出了汗水，但也收获了快乐，群众因为得到自己的帮助而露出的开心笑脸，就是对他们最大的回报。

第三节 案例分析

纵观以上三个案例，我们不难发现燕罗在社区文化营造方面已探索出一条满足燕罗发展需求、符合燕罗社会实际、彰显燕罗文化特色的道路；燕罗社区文化正在加快形成，成为燕罗推进基层社会治理现代化的一个有力抓手和载体。丰富的红色文化成为燕罗社区文化的灵魂和引领，特色鲜明的传统文化成为燕罗社区文化的强大根基，而互助友爱的义工志愿者文化更提高了燕罗社区文化的"温度"。三大文化在基层社会治理现代化中共同发力，共同筑起燕罗治理的文化风景。

一、以红色文化为引领，筑牢燕罗文化治理之魂

红色文化是在革命战争年代，由中国共产党人、先进分子和人民群众共同创造并极具中国特色的先进文化，蕴含着丰富的革命精神和厚重的历史文化内涵。[1] 弘扬红色文化是提升党在基层的执政能力、抵御历史虚无主义、坚定文化自信、深化价值认同的重要法宝。作为一座新兴现代化大都市，深圳的红色资源相对不多，而燕罗在其中占有重要地位，拥有显著优势。具体

---

[1] 李垣. 红色文化传承与绿色生态发展——"红绿交融"的社会主义生态文明建设[J]. 延安大学学报(社会科学版)，2018，40(5)：19-24.

来看，在案例一中，燕罗之所以能在红色文化建设上获得群众认可，并取得了切实的治理成效，其根本原因就在于把握和顺应了新时代红色文化发展的新要求和新特点。

（一）抓牢红色文化本质的先进性

先进性是红色文化的本质属性，中国共产党的先进性更是红色文化先进性的源泉。红色文化是党领导人民在反抗暴政强权的革命斗争中形成的，它以追求民族解放、国家富强为根本追求，集中彰显了中国共产党的革命性、人民性，进而体现了党的先进性。燕罗在继承和弘扬红色文化的过程中注重对其先进性的挖掘。一方面，燕罗始终坚持党对红色文化的领导和指引，将红色主题党建融入"党建服务圈"，在党建服务圈地图中标注红色文化资源场所的具体位置，构建起党建与红色文化交融发展的良好格局。另一方面，燕罗充分挖掘和宣传燕罗革命先辈、道德模范等先进人物的先进事迹，以先进人物为楷模，宣扬学习其先进精神；注重红色文化对主流价值观的引领作用，让燕罗人在红色文化氛围中感受和认同红色文化所传递出的无私奉献、关爱他人、集体主义等和平年代精神品质，增强人们对燕罗社区的认同感，倡导燕罗人形成积极健康、充满正能量的生活行为方式和问题思考方式，从而提升社区居民的综合素养。在红色文化的熏陶下，人们更加积极主动践行社会主义核心价值观这一当代中国社会主义先进文化最集中的文化内核，从而促进社会主义核心价值观在燕罗的落地生根。

（二）把握红色文化传播的丰富性

文化就是传播，传播就是文化。红色文化需要在传播中才能被受众所感知和接受，对红色文化传播特点的准确把握是红色文化治理功能得以发挥的必然前提。一是红色文化传播内容的丰富性。广义的红色文化除了包含在革命战争年代形成的革命文化之外，实际上也包含和平年代党领导人民在进行社会主义革命、建设和改革过程中形成的社会主义先进文化。当前对红色文化的宣扬，更多的是注重革命文化，社会主义先进文化的"红色内涵"尚未得到充分挖掘。燕罗注意到了这一点，在红色文化营造中，燕罗创设了"习近平中国特色社会主义思想讲习所"，宣传党中央和习近平总书记治国理政的重要思想与重要论述；此外，燕罗还以庆祝深圳经济特区成立40周年、疫情防控阻击战取得关键性胜利等重要事件为契机，大力弘扬新时代改革创新精神以及生命至上、举国同心、舍生忘死、尊重科学、命运与共的伟大抗疫精神，从而极大丰富了燕罗红色文化的内涵空间。二是社区红色文化传播方式的多样性。在互联网时代，只依靠报纸、杂志、宣传单、横幅等传统载体传播文化已经难以满足时代发展和人民群众的需求。网站、微博、微信、抖音视频等网络新媒体平台有着传播成本低、传播速度快、覆盖范围光、传播交互性强等显著优势，可成为红色文化传播的重要平台。燕罗街道原创的红色文化电视作品、漫画、明信片、歌曲等新文化载体通过网络平台得以在更大的范围内立体化、可视化、互动化传播，极大增强了燕罗红色文化的吸引力、覆盖面和影响力。

（三）彰显红色文化发展的创新性

具体来看，燕罗在以下几个方面实现了红色文化发展的创新性弘扬。一是形成红色文化符号。符号是携带着意义与内涵解释的综合体，红色文化符号在红色文化的继承和弘扬中发挥着巨大作用，燕罗通过街道办门口榕树上的宣讲牌、红色遗址纪念馆前的 LED 屏红色文化符号，承载、宣传了红色文化，加强了燕罗人对红色文化的情感依归，在燕罗随处可见的红色文化符号已成为燕罗红色文化建设的价值传递与精神凝聚的有力载体。二是建构红色文化记忆。随着经历了革命战争的老一辈人的离去，红色文化的传承可能会面临"记忆断层"的问题，红色基因应该一代一代接续传下去，成为当代燕罗人的集体记忆，而不是只停留在对过去历史的追忆。燕罗通过邀请革命老人、老党员讲述革命和发展历史、培养少年儿童红色小小讲解员等形式，在红色文化的记忆传承中形成了良好的接力势头。而且通过红色文化"上网"，加强了对红色记忆的存储与输出，进而在燕罗构建起红色文化记忆的情感纽带。三是展示红色文化仪式。仪式对于红色文化的传播来说有着巨大的教育和引导作用，可以潜移默化地影响红色文化受众对红色文化的心理认同。燕罗通过在建党节、国庆节、特区成立 40 周年等特殊纪念日和节点举行升国旗仪式、文艺演出等纪念活动，以及日常开展的"榕树下的党课"等研习活动，营造出红色文化的"仪式感"，进一步增强了燕罗人的红色文化自信。

二、以传统文化为养分，滋养燕罗文化治理之根

燕罗优秀传统文化是燕罗人民在长期的共同生活、相互交往过程中形成的代代相传、特色鲜明、历史悠久的文化。在现代化进程中，传统文化是进行文化调适、重构社区价值认同、促进形成社区"善治"的重要精神力量。燕罗在依托传统文化进行社会治理的过程中从以下两个方面展现了燕罗经验。

（一）挖掘传统文化资源，凝聚价值共识

社区本质上是由具有共同习俗和价值观的人群组成的关系密切的价值和利益"共同体"。20世纪80年代，国家提出"社区建设"的概念，其初衷本是为了使社区承载单位制瓦解后，对城市居民需求的满足和保障功能，社区由此承担起以前由单位负责的公共物品和公共服务的供给、分配职能。但是，在这30多年的社区建设过程中，虽然社区自治得到了巨大发展，国家也强调社会组织、居民个人以及市场力量等其他主体可以参与到社区建设中来。但是，国家始终在社区建设中处于绝对主导地位，其他主体只是附属性的配合者角色，这和以前的单位制在权力结构上并没有本质上的区别。究其原因，就在于我国当前的社区建设依然是简单地把社区视为地理上的行政区域概念，忽视了社区本质上所具有的利益和价值共同体的意涵。改革开放以来，城市化、市场化和工业化进程对传统单位制下社区相对牢固的集体意识和共同价值造成了巨大冲击，社区成员利益多元、价值观多元，社区整合面临精神层面的分裂。在这种背景下，寻找社区成员共同认可和接受的共同文化基因，就成为弥补分裂、重塑社区价值共识的必要前提。换言之，社区建设要在本质上取得进步，就需要从社区"共同价值"这一根本属性上入手。燕罗通过深入挖掘辖区内独具特色，利用已经为燕罗人所广泛认可和接受的洪佛拳、七星狮舞、比麟堂龙狮团等民俗文化重新唤醒了在快速发展的现代化进程中被淡化了的"燕罗记忆"，通过对这些独具特色的传统文化的挖掘、保护、创新、弘扬，凝聚了民心、增进了团结；燕罗人逐渐形成了对传统文化的重新审视，认识到"我们都是燕罗传统文化的传承者"。由此，社区共同体意识得到了增强，社区治理现代化的"价值裂痕"也得到了修复。

（二）依托传统文构建社区熟人社会

文化功能主义认为，文化与文化体系具有维护社会结构的稳定以及再生

产社会结构的功能。在城市化、工业化的冲击下，单位制下社区居民因同在一个单位而形成的熟人社会逐渐解体，取而代之的是商品房时代下同住一个社区而分属不同社会部门的"陌生人社会"。在农村，生产和劳动高度同质、集聚，人口流动缓慢，因此，熟人社会得以维持。但是在燕罗这种人口流动频繁、现代产业高度发展的新生街道，熟人社会的孕育土壤并不深厚。然而，从社区的本源意义上说，社区本身就应该是一个天然的"熟人社会共同体"（"社区"的英文单词"community"本就带有"共同体"之意）。传统文化的重要功能就在于保持农业文明下以及单位制结构下的熟人社会。燕罗街道通过对传统文化进行品牌化打造，依靠历史悠久、博大精深的"洪佛拳文化"和"舞狮文化"，在深圳、岭南，乃至海外华人华侨群体中都产生了一定影响，这激发了燕罗人对传统文化的认同感和自豪感，燕罗人意识到燕罗的传统文化是"我们的文化"，在这种文化交往过程中，熟人社会重新得到了生存空间。

此外，燕罗通过举办多种形式的传统文化活动，如端午节在茅洲河举行龙舟赛、一年一度的弘扬社区传统美食文化的"美食文化节"、洪佛拳免费培训班和表演、七星狮舞等表演，为广大社区成员提供了相互交流的文化平台。在传统文化的黏合下，燕罗人在文化活动中共同接受传统文化的熏陶，不仅增强了社区成员间彼此的感情和联系，也提升了社区成员参与社区公共事务的积极性，增强了其主体意识。而这正是熟人社会所必要的"价值交流与和谐"前提。通过共同的传统文化的符号、标识、信仰为纽带，燕罗将社区成员紧紧联系在了一起，为熟人社会的重构奠定了基础。而熟人社会一旦形成，将为基层社区治理现代化带来巨大助益。一方面，在熟人社会中，价值和利益的共同体化十分明显，社区成员的公共意识被最大限度地激发出来，公共精神得以养成，自觉投入到社区公共事务中；另一方面，熟人社会必然会促进互助友爱的邻里文化的扎根，可以为社区矛盾提供润滑剂，为基层社会治理提供良好的人际环境。

三、以志愿文化为抓手，形成燕罗文化治理之翼

志愿服务是衡量社会文明程度的重要尺度。社区志愿文化即是指倡导自愿、无偿、奉献、有利于社会发展等核心价值的一种文化样态。义工志愿文

化在基层社区治理中的重要意义表现在以下几个方面：一方面，社区成员在接受社区志愿者和义工提供的志愿服务的过程中，可以感受到街道和社区对他们的关心，增强对街道、社区的认同感和归属感；另一方面，在单位制被打破、利益分化日趋严重的当代社区，由于先天禀赋、制度设计等方面存在的问题，不可避免地会造成资源分配不均衡，使社区成员产生不公平感，这种不公平感打破了原有的社会价值体系，对社区秩序和道德稳定带来风险，而志愿文化强调仁爱、包容、慈善，通过对弱者的帮助，在让他们感受到爱与公平的同时，可以倾听他们的意见，从而预防、化解社会矛盾，对基层社区的稳定和和谐发挥重要作用。此外，志愿者文化能够极大地推动社区精神文明的进步。义工志愿者们无私奉献自己、解决群众困难的行为能够对社区居民起到表率作用，激发他们的道德感、责任感和公共精神、服务意识，强化社区成员对"真善美"的追求，从而改善社会风气、净化社会环境。

在案例三中，我们可以感受到在燕罗街道，志愿者文化氛围已经悄然形成，成为助推基层社会治理现代化的重要动力。可以说，燕罗结合实际，立足多元共治，在社区治理现代化创新中，有机引入志愿服务力量，广泛开展志愿服务活动，积极建设志愿服务组织，不断创新了志愿服务路径，依托义工志愿资源解决社区治理问题，激发了社区治理新活力，构建了社区服务新格局，探索出了一条顺应时代发展、符合燕罗实际、彰显燕罗特色的社区志愿者文化发展之路。具体来看，燕罗的义工志愿文化营造在"队伍"和"管理"两个方面的经验举措尤为值得深入分析。

一方面，以队伍建设为志愿文化提供源头活水。燕罗义工志愿文化的主体实际上由两个群体组成，即志愿者和义工以及社区成员。就志愿者和义工而言，燕罗不断提升志愿者的业务素质，注重志愿服务多元化。开展社区志愿服务，首要的是以社区为重点和落点，编织一套横向到边、纵向到底的志愿服务网络，建成一批蓬勃发展的志愿服务组织，培育一群充满活力的志愿服务队伍，推动志愿队伍在社区集结、志愿资源往社区倾斜、志愿力量向社区靠拢，从而打造出一套全方位、宽领域、多元化的志愿服务体系，夯实社区志愿服务的队伍基础。就社区成员而言，燕罗注重激发居民自主意识、培养邻里互助精神，创新探索了志愿孵化模式，通过建立"志愿者之家"，引导发动社区居民根据特长和兴趣，主动投身志愿服务行列，抱团打造志愿服务组织，进一步强化了社区居民的归属感荣誉感，扩大了志愿服务的群众基础和工作基础，探索了社区共治共享志愿服务的全新模式。稳定且有规模的义工志愿者队伍是志愿者文化形成和传播的源泉，正是因为有了一支强大的义工志愿者队伍，通过他们细致的各类服务，燕罗的志愿文化得以在整个街道传播开来。

另一方面，以改善管理展现志愿文化的实效。人们往往是在具体的义工志愿活动中感受志愿文化，而志愿服务成效的高低直接影响着志愿文化在社区中的被认可程度。燕罗在志愿文化营造过程中强调志愿服务效果要落在实处，从而让志愿文化的传播有了"底气"和"实力"。一是通过掌握志愿者特长，发挥志愿服务专业化，从志愿服务的源头出发，依托志愿者注册管理平台，对登记在册志愿者施行一人一表的管理办法，在登记基本信息的基础上，进一步搜集个人特长、兴趣爱好、志愿意向等延伸信息，建成较为专业、较为全面的志愿人才信息库，并安排专门力量进行维护管理，定期动态更新，从而既为社区培养、使用志愿者提供权威参考，又为社区之间统筹配置志愿资源提供数据支撑。实现志愿者分级管理模式，每年实行评优评先，广泛宣传志愿服务标兵，建立志愿者服务提升计划和积分兑换激励机制，提升了志愿服务管理效率，提升了志愿者的积极性、主动性。二是实行按需服务标准化，增强志愿服务的放大效应。燕罗强调一切从社区居民的实际需求出发，提供不同主题的志愿服务，如针对独居老人的关爱活动、针对务工家庭子女教育的志愿活动，等等，以问题的解决展现志愿服务的实效，进而赢得社区居民的认可，为义工志愿文化被社区居民所接受和践行奠定了心理认同的基础。

此外，文化载体对于义工志愿文化服务的营造和发展来说也很重要。文化是看不见摸不着的精神意识层面的范畴，正如美国学者洛威尔所言，"在这个世界上，没有别的东西比文化更难捉摸。我们不能分析它，因为它没有固定形状；我们想用文字规范它的意义，这正像要把空气抓在手里似的；当我们去寻找文化时，除了不在我们手里以外，它无处不在"。① 可见，志愿文化

---

① 张志昌. 一种文化视阈下的宪政概念及宪政文化功能分析[J]. 湖南科技学院学报，2009，30(1)：74.

虽然弥漫在人们的身边，但也必须通过一定的载体才能表现出来。文化载体需要承担起文化的价值和情感内涵，如此才能发挥出所承载文化的力量。在案例三中，我们看到燕罗还特别制作发布了志愿者义工公益歌曲《玫瑰香》，并通过横幅、宣传单、志愿之星评比表彰等多种形式宣传志愿文化，从而极大地增强了志愿文化的传播力度并扩大了其传播广度。

第四节　案例总结

在城市化、工业化高速发展的今天，社会也在加速转型。社区共同体的没落带来了社区成员的个体情感的孤独体验、人际关系的疏离、社会行为的失范等原子化问题。如何在原子化了的社区环境中，重新强化社区成员对社区的认同感和归属感，是当前基层社区治理现代化所必须面对和解决的问题。费孝通先生在《江村经济》一书中指出，"乡村社区是作为社会生活样式的文化共同体"。① 城市社区和乡村社区一样，同样具有文化属性。社区实际上就是一个"小社会"，是社区成员发挥自己主体性构建的世界，因而其就必然具有文化灵魂。社区孕育了文化，其内在就内含着社会资本、公共精神、群体归属、身份认同等文化共同体要素。因此，要推进基层社会治理现代化，通过社区文化治理，实现对社区共同体的重塑，就是一个必然的选择。通观燕罗治理文化的生态化营造图景，我们可以明显感知到"文化营造"这一文化治理手段之于治理现代化的重要引导、指导、评价等功能。就治理文化营造而言，燕罗实践较为科学地回答了以下两个关键性问题。

一、如何理解在社区治理进程中的治理文化营造

一方面，就形成逻辑来看，要认识到社会现实是治理文化营造的生长土壤。如前所述，治理文化营造有利于治理资源的优化配置和社区服务的均衡发展，加强对红色文化、优秀传统文化、义工志愿文化等文化样态的营造和宣传也是意识形态工作的必然要求。在治理文化营造的过程中，社区成员通

---

① 黄词捷. 成都市社区治理与社区营造研究——从"陪伴"到"培力"的文化路向实践[J]. 中共乐山市委党校学报，2018, 20(6)：86-91.

过共同的文化认同彼此交流、相互理解，共同促进良好人际关系的形成。治理文化营造的重点在于通过社区文化将分散化、差异化的个体整合成具有共同社区归属感和身份认同感的社区共同体。① 被社区成员所共同认可和接受的社区治理文化一旦形成，便会对社区治理的理念、方式、机制产生重要的影响。然而，如果将社区治理文化与更广大层面的社会环境割裂开来，那么仅局限于狭小街道或社区的治理文化将不能被置于宏观社会文化环境检验与交融，失去被推广与复制的机会。燕罗意识到了在转型时期，社会风险的急剧增长对社区治理可能造成的影响，将社区治理文化营造融入更宏大层次的中国特色社会主义治理现代化的理论成果和实践进程中。所以我们可以看到，燕罗十分强调对党中央、广东省和深圳市相关政策、方针的学习和宣讲，在"榕树下的党课"上，在讲习所的学习中，都会对"燕罗之外"的更宏大广域的治理文化进行宣讲学习。换言之，燕罗治理文化的生态化营造既着眼于燕罗的社会现实，又与对社会现实进行宏大叙事的更广域治理文化进行了交融和互补。

另一方面，就治理文化营造的行为前提而言，要认识到社区成员的认同是基本条件。治理文化营造能否成功的关键变量在于社区成员认同与否。这种认同既是治理文化与社区成员对其理解的互动的产物，也包含着社区成员自身对治理文化营造的主体性与创造性。社区成员对治理文化的认同与其个人的家庭情况、个人素质、利益和价值取向等个人因素高度相关，因此，在社区成员多元各异的情况下，要实现真正意义上的"社区整体性认同"实际上很难做到。所以对社区治理"事不关己、高高挂起"的居民心态屡见不鲜，这背后的一个重要原因就在于社区主体参与意识尚未完全觉醒，而这当中，社区文化的"认同度缺位"是根源性问题之一。如何破解？燕罗给出了自己的答案。燕罗加大了对社区事务参与的激励机制建设，其中，"志愿之星"的评选、洪佛拳的免费培训等社区文化治理途径就发挥了很大作用，通过文化活动的参与，居民逐渐认可和接受了社区文化。值得一提的是，燕罗在社区治理文化营造过程中还特别注重边缘和弱势群体的认同。在刚性的物质生活空

---

① 黄莹，刘金英. 城市社区怎样进行文化营造[J]. 人民论坛，2019(1)：96-97.

间，边缘和弱势群体的利益可能会受到忽视，但是在柔性的文化生活空间，润物细无声的社区文化使他们从社区边缘走向了社区舞台的同心圆。如义工志愿文化治理所服务的主要目标对象就是社区的弱势群体，他们对社区文化的认同更能体现社区治理文化的温度与实效。

此外，就发展趋势而言，价值创新应成为治理文化营造的追求。这里所说的价值创新是指文化营造对文化本身内含价值的创新超越。传统的文化营造往往把聚焦点限于对文化固有价值的挖掘和宣传，侧重的是"营造文化氛围"。比如，对孝道、睦邻等传统文化的宣传往往停留于开展一些文化活动，倡导社区成员遵守孝道、睦邻友好的层面。然而，仅有这些还不够，事实上我们可以从文化的原有价值出发，去营造、创造出新的文化价值。例如，燕罗在秉持洪佛拳这一传统文化崇尚武德、追求正义等文化价值的基础上，考虑到港澳和海外华人华侨中亦有洪佛拳学习者，发挥其"爱国统一战线""游子回报家乡"的价值，与香港洪佛拳分会一道组织活动，促进深港交流，这实际上就通过治理文化营造从文化价值中挖掘出了一定的政治价值和社会价值，实现了文化价值的创新。

二、如何有效进行治理文化生态化营造

（一）治理文化营造的理念问题

意识是行动的先导，有了正确的指导思想才能进行科学的实践活动。燕罗秉持了以下基本原则，保证了治理文化的生态化营造的正确方向。一是循序渐进的原则。治理文化营造的最终目的是借助社区文化通过培养社区成员的责任意识和参与能力，推进社区治理现代化进程。这是一个持续发展的过程，并不能一蹴而就。燕罗的治理文化生态化营造实际上也是分为两步走。第一步是改变社区成员自我个体化的价值观，尤其是减少对社区公共事务的冷漠感，激发社区成员的主体意识和公共精神，促使其从社区公共事务的"看客"转变为"主人"，使居民之于社区治理的主人翁角色得以彰显；第二步是在此基础上培养和提高社区成员参与社区公共事务、参与社区治理的能力，使其实现从"我想做"到"我能做"的转变。以义工志愿文化为例，燕罗的做法是首先通过专业志愿者的志愿行为将奉献、爱心等志愿文化内核传达给社区

成员，使其受到感染，产生"我也是社区的一分子，我也应该做点什么"的想法，然后，招募本地志愿者，并对其进行培训，提升其志愿服务能力。如此循序渐进，最终形成并放大了志愿文化在燕罗基层社会治理中的作用。

二是"能力为本"的原则。治理文化营造的归宿点是民生福祉的改善，但是如果过分强调"需求为本"，完全以满足社区成员的需求为核心，那么一旦社区成员的"等、靠、要"思想形成，而社区文化治理不能满足其需求时，反倒会导致社区成员对社区的不信任和疏离。须知，与需求相比，资源更加有限。因此，要将"能力建设"与"需求导向"结合起来，既尊重社区成员的文化需求，又要注意社区文化发展长远能力的形成。燕罗的治理文化在顺应居民需求（如在志愿文化的引导下提供的志愿服务）的同时也注重对燕罗其他文化样态功能的挖掘和发挥。

三是因地制宜的原则。特色性应成为不同社区文化治理的重要特点。不同人文地理环境、发展历史等必然会塑造独具特色的"地方性文化"，因此，从不同的切入点和突破口去营造社区文化是逻辑和现实的必然。燕罗坚持因地制宜，依托辖区内红色文化资源丰富的优势以及洪佛拳、七星舞狮等传统特色文化进行治理文化生态化营造，强化了社区文化的"燕罗特色"，使燕罗文化的凝聚力得到增强，充分调动起燕罗群众参与社区治理的积极性，找到了一条具有燕罗特色的文化治理之路。

（二）治理文化营造的主体问题

治理文化影响多个群体，涉及方方面面。仅靠政府力量是不够的，这不仅会造成大量的资源负担和形式主义风险，也会阻碍居民等其他主体的参与积极性。以人为本的多元共治型治理文化营造模式是理想选择。

一是发挥党委和政府力量的作用，其主要负责社区治理文化建设的统筹规划，提供资金、政策支持，引导和鼓励居民和其他组织积极参与治理文化营造，并赋予一定的自主权。在党委和政府的领导、支持和帮助下，最大限度地发挥其他主体的积极性，实现多主体治理文化营造商的良性互动。

二是强调居民的文化治理参与。社区成员既是治理文化的创造者也是感受者和享受者，还是治理文化营造中的重要主体。那些脱离居民，仅依靠社区举办几次文艺表演的形式化的所谓文化营造归根到底是无源之水、无本之术。从社区文化的载体来看，居民理应成为社区文化建设的主体，尤其是社区内年轻人，更应成为社区治理文化建设接力者。

三是发挥企业等市场组织的作用。企业组织相对来说具有由竞争性带来的高效率，且能为治理文化营造提供资金支持和技术支撑。

四是发挥社会组织在治理文化营造中的引导、宣传和组织等功能，尤其是要积极培育社区文化组织，培育社会资本。实践证明，社区文化组织发展的程度越高，表明社区居民参与社区公共文化活动的频率就越高，居民之间的互动也就越频繁，而互动又将产生社会资本，进而更好促进社区治理文化的发展。①

以燕罗为例，燕罗在推进红色文化、传统文化和义工志愿文化生态化营造的过程中，街道党工委、办事处和社区党委制定了社区文化发展指导意见，并通过专向拨款、争取民生微实事资金等渠道为文化活动的开展提供资金支持。在街道的领导下，各社区结合社区实际开展富有特色的文化营造，如山门社区的义工志愿者文化弘扬、洪桥头社区的洪佛拳文化挖掘，等等，并且成立了志愿者协会等社会组织进行规范化、制度化的文化营造。在此基础上，各个社区居民的参与积极性被充分调动了起来，如洪桥头社区过半数原住民参与到洪佛拳的学习和传承中，山门社区的志愿者队伍达到500多人。当然，在这个过程中，企业的力量也不可小觑，社区美食文化节、慈善捐款等都有企业捐资的身影，燕罗红色文化漫画、影视作品等的制作也有文化企业的参与。由此，燕罗形成了党委领导下的多元主体共建共治的治理文化营造格局。

通过治理文化的生态化营造实行的文化治理，燕罗进一步满足了人民群众对美好生活的精神文化需求，提升了居民的幸福感和获得感。挖掘、传承和创新了具有燕罗特色的文化。更为重要的是，在这个过程中，社区成员的共同体意识被激发出来，以主人翁的姿态参与到社区公共事务治理中。在公共精神的引导下，社区成员也增强了对社区的认同感和归属感，在和谐的社区交往中找到了"共鸣"。而这些，正是基层社会治理现代化所必要和应该实现的状态。

---

① 赵晓芳. 透过文化营造社区[D]. 华中师范大学，2015.

第七章

民生导向下的治理效能共享化实现

民生涉及人民群众的基本生存和生活状态,是人民群众在政治、经济、文化、社会、生态等方面的基本需求和权益,涵盖教育、医疗、住房、养老、就业等日常生活的方方面面。民生构成了社会生活的基本内容,也是党和政府治国理政的根本目的。① 民生服务是基层社会治理的重要方面,基层社会治理效果到底如何,最终的评判标准实际上是老百姓是否享受到了治理所带来的服务,也即治理成果是否被老百姓共享和认可,而这集中体现在社会民生的改善程度上,体现在人民群众的幸福感和获得感是否得到了增强。重视民生、改善民生是我们党的优良传统,也是党的人民性的集中体现。从"为人民服务"的宗旨到"以人民为中心"的发展理念,从"贫穷不是社会主义"到全面建成小康社会,党和政府在领导人民进行社会主义建设的过程中始终聚焦于同老百姓生活息息相关的民生问题的解决,不断提升群众的幸福感和获得

---

① 董一冰,徐芳. 民生视阈下村民自治的定位与走向[J]. 理论探讨,2011(3):36-38.

感。尤其是党的十八大以来，以习近平同志为核心的党中央高度重视民生问题，提出了一系列改善民生的新思想、新论断、新方略，如表7-1所示，推出了一系列便民、利民、惠民的民生举措，人民福祉得到了进一步增进。习近平总书记深刻指出，让人民过上好日子，是我们一切工作的出发点和落脚点。可以说，保障和改善民生，实现治理成果的共享化，是社会治理现代化的应有之义。

表7-1 习近平总书记民生论述选编①

做好经济社会发展工作，民生是"指南针"。要全面把握发展和民生相互牵动、互为条件的关系，通过持续发展强化保障和改善民生的物质基础，通过不断保障和改善民生创造更多有效需求。 ——2015年7月，在吉林调研时强调
保障和改善民生没有终点，只有连续不断的新起点，要采取针对性更强、覆盖面更大、作用更直接、效果更明显的举措，实实在在帮群众解难题、为群众增福祉、让群众享公平。 ——2016年2月，在江西考察时强调
民心是最大的政治，正义是最强的力量。正所谓"天下何以治？得民心而已！天下何以乱？失民心而已！" ——2016年1月12日，在第十八届中央纪律检查委员会第六次全体会议上的讲话
要在坚持全国一盘棋的前提下，确定好改革重点、路径、次序、方法，创造性落实好中央精神，使改革更加精准地对接发展所需、基层所盼、民心所向。 ——2016年1月，在重庆调研时强调
增进民生福祉是发展的根本目的。必须多谋民生之利、多解民生之忧，在发展中补齐民生短板、促进社会公平正义，在幼有所育、学有所教、劳有所得、病有所医、老有所养、住有所居、弱有所扶上不断取得新进展，深入开展脱贫攻坚，保证全体人民在共建共享发展中有更多获得感，不断促进人的全面发展、全体人民共同富裕。 ——2017年10月18日，在中国共产党第十九次全国代表大会上的报告

---

① 资料来源：根据人民网、中国共产党新闻网等相关公开报道整理而成。

续表

> 民生是最大的政治。要抓住人民最关心最直接最现实的利益问题,把人民群众的小事当作我们的大事,从人民群众关心的事情做起,从让人民满意的事情抓起,加强全方位就业服务,高度重视困难群众帮扶救助工作,加快建成多层次社会保障体系,加强社区治理体系建设,坚持精准扶贫精准脱贫,推进民生保障精准化精细化。
>
> ——2018年4月,在湖北考察时强调

> 必须以最广大人民根本利益为我们一切工作的根本出发点和落脚点,坚持把人民拥护不拥护、赞成不赞成、高兴不高兴作为制定政策的依据,顺应民心、尊重民意、关注民情、致力民生。
>
> ——2018年12月18日,在庆祝改革开放40周年大会上的讲话

> 生命至上、人民至上,是中国抗疫斗争最醒目的价值导向。这是一个执政党对人民的深情与担当。诚如习近平总书记所言,党团结带领人民进行革命、建设、改革,根本目的就是为了让人民过上好日子。坚持以人民为中心的发展思想,在任何时候都把群众利益放在第一位,把为民造福作为最重要的政绩,这是中国共产党始终得到人民信赖和拥护的根本原因,也是这个百年大党带领亿万人民不断创造新奇迹的成功秘诀。
>
> ——2020年5月,在参加十三届全国人大三次会议内蒙古代表团审议时强调

第一节 服务民生:基层社会治理的根本目的

人民群众既是基层社会治理的参与者,又是治理成果的享有者。共建共治共享的基层社会治理理想格局就蕴含着人民参与社会治理并享有治理成果的理念。应该看到,在社会治理效能的提升中保障和改善民生,实现治理成果的共享化,是我国社会治理的逻辑起点、价值导向和必然要求。民生导向与基层社会治理现代化具有深刻的理论和实践耦合,具体来说,主要表现在以下几个方面:

一是基层社会治理强调民生服务的理论逻辑。社会治理的价值取向与治理机制、治理制度、治理组织等一起构成了社会治理体系的基本要素。这当中,治理的价值取向为社会治理提供了价值遵循,进而赋予了社会治理以"意

义"。同时，决定了社会治理的关注重心、发展方向与发展次序。基层社会治理为什么要以民生为导向？从理论上说，我们实行的是"以人民为中心"的发展理念，"发展依靠人民，发展为了人民，发展成果由人民共享"是人民发展中心地位的集中体现，也是社会发展和社会治理的价值所在。基层社会治理本就内含着"以基层社会治理促进基层社会发展"之义，由此推之，基层社会治理所推动的基层社会发展本身就具有"人民性"。因此，以人民的需求为导向是基层社会治理的必然逻辑。具体来看，"民生政治"理论与"新公共服务理论"为基层社会治理的民生导向提供了较为坚实的理论支撑和指导。

（1）民生政治论。习近平总书记深刻指出，"民心是最大的政治"，"民生是最大的政治"。① 这两个"最大的政治"之间实质上相互融合、相互统一。一个政党、一个政权，其前途命运取决于人心向背，在发展民生中赢得民心，是马克思历史唯物主义的核心论点——"人民是历史的创造者"的必然要求，也是国家政治的基本逻辑。基层社会治理体系实际上是国家社会意识和治理手段的集中体现和反映，社会治理呼唤公共性与合法性；不同于企业管理，社会事务的公共性客观上就决定着基层社会治理的公共性。也就是说，基层社会治理的公共性是治理的天然属性。这种公共性表现在治理的主体是党委、政府、社区自治组织等公共组织，治理的对象是存在于基层社区中的公共事务而不是私人事务，治理的结果将给公共集体带来广泛影响。既然基层社会治理是"公共的"，那么，站在公共集体的立场思考和解决问题就是应有之义。而在基层社区，社区居民所共同面临的民生问题在很大程度上来说就是最为集中的公共事务或公共问题；也就是说，民生问题具有极高的"公共性"，应得到妥善解决。

另外，基层社会治理要想顺利进行，合法性是不可或缺的前提条件。权威体制下的国家治理体系承载着"体系特征合法性"和"体系作为合法性"的双重合法性要求。② 一般而言，社会治理的合法性主要来源于法律规范与民意认可这两个方面。其中，民生的改善和发展是民意认可的重要前提，换言之，

---

① 习近平. 习近平谈治国理政(第三卷)[M]. 北京：外文出版社，2020：137, 135.
② 陈浩天. 政府民生治理：公共权力的合法性运作与演进谱系[J]. 湖北社会科学，2015(8)：29-35.

通过民生建设赢得民意是基层社会治理合法性构建的重要路径。广义政府是国家政治生活中的核心主体，其宗旨就是"为人民服务"。作为发展中国家，为人民服务的核心内容之一就是为人民的民生需求服务。政府所行使的公共权力是来源于人民的国家权力，政府运用公共权力去解决社会治理中面临的社会公共问题是政府工作的基本内容和手段。政府在行使公共权力的过程中一旦背离民生责任的原则，就会丧失民众信任而面临合法性危机。只有当这种权力的行使是为了增进公共幸福、增进社会福祉时，它才具有真正意义上的由"所有者赋权"带来的合法性。从这个意义上说，民生建设就是政治之基——合法性的重要来源，在追求民生改善的过程中，社会治理的价值才得以体现，而这，也是党和政府的宗旨之所在。

（2）新公共服务理论。强调对私人管理手段大胆吸收借鉴，强调市场与竞争之于公共管理重要性的新公共管理理论自 20 世纪七八十年代以来被世界多国所奉行。这一理论是西方国家解决当时面临的政府机构臃肿、效率低下、财政负担巨大等现实问题的产物，并切实发挥了巨大的指导作用，但也带了对公共性和管理主义的两难选择，毕竟公私部门之间、公共管理和私人管理之间的差异是根本性差异，这一选择题无法回避。新公共管理强调对私人部门管理手段的运用引起了公共行政的"合法性质疑"以及对效率至上的批判。对此，公共行政理论界没有无动于衷，提出或完善了相关理论加以克服，从而使得公共性这一公共行政的根本属性再度复苏。

登哈特夫妇基于民主公民权理论、社区与公民社会理论以及组织人本主义和新公共行政学、后现代行政学的相关观点的启发，创立了新公共服务理论。他们把公民权、公民参与、公共利益等置于优先地位，主张以政治利他主义的服务观取代经济自我利益主导的行政模式。强调政府的职能是为公民服务，强调责任和公共利益的重要性，主张要战略性思考的同时民主性行动，将公民权和公共服务作为具有企业家精神的政府的优先项，并反对只重视生产率而不重视人的行政观。① 可见公共服务对民主性、服务型等核心价值的强调以再度回归到"公共行政的公共性"本身。

---

① 丁煌. 当代西方公共行政理论的新发展——从新公共管理到新公共服务[J]. 广东行政学院学报，2005，17(6)：5-10.

新公共服务理论对基层社会治理的民生导向具有重要理论借鉴意义。我们所探讨的基层社会治理就其重要主体——社区来说，是一种社会自治行为，严格意义上说，我们不能称之为行政活动。但是在现行体制下，基层社会治理实际上是国家权力下沉和嵌入基层的反映，不是一级政府的街道办实际上行使着绝大部分行政职能，社区更是有"准街道办化"的发展趋势，遑论基层社会治理本身就体现更上层级的区、市、省级甚至中央政府的领导和指导意志。因此，基层社会治理也应秉持公共行政的"公共性"属性。新公共服务理论强调公民权利、公民参与与公民利益，强调为公民服务，强调对人的关注的行政观必然就指向民生建设。因为，重视和改善民生体现了对公民权利和公民个人发展的尊重，体现了对公民利益的维护，体现了对公民服务需求的回应。

二是基层社会治理民生导向的实践逻辑。除了上面所提到的理论呼应之外，基层社会治理对民生建设的关注还源自现实实践的需要。在我国持续推进的服务型政府建设以及在社会治理过程中所面临的民生痛点难点，是基层社会治理必须坚持以民生为重的现实逻辑。服务型政府的建设为民生治理提供了组织框架和职能前提；而民生问题则是重视民生问题、改善民生的直接动力。

(1) 服务型政府的建设。服务型政府建设的目的就是公正、高效、透明地为人民提供优质的公共产品和公共服务。服务型政府的角色是"服务者"而非"管理者"，政府通过直接或间接生产，满足社会民生需求。服务型政府强调政府与社会之间的互动，政府在主导民生服务、承担民生服务主体角色的同时，鼓励社会其他主体的参与，实现政府与其他社会组织合理分工、积极协作的社会服务多元主体协同机制。服务型政府的这种以公民和社会为中心的特点，与"民生建设"所要求的保障和改善社会公共服务的内涵高度一致。判断服务型政府建设成效的重要标准就在于与群众切身利益相关的教育、医疗、住房、养老等民生服务是否被高质量提供。服务型政府对民生保障和改善的高度重视使其对基层社会治理提出了明确的价值要求，那就是基层社会治理必须聚焦于民生建设和社会事业发展。

十八以来，以习近平同志为核心的党中央提出"五位一体"总体布局、

"四个全面"战略布局等一系列重大发展方针,其主线实质上都体现和贯穿着关注、重视、保障和改善民生。近年来,我国一直积极推进服务型政府的建设,通过"放、管、服"改革进一步转变政府的职能,积极培育社会组织、引导和支持市场主体发展,为民生服务的完善创造更好的环境,并通过互联网、大数据等技术推进民生服务的智慧化、高效化,取得了巨大的成绩。宝安区2020年政府工作报告提出把更多的可支配财力用于发展民生事业,让幸福成为宝安民生底色。全年教育、卫生、文体、住房、社保等重点民生支出预算同比增长20%左右。① 并且聚焦推动教育高质量发展、加快发展卫生健康事业、做实民生兜底保障、打赢精准脱贫攻坚战等具体民生任务,充分体现了宝安对服务型政府建设和民生建设的重视。燕罗街道虽然不是一级政府机关,但本质上是为人民服务的政府派出机构,响应中央、广东省、深圳市和宝安区服务型政府建设的要求,是燕罗推进基层社会治理现代化的必然要求,也是应有之义。

(2)社会民生问题。民生问题是基层社会治理必须以民生为导向的现实原因和直接动力。在基层社会治理中不可避免会存在各类社会问题,这其中,民生问题关系到人民群众的直接现实权益,是基层社会治理的重要内容,并且给基层社会治理造成了很多新挑战。要实现基层社会治理现代化就必须解决人民群众最关心、最直接和最现实的民生问题,如医疗、教育、住房、养老、环境污染等。要在解决民生问题的过程中创新基层社会治理,提升老百姓的幸福感和获得感。保障和改善民生其实是一个动态发展的复杂过程,离不开基层社会治理的创新发展,民生问题的解决也彰显了基层社会治理的价值。社会治理虽然听上去抽象宏大,但其实就见于细枝末节,正是通过解决好一件件民生小事得以体现。② 换言之,民生问题是基层社会治理体现社会治理价值的最为重要的一个方面,正是因为存在着尚需解决的民生问题,基层社会治理才更加应该聚焦民生,通过治理创新改善民生;也就是说,解决民生问题为基层社会治理提供了动力、赋予了价值。

---

① 引自宝安区2020年政府工作报告。
② 郑宇飞. 在破解民生难题中提升治理能力[EB/OL].[2020-07-24]. http://www.xinhuanet.com/comments/2020-07/24/c_1126278892.htm.

民生问题的解决不仅可以对基层社会治理的治理机制、治理模式等进行现实检验，而且在一定程度上能够发挥民生问题之于社会治理现代化的倒逼作用。与此同时，民生问题的解决本身也依赖于基层社会治理的理论和实践发展。如浙江农村基层"三治合一"（即自治、德治、法治）的治理模式就为民生服务需求者的民生问题和民生需求表达提供了多样渠道，有效推进了农村社区相关民生服务的精细化供给和落实，为精准对接民生需求、高效提供民生服务等方面带来了创新性借鉴。因此，客观存在的民生问题与基层社会治理之间的实践逻辑耦合就决定了基层社会治理必须以民生为重、以民生为导向。

第二节 案例导入

作为深圳市的西北门户，燕罗远离市中心，地理位置较为"偏远"，民生短板较为突出。近年来，燕罗将民生建设提到更高的高度予以重视，提出"产业第一、企业为尊、纳税为荣、就业为重、民生为本"的施政理念，统筹推进稳增长、拓空间、促改革、调结构、惠民生、防风险、保稳定等各项工作。通过对治理机制和手段的创新，改善了燕罗的民生状况，燕罗人民的民生体验满意度和幸福度得到了极大增强。本章选取了在医疗、教育和关爱儿童等方面有代表性的三个案例，展现了民生成果共享的"燕罗实践"与民生建设发展的"燕罗经验"。

一、病有所医——颐年社康医院的高效创设[①]

燕罗街道是成立于2016年的宝安区最"年轻"的街道之一，辖区以前属于松岗街道，原燕罗辖区内并无公立医院，老百姓看病如果想去"三甲"医院，最近的就是离燕罗约30公里的宝安中心医院。坐公交车去看病来回一趟得花3个多小时；如果坐出租车，来回交通费超过200元。能够提供"三甲"级针

---

① 资料来源：根据实地调研以及媒体公开报道整理而成（燕罗颐年社康全市首创中医医养结合[EB/OL]．[2019-12-12]. https://k.sina.com.cn/article_1924738303_72b92cff02000odym.html?from=news&subch=onews）。

灸医疗服务的宝安中医院离燕罗更是超过四小时的路程。"看病难"成为燕罗百姓的一大民生痛点，医疗资源短缺也成为制约燕罗发展的一大瓶颈。能够在"家门口"就享受优质的医疗服务、减少就医途中的路途奔波，是燕罗26万市民的迫切需求。

宝安区六届四次党代会报告提出要打好基本公共服务增量提质组合拳，努力为百姓提供更优质的教育医疗、更可靠的社保养老，让老百姓得到更多实惠。燕罗新一届领导班子按"小步快走"的思路，找资源、跑政策，在宝安中医院（集团）的大力支持下，按照三甲医院的标准改造升级养老院，从施工进场到2019年7月1日建党节当天正式执业仅耗时16天，便建成了一座具备三甲医疗条件的"颐年社区健康服务中心"（简称"社康中心"），结束了宝安西乡以北没有三甲医疗资源的历史。笔者团队前去实地走访时，正在社康中心检查身体的"老燕罗人"张先生说："以前去松岗医院来回最起码两个小时，要是再做一个化验什么的，半天都搞不完。现在燕罗有点了，看病快了很多。现在的小病，社康中心都能解决，医保卡都通用的，老百姓得到了方便，在家门口也能看病了，还是专家来看。以前大家都知道燕罗是工业区，很有名，但其他如医疗、教育比较落后。但现在慢慢改了，这个社康中心搞得好。"①

宝安中医院（集团）颐年社区健康服务中心按照一类社康的标准，以全科诊疗和中医理疗为主，专科门诊为辅，设有全科、中医等26个科室，配备有CT机、DR机等大型医技设备，中心副高职称以上医生达13名，可开展医疗、预防、保健、康复、健康教育、计划生育技术服务"六位一体"的基层健康服务，同时增加了医养结合、家庭医生、家庭病床等个性化服务，打造中医药文化与养老相结合的大型社康中心。

在社康中心，每天都会有两三名专家，甚至是部分国家级、省市区级名医坐诊，为前来看病的燕罗群众把脉问诊。中国工程院院士、国医大师、现代中国针灸奠基人石学敏教授也在颐年社康中心设立了"醒脑开窍中心"，并亲自接诊。中心还开设了微信公众号，市民朋友只需要关注"颐年社区健康服务中心"即可浏览不时更新的"健康小贴士"等卫生健康科普推文，并获知本

---

① 对燕罗居民的访谈（20200812-JMZXS）。

周将去中心坐诊的专家信息和坐诊时间。先进的医疗设备、优质的医务人员配备使颐年社康中心具有三甲医院的医疗能力水平。颐年社康中心作为深圳市首家中医医养结合示范点,结合燕罗自主开发的远程诊疗系统与宝安中医院集团的智慧药房对接,构建起了先进的现代医学平台。颐年社康中心的建成标志着26万燕罗市民"30分钟医疗圈"的初步形成,甚至还有松岗、新桥等其他街道的市民前去颐年社康中心体验专业针灸。

颐年社康中心的揭牌,使燕罗医疗系统形成了"总院+颐年社康+养老院"的三级联动模式,创新打造了"养老—医疗—康复"社区医养结合服务链。这种"医养结合"方式是一种"有病治病、无病疗养、医疗和养老相结合"的新型养老模式,集医疗、康复、养生、护理、养老等为一体。这种模式做到了医生、护士提供床边医疗服务,且在情况严重时,可直接转入疗养病床住院,做到"小病不离床,大病不出院"。中心的医务专家每天都会为在养老院的老人提供健康分析、疾病治疗、运动指导、饮食建议。在社区的统筹下,颐年社康中心每周一、三、五安排60岁以上深圳户籍、65岁以上非深户籍老年人免费体检。中心还实行送医上门,社区老年人、重点优抚对象在家中就可体验优质的医疗服务。中心后续还计划通过建设打造约500平方米的中药园,种植薄荷、金银花、白芍等中草药,建设长者饭堂,根据季节变化和食材药性提供膳食,全面擦亮燕罗颐年社康中心的"中医医养结合"品牌。

在对燕罗街道主要负责人的访谈中,笔者了解到燕罗颐年社康中心和社区医院建成运行的"背后的故事"。燕罗街道负责人表示,建设社康中心和社区医院的初衷就是为了解决燕罗老百姓看病难、看病贵、看病烦的问题,就是为了燕罗的老人能够老有所养、病有所医,就是为了打造"30分钟医疗圈",在建设过程中更多的是体现"问题导向,解决思维"。燕罗一直想引进医院,但论证多次也无法实现。一个重要原因就在于原松岗街道已有大医院,按理说可以辐射其下属的燕罗片区。但2016年分设了街道,作为独立主体,燕罗再兴建一个新医院也合情合理。那么,怎么让地理位置偏远、医疗资源先天不足的燕罗实现"家门口看病"的目标这一问题,就摆在街道发展道路上,迫切需要解决。但如果要一步到位建大医院,多年也难以建成,不能及时缓解燕罗百姓呼声高涨的看病难问题。燕罗街道了解到三甲级医院——宝安中医院正好有想来燕罗落地社康站点的发展计划。在宝安区委区政府的领导下，在市卫健委、区卫健局的大力支持下，燕罗街道及主动对接宝安中医院，在选址、运作模式等方面，双方群策群力、共同想办法。最后，宝安中医院投入其丰富、雄厚的医疗资源，而燕罗则把原先空余的部分办公室腾出来作为社康中心场地。这样，短短16天的时间，燕罗第一家有三甲医疗资源的社康中心便建成运营了。

在颐年社康中心建成运行后，燕罗街道党政领导班子便将燕罗社区医院建设提上重大项目的议事日程。街道先后组织召开了8场研讨会，30多名专家参加了研究讨论并献计献策。其间，燕罗街道还克服新冠疫情的影响，抢时间、赶进度，仅用了3个月的时间就建成了首家社区医院；同时深圳首家中医医养结合医院于2020年7月正式启动执业，而这离颐年社康中心的建成仅过去一年时间。由颐年社康中心升级改造而来的社区医院新建编制病床100张，增设老年病科、全科医学科、康复科、安宁疗护科四个住院病区及养老服务区，新开设了记忆门诊、康复门诊、治未病中心、计划免疫中心、残疾人康复中心、名中医工作室。同时设有放射科、超声科、检验科、心电图室、智慧药房等功能科室，还配置有CT、DR、彩超等100余台先进医疗设备。燕罗社区医院还创新使用"互联网+"远程诊疗系统，通过科学技术使总院的医生随时能为患者会诊，与宝安中医院总院共建"双向转诊"绿色通道，实现了三甲医院优质医疗资源借"网"下沉和医疗服务上下贯通，从而能为燕罗辖区内60岁以上老年人提供了较好的医疗健康服务。

值得一提的是，燕罗街道还创新思路，把颐年社康中心、社区医院与党建元素结合起来，通过"主题党日"与"健康扶贫"相结合，实现党员贴近群众、党员服务群众的表率作用。在整理用于社康中心的办公用房时，燕罗街道的党员干部也是"全体出动"，连续奋战，最终创造了社康中心坚持的"燕罗速度"。总而言之，"社康中心就是为了解决实际问题，是在短期内建不了医院的情况下开动脑筋，转变思路，把资源引进来。把医院设在养老院，体现了党的服务无处不在，更体现了党的建设的成就"。① 正是通过思路创新，

---

① 对燕罗街道党工委G书记的访谈（20200814DGW）。

燕罗成功把三甲医疗资源引进到了市民家门口，提升了医疗和养老服务能力和服务水平，进一步满足了居民的就医需求，提升了老百姓的幸福感、获得感和满足感。

2019年12月，燕罗颐年社康中心在以"民生幸福 深圳标杆"为主题的2019第七届南都街坊口碑榜活动点赞礼上从100余家政府机构、100余件民生实事参选案例中脱颖而出，获得市民网络投票和专家评审的高度认可，斩获了"民生微实事十大金奖"，这也是宝安区唯一一个荣获该奖项的项目。如图7-1所示，2020年10月13日晚，燕罗颐年社区健康服务中心还在中央电视台《新闻联播》报道的《深圳提升民生福祉打造民生幸福标杆》新闻中被作为典型案例提及，给燕罗广大干部群众以巨大鼓舞。这些成就的取得充分证明了燕罗探索出的中医医养结合的新养老医疗模式是符合燕罗实际的路子，更是基层社会治理民生导向在燕罗的生动写照。

图7-1 《新闻联播》报道燕罗颐年社康中心画面

二、幼有所育——儿童友好型街道建设

儿童是城市的希望和未来，让孩子们健康快乐成长是重要的民生任务。燕罗街道高度重视少年儿童这一群体的成长与发展，推出多项举措，将燕罗

打造成让孩子们开心、让家长们放心的成长乐园。

从 2016 年起，深圳在全国率先创建儿童友好型城市，宝安区也先后出台了相应的发展规划和行动计划，各个街道纷纷投入儿童友好型街道的创建工作。燕罗街道党工委、办事处高度重视这项工作，在充分调研、广泛征求意见后发布了《燕罗街道全面建设妇女儿童友好型街道实施方案》，着眼于燕罗儿童健康发展和现实需要，以儿童权利为基础，以尊重儿童天性为认知的原点，推动实现政策友好、空间友好、服务友好的儿童友好型街道建设目标。

燕罗街道于 2019 年儿童节前夕发布了《燕罗街道儿童友好教育路线地图》，为燕罗推动妇女儿童友好型街道建设提供了有力抓手。该地图包含三条路线，分别是红色文化教育路线、绿色自然教育路线和蓝色科普教育路线。其中，红色路线旨在培养孩子们的家国情怀。燕罗街道妇联在暑假期间组织少年儿童赴中共宝安县第一次代表大会纪念馆、东宝行政督导处纪念馆、日军侵华碉堡遗址、山门社区"七星狮舞"文琰醒狮训练社、洪桥头社区洪佛拳协会等红色文化教育基地参观，在同龄人"小小红色讲解员"的讲解下一起学习党史，感受红色文化和燕罗本地文化历史，更好地传承和发扬了燕罗的红色基因。蓝色路线则组织儿童们赴消防队、燕罗街道综治中心禁毒教育基地、罗田社区的"三合一"综合服务中心等科普教育基地走访参观，让孩子们体验消防、禁毒、城市管理等不同领域的科技化运用，并且通过观摩和学习消防灭火器灭火、手绘禁毒 T 恤等形式激发孩子们崇尚科学、热爱科学的兴趣，提升孩子们的科学素养。绿色路线则通过参观森林公园、农场等自然教育基地，在绿水青山中认识蔬菜、花草，学习自然环境知识，让儿童们感受到大自然的乐趣，树立起热爱大自然、保护大自然的环保意识。为街道儿童们专属定制的三条友好教育路线，给孩子们创造了释放天性的更多机会，丰富了儿童社会实践经历，促进了儿童健康快乐成长。

2020 年七八月间，燕罗街道还在各社区党群服务中心开展了"爱陪伴·共成长——2020 燕罗街道家庭教育暑期成长营"项目，结合辖区儿童及家庭实际需求，有针对性地引导家长解决暑期家庭教育的突出问题，帮助家长提升科学实施家庭教育的能力（见表 7-2）。该项目直接服务了 150 余人，间接服务 500 余人。该项目实行"点单模式"，设置三种涉及不同家庭教育主题、针对不同年龄段儿童的课程,由社区根据辖区家庭儿童需求、喜好和参与时间进行点单。采取"理论传授+亲子互动"的方式,向家长传授家庭教育的科学理念和方法,并由家长和孩子一起通过绘本阅读及延伸手工来互动,从而强化阅读兴趣,增进亲子交流。

表 7-2 "爱陪伴·共成长——2020 燕罗街道家庭教育暑期成长营"课程设置①

序号	服务对象	课程名称	家庭教育要点	主要内容
1	5~9岁儿童家庭	倾听——亲子沟通不变的法宝	当亲子发生问题时,可以充分利用讲道理、撒娇或感性的要挟,唯一不会用到的是"肢体冲突和语言暴力"。教养孩子并没有快捷方式,要用爱、尊重和了解来引导;不同年龄的孩子有不同的沟通方式,但是"倾听"却是不变的法宝	1. 亲子沟通技巧分享 2.《我要大蜥蜴》绘本阅读及亲子书信互动
2	5~12岁儿童家庭	在家庭教育中培养孩子的规则意识	规则意识体现着一个人的素养,在一个人的成长中是不可缺少的。暑期时间较长,缺乏规则意识的孩子容易显得散漫、无序,很多家庭为此发生亲子冲突。家长应从小重视孩子规则意识的培养,让孩子了解规则无处不在,一定的规则能保证自己和别人更好地生活、学习	1. 孩子应遵守的规则有哪些 2. 培养孩子的规则意识的建议 3.《和干伯伯去游河》绘本阅读及亲子游戏
3	3~9岁儿童家庭	如何培养孩子的情绪管理能力	无论是在家里,还是公共场合,要是遇到孩子发脾气,往往让人又抓狂又沮丧。许多心理学研究表明,情绪管理能力能够正向预测孩子未来的学业成绩、人际关系、健康、成就等。学会自我控制是孩子成长过程中需要习得的重要品质,也是家长需要积极参与的关键环节	1. 孩子发脾气的常见类型及应对方法 2.《心情不好的厨师先生》绘本阅读及延伸手工

---

① 由燕罗街道所提供资料整理而成。

此外，燕罗还通过改造社区公园推进儿童友好公园建设，建成了燕罗第一个儿童友好型公园——罗田社区儿童友好型公园。该公园建设面积约1800平方米，按年龄段分设婴幼儿、学龄前儿童、学龄儿童三个活动区以及特色沙海区，设置攀爬坡道、沙池等儿童活动场地及游乐设施。罗田社区还建有1间母婴室，可以为备孕、怀孕和哺乳期母亲提供安全、舒适、卫生的私密空间。罗田的明日之星幼儿园是社区友好型幼儿园建设试点，被确定为试点后，该园进一步完善园内运动、玩耍、学习等设施设备的配置，通过开展早起阅读活动、农耕种植体验活动、"消防总动员"安全教育亲子运动会、"军民大生产"爱国教育主题运动会等活动让孩子们增长知识，提升合作能力、动手能力。

燕罗还组建了儿童议事队伍，收集儿童需求，开展社区调研，让儿童参与到社区治理中来，增强儿童参与公共事务意识，以形成和增强社区尊重儿童、儿童优先的浓厚氛围。2019年4月下旬，罗田社区成立儿童议事会，第一期以"我是小小社区公园规划师"为主题，让孩子们描绘自己心中的罗田社区儿童友好型公园；以"我爱我家"为主题开展家庭议事活动；引导儿童参与罗田社区儿童阅读区提升，并踊跃提出选购童书、制定阅读规则的意见；慰问社区百岁高龄的独居老人；在街道"六一"活动上以三句半的形式表演《我是社区小主人》，深入浅出地将儿童友好型城市、儿童议事会、燕罗儿童友好教育路线等内容娓娓道来。据悉，该社区仅2019年就完成了7场儿童议事活动。

燕罗街道妇联强调亲子教育在儿童成长过程中的重要性，采用线上线下结合的形式开展"我家的读书角"随手拍、亲子阅读进家庭、家庭教育大讲堂等家庭教育主题活动。此外，鉴于"父亲"角色在儿童成长中有时会出现"缺位"的现象，为更好地促进亲子交流，燕罗妇联联合燕山学校开展"家长进课堂""燕山好爸爸"评选等活动，组织各行各业的家长发挥自身职业优势和兴趣特长，走进校园，走进课堂，大力倡导重视父亲在家庭中的教育作用；在社区儿童议事会开设"燕罗好爸爸"主题活动，以提高父亲在家庭教育中的参与质量，进一步增进亲子感情，促进家庭和谐。除了对"父亲"角色的强调，燕罗还以妇女儿童需求为导向，结合妇女儿童友好型街道建设，依托社会教育资源，发挥妇女组织自身作用，全年开展妇女儿童喜闻乐见的活动，为社区妇女儿童和企业女工开展"家庭教育大讲堂""亲子阅读进家庭""社区妇女、企业女工心理健康讲座""行业女性文明礼仪素质提升培训"等多主题的公益服务活动，进一步满足了妇女儿童的不同兴趣和需求。

此外，燕罗还积极打造儿童友好活动场所。在各社区的党群活动中心，阅读区融入了大量的儿童友好元素，罗田儿童阅览室有500多册由儿童代表推荐的图书，涵盖文学名著、童话寓言、自然科学、绘本等多个领域的书籍，并铺设地板软垫，增添安全舒适桌椅，集阅读、活动、展示等多功能于一体；在社康中心，通过新增母婴室，在接种候诊大厅增设小型儿童乐园，墙面粘贴儿童趣味贴纸和一些防摔防撞措施，提升了社康中心内外的儿童候诊活动空间和诊疗空间，创建了温馨、友好的儿童就诊环境。

值得一提的是，燕罗街道注意到在经历长达数月的"在家抗疫"和网上上课的阶段，学生重返学校需要有一个适应过程，为帮助广大师生和家长迎战开学复课这场"大考"，防控可能出现的心理风险，尤其是初三和高三学生面临的学习压力和考试压力，导致一系列的焦虑不适，燕罗街道妇联于2020年春秋季学期（疫情后复课）在辖区学校开展"阳光心理·健康校园"心理健康服务工作，充分发挥街道（社区）专业心理咨询师的作用（街道1名，5个社区各1名），为辖区在校学生和家长提供免费的心理健康咨询服务，受到了广泛好评。

三、学有所教——"四点半课堂"建设①

孩子放学后如果家长没有时间照顾，那么就会引发一系列的教育风险甚至安全风险。如何解决学生在下午放学后的学习和陪护问题，是摆在基层社区面前的一个必须着力思考解决的问题，"四点半课堂"②即是燕罗街道为解决这一问题、促进少年儿童健康成长打造的又一个品牌项目。它为燕罗的孩

---

① 资料来源：根据实地调研以及媒体公开报道整理而成（传承红色基因打造"红色品牌"丰富红色文化色彩[EB/OL].[2018-07-02].深圳宝安网，http://ibaoan.sznews.com/content/2018-07/02/content_21037057.htm）。

② 指街道和社区免费为儿童在放学后到家长下班前这段时间提供课业辅导、免费托管、兴趣班等的服务平台。

子们提供了一个舒适、安全、稳定的学习环境，同时也减轻了家长们的陪护压力。

事实上，"四点半课堂"在深圳已经推行多年，为孩子放学后还在上班而没办法照顾孩子的家长解决了一大难题。但是，由于"四点半课堂"对家庭的户口、学生的学位等方面有硬性要求，很多家庭，尤其是弱势群体家庭被排除在了这项惠民工程之外。燕罗辖区企业和工厂众多，在其中上班的来深务工者家庭就难以受益于以往的"四点半课堂"政策。考虑到"四点半课堂"需求的广泛性以及民生服务的普惠性原则，燕罗街道打破常规，精简"四点半课堂"的报名流程，降低入学门槛。燕罗各个社区依托经常开展的各类社区活动，在每学期的"四点半课堂"即将开课之前都会在活动现场设置"四点半课堂"咨询服务台，为有意向的家庭提供政策解读、事项告知等服务，并会在后期对接办理入学手续。燕罗还组织社区工作者和义工深入菜市场、园区工厂等外来务工人员家庭较为集中区域宣传"四点半课堂"。燕罗通过积极主动与企业、学校和社区对接，实现了"四点半课堂"弱势群体家庭的全覆盖（见表 7-3）。

表 7-3 燕罗街道"四点半课堂"招募情况说明①

招募信息	本服务社区内的学生及其他有需要的服务对象
招募形式	1. 多媒体宣传（居民 QQ、微信交流群、社区家园网、社区党群服务中心微信公众号） 2. 社区实地走访（店铺、市场摊位等） 3. 张贴社区公告（社区公告栏） 4. 派发宣传单 5. 外展活动宣传等
服务内容	1. 辅导学生家庭作业 2. 制订活动计划，开设书法、绘画、阅读等拓展性课程，开展科普知识、交通安全教育、健康讲堂、社区志愿服务等活动 3. 通过互动式学习，提高孩子的人际互动能力和社会适应能力，促进青少年参与社区发展

① 根据燕罗街道提供的资料整理而成。

续表

招募信息	本服务社区内的学生及其他有需要的服务对象
开放时间	周一至周五下午放学后的4：30—6：00，根据服务对象情况，会调整时段。目前，各社区开展时间约为4：10—7：00(等到最后一个学生回家)

目前，燕罗的"四点半课堂"以各个社区党群活动中心(燕川、罗田、塘下涌)、志愿者之家(山门)和社区工作站(洪桥头)为主要场地，提供授课、兴趣辅导等服务。在各个社区的"四点半课堂"，学生们在环境舒适、宽敞明亮的教室里跟着老师学习，教室的环境还融入了"儿童友好"元素，温馨而舒适。"四点半课堂"还有着丰富的人文历史、自然科学等方面的科普图书和少儿读物，以及电脑、实验器皿等教学设备，教学环境让人眼前一亮。但据了解，燕罗过去的"四点半课堂"却空间狭小、设备简陋，教学用地甚至只有区区20平方米，也缺乏必要的多媒体教学设备，在这样的硬件下，"四点半课堂"很难充分发挥作用。

变化始于2019年。燕罗街道多方统筹、调动资源，利用社区志愿者之家、党群活动中心等平台，争取民生微实事专项资金以及街道专项拨款，对"四点半课堂"进行提质改造，各个社区"四点半课堂"的教学环境和基础设施因此大为改善，孩子们有了更加舒适、便捷、现代化的学习环境。

除了基础设施等硬件外，管理人员和师资对于"四点半课堂"来说也至关重要。燕罗在以政府购买服务的形式充实"四点半课堂"管理值守力量的同时，还积极发挥志愿者义工的力量，建立起家长志愿者招募制度和培训辅导制度，使有空余时间的家长逐渐成为"四点半课堂"义工志愿者队伍的重要来源。此外，燕罗还注重引入社会力量，尤其是发挥老党员、老干部、老军人、老模范、老教师"五老"人员的作用，建立起一支庞大的专兼职、老中青结合的"四点半课堂"教师队伍，从而为"四点半课堂"提供了充实的师资保障。值得一提的是，燕罗还积极充分发挥红色优势，邀请在社区挂点的"两代表一委员"和社区书记走进"四点半课堂"，结合自己的工作和燕罗的红色文化、历史传承，为孩子们授课，在培养孩子们正确的人生观、世界观、价值观的同时，也塑造了他们爱党、爱国、爱社会主义的精神世界。

在解决了硬件和师资问题后，燕罗街道还对"四点半课堂"的课程设置进行了精细化编排。街道在辖区各社区实施民生微实事"四点半课堂"驻点教师项目，除了有专业的小学老师为孩子们提供语文、数学、英语等科目的课业辅导之外，还有唱歌、书法、绘画、插画、茶艺、舞蹈等兴趣爱好的培训，以提升孩子们的动手能力，增加少年儿童间的同辈交流；通过互动式学习，不断提高孩子的人际互动能力和社会适应能力，促进孩子健康快乐成长。每周一到周五，以学校课程作业的辅导为主；周末则以兴趣爱好课程为主。此外，燕罗"四点半课堂"还经常开展丰富多彩的特色活动，如垃圾分类讲座、洪佛拳武术表演观摩和技艺学习、安全自救教育等。以洪桥头社区为例，该社区的"四点半课堂"还与心理辅导机构"馨和家园"合作，定期为这里的孩子们提供专业的心理疏导和关怀，关注青少年的身心健康，受到了学生和家长的高度认可；该社区充分发挥洪佛拳文化资源优势，邀请老一辈洪佛拳习武人给孩子们讲解洪佛拳的历史、教授简单的洪佛拳招式，既让孩子们增强了对社区的认同感，也起到了强健体魄的作用。

在燕罗街道社会事务办的指导下，"四点半课堂"还纷纷开展"主题周"活动，各个"四点半课堂"每周都会设立不同的学习主题，如国学文化、手工DIY等，利用丰富多彩的课堂活动拓展孩子们的知识面，传播正能量。与此同时，"四点半课堂"还制定了详细的课堂规章制度和奖惩措施，在每学期开学时会给家长和孩子们详细介绍；每学期课程结课时，还会组织文艺表演、优秀评比等活动，让孩子们有展示自己的机会和受到表彰的机会。

在燕罗打拼的外来务工家庭很多，一直以来，燕罗都很关注外来建设者们的子女教育问题。这些家庭的子女就如同小候鸟般，每逢寒暑假，孩子们就会从内地老家"飞到"燕罗与父母团聚。但是父母们平时忙于工作，很多时候无暇顾及子女教育。燕罗街道注意到这一民生问题，每年都会针对留守儿童举办"小候鸟"暑假培训班。在培训班中，老师和志愿者会将诸如红色爱国主义教育、垃圾分类、交通文明知识、深圳和燕罗历史等文明课程穿插其中，让燕罗外来建设者们的孩子感受来自父母奋斗之地的温暖和关心，让更多外来务工家庭享受深圳、宝安、燕罗社会发展的红利，增强他们的获得感和幸福感。在菜市场工作的刘女士说，在以前，自己平时忙于工作，孩子放学后回家也没人照看，只能来自己的档口做作业，学习环境很不好。后来，"四点半课堂"降低了入学门槛，自己的孩子成功入学。放学后可以去社区的"四点半课堂"做作业、学知识，解决了困扰家里的一个大问题。① 在燕罗某工厂工作的湖南籍务工者罗先生就表示："四点半课堂"让孩子在寒暑假来深圳团聚期间有了更好的学习场所，可以学知识，也有同龄人一起玩，这让家长放心不少。街道和社区提供的服务，外地人也可以享受到，自己也更愿意留在深圳、留在燕罗打拼。②

特别值得一提的是，燕罗街道还关注到"四点半课堂"的学生们，尤其是弱势家庭孩子们（如来深建设者子女）的营养问题。自2019年5月份起，燕罗街道由社会事务办统筹，通过吸引企业资助、鼓励社会参与等方式，牵头燕罗商会、经济科协、辖区各慈善基金为各"四点半课堂"定时定点配送面包、牛奶等营养加餐，对接经济科技办及燕罗商会落实"四点半课堂"营养餐事宜。目前，5个社区的"四点半课堂"为社区儿童送去爱心和温暖，已100%全覆盖营养餐供给，每个孩子都可以领到一份面包和一盒牛奶以补充营养。

通过这一系列的变革，燕罗2020年"四点半课堂"覆盖学员人数较2019年已经翻番，到课率达98%，服务学生超过了1848人次。在燕罗，每天学校放学后，"四点半课堂"就准时"接档"开课，"四点半课堂"已成为许多孩子愿意去、喜欢去的第二课堂和第二个"家"，孩子们开心、家长们放心的"四点半课堂"正成为燕罗闪亮的惠民品牌工程。

第三节　案例分析

以上三个案例展现了近年来燕罗在保障和改善民生方面的有益探索。无论是补齐燕罗医疗短板的颐年社区健康服务中心的建成，还是儿童友好型街道的建设，抑或是"四点半课堂"的创新性运行，都体现了燕罗在推进基层社会治理现代化进程中实现社会发展成果共享化的追求。需要我们加以思考的问题是：为什么燕罗能在街道新设不久、发展底子相对薄弱的情况下实现了

---

① 来自与"四点半课堂"学生家长的交流（20200813-JZLNS）。
② 来自与"四点半课堂"学生家长的交流（20200813-JZLXS）。

民生服务保障和改善在广度和深度上的极大提高？燕罗民生建设取得巨大成绩的内在机理到底是什么？

事实上，民生服务回答的一个根本性问题就在于"谁通过何种方式向谁提供了何种服务"，也就是说，民生建设内含着民生服务的主体、服务对象、服务方式以及服务内容等要素。燕罗正是通过拓展民生建设的主体、对象和服务范围，创新服务方式，最终取得了丰硕的民生建设成果。

一、协同化服务：民生服务的供给侧

民生服务的高效供给的前提是厘清和明确供给主体的角色与关系。基层社会中的民生服务是一种典型的公共服务，具有消费的非竞争性和受益的非排他性，这是私人服务所不具备的特征。当然，非排他性也限于社区内部，超出社区领域则具有了消费的排他性，即非该社区成员不能享受该社区公共服务。由于公共服务的供给具有规模大、成本高、收益低的特点，企业等其他主体没有足够的动机进入民生服务的供给领域，因此，从理论上来说，政府是公共民生服务当仁不让的供给主体。多年来，理论界与实务界都将政府视为公共服务的"当然提供者"。这种单一主体的供给模式没有反馈机制，公共服务的受众缺乏需求表达渠道和选择、评价服务的机会，政府以外的其他组织的功能被大包大揽的政府所掩盖和支配，不具备独立承担社区民生服务供给的能力，长时间不能成为独立的主体力量。此外，由单一政府主体提供公共服务，存在交易成本难以测量、缺乏竞争导致供给效率不高以及寻租等问题，即政府在公共服务供给中也存在"失灵"现象。因此，多元主体发挥各自优势，共同协作提供社区民生公共服务的供给模式成为必然选择。

燕罗正是通过在保障和改善民生的过程中准确识别社区民生服务的不同类型，由不同的供给主体承担不同的公共服务供给职责，依托政府主体（以街道办为核心的各类政府机构及其政府下延机构）、社会主体、市场主体构建起了民生服务供给的多元合作网络。在这一网络中，政府居于核心地位，其他主体发挥各自在公共服务供给方面的比较专长和优势，共同提供社区公共产品和公共服务，从而保障和改善民生。

首先，夯实政府民生服务能力。需要再次强调的是，在基层社会治理中，

街道办承担了区一级政府在基层的大部分行政职能，因此，街道办实际上是政府的下延组织，可视为广义上的政府。街道办在基层社会治理中居于主导地位，其对上级政策的执行能力以及街道层面政策的制定和执行能力深刻影响着基层社会治理现代化水平，这当中就包括对民生服务政策的制定和执行能力。街道办及其职能部门明确自身"服务属性"、牢固树立"服务意识"、着力提升"服务能力"，是燕罗民生建设取得一个又一个成绩的前提。

在《燕罗街道2020年街道党工委工作报告》中，燕罗提出2020年要在2019年民生建设取得新发展的基础上，"时刻胸怀'百姓心'，高质量推进民生文化事业再上台阶"，在全街道掀起了民生建设热潮。燕罗一方面将具体的民生事项责任到人，由街道领导班子成员负责督导，并明确了主办单位和责任人，从而将民生建设的执行落到实处。另一方面，燕罗建立了职能部门之间、职能部门与社区之间等不同主体组织的协调机制，如在颐年社区健康服务中心的建设过程中，街道与社区进行了卓有成效的协调工作，塘下涌社区的负责人向笔者团队介绍道："社康中心虽然在我们社区，但基本上就是街道在组织，物业和产权实际上是街道的，我们所做的就是全力协调和配合街道，比如动员社区群众支持等方面。"[①]又如，在儿童友好型街道建设过程中，燕罗印发了《关于印发2020年燕罗街道建设儿童友好型社区实施方案的通知》，成立了儿童友好型社区建设工作领导小组，由街道办主任任组长，相关街道领导任副组长，成员单位包括社会事务办、城建办、城管办、维稳综治办、司法所、集体资产办、群团工作部（宣传工作部、总工会、团工委、妇联）、执法队、党建服务中心、建设中心、网格综合管理中心、交安委办、派出所、第五学区教育办、卫生监督所、松岗人民医院主要负责同志以及燕川社区工作站主要负责人。领导小组办公室设在群团工作部（妇联），办公室主任由群团工作部副部长（妇联主席）兼任，办公室副主任由燕川社区工作站站长兼任。办公室负责组织、协调、督促、推动相关工作，协调解决工作中的重点难点问题。以《2020年燕罗街道建设儿童友好型社区实施方案任务分解表》为依据，燕罗明确了各成员单位的职责分工与配合机制，从而形成了街道办层

---

① 对塘下涌社区H书记的访谈（20200811TXC）。

面的儿童友好型街道建设合力。

其次，壮大社区自治组织的力量。针对居民意愿属性明显，个性化和专业化程度较高的民生需求，由政府直接组织供给并非最佳选择，此时，发挥社区自治组织的"自我服务功能"就很有必要。供给此类民生服务的过程，实际上就是加强社区自治的过程。通过社区居委会力量的发挥，可以更好地对接社区居民、更好地体现社区居民的意愿。如燕川社区的红色资源丰富，该社区的"四点半课堂"就充分利用了这一社区独特优势，在课堂中增加了更多的红色文化内容，请社区的老军人、老革命给孩子们讲述党史、国史，打造了燕川的"红色四点半课堂"。又如，在罗田社区的调研中，罗田社区由于辖区内工厂企业多、外来人口多等因素，对家庭和谐、亲子教育等方面更为关注，从社区居民的实际需求出发，该社区的儿童友好型街道建设就聚焦"亲子主题"，罗田社区组建了亲子志愿服务队，制作了统一的亲子志愿服务队标识，积极参与社区各项志愿服务。仅在2019年，罗田社区就组建近百组亲子志愿服务队，组织开展"大手拉小手"、创文巡河等亲子义工志愿服务，参与文明城市创建宣传，并注重提高儿童在社区事务中的参与度，增强儿童的责任感和主人翁意识。罗田社区还组织亲子服务队在学校、公共场所、企业共开展垃圾分类宣传活动，以丰富的形式充分调动了孩子对垃圾分类等公共服务的兴趣并积极参与其中。此外，深圳是全国率先探索社区工作站建设的城市，燕罗辖区内的5个社区按照"议行分设"的原则和思路均成立了承担政府及街道办事处在社区的各项工作和公共服务的社区工作站。这是满足广大社区居民民生需求的基层站点，可以为社区居民提供行政性、福利性和社会性等各种类型的服务。

总而言之，在和社区实际密切相关的民生服务供给上，社区居委会发挥的作用是不可替代的，通过发挥自身联系居民、熟悉情况的优势，可以弥补政府能力的不足。正是基于此，街道办就应该更多地为社区自治性的民生项目提供资金和政策支持，增强社区的民生服务自主供给能力。

再次，大力培育和扶持社会组织。对老人、儿童、五保户、低保家庭等困难群体以及外来务工人员等弱势群体的民生服务在很大程度上带有"公益"属性，是一种兜底性的民生服务，社区成员之间的互相帮助对解决此类民生需求往往能发挥很大作用。民间非营利社会组织往往不以盈利为目的，因此又有"志愿组织""慈善组织"等不同称谓。对弱者的关心和帮助，是民间社会组织的特质，也是其彰显自身价值和意义的重要维度。发挥民间社会组织在对困难群体和弱势群体的互助性民生服务供给方面的优势，有利于社区的和谐构建，也有利于民生服务的"无缝隙覆盖"。

结合案例具体来看，燕罗积极培育和发展各类公益性的民间组织，鼓励其按照民生服务的宗旨积极开展互助服务活动。如在颐年社区健康服务中心医院，每天都会有志愿者为前来就医问诊、保健养生的群众提供咨询、指引等服务；在"四点半课堂"也每天都有义工前来提供授课、陪护等服务；儿童友好型街道建设更是强调志愿服务互动的开展；而在第六章所提及的山门社区的义工志愿者队伍更是有针对辖区独居老人的定点帮扶服务，还有退休教师提供的公益辅导、会针线的义工提供的免费缝补等贴心服务。又如，在洪桥头社区的"四点半课堂"中，对社区特色文化——洪佛拳的传授活动，实际上背后也有街道办所扶持和引导成立的"洪佛拳协会"组织的身影。可以说，志愿者组织在互助性的民生服务中发挥了巨大作用，"志愿者协会"则是志愿者提供民生服务的组织力量。正是通过对志愿者协会等民间组织的鼓励和扶持，社区居民互助性民生需求在燕罗得到了较高程度的满足。

最后，优化民生服务市场化运行机制。如前所述，政府虽然是民生服务供给的主导者，但是这并不意味着政府需要"事必躬亲"，直接生产和提供民生服务。在市场性公共服务中，政府的供给效率往往低于市场主体。政府通过购买服务、补助、合同承包等形式将民生服务项目交由市场主体生产，而政府负责制定规则、提供指导、进行监督，这种公私合作提供公共服务的模式——PPP 模式（Public-Private Partnership，公私合营模式）已经成为当前社区民生服务供给中越来越受欢迎的选择。

例如，针对颐年社区健康服务中心的建设和提质改造，燕罗街道办先后多次发布招标公告，如"燕罗街道颐年院老人生活区环境提升工程（监理）（小型工程）""燕罗街道颐年院老人生活区环境提升工程等 6 个项目（结算审核）（小型工程）"等。燕罗街道对招标工作制度和流程作了明确规定，建立了严格的审批、监督、考核、责任追究等制度，公开招标，在严格建设标准的前提下,通过市场竞争机制,与中标企业签订合同,将社康中心的具体工程建设交由市场主体实施,街道办在此过程中负责全程管理和监督,从而保证质量。又如,作为儿童友好型街道建设的重要内容,心理咨询是燕罗街道办妇联的关注重点,街道本身难以提供专业的心理咨询服务,因此在市场上购买服务成为必然选择。妇联每年的预算经费70多万元,其中购买心理咨询服务的费用就有20多万元。[①] 此外,燕罗还通过资源置换的方式,与某音乐公司合作,建成了宝安区首个音乐主题公园——燕罗·三诺音乐公园,每到夜晚,音乐喷泉灯光秀华丽绽放,万盏华彩灯光点亮燕北花海的夜晚,成为燕罗的"网红打卡地"。而前文提到的"四点半课堂"免费营养餐的供给也有企业等市场组织的参与。正是通过政府与市场主体互信互惠合作关系的建立,燕罗提高了民生服务的供给效率,在满足了群众多样化、高标准民生需求的同时,也减轻了政府的负担。

二、共享化服务:民生服务的需求侧

多元供给主体针对不同类型的民生服务发挥各自优势,相互合作,协同供给,是燕罗民生建设在供给侧方面的有效模式。而在需求侧,燕罗关注的则是所提供的民生服务的"作用域",即服务对象对民生服务的需求范围与供给要求。我们知道,民生建设是由政府主导,以保障和满足居民生存和发展需要为目标的事业,居民对民生服务的需求就应当成为民生建设的出发点和方向。换言之,除了供给端之外,民生服务还必须充分考虑需求端的服务对象的因素。结合案例来看,燕罗在民生服务的布局范围和服务对象两方面作了"民生服务需求侧"的有效建设,有力推动了社会治理民生成果的真正共享。

一是民生服务的广覆盖。一方面是民生服务事项多样化,实现对社区居民民生需求领域的全覆盖。燕罗在2019年推进了162个民生项目,涵盖教育、医疗、卫生、文化、体育、养老等多个民生领域,基本上做到了对服务对象需求的"面面俱到"式回应。如前面提到的三个典型案例就是燕罗在医

---

① 对妇联主要负责人的访谈(20200812-FL)。

疗、儿童关爱和教育等民生领域进行的卓有成效的民生服务供给探索创新。另一方面是民生服务覆盖区域广，实现对所辖社区的全覆盖。燕罗是2016年，年底才新成立的街道，只下辖燕川、罗田、塘下涌、洪桥头和山门5个社区，是宝安区所辖社区最少的街道，这在一定程度上为燕罗在民生建设上实现"社区全覆盖"提供了条件。燕罗在2019年实现了"四点半课堂"5个社区全覆盖，解决了社区"双职工"家庭的后顾之忧；在所有社区全覆盖构建了综治警务政务"三合一"智慧平台社区治理模式，为社区居民的"安全需求"提供了保障；新增了"两新"组织党组织54个，在宝安区率先完成社会组织、住宅物业小区党组织100%全覆盖，为增强党组织这一民生建设的核心堡垒的作用打下了组织基础。此外，针对案例二中提到的"儿童友好型公园"和"儿童议事会"，燕罗也在积极稳妥推进5个社区的全覆盖。当然，能实现特色民生服务覆盖所有社区，固然有燕罗所辖社区少的原因，但燕罗街道对民生服务覆盖领域的全面性追求更是在根源上驱动着燕罗打造"民生服务全覆盖"街道。如建设颐年社区健康服务中心的根本原因就在于燕罗与其他街道相比，医疗资源极为匮乏，看病难、看病贵的矛盾更加突出，因此，出于"三甲医疗资源也应该辐射到我们燕罗"的考虑，燕罗主动作为，创建了颐年社区健康服务中心，在燕罗医疗民生建设上留下了浓墨重彩的一笔。

二是民生服务的均等化。民生服务的均等化是指全体社区居民都能公平可及地获得大致均等的民生服务，其核心是促进机会均等，重点是保障人民群众得到基本公共服务的机会，而不是简单的平均化。① 享有基本公共服务是公民的基本权利，保障人人享有基本公共服务是政府的重要职责。推进基本公共服务均等化，是全面建成小康社会的应有之义，对于促进社会公平正义、增进人民福祉、增强全体人民在共建共享发展中的获得感、实现中华民族伟大复兴的中国梦，都具有十分重要的意义。② 燕罗辖区内有207家规模以上企业、17家上市公司、6家世界500强，园区企业工厂众多，在近28万

---

① 崔恒展，刘雪.中国养老制度运行中的政府职责完善研究[J].山东社会科学，2018(8)：73-82.
② 国务院关于印发"十三五"推进基本公共服务均等化规划的通知[Z/OL].[2017-03-23]. http://www.gov.cn/zhengce/content/2017-03/01/content_5172013.htm.

常住人口中，户籍人口只有近9000人，其他大多是来深建设者。流动人口多、人员构成复杂的现实，让提供惠及包括外来人口在内的广大社区群众的民生服务成为燕罗近年来的实践新课题。

事实上，从社区民生服务的供给结果来看，社区居民能否享受到公平的公共民生服务过程和结果，是衡量社区民生建设的重要标准。因此，在民生服务过程中，基于民生服务的均等化目标而向外来人口、困难群体、弱势群体倾斜民生服务资源以保证民生服务的供给，是燕罗在民生建设过程中的重要考量。基于此，燕罗积极培育现代市民，强调塑造"来了，就是深圳人"理念的燕罗版——"来了，就是燕罗人"成为燕罗外来人口"市民化"的生动体现。

在燕罗，颐年社区健康服务中心和社康医院的医疗资源为全体燕罗人所共同享有，广大来燕外来人口也能享受到和原住民一样的三甲医疗资源和服务。儿童友好型街道建设的众多内容，如"儿童友好型公园""儿童图专属阅读空间"等基础设施也都向外来务工家庭子女开放。燕罗妇联相关负责人还表示："因为外来人口忽视家庭教育的问题，我们的理念就是家庭教育最重要，抓亲子阅读，子女教育不能假手他人，像一些外来务工人员，孩子就是爷爷奶奶带，而且奉行棍棒教育，有使用家庭暴力的嫌疑。因此，我们在对外来务工家庭的良好亲子关系的形成以及务工家庭儿童的心理辅导方面很重视。"①

燕罗简化"四点半课堂"报名手续和程序、扩大"四点半课堂"覆盖范围的一个引子，其实源于对"一些孩子放学后只能在母亲菜市场档口搭个小桌子写作业"现象的反思，燕罗的"四点半课堂"通过对接社区、学校、园区等多个渠道基本实现了弱势群体的全覆盖，外来务工家庭、低收入家庭等弱势家庭子女也有机会拥有放学后的"第二课堂"。此外，第一章所提到的罗田社区的"党建+大群团"模式，通过多样化的群团组织为外来人口提供多样化的服务，为外来人口提供了参与社区活动、产生社区归属感的平台和机会。第六章也提及山门社区依托志愿服务队伍为孤寡老人等弱势群体提供民生服务，等等。

---

① 对妇联主要负责人的访谈（20200812-FL）。

这些事例充分彰显了燕罗在民生服务均等化上的作为。在民生服务均等化的过程中，燕罗营造出了更加和谐、平等的社会氛围，而这是基层社会治理现代化必不可少的外部环境条件。

三、项目化服务：高效的民生服务方式

民生服务供给侧与需求侧实际上是由民生服务的服务机制和方式联系起来的，供给主体以一定的手段方式为需求主体提供民生服务，是社会民生建设的基本逻辑。上文就燕罗街道民生服务在供给和需求两侧的突出特点和成效进行了分析，在民生服务的具体供给过程中，燕罗街道通过精准对接供给和需求，项目化、科技化运作民生服务过程，实现了民生建设成果的高效化共享。

项目制旨在通过财政专项转移支付等手段，突破科层制体制的束缚，消减乃至遏制市场化过程中的"分化效应"，从而加大民生工程和公共服务的有效投入。① 项目制的运用实现了社区服务中街道—社区关系由行政指令向契约合作的转变，项目化运作"是一种思维，决定着国家、社会集团乃至具体的个人如何构建决策和行动的战略和策略"。② 燕罗的民生微实事运作实际上就是通过项目化运作手段为社区提供公共民生服务。

2015年，深圳在全国率先探索以民生微实事形式提供社区公共服务。民生微实事是指社区群众关注度高、受益面广、贴近居民、贴近生活，群众热切希望解决的惠民项目，主要包括安全隐患项目、社区环境整治项目、文化体育娱乐项目以及居民生活关爱项目等，具体分为服务类项目、工程类项目和实物类项目。民生微实事不与市区政府在建、拟建的政府投资项目重复，它属于政府职责范围外，由社区居民、企业、社会组织等社会主体出资建设并已完工的社会公益性项目；由出资主体提出申请，经项目遴选、评审合格后，定为民生微实事补助项目，给予一定比例的补助资金。

案例中所提到的颐年社区健康服务中心曾获评宝安区唯一"南都街坊口碑

---

① 张国磊，张新文. 基层社会治理的政社互动取向：共建、共治与共享[J]. 内蒙古社会科学(汉文版)，2018，39(3)：131-137.
② 渠敬东. 项目制：一种新的国家治理体制[J]. 中国社会科学，2012(5)：114.

民生微实事"金奖,而儿童友好型街道和"四点半课堂"建设的很多子项目事实上也获得了民生微实事的补助也属于民生微实事项目。可以说,通过民生微实事项目,燕罗的民生服务有了更多的资金支持,也更加规范。燕罗街道民生微实事项目开展流程如图 7-2 所示。

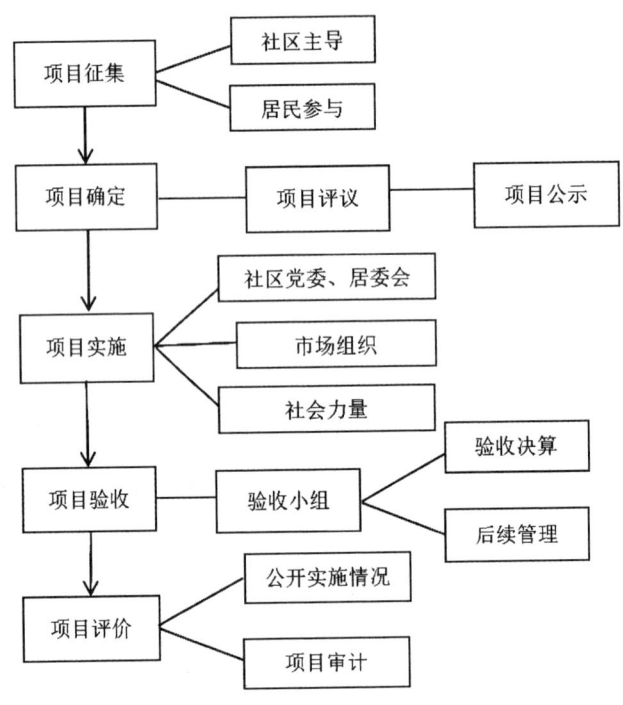

图 7-2　燕罗"民生微实事"项目运作流程①

在项目征集阶段,燕罗由社区党委牵头,居委会配合组织实施,社区内的各类社会组织也参与进来,通过"五员进社区"等"下访活动",以及座谈、问卷调查等多种形式,倾听居民诉求,征集居民对民生微实事的项目需求。此外,燕罗所辖的 5 个社区均设置了"民生微实事"建议箱,随时公开征集群众意见建议。颐年社区健康服务中心的建设之所以会被纳入民生微实事项目,就是因为社区群众的医疗需求在以上这些反馈渠道中被"捕捉到",由此加快

---

① 根据燕罗街所提供的资料整理而成。

了建设推进力度。

在项目确定阶段，先由社区党委对照民生微实事规定的项目范围，对征集到的项目完成初核、筛选，提出初步预算，并在社区张榜公布，征求各方面的意见，其中，金额较大、涉及面广、情况复杂的项目，需要组织召开社区党群联席会进行审议。此后，根据项目评议情况、初步预算和"民生微实事"经费总体安排，社区党委集体研究确定年度项目计划，制订实施方案并报街道备案。其中，限额以上、专业性较强或跨社区的项目需报街道研究决定，街道组织专家评审小组按照经费情况和辖区实际对项目进行核查评审，并最终确定。项目确定后，在街道官方网站、社区公告栏、社区党委微信公众号、社区家园网等平台进行公示，公示内容包括项目内容、实施地点、实施时限、经费预算等。公示时间不少于5个工作日。在公示期间，社区党委认真吸收辖区群众的合理意见和建议，修改完善项目实施方案后提交街道。

民生微实事项目的实施按照《燕罗街道"民生微实事"项目实施细则》由社区党委牵头、居委会配合组织实施。特殊性、应急性的个别项目，可采取"一事一议、特事特办"方式，由社区党委研究决定并组织实施。需报街道研究决定的项目由街道牵头组织实施，社区党委配合。严格执行采购和招标制度，确保项目建设主体资质。在实施过程中，燕罗还注重专业保障，由专业社工人员对项目实施提供专业的技术指导，从而为项目的顺利开展提供了技术保障。与此同时，"两代表一委员"和社区群众在项目实施过程中可以进行全程监督，在听取居民意见的基础上对项目进行改进和完善，从而进一步保证了项目实施的质量。

民生微实事项目如属政府集中采购目录项目，按政府集中采购相关规定执行。按规定需招标的项目应依规组织招标；属于永久性设施的项目，完成后应在显著位置标注全市统一的"民生微实事"标识。

在项目完工后，按照"谁实施、谁验收"原则，成立验收小组进行验收、决算和后续管理。由街道或社区党委牵头对"民生微实事"项目组织验收，社区居民意见也作为重要参考被纳入验收意见考虑范畴。通过验收的项目可申请竣工结算审计；未通过验收的项目，可在指定期限内进行整改，并再次组织验收。

项目完成后，社区党委组织对项目实施效果进行评估和评价。燕罗各个社区还创新思路，委托第三方评估机构通过开展满意度测评、居民代表评议、专家评议、官方测评等方式对民生微实事项目进行多角度评议，以保障项目评价的客观性和科学性。评价结束后，街道和社区将实施情况和评价结果通过社区党委微信公众号、社区公告栏、社区家园网等渠道向社区居民公开，接受公开监督。①

燕罗的民生微实事在项目化运作过程中，集中体现了以下几个方面的突出特点。一是供需精准对接。供给和需求有效对接是民生服务效果达到最优的前提，燕罗通过调查问卷、领导调研、"五员进社区"、座谈会等形式，掌握社区群众的民生需求，且民生项目的确定本身就面向社区居民公开征集，这就使燕罗的民生项目建设真实反映了居民需求，民生服务供给和需求得以精准对接。在这个过程中，以往的"由上到下"的单向民生服务模式也被"上下互动"型模式取代，"政府派单"变成了"群众点单"，居民可以表达自己的意愿和诉求，这就增强了对社区的参与感和归属感。2019年4月，燕罗还举办了首届民生微实事项目洽谈会，5个社区和14家服务机构充分利用PPT展示、宣传折页展示等方式向参会人员全方位展示"拿手"项目，与街道领导和居民代表进行了一次"深度对接"，有效助推了民生微实事的精细化、精准化实施。②

二是科学化。在信息化时代，"互联网+民生服务"是提升服务质量和效率的有效手段，颐年社区健康服务中心创新使用"互联网+"远程诊疗系统，与宝安中医院总院对接，共建"双向转诊"绿色通道，极大提升了该中心和社康医院的医疗资源配置水平。燕罗还在罗田社区建设了"社区24小时政务自助服务区"，依托自动化自助政府服务系统实现了政务民生服务的24小时覆盖。前文提及的儿童友好型街道以及"四点半课堂"在具体建设过程中也强调通过互联网技术手段提升服务质量，如在2020年新冠肺炎疫情期间，燕罗还专门组织了针对升学年级学生的网络心理辅导，"四点半课堂"也专门提供了

---

① 见《燕罗街道"民生微实事"项目实施细则》(深宝燕办发〔2018〕5号)。
② 燕罗开展首届民生微实事项目洽谈会，助力社区服务供给精准化[EB/OL]. [2019-04-04]. http://static.nfapp.southcn.com/content/201904/04/c2083284.html?group_id=1.

"网课"服务，让孩子们在家也能够获得社区提供的"第二课堂"教育。

三是规范化。燕罗的民生微实事项目从项目征集、项目确定到项目实施、项目验收，再到项目评价的一整套流程都有完善的制度和细则予以规范，如《燕罗街道政府采购管理制度》明确要求各采购单位落实采购主体责任，在采购前对供货商的资质和关联性进行审核；《关于印发燕罗街道规范采购管理工作指引的通知》以及《关于规范街道采购工作事项的通知》要求各单位在采购时，利用"天眼查""启信宝"等应用程序，查询投标单位是否有关联关系，等等，《燕罗街道"民生微实事"项目实施细则》则为民生微实事的项目运行提供了详尽的行动指南。

第四节　案例总结

通过多元主体协同化合作以项目化运行的形式推动民生服务的共享化实现，是燕罗在民生建设过程中探索出的有效路子。得益于此，近年来，燕罗民生服务在服务质量显著提升、居民满意度显著提高的同时，动员了多方力量，盘活了社区各资源要素，并且激发了群众智慧，推动了社区居民的民主参与。"发展成果由人民共享"的愿景在燕罗已渐渐成为现实。

表7-4是燕罗街道2020年党工委工作报告中民生部分的督办任务分工情况，可以看到，燕罗的民生服务涉及医疗、教育、文化、体育、养老、法律援助、家庭关爱等方方面面，分门别类，条理清晰，确定了具体的任务目标，且责任到人，规定了完成时限，这就将民生建设责任落到了实处。而从燕罗制定的民生任务来看，全覆盖、均等化、精细化、科学化的民生建设特点也得以充分彰显。

纵观燕罗民生服务建设全貌，除了上文提到的民生服务供给、需求和方式的"燕罗经验"外，民生建设的燕罗思路还在以下几个方面为社区治理现代化中民生成果的共享化实现带来了启发。

第一，推进民生服务型政府建设。在善治时代，社会治理中的政府权力本位必须让位于公民权利本位，基层民生服务型政府的目标就是要保障社区居民的权利，改善社区民生。燕罗将民生问题作为决策、职能和资源配置的中心，并在此基础上，建立健全了惠民长效机制。一是将民生服务理念根植于街道、社区以及其他民生建设行动者的内心深处，统一了思想；通过民生领域的政策规范等正式制度手段与宣传教育等非正式制度手段，使民生建设行动者将民生服务理念内化于心、外化于行，在街道上下形成了浓厚的"服务氛围"。二是统分结合，强化民生服务能力。燕罗一方面将民生服务事项根据服务对象、轻重缓急等不同标准划分为不同类型，以此做到分类管理、精准施策；另一方面，在推进民生建设过程中，充分发挥各职能部门"共同作战"的优势，如成立领导小组，统筹数十个职能部门与相关社区，致力于共同的事业——儿童友好型街道建设，等等。此外，与企业、社会等其他组织主体的合作也是燕罗统筹整合资源的一大利器。三是将民生问题的解决、民生服务的效能纳入政绩考核体系并制度化，从而改变"唯 GDP 论英雄"的政绩观，为推进民生建设带来了巨大的激励动力。

第二，关注弱势群体的利益。对弱势群体的关怀是民生建设的重要价值追求，美国政治哲学家罗尔斯提出的正义原则包括两个部分，第一个部分是自由平等原则，即社会中的每个人都拥有与其他人平等的自由权利；第二个部分包括差别原则和机会的公平公正原则。这两个原则考虑到包括弱势群体在内的所有人的利益。这种思想对解决民生问题有着重要意义——在对弱势群体给予关怀和帮助的同时照顾所有人的生活，是民生建设的重点。① 因为民生问题的重点就是要解决弱势群体的生活，同时也要兼顾所有人的生活。燕罗对来燕建设者、孤寡老人等弱势群体的帮助体现在民生服务的方方面面，如表 7-4 中提道，"精耕细作'民生实事'，推广长者食堂、邻里文化室、居民素质升提等社区关注度高、受益面广的惠民项目落地实施""拓宽法律援助覆盖面，做到'应援尽援'"等，这既是民生服务覆盖的全面性的体现，也反映了燕罗对"应该得到援助的群体"的重点关注。

第三，重视"互动式治理"之于民生建设的重要性。我国城市基层社会治理长期以来都是依靠街道办这一政府下延组织强势推进，社区组织、市场组织、NGO（非政府公共组织）、社区居民等基层社会治理主体的治理作用长期

---

① 崔执树, 施光跃. 民生问题的解决与政府管理的创新——基于治理理论的视角[J]. 兰州学刊, 2010(3): 45-49.

被忽略，鲜有机会参与基层社会民生建设。从"管理"到"治理"虽只有一字之差，却蕴含着从"管控"走向"互动"，从"一元主宰"走向"多元合作"的丰富治理意蕴。在基层民生建设过程中，街道办的目的并非垄断权力、单打独斗，而是寻求与社区居民以及其他组织主体之间的良性互动和合作，从而增强民生治理的弹性和效能。与此同时，也能加快"公民社会"的形成，并促进形成和谐的政民关系，在多方互动合作的过程中实现民生改善，达成基层社会治理现代化转型的目标。正如前文所提到的，燕罗通过座谈会、恳谈会、问卷调查、民生项目洽谈会等形式拓展了包括居民、社区组织等在内的其他主体的利益表达和传导空间。在这个过程中，燕罗对人的权利和社会公平正义的重视、对人本精神的强调也得以充分体现。

总而言之，近年来，燕罗以"坚持民生为本，多谋民生之利、多解民生之忧，进一步扩大民生供给，不断增强群众获得感、幸福感"为工作目标，通过一系列的改革创新，不断保障和改善民生，在民生建设方面取得了丰硕成果。燕罗社会治理现代化的成果正由广大燕罗人民共同享有，燕罗人民对美好生活的向往正在民生服务的改善中得到满足。燕罗交出了保障和改善民生这份"考卷"的良好"答卷"，更多的燕罗人对燕罗的未来发展前景持有更加积极乐观的态度，而这也为燕罗在新时代深入推进社会治理现代化奠定了民心基础，提供了推动力量。

表 7-4 燕罗街 2020 年主要民生任务分工督导表①

工作类别	工作任务	完成时间	任务目标	责任领导	主办单位	责任人
（五）时刻胸怀"百姓心"，高质量推进民生文化事业再上台阶	22. 推动医养结合工作	12月31日	完成燕罗社区医院建设二期工程	H	社会事务办	FZHH
		7月25日	饭堂建成，设备进场，饭堂投入正常使用	H	社会事务办	FZHH
		/	/	H	社会事务办	FZH
	23. 加快幼儿园转型和学校建设工作	9月30日	建设或转型 7 所公办幼儿园	H	社会事务办	FZH
	24. 做实民生实事	12月31日	积极筹备成立山门社区慈善帮扶协会，推动慈善公益事业向前发展	H	社会事务办	FZH

加快推进燕罗社区医院建设一期工程，配备病床超 100 张，配合区卫健局做好增设医疗设备，配强医生团队，配合宝安中医院做好打造 500m² 的中药园

建设长者饭堂，根据季节变化和食材药性提供膳食

利用物联网技术，以颐养院为试点，构建线上线下养老服务平台，整合各类养老资源，提高服务供给能力和效率，实现智慧燕罗颐养"中医颐养"结合品牌

到 2020 年年底，建设或转型 7 所公办幼儿园的任务目标，实现公办幼儿园在园儿童占比达到 50%

成立山门社区慈善帮扶协会，并组织开展基金冠名、慈善帮扶各项工作，促进公益慈善事业发展

① 由燕罗街道所提供材料整理而成（人名部分做了匿名化处理）。

续表

工作类别		工作任务	完成时间	任务目标	责任领导	主办单位	责任人
(五)时刻胸怀"百姓心",高质量推进民生文化事业再上台阶	24. 做实民生实事	精耕细作"民生实事",推广长者食堂、邻里文化堂,居民素质提升提高社区关注度高、受益面广的惠民项目落地实施	12月31日	按平均每个社区每年不低于200万元安排"民生微实事"经费,每年12月完成全年专项资金支出	H	社会事务办	FZH
		不断壮大退役军人红星志愿服务队正能量,推动做好退役军人服务管理工作	12月31日	1. 组织退役军人志愿服务队参与社区防疫抗疫工作以及防疫抗疫宣传 2. 组建退役军人志愿服务队进行交通疏导 3. 参与社区"三小场所"安全宣传、安全教育整治工作 4. 协助武装部做好征兵宣传宣	H	社会事务办	FZH
		以新建、改造、融入等方式,推动5个社区现有生育文化中心全部转型为"家庭发展服务中心"	2021年	推动5个社区现有生育文化中心转型为"家庭发展服务中心"	H	社会事务办	FZH
		突出新冠肺炎疫情防控常识、安全生产、垃圾分类等重点培训内容,开展"宝安第一课"常态化培训10万人次,推动洪桥头社区创建市级学习型社区	12月31日	12月底前"宝安第一课"常态化培训10万人次,推动洪桥头社区创建市级学习型社区	P	党建中心	ZXL

续表

工作类别	工作任务	完成时间	任务目标	责任领导	主办单位	责任人
25. 积极开展法律援助	深入社区、企业宣传法律援助政策，提高公众知晓率	12月31日	开展法律援助宣10场	M	司法所	CG
	拓宽法律援助覆盖面，做到"应援尽援"，力争法律援助案件数量达到10宗	12月31日	力争办理法律援助案件10宗	M	司法所	CG
	继续落实跟踪和回访制度，积极参加案件质量评查，加强法律援助案件监管，提高服务质量	12月31日	落实跟踪和回访10宗法律援助案件	M	司法所	CG
26. 擦亮文化体育品牌	高水平举办2020年深圳茅洲河龙舟邀请赛、新春音乐会，"洪佛拳说"小型舞台剧巡演、第二届"鸿燕杯"广场舞大赛以及"文化春雨行动"推广日、比麟堂龙狮推广日等活动	12月31日	举办龙舟赛、新春音乐会，"洪佛拳说"小型舞台剧巡演、第二届"鸿燕杯"广场舞大赛、"文化春雨行动"推广日、比麟堂龙狮推广日活动	Y	宣传工作部	YS
	每周举办10场"山水燕罗 家园共享"音乐会	12月31日	每周举办10场周末音乐会	Y	宣传工作部	YS

（五）时刻胸怀"百姓心"，高质量推进民生事业再上台阶

续表

工作类别	工作任务	任务目标	完成时间	责任领导	主办单位	责任人
26. 擦亮文化体育品牌	完成社区阅读中心覆盖率100%	在山门社区中闽花园建立燕罗街道分馆	12月31日	Y	宣传工作部	YS
	定期定点开展文化春雨培训300场、送戏送电影下乡200场，非遗进校园培训68课时	开展文化春雨培训300场、送戏送电影下乡200场，非遗进校园培训68课时	12月31日	Y	宣传工作部	YS
	申请成立宝安区燕罗街道龙舟协会	成立协会	12月31日	Y	宣传工作部	YS
（五）时刻胸怀"百姓心"，高质量推进民生文化事业再上台阶	27. 全面完成对口帮扶任务	继续加大脱贫攻坚力度，防止贫困户返贫，巩固脱贫成果	确保对口帮扶华城村80户贫困户189人不返贫，有劳动能力贫困户人均年收入达到9060元	12月31日	Q	经科办	CCQ
	继续推进都安、大化、龙川基础设施建设，结合新农村建设不断改善龙川县华城村人居环境	街道50万元自筹资金落到实处，完成华城村小学操场跑道、水井、华城村红光片区村道建设	9月30日	Q	经科办	CCQ
	不断完善帮扶措施，发展壮大温氏养鸡等扶贫产业，增强造血功能，确保脱贫攻坚成果不减	完成温氏养鸡项目建设并投产，产生的收益用于贫困户分红	12月31日	Q	经科办	CCQ

第八章

疫情防控体系的泛在化构建与落实

随着社会经济发展的全球化一体化进程不断加速,全球各国之间的经济、政治、文化交流也不断加深,全球一体化进程不但为经济社会发展提供了必要的客观发展环境,同时也对各国应对突发性公共事件的防范措施提出了更高的要求。近年来,大范围的以公共卫生事件为代表的各类突发事件对人类的健康和生命安全带了严重威胁,同时也在不同领域对经济社会发展产生了巨大的影响。面对外部环境的剧变和国内发展的要求,如何应对突发公共卫生事件和提升公共卫生应急管理水平已经成为进一步推进中国经济社会发展的重要挑战。基于公共卫生事件的高发趋势、新型传染性病毒的不断发现、公共卫生设施的转型迭代,疫情防控体系的合理构建成为保障人民的生命健康安全、保障经济社会稳定发展和政府公信力的必要条件。在基层社会治理现代化的背景下,突发公共卫生事件的管理能力也成为衡量政府治理能力和治理效能转化的重要标准。新冠肺炎疫情是新中国成立以来发生的传播速度最快、感染范围最广、防控难度最大的一次重大突发公共卫生事件,深刻影响了我国公共卫生应急体系的重塑，有必要以单独章节加以论述。本章以燕罗街道在新冠肺炎疫情防控过程中所采取的的举措对策为蓝本，系统论述疫情防控体系的泛在化构建与落实。

第一节　新冠肺炎疫情防控：基层社会治理的一次"大考"

自新冠肺炎疫情发端起，疫情呈现出前所未有的流行性风险，病毒在传播过程中表现出传播速度快、感染人数多、波及范围广等特点，因此疫情防控工作的重点应当是以社区为基础的基层社会治理层面。基于对疫情发展态势的分析和判断，我国在疫情防控工作中的基层社会治理体系和能力就成为控制疫情进一步扩散的关键因素。由于我国国情的具体特征有别于其他国家，人民群众的衣食住行和工作场域都表现出人员密度大、居住容积高和物资存量消耗快等特点，仅日常生活的基本物资的运送和配给对基层社会治理来说，就是一项巨大工程。面对艰巨的疫情的防控任务，在以习近平同志为核心的党中央坚强领导下，我国充分发挥体制机制优势，全国各族人民守望相助、同舟共济，最终取得了疫情防控阻击战的关键性胜利。我国的防疫工作所取得成果不仅被人民群众称赞，更得到了世界范围内的广泛认可。这一成果的取得与我国基层社会治理体系和治理能力的现代化进程有着必然联系，也展现了基层社会治理实践创新的阶段性成果。

此次新冠肺炎疫情防控是对我国基层社会治理的一次大考。因为基层是抗击病疫最为基础的环节，所以，防疫要落实到单位社区、居住社区、小区、院落、居民楼、每一辆公共交通工具、每一块有人群的空间，直到每一户、每一个人。我国之所以能够把疫情蔓延之势扼制住，一个重要原因就是基层社区治理体系发挥了重要效能。

第二节　案例导入

一、组织领导下的多元治理主体疫情防控协作

（一）疫情防控中强化组织领导，将党的领导贯穿于防疫工作全过程

在疫情防控中加强党的领导主要包括强化党的领导，将党旗插在防疫工

作一线，充分发挥党组织动员能力，以严的要求、硬的约束确保战时状态令行禁止，关爱一线队伍，充分调动工作积极性，综合发挥工青妇队伍作用等（以上具体内容详见第一章的案例四——党建引领新冠肺炎疫情防控工作）。燕罗街道防疫防线、绿区、检疫点分布图如图8-1所示。

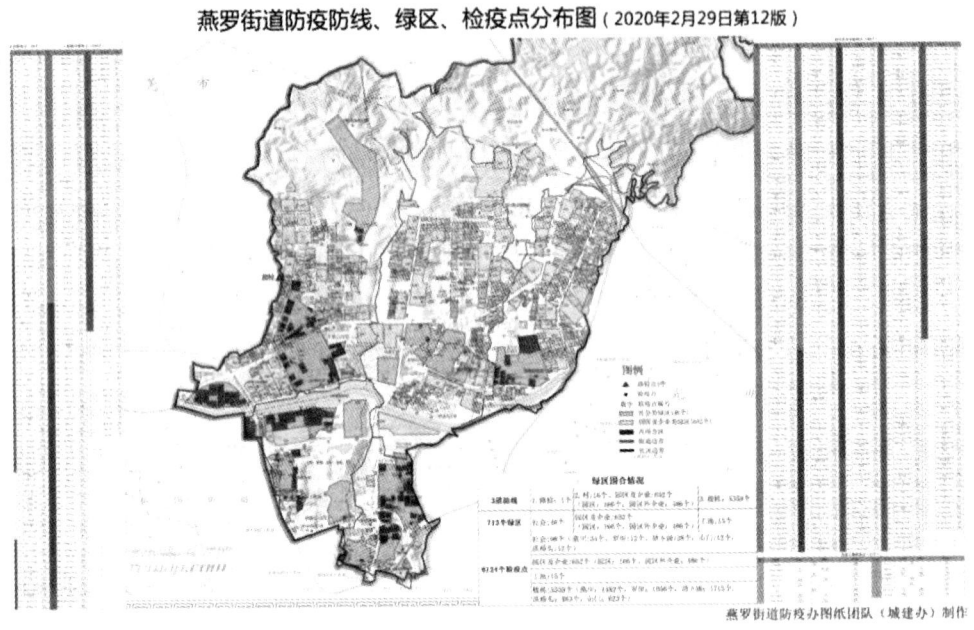

图8-1　燕罗街道防疫防线、绿区、检疫点分布图

(二)建立强有力的组织领导架构

按照上级部署，燕罗第一时间建立健全组织领导架构体系，先后于2020年1月19日成立街道新型冠状病毒肺炎防控工作组，1月23日成立街道新冠肺炎疫情防控工作领导小组，1月27日成立街道新冠肺炎疫情防控工作指挥部。这些组织具有以下几个显著特点：第一，组织架构完整，责任体系清晰。先后设立1个指挥部、11个工作组、11个专业工作团队。一件工作由一个部门负责，职责不交叉，责任到人。层级清晰，专业分类，可操作性强。第二，高规格设置，强化组织协调。总指挥由街道主要领导担任，指挥部办公室主任和10个工作组组长由副书记和党工委委员担任，11个工作团队主任由街

道班子成员担任。高规格配备责任领导，有利于组织协调街道上下总体动员一竿子插到底，有利于物资资源大规模统筹调动直接到位，有利于高效指挥、步调一致、整齐划一、令行禁止。第三，形成了"街道—社区（股份合作公司）—工业园区、企业"完整工作链条。街道上下整体动员，先后在5个社区、10个股份合作公司、166个工业园区、486家独栋企业、16个城中村全覆盖建立了防疫工作组织架构，分别由各单位一把手担任第一责任人，完善防疫、排查、隔离等责任分工，共涉及近900名工作责任人。第四，以天为单位建立实时检讨评估机制。每天17:45定点召开指挥部工作例会，查漏补缺，及时整改，确保"部署—落实—督查—整改"工作闭环。同时，因时应势，先后增减调整设置医疗、隔离、交通路检、执法巡查、工矿商贸等11个工作团队。逆向思维，倒推工作，建立大数据研判团队，每天对隔离人员逐个建档、分析评判，倒推劝返、排查、人口数据、路检、检疫闸口工作漏洞92个，并逐一排查风险。

(三) 科学研判与理性预案

在2020年1月19日的街道党政联席会上，燕罗按照上级部署和武汉疫情相关报道，专题研判疫情防控工作，并作出加强重点场所消杀、大规模采购防疫物资、梳理流动人口大数据4项重要决定。燕罗街道防疫流程图如图8-2所示。

在1月20日街道党政联席会议上，燕罗对防疫工作具体措施进行研究部署：一是成立工作组加强组织领导；二是重点管住湖北等地区人员往来，禁止街道人员前往湖北，通知街道已在湖北人员暂不返回，同时"紧盯"湖北车辆，并排查湖北返回街道人员；三是强化三鸟市场、酒店、商场超市、农贸市场消杀；四是强化消杀、防病毒药品、测温仪、口罩、手套、防护服等防疫物资大批量储备；五是停止春节期间一切大型活动和人员聚会；六是即日起街道所有宣传栏和宣传屏全部转为投放防疫宣传信息，并广泛印发宣传单张；七是充分做好节后人员返回燕罗的防疫准备。

在1月22日上午召开的党工委会议上，根据上级部署精神，燕罗领导班子专题研究了健全指挥体系工作：一是建立班子成员和部门一把手的防控群，社区由一把手直接负责所有疫区返回人员隔离和在疫区人员劝返工作；二是

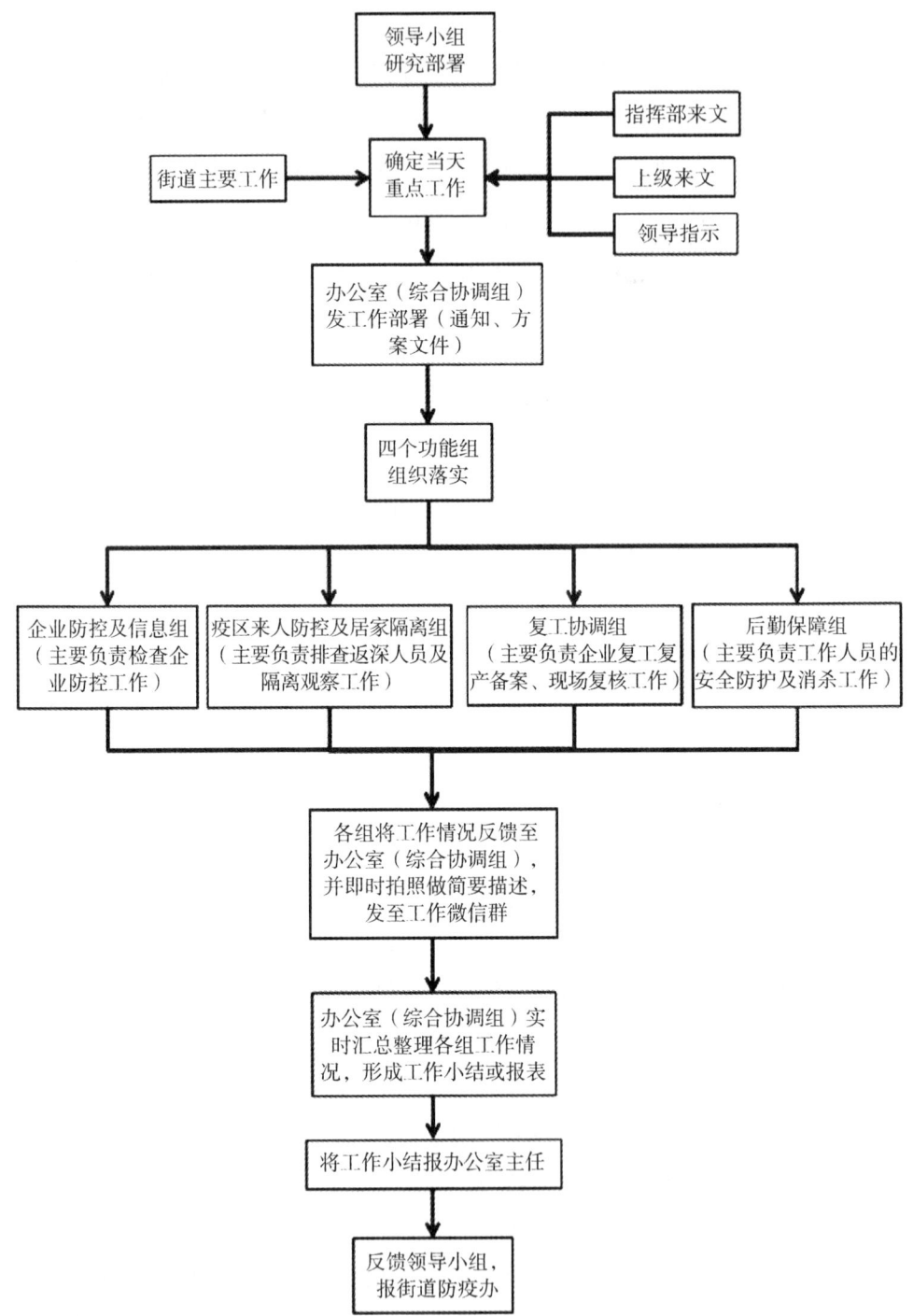

图 8-2 燕罗街道新冠肺炎疫情防控工矿商贸团队防疫工作流程图

由街道主要负责人直接负责强化防疫物资储备；三是建立战时防控运转机制，人员集中办公，24小时值守，全员调度，统一指挥；四是强化和松岗人民医院、宝安中医院的联动，做好全体人员自身防护。1月22日晚，根据区防疫工作会议精神，燕罗相关工作人员加班加点，通宵完成了《燕罗街道关于新冠肺炎疫情防控工作方案》的制定工作。

1月23日上午，燕罗街道召开了关于新冠肺炎疫情防控工作会议，街道总体动员。主要内容如下：①明确工作体系，参照街道2019年创建文明街道时"条块结合、以块为主"的原则，建立"11445"工作体系；②当天启动全街道所有社区围合、单口进出、设卡测量体温，排查异常人员，防止疫情输入扩散；③街道和各社区各单位要抢抓时间，迅速大量采购口罩、护目镜、防护服等医疗防护物资，组建街道防疫综合仓库，物资实行战时供给制统一调配；④立即拉网逐一排查辖区现有人员，有湖北返深情况、确诊人员接触史、湖北人员接触史的一律居家隔离，对发热人员即送医院检查，同时做好隔离人员日常生活物资供应，并在当天做好集中隔离点选址落地；⑤按照150米全覆盖的标准强化防疫宣传，组织安排小区、城中村、工业园区、市场各单位落实消杀工作，每天两次；⑥由武装部请求预备役防化团支援组建防化兵队伍，调拨配备核生化军用防护装备，以应对极端情况的出现。

在1月23日22时广东省启动重大突发公共卫生事件一级响应后，燕罗街道于次日全面进入战时状态，先后召开两次工作例会，并确立至少每天17:45时召开一次例会的制度。

(四)多元治理主体高效执行防控预案

第一，态度坚决，执行上级部署不讲价钱、不打折扣。根据2020年1月22日宝安区委常委会部署，要求迅速完成全市唯一一个三鸟市场活禽处理工作，街道主要领导亲力亲为连夜部署并启动清理工作，用时32小时完成18万羽活禽处置，比区规定时间提前5小时完成，消除了重大隐患。1月24日上午，区委、区政府主要领导在三鸟市场检查时，对此项工作予以高度评价。

第二，行动迅速，防疫动作快速高效。①以"万"为单位储备物资。从2020年1月19日开始采购防疫物资，截至1月23日全省启动一级响应，燕罗共计储备片状口罩4万只，20万只在途；N95口罩1.3万只，3万只在途；

防护服 400 套；水银体温计 2000 支、测温枪 180 支；橡胶防护手套 1.8 万双；各类消杀药品 1 万升。为街道防疫工作及支援兄弟街道、单位、医院提供了坚实的保障。②率先实施小区围合式管理，如图 8-3 所示。参照 2003 年非典防控做法，于 1 月 23 日上午开始以警戒线等简易方式围合 28 个小区，实行单口进出，逢人逢车检测体温，24 日升级为铁马式围合管理；25 日完成 16 个城中村围合，并不断完善，从最初拉警戒线围合到设铁马围挡再到固定式铁丝网围合；至 2 月 3 日落实全部社区按 2 米高的标准加固围合，共投入围合铁马、板材 4840 个，围合总长度 9950 米。③率先启动电话通知远端劝返行动。投入 1.8 万人次，从 1 月 23 日起，对照前期梳理排查出的湖北籍人员台账，逐一过筛子式地进行电话通知，通知湖北籍人员暂不返深。这些措施为确保燕罗街道在全市湖北籍人口数量前十社区居其二的情况下，实现疫情"零输入"提供了强有力的保证，市、区领导现场检查时先后给予了多次表扬鼓励。④高标准建设交通联合检疫站。燕罗街道毗邻东莞，是返深西北门户通

绿区围合情况				
3 道防线	1. 路检：1 个	2. 村：16 个；园区及企业：652 个（园区：166 个；园区外企业：486 个）		3. 楼栋：5359 个
713 个绿区	社会：46 个	园区及企业：652 个（园区：166 个，园区外企业：486 个）		工地：15 个
6124 个检疫点	社会：98 个（燕川：34 个；罗田：12 个；塘下涌：28 个；山门：12 个；洪桥头：12 个）			
	园区及企业：652 个（园区：166 个；园区外企业：486 个）			
	工地：15 个			
	楼栋：5359 个（燕川：1482 个；罗田：1056 个；塘下涌：1715 个；洪桥头：483 个；山门：623 个）			

图 8-3　燕罗街道新冠肺炎疫情防控绿区合围情况

道第一道防线。1月25日18时,按照区统一部署,由街道党工委书记带队到现场组织卡口建立,于当晚22时全面完成雄宇路、广田路、燕罗路3个主要道路的交通联合检疫站布设,并当即开始逐人逐车检测,比上级规定时间提前2小时完成。同时截至次日凌晨1时,将交通联合检疫站附设的人员办公休息的5套活动板房、10座移动洗手间、6顶帐篷、29套防护服、6探照灯、300只N95口罩、300副橡胶手套、51副护目镜等物资一一配备到位,并安装了6套照明设施,3套移动视频监控系统并将视频信息上传至区里。为应对暴雨降温天气,参照深圳大运会安保卡点建设标准,于2月13日完成雄宇路交通联合检疫站风雨棚搭建,单体覆盖面积512平方米。

二、突发公共事件中的基层社会治理资源供给

(一)疫情防控期间的防疫物资供给

第一,建立自给自足的防疫物资供给单位。自疫情发生以来,虽然街道储备防疫物资以万为单位,但消耗巨大,"仓库再大,不如有个工厂",若能建成一个防疫物资厂,将极大缓解片区后勤防护物资的供应难题,更能为在一线辛勤工作的人员提供安全保障。在区工业和信息化局的大力协调下,燕罗街道党工委主要领导亲自上门,开始与时间竞赛,厂家、原料、厂房、设备采购"四条腿一起跑",抢回来一条口罩生产线,创造了20分钟选址、35小时产品下线的"燕罗防疫速度"。同时,为破解缺乏N95关键零部件生产线的难题,街道党工委主要领导亲自部署协调,连续两个通宵带领技术人员自己设计、自己加工、自己热处理,造出关键零部件模具,确保N95口罩如期生产。该生产线产能、供应量位居全市第三。该项工作得到深圳市领导的高度评价。第二,扩大防疫物资生产。指导辖区龙头企业三诺电子转产防疫紧缺物资,帮助规划口罩生产车间,截至2020年2月,投入21条市面上最先进的三代全自动口罩生产线,全部投产后,可日产符合国家标准的一次性医用口罩200万个、医用N95口罩20万个。同时引进防护服生产企业1家,投入使用20台各类设备,建设日产1500件防护服的生产线。第三,科学分配防疫物资。树立"不做锦上添花的俗事,只做雪中送炭的实事"理念。向市里贡献一般口罩35.4万个、支援兄弟单位12.7万个、支援宝安区各大医疗机

构 N95 口罩 3.7 万个，5 家单位送来感谢信。如沙井医院院长说："今天如果不送来，仅剩的 30 个医用口罩马上用完了，我们都不知道怎么办？"燕罗对所有驻街道单位实施无差别防疫物资保障，全部物资由街道统一统筹，解决了开工单位没有一个口罩的燃眉之急，发扬了"红色燕罗使命必达"的精神。第四，创新疫情防控资源的使用方式。全区创新将防水材质的三防雨衣试行防护服替代方案，并制定统一的穿着要求：穿着时将袖口、脖口的锁口扎紧，裤子选取大一码的方便遮住脚面，同时佩戴护目镜、口罩、一次性手套、一次性鞋套，对全身进行包裹。统一科学消杀程序：利用配置好的消毒水全面喷淋，或是在消毒桶里浸泡不少于 20 分钟，并在太阳下挂起晾晒。第五，确保一线保障有力装备精良。分别在 2020 年 1 月 27 日、2 月 1 日连续以防控指挥部的名义，下发 2 次关于厉行节约加强防疫物资使用管理的通知。将防疫装备向一线倾斜，做到机关事业单位工作人员 3 天重复使用 1 个口罩，确保一线防疫工作人员装备精良，配齐加强型口罩、护目镜、手套、防护服等防疫装备，确保一线检疫人员自身安全。建立强大的后勤保障体系，对检疫点架设集装箱、移动厕所，配置洗衣机，所有检疫点配送热菜热饭、夜宵，确保维持防疫一线强大的战斗力。

(二) 构建严密的疫情防控体系

第一，制定工作标准，用制度来规范工作。突如其来的疫情，响应级别高，标准要求严，对此燕罗街道迅速建立了完整的制度标准体系。自启动全面防疫工作以来，街道指挥部先后发文 201 次，制定规范的各项指引、流程体系，形成居家隔离指引、检疫点工作指引、企业复工复产指引等 21 个指引及交通检疫流程、消杀流程、隔离流程、物资申领流程、发热人员移送流程等 19 个流程。2020 年 1 月 31 日，区委主要领导在燕罗调研时充分肯定了"6+4×4+7"防疫检查体系(防线"6 必查""4 排除"，防护"4 件套"，消杀"4 到位"，防护用品回收"4 要素"，居家观察"7 个一")，指出燕罗街道防疫工作逻辑思维强、可操作性强，并要求全区推广。

第二，构建全方位、大综合、立体式防疫体系。第一道防线，构筑重要入深通道交通卡口防线，雄宇路交通联合检疫站按照最高标准规范设置，实行军事化管理，该做法登上学习强国平台，区领导要求全区推广。第二道防线，筑牢社区小区工矿企业防线。自 2020 年 1 月 23 日起，所有社区小区、工矿企业、在建工地实行围合管理，单口进出，闸口处设 765 个检疫点。开发电子身份识别系统，扫码验证身份，登记体温后方可进出。将全街道划分为 713 个绿区（干净区），绘制街道疫情防控 3 道防线分布图，挂图作战。第三道防线，在辖区 5359 个出租屋楼栋指定楼栋长，建立楼栋长守夜人零报告制度。全部成立楼栋检疫组，落实楼栋长主体责任，全天候 24 小时值守，每天零报告，夯实最后一道防线。

第三，严守底线意识，组建全市唯一一支防化兵队伍。用一万分的努力确保万无一失。2020 年 1 月 24 日，10 名政治素质过硬民兵队员主动请战，街道第一时间配备 10 套专业防化装备。1 月 25 日，邀请防疫专业机构到现场培训指导，组建成为全市唯一一支防化兵队伍，并立即开展 4 次疫情应急处置演练。同时，选取一栋空置楼房作为检疫防化兵的营房。截至 2020 年 6 月 30 日，已顺利完成 180 次 274 名隔离人员护送工作。

第四，量化宣传标准，突出实操。实现宣传标语横幅 150 米全覆盖，247 块街道 LED 显示屏滚动播出 1.9 万条次，用老百姓一看就懂的语言宣传抗疫和健康信息。与此同时，组织综合巡查队，全民动员，张贴 20 余万张标语，5 个社区设立公开举报电话。

三、基层社会治理应对突发公共事件的科技支撑

（一）"互联网+"场景中的疫情防控信息整合

燕罗于 2020 年 1 月 27 日在全市率先启动检疫点二维码扫码登记人员，检疫放行效率提升 10 倍。开发燕罗街道防疫智慧系统，建立交通卡口、企业检疫、社区检疫、楼栋长信息自主申报、企业复工复产自主申报 5 大服务平台，整合各项疫情防控数据，实现 6124 个防疫点防疫数据由一张表报送，将广大基层干部从繁杂的数据表格中解脱出来。切实解决了交叉重复报表多、消耗基层有限精力的问题，并根据疫情发展，逐步完善升级系统，自动分类生成电子版通行证。同时确保检疫人员和返深人员的物理隔离，降低交叉感染风险。燕罗还建立自动视频监控系统，架设视频监控 168 个，实现视频实时获取动态信息。

(二) 新技术应用下的疫情防控宣传

街道启用无人机巡查宣传，通过利用无人机巡查覆盖面广、监控状态稳、盲区盲点少、不受地形地物干扰、无接触安全性强等特点，对街道五个社区进行依路线巡查，重点对各社区围合口、道路，公共场所等存在的人员聚集、逗留玩乐、翻越围合区、不戴口罩等行为进行劝导、驱散，帮助巡查人员发现"隐情"，推动防疫巡查工作"零死角、全覆盖"。有关报道登上学习强国平台（见图8-4、图8-5）。

 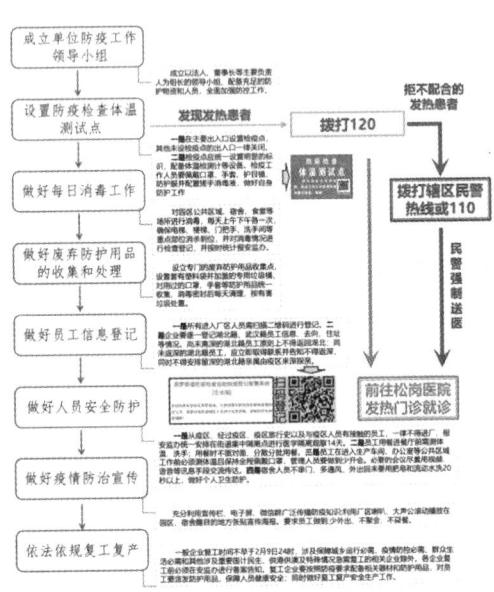

图 8-4　疫情防控宣传材料

(三) 大数据支持中的数据搜集与整合

系统数据判形势，让指令精准高效。利用大数据、物联网及数据共享技术，实时反馈重点防疫区人员信息及数据分析报告到决策端，并通过数据共享第一时间发送给相关团队跟进。如智慧系统精准定位即将返深的重点防疫区人员信息，社区"三位一体"工作人员实时精准掌握其返深时间，实行5359个栋楼守夜人制度，实行零报告无缝衔接，对其做好居家观察，严防疫情扩

序号	日期	刊登媒体	标题	单位/部门	备注
			2020年燕罗安监办已发表疫情防控新闻稿件统计总汇表		
1	2020/2/2	宝安融媒	返工高峰期：燕罗街道开展工业区防疫攻坚战	安监办	网站
2	2020/2/3	晶报	街道开展工业区防疫攻坚战，一线指导一线防控	安监办	网站
3	2020/2/3	奥一网	返工高峰期：燕罗街道开展工业区防疫攻坚战	安监办	网站
4	2020/2/6	晶报APP	他们是坚守社区防疫一线的"战士"	安监办	网站
5	2020/2/6	宝安融媒	燕罗街道：双一线干部坚守岗位抗疫情	安监办	网站
6	2020/2/6	奥一网	燕罗：双一线干部坚守岗位保安全	安监办	网站
7	2020/2/8	宝安融媒	燕罗街道：爱心企业捐赠一吨消毒水助力消杀防疫	安监办	网站
8	2020/2/10	宝安日报A10	早部署细落实严防疫 引导企业安全复工	安监办	纸媒体
9	2020/2/10	宝安湾	早部署细落实严防疫，引导企业安全复工	安监办	网站
10	2020/2/11	奥一网	燕罗安监办连夜发放疫情资料，加强防疫宣传工作迎复工	安监办	网站
11	2020/2/12	奥一网	燕罗企业连续7日为一线防疫人员捐赠面包	安监办	网站
12	2020/2/17	宝安日报A09	燕罗科学有序助力辖区企业复工复产	安监办	纸媒体
13	2020/2/17	宝安湾	燕罗街道科学有序助力辖区企业复工复产	安监办	网站
14	2020/2/17	宝安融媒	燕罗街道助力企业做好复工复产疫情防控工作	安监办	网站
15	2020/2/18	见圳	燕罗科学有序助力辖区企业复工复产	安监办	网站
16	2020/2/25	奥一网	燕罗街道：疫情防控安全生产"两手抓"	安监办	网站
17	2020/2/26	《宝安日报》A06版	燕罗街道：防疫生产两手抓 安全复工有保障	安监办	纸媒体
18	2020/2/26	《宝安日报》A06版	燕罗街道：防疫生产两手抓 安全复工有保障	安监办	纸媒体
19	2020/2/26	《宝安日报》A06版	燕罗街道：防疫生产两手抓 安全复工有保障	安监办	纸媒体
20	2020/2/28	奥一网	防疫复工两不误 燕罗安监青年有担当		网站
21	2020/2/29	宝安网	防疫复工两不误 燕罗安监青年有担当		网站
22	2020/3/2	澎湃APP	战疫一线｜党员、团员、志愿者、网格员组成燕罗街道抗疫力量	安监办	网站
23	2020/3/4	《宝安日报》A15版	爸妈在一线抗疫，我在家会乖乖的		纸媒体
24	2020/3/4	《宝安日报》A15版	爸妈在一线抗疫，我在家会乖乖的		纸媒体
25	2020/3/6	宝安网、奥一网	燕罗青年热血青春"不打烊"，疫情面前勇担当！	安监办	网站
26	2020/3/6	宝安融媒	燕罗街道：90后逆行大军，疫情面前勇担当	安监办	网站
27	2020/3/7	《宝安日报》A10版	燕罗街道：90后逆行大军，疫情面前勇担当	安监办	纸媒体
28	2020/3/7	宝安融媒	燕罗街道：防疫安全两手抓，持续开展"三小场所"专项整治	安监办	网站
29	2020/3/9	查深圳	燕罗：战疫应急人｜抗疫前线，他们是英勇的战斗员	安监办	网站
30	2020/3/9	奥一网	燕罗街道青年：热血青春"不打烊"疫情面前勇担当！	安监办	网站
31	2020/3/12	宝安融媒	燕罗街道：清"集中"之患，安"隔离"之心	安监办	网站
32	2020/3/12	奥一网	燕罗街道：清"集中"之患，安"隔离"之心	安监办	网站
33	2020/3/12	宝安网	燕罗街道：清"集中"之患，安"隔离"之心	安监办	网站
34	2020/3/17	《宝安日报》A10版宝安融媒	政企联手战疫情，一面锦旗表谢意	安监办	网站
35	2020/3/19	宝安湾	燕罗街道：政企联手战疫情，一面锦旗表谢意	安监办	网站

图 8-5　2020 年燕罗安监办已发表疫情防控新闻稿件汇总表

散。大数据研判团队每天分析研判一天的疫情防控态势，查漏补缺 638 次，为科学决策提供了强有力的支撑，筑牢了防疫堡垒。值得一提的是，燕罗在公安系统下发人员排查名单外，又通过大数据分析，发现 96 名名单外的湖北籍人员。用战时标准，摒弃原有的大段文字，全部实现表格化大数据分析，累计系统自动筛选数据、数据推送 100 万条次，为街道决策提供了重要参考依据。燕罗还提高效率，向科技要管理、要服务、要人力，每天自动导出数据，解决了表格太多、填表繁琐、人力消耗巨大的问题，将人手解放出来搞排查、搞防守。

四、疫情防控泛在化背景下的经济社会秩序恢复

(一)抓防疫工作和企业复工复产工作两手都要硬

为深入贯彻习近平总书记关于坚决打赢疫情防控阻击战的重要指示精神和党中央关于疫情防控的决策部署,认真落实省、市、区关于应对新冠肺炎疫情支持企业复工复产的相关工作要求,燕罗在快速、有序、规范、精准地做好疫情防控工作的同时,还结合辖区实际情况,抢前抓早,提前部署,全力以赴做好辖区企业复工复产的各项工作,确保科学有效防控,平稳有序复工复产。2020 年 2 月 20 日,燕罗在全区率先实现规上 343 家企业 100%复工(见图 8-6)。

学生工业园防控新冠肺炎疫情组织体系

总指挥:苏**			电话:***********	
副总指挥:周**			电话:***********	
指挥部		姓名	联系电话	工作职责
办公室	主任	苏**	***********	1.统筹和领导本园区防疫防控工作,做到"四个到位""七个一"防控要求;2.组织落实党和政府各项防疫工作要求,开展本园区各项防控工作;3.建立防疫信息微信群,开展疫情联防联控;4.组织做好园区所有人员防疫体温检查、园区消毒工作等工作,并对形成台账留存;5.落实本园区其他各项防控及应急措施。
	工作人员	周**	***********	
	工作人员	李*	***********	
保障组	组长	任**	***********	1.根据街道办和社区工作要求准备好各种防疫物资,特别是医用口罩、防护服、眼罩、84消毒水、测温仪等;2.做好物品使用登记,督促清洁组对废弃防疫物资进行专门回收;3.协同各企业准备好隔离房间和餐饮供应,以备隔离人员住宿需要;4.做好防疫工作所需物资准备工作。
	工作人员	孟**	***********	
	工作人员	周**	***********	
宣传组	组长	黄**	***********	1.对党和政府下达的文件精神及时传达至园区所企业及员工;2.及时收集本园区所有防控工作开展情况,特别是员工有无出现疫情病症情况,每天上报到街道办和社区工作站;3.通过多种形式开展疫防疫知识宣传教育,悬挂横幅、宣传栏张贴传染病防治知识;4.本园区所有员工假期流动信息进行收集汇总,特别是重点做好湖北籍
	工作人员	沈**	***********	
	工作人员	周**	***********	
医疗组	组长	周**	***********	1.准备好防疫工作的所需药品;2.与街道发热门诊进行联系,了解最新信息;3.对园区发热、咳嗽人员进行跟踪,督促其及时到医院就诊;4.及时对员工发布政府关于疫情的防护知识;5.对隔离人员每日情况进行跟踪,如有发烧等情况第一时间上报。
	工作人员	宋**	***********	
	工作人员	李*	***********	
防疫组	组长	李**	***********	1.对各组别工作落实情况开展督查,组织做好消杀、隔离、检疫等工作;2.承担上级交办的其他工作。
	消杀工作	李**	***********	1.组织每天开展两次消杀工作,上午和下午各一次对本区进行全面消毒,特别是饭堂、电梯、通道、宿舍、门卫室等地方;2.要做好消毒登记工作。
	隔离工作	赵**	***********	1.配合街道对返深人员和与高危人员接触的开展隔离工作,制定隔离工作规则,形成工作台账,并将资料备案至对应网格和社区;2.负责严格监管所有隔离人员,让居家隔离人员出现异常要管控;3.负责及时准确上报隔离人员相关情况,做好发热人员上报工作。
	检疫工作	曾**	***********	1.检疫点应配备体温检测仪等设备并做好明显标识;2.检疫工作人员应做好自身防护工作,做好台账登记;3.组织安排全天24小时检疫工作,对进入园区所有人员身份证核查、登记、体温测量、督促其佩戴防护口罩,排队检查时要求人与人间隔2米以上,对每个人员进行体温测量,进行相关询问,做好登记工作,确保信息完整;4.严禁外来人员、访客"4排除"(外卖人员、窜门人员、送快递人员、外来的拉客人员);5.一旦发现发热人员(达到37.3度以上),立即报医疗救治组,按规定程序处理。

图 8-6 学生工业园防控新冠肺炎疫情组织体系

(二)秉承产业第一、服务至上的理念,用心服务企业

燕罗实行街道领导挂点企业包干服务制,将 103 家亿元以上企业包干到人,逐一走访,着力解决企业复工复产困难、防疫工作体系构建等难题。下发防疫办 123 号文《关于进一步做好防疫期间恢复正常的社会经济秩序相关工

作的通知》，制定23条措施，加大对企业复工复产审批、备案、招工等扶持力度。全覆盖宣传区委区政府出台的"撑企十条"政策，帮助协调辖区企业加快复工复产，尽最大努力降低疫情对企业的影响。同时加强上下游企业服务，加强跟其他街道的衔接，做好跨区企业的服务。

(三)认真落实"四个到位"与"七个一"

按《深圳市新型冠状病毒感染的肺炎疫情防控指挥部办公室关于实施企业复产复工报备制度的通知》要求，企业要严格落实"四个到位"防控要求，一要防控机制到位，二要员工排查到位，三要设施物资到位，四要内部管理到位。具体要做到"七个一"。一是成立一个由企业高管任组长的防控小组。建立企业内部疫情防控管理体系，明确责任人及工作职责，制定疫情防控应急预案和工作措施。二是对全体员工进行一次排查。组织对每一名员工的籍贯和14天内去向进行排查，对来自或者去过疫情重点地区的员工建立重点监控类清单，并规劝留在当地暂不返深复工。对来自或者去过疫情重点地区的返企员工要排查其抵深时间，落实企业内部医学观察、自行隔离等措施，确保其隔离观察14天并经体温测量正常后方可上岗。三是员工上下班测量一次体温。一旦发现员工有发热、咳嗽等急性呼吸道感染症状，要求暂缓上班，并督促其到定点医疗机构发热门诊就诊，同时做好信息上报和随访。四是每天为每一位员工配备口罩。要求员工在办公场所、生产车间必须佩带口罩，并按生活垃圾分类的要求做好已用口罩处置。五是每天进行至少一次卫生消杀，开展爱国卫生运动，做好办公场所、生产车间、餐厅等区域的卫生清洁、通风、消毒。六是每个企业落实一处隔离场所。有集体宿舍的企业，要设置临时隔离场所，安排单人单间、相对独立房间作为疫区返岗人员临时隔离场所；不具备条件的企业，企业报安监办，安监办汇总报街道集中隔离医学观察点(经科办)，统一安排在街道集中隔离点(酒店)进行医学隔离观察14天，费用由企业承担。员工居家居住的，要在现住址自行居家隔离14天，并向所在社区报备。七是企业食堂建立错峰用餐制度。组织员工错峰用餐，并加强员工下班后管理，避免室内群体聚集。无自有食堂的采用配送餐方式解决。燕罗辖区内企业、工厂众多，街道下大力气，要求企业不打折扣地做到"四个到位"与"七个一"的工作。

(四)从细节抓好城市运行，坚持民生为本，始终把保障群众生活摆在首位

针对部分群众哄抢生活物资，部分商家哄抬物价行为，街道于2020年1月25日即组织物资供应商家提前开业，由社区书记亲自抓菜篮子工程，丰富市场供应。1月27日，市场菜品从11类增加到35类，各类生活物资物价恢复到春节前正常价格水平。此外，由街道综合执法队牵头市场和深圳质量监管委宝安局燕罗所、松岗卫生监督所、燕罗水政监察队等单位联合执法，强力打击哄抬物价等违法行为，出动检查5轮，查处违法行为4宗，迅速稳定辖区医疗物资等物价水平。燕罗还组织人员为街道流浪人员、孤寡群众、困难群众导等没有口罩的群众，免费派发2万个口罩，避免出现不可控传染源。

良好的环境卫生是民生的重要内容，自疫情发生以来，街道1500名保洁人员全员配备手套、口罩等全套防护装备。按照创文标准抓城市保洁和消杀，至2020年8月，累计出动消杀工作人员47433人次，出动车辆3051车次，对街道公园广场、公厕、背街小巷等进行全面消杀，累积使用药物55.4吨，消杀面积达8994万平方米。1月份环境卫生指数排名全市11名，取得了自街道成立以来最好成绩，位列全区第一。全覆盖按统一规范标准，设置386个防疫废弃物收集点，全部上锁，每日两次由环卫企业收运移交至社康中心处理。学习强国平台也对燕罗的各项应对举措进行了报道。

(五)社区疫情防控泛在化建设与落实

以罗田社区为例，共设立了10个检疫点，每个检疫点三班轮流站岗，对出入人员进行量体温，查看行程轨迹并进行实名登记。社区网格对社区湖北返回人员进行地毯式排查，将湖北返回人员上报给社区。主要工作包括：①网格对人员信息住址进行核实，核实后上门发放隔离通知书，体温计及贴隔离封条；②社区将工作站人员分为6个小组，并联合社区股份公司一起为隔离人员管理服务，小组长会将隔离人员拉入微信群，群内人员包括隔离对象、小组长(负责隔离人员生活物资的保障，对象需要什么物资整理发给股份公司负责采购人员进行统一采购，并于第二天送上门)、社康医生(负责每天隔离人员体温的监测)、心理咨询师(负责隔离人员隔离期间心理及情绪)、网格长(负责核实及贴封送告知书)及民警(负责隔离期间隔离人员配合问题的处理)。

现阶段境外疫情工作内容主要是集中隔离转居家隔离的工作(见图8-7)。街道下发给罗田社区集中转居家隔离人员所需核实的信息,主要包括如下核查内容(条件):①是否有单独房间并满足一人一室;②有无独立卫生间;③有无独立厨房;④有无独立阳台;⑤是否有良好的通风条件;⑥是否有独立的生活用品;⑦是否有消毒物资(消毒液、消毒酒精等);⑧是否有防疫物资(体温计、口罩)等。

图 8-7　社康医生对居家隔离人员进行核酸检测

经过社区核实,隔离对象符合条件后工作流程如下:①由社区转运人员联系转运站"120"并和"120"一起对隔离人员进行接送(转运工作人员和酒店隔离负责人员进行交接,并一路紧跟"120"车辆直到隔离人员居家隔离的地址,其间工作人员需联系物业进行消杀)。②隔离人员到后,"三位一体"工作人员(网格、民警、社康医生及社区工作人员)对隔离人员进行第一次面访(量体温,签隔离通知书及承诺书),面访结束后由网格贴封条。③隔离期间每天社康医生上门会对隔离对象测体温,掌握隔离人员身体及心理健康状况;社区民警会管好安全,提醒其遵守居家隔离要求,不得擅自离开居所;社区会安排专人负责隔离人员的各项生活服务、暖心服务。对出现异常情况的,"三人小组"会及时处理,确保隔离人员安全。管控中心应在居家隔离人员住所安装监控摄像头,确保管控到位,居家隔离人员不外出,如有外出则隔离时间从0算起。隔离期间,会组织2次核酸检测(时间为隔离的第7天和第14天),"三位一体"工作人员做好一人一档隔离台账。④隔离期结束,"三位一体"小组（社康医生及社区工作人员）上门解除隔离并发放解除居家隔离医学观察告知书。

第三节 案例分析

燕罗在严密的基层社会疫情防控工作中所建构起来的防控体系在面对突发性、复杂性和不确定性并存的公共卫生事件处理过程中，充分调动了基层群众、企事业单位和相关社会组织的全部力量，为疫情防控工作筑起坚实的"作战堡垒"。那么，如此严密的防控工作体系是如何在短时间内通过协调各方资源从而构建起来的？在构建防控体系的过程中，有哪些资源和力量是动员的主要对象？除了人力资源外，防控物资和新技术等物理资源该如何整合？燕罗街道从多元治理主体参与、必要防疫物资资源配给下移和新技术运用等方面提供了宝贵经验。

一、新冠肺炎疫情防控工作中的多元治理主体参与

在疫情防控中，燕罗街道通过协调和整合多元的治理主体参与疫情防控工作，以全民参与为目标，取得了疫情防控工作的阶段性成果。基层社会治理目标是要实现在党领导下的政府治理和社会调节、居民自治良性互动，全面提升城乡治理法制化、科学化，提高精细化水平和组织化水平。面对此次疫情的突发状况，多方面的社会力量的参与就成为打赢这场"人民战争"的必要条件。从历史上各类区域性公共卫生事件的处置经验中我们可以发现，基层社会治理体系可以被认为是人员管控的有效手段。此次新冠肺炎疫情的蔓延具有突发性和高传染性等特征，如果不能对辖区内的人员流动进行高效管控，人传人的情况可能会难以避免。因此，只有通过街道层面对辖区内的多元力量进行协调和整合，统一部署和规划疫情防控方案，才能实现对流动人员的精准管控。因此，无论是内防扩散阶段还是外防输入阶段，构建严密的疫情防控体系都需要动员辖区的全部力量，只有这样才能对进出人员、社区居住者、密切接触者、需执行居家隔离的人员实施密切监控和管理，并且提供相应的后勤保障。

通过此次新冠肺炎疫情防控阻击战，历史再一次印证了多方面社会动员与居民参与的密切关系。在街道有序领导下，燕罗将全街道划分为713个绿区（干净区）并绘制街道疫情防控3道防线分布图，挂图作战。在辖区5359个出租屋楼栋指定楼栋长，建立楼栋长守夜人零报告制度。全部成立楼栋检疫组，落实楼栋长主体责任，全天候24小时值守，每天零报告，夯实最后一道防线。最终实现了通过协商合作共同保障小区安全，共同治理社区防疫公共事务，共同享有小区无疫成果。

我们可以看到，这些疫情防控工作成功经验的取得既得益于有效发动社会力量、动员居民参与社区事务、共同协商参与社区治理，也离不开燕罗街道党委领导下的疫情防控领导小组的规划和动员。防疫期间，街道指挥部通过协商的方式动员居民承担志愿者工作，在小区卡口负责检测体温和核查证件。居家党员和居民也积极响应单位的号召，主动向社区申请，承担小区防控志愿者的工作，成为此次疫情防控的重要力量。这些被动员的社区积极分子不仅主动分担专职工作人员的工作，还积极发动身边的群众参与疫情防控。从街道辖区的生活者转变为疫情防控者，体现了主动参与治理的主人翁精神特征。由此可见，街道疫情防控领导小组通过发动辖区内多元治理主体参与到疫情防控工作中，不但从具体工作落实上提高了辖区内居民的参与度和责任感，也从精神层面产生了凝聚力和向心力，为疫情防控工作的顺利展开提供了必要的人力保障和精神合力。

二、突发公共卫生事件下的必要资源配给下移

疫情防控工作中的必要资源配给下移不仅包含人力资源和物力资源下沉基层，同时也意味着街道的治理重心下沉基层，为灵活及时解决具体的疫情防控工作出现的问题提供必要保障。资源下移的必要性体现在街道辖区内的资源和政策往往具有宏观的规划和政策指引，而在疫情突发的情境中，各类人力和物力资源无法通过正常的途径进行高效配给，而资源配给在街道层面的有目的、有计划地下移可以有效地实现这一目标。燕罗街道防疫指挥部的工作人员以及下辖各个社区两委委员及相关工作人员，通过一次次座谈会，解决了很多困扰居民的小区产权、道路、基础设施建设的问题。从疫情防控的实际工作需要来看，要下移的就是那些需要在短时间内向社区精准投入的资源。由于病毒的传染性极强，防控任务必须层层向下落实，无论是单位社区还是商品房小区，从院落、楼房到单元，每一块有人活动的空间都需要进行极其精准的管控，这无疑会给社区党组织和居委会带来超负荷的工作任务，要监控和管理一个或几个小区的人口及其流动，比如登记、隔离、门禁管理、监管等，就需要更多的资源下沉到社区，以支持社区工作人员来完成特殊时期的精准防控。

燕罗街道在此次疫情防控工作中实现了人力资源配给和物力资源配给的高效和精准下移，在保证疫情防控工作的顺利开展的前提下，也实现了资源的合理运用。人力资源配给下移在疫情防控工作中可以区分为常态人力资源下移和非常态人力资源下移。这里的常态人力资源是指市、区和街道各个部门的公职人员定点参与防控工作，一些国有性质的物业公司也将公司行政人员派往社区增员"救火"，还有那些居家办公的在职党员也响应工作单位的号召，帮助落实门禁守卫、检查出入证等工作。而另一些疫情防控工作的人力资源可以被称为非常态人力资源，其中包括学者、专业的社会工作者、社区规划师，以及其他参与到社区防疫的企业单位和组织。非常态的人力资源在此次疫情防控工作中发挥了巨大的补充作用。在疫情防控工作中，很多专职社区工作人员两个月来几乎没有睡过一个好觉，回流人群可能出现的风险及随时发生的社区矛盾都威胁着社区防控工作，这种工作压力使他们承受了常人难以想象的精神负担。而社区工作者和社区规划师不仅能直接分担管理及检查工作，更重要的是他们能够利用专业知识来疏导社区专职工作人员的心理压力，尝试解决社区防控中的一些矛盾和问题。与此同时，在街道疫情防控领导小组和各社区两委委员的动员下，一些科研工作者和具有技术专长的辖区居民主动参与进疫情防控工作，他们利用网络工具和社交媒体建立沟通平台，通过积极沟通和耐心倾听，为工作人员减轻工作压力、分享工作经验，为疫情防控工作贡献着自己的一份力。

燕罗街道也通过建立自给自足的防疫物资生产工厂、扩展防疫物资生产规模、科学配给防疫物资和创新防疫物资使用方式等措施实现了物力资源配给下移。为了建立自给自足的物资生产工厂，在区工业和信息化局的大力协调下，街道党工委主要领导亲自上门，开始与时间竞赛，厂家、原料、厂房、设备采购"四条腿一起跑"，抢回来一条口罩生产线，保证了辖区防疫物资的供给。同时，在街道疫情防控领导小组的指导和沟通下，辖区多个企业在应急条件下迅速规划生产车间，完成了多条三代全自动口罩生产线，不仅确保了街道辖区的口罩供应，同时也为兄弟单位的防控工作进行支援和助力。另外，街道疫情防控工作一线人员也在不断创新疫情防控资源的使用方式，通过各种形式和行之有效的措施将防疫物资的消耗控制在最小范围，为疫情防控的良性物资循环打好了行为基础。为了确保一线保障有力装备精良，街道疫情防控指挥部通过合理的资源配给将防疫装备向一线倾斜，确保一线检疫人员自身安全。与此同时，燕罗建立强大的后勤保障体系，对检疫点架设集装箱、移动厕所，配置洗衣机，所有检疫点配送热菜热饭、夜宵，确保防疫一线强大的战斗力。不论是一线工作人员、辖区居民还是各大媒体报道，对于街道疫情防控指挥部基于科学研判和精密部署的人力资源和物力资源配给下移措施，都给予了高度肯定。

三、基层社会治理应急体系中的新技术和新平台运用

面对此次疫情突发性和复杂性，新技术和新平台的运用在疫情防控工作中发挥的作用十分明显，不但从技术层面提高了政府决策和计划实施的科学性和稳定性，也从实践层面实现了治理过程的高效反馈与精准施策。燕罗街道通过新技术和新平台为基层社会治理赋能，提高了疫情防控期间的辖区疫情信息互通效率，增强了突发事件的信息反馈和应急处理能力，同时也为辖区居民开辟了新的沟通和互动方式，具体体现在以下三个方面：

第一，通过将新技术和新平台运用到应急基层社会治理过程中，燕罗街道极大地提高了辖区居民和疫情防控工作者获取疫情信息并将信息转化为行为方式的效率。在疫情防控工作进行过程中，切断人与人之间的病毒感染途径是控制疫情扩散的核心方式。为了避免辖区居民在疫情防控期间因必要的外出事务办理产生接触性风险，燕罗街道采用新技术和新平台等手段对公共事务办理进行了流程再造。辖区内工作人员以手机为载体，帮助居民下载安装微信、支付宝及其他相关可以实现扫码、身份确认等功能的App，要求居

民、访客和其他流动人员在终端进行信息录入和形成追踪。这一方式既减少了因人与人直接接触而带来的传播风险，同时也将工作效率进一步提升。同时，由于采用了方便、快捷、公开和严密的信息处理方式，街道工作人员可以将疫情防护、病毒科普、工具使用等重要防疫知识以更为便捷的方式精准高效传达至辖区居民，有利于居民进行学习和掌握，避免受到舆情中不实、失真甚至虚假消息的扩散给疫情防控带来隐患的影响。

第二，面对公共卫生事件的发生，燕罗街道通过新技术和新平台在风险管控层面提高了预先警示和突发风险处理能力。基于手机 App 和互联网各大数据平台的普及和运用，各种新技术和新平台的赋能为治理主体获取治理对象的信息和状态提供了高效的途径。疫情防控工作者可以从 App 和互联网平台的后端处理系统及时地监测和观察辖区人员的健康状况、行为轨迹以及行程过程中可能出现的接触性风险。例如，燕罗在辖区主要交通节点和行政事务办公场所均设置了人流监控系统和红外线体温检测系统，这一技术运用能高效反馈被检测者的健康状况，并迅速反映到疫情防控工作小组，以供其进行研判和及时采取应对措施。可见，燕罗街道对新技术的运用和新平台的部署，不但提高了基层社会治理中对于突发事件的响应效率，也减轻了工作人员的工作负担。

第三，通过新技术和新平台的运用，燕罗街道为辖区居民创造了新的对话机会和沟通途径，避免了因疫情防控导致的信息壁垒的形成。由于疫情防控的客观需要，辖区内的人员流动和面对面交流互动被隔离措施、交通迟滞和限制聚集等疫情防控手段限制在了最小范围，这在一定程度上给居民的交流和互动带了不便，也使其产生了焦虑和恐慌情绪。燕罗街道通过将微信、QQ、腾讯会议及钉钉等互联网平台运用于政务发布、学习辅助、信息通知和情感沟通，打通了因疫情阻隔的信息流通渠道，不仅让部分工作人员实现了居家办公和智慧化政务办理，同时也让居家不便外出的居民体验了基于互联网平台的新型生活方式。

综上，尽管疫情防控工作在一定程度上给人们外出、交流和互动的传统方式带来了限制，但燕罗街道通过新技术和新平台的运用，扩大了互联网平台的适用范围，用新的沟通方式拓宽了辖区居民掌握新技术的途径，帮助疫情防控过程中信息闭塞的居民寻找到了新的沟通渠道，为新技术和新平台在基层社会治理应急体系中的运用进行了实践性的探索。

第四节　案例总结

基于对燕罗街道在新冠肺炎疫情防控工作案例总结和分析，我们认为在此次疫情防控工作中，燕罗以强有力的组织领导，通过科学理性的谋划研判和高效有力的防控措施，以"严肃、严谨、严密、严格"的工作要求，顺利地通过了此次"大考"，确保了"零疑似、领确诊、零感染"的目标的实现；同时贯彻落实了上级复工复产的要求，基本实现了在疫情防控泛在情境下的经济社会秩序恢复，在实践维度上推进了基层社会治理，尤其是应急治理的现代化，并且提供了可以推广的经验。具体来看，燕罗疫情防控经验可以从以下四个方面进行总结：

一、强化组织领导和理性科学研判是疫情防控成功的首要前提

面对此次疫情的突发性、严重性和不确定性，燕罗街道将党的领导贯穿于疫情防控工作的始终，按照上级部署，在短时间内作出了积极有效的反应和科学研判，为疫情防控工作的顺利开展和最终完成提供了必要条件。

第一，燕罗街道通过建立强有力的组织领导架构，将疫情防控工作的责任体系梳理完善，确保责任不交叉、责任落实到具体个人，构建了可操作性强、层级清晰、分类专业的疫情防控体系。我们通过调研发现，在疫情防控工作部署初期，燕罗街道成立了以街道主要领导担任总指挥和各个主要部门领导积极配合参与的指挥团队，通过高规格配置责任领导团队，有利于疫情防控的动员工作，有效地动员了街道的人力和物力资源，保证了防控工作的顺利开展。第二，燕罗街道发挥党员的组织协调能力，充分动员街道各方力量参与疫情防控工作，为疫情防控提供了重要的保证。疫情防控指挥部制打破了原有部门建制，大范围调兵遣将。为了充分整合人员、统一指挥调度，指挥部建立了临时党总支，下设的各工作组建立了临时党支部，各工作组下设团队也建立了临时党小组，社区、园区、检疫卡口设党员先锋岗，用党的

组织力量将所有人员有机整合，强化党的领导，提高指挥部运作效率。同时，街道党组织充分发挥了党员的组织能力带头能力，在疫情防控工作中始终带领党员坚持在防控工作一线，通过一线民主生活会和火线入党等措施，进一步强化了党员的责任意识，团结了队伍，坚定了战胜疫情、取得防控工作胜利的决心。第三，燕罗街道通过理性和高效的科学研判，在动态中不断完善疫情防控工作计划，为疫情防控工作提供了运行机制保证。在疫情防控起始阶段的街道党政联席会上，根据上级部署和武汉疫情相关情况，街道党委通过专题研判防疫工作，作出加强重点场所消杀、大规模采购防疫物资、梳理流动人口大数据等4项重要决定。同时，燕罗街道迅速召开关于新冠肺炎疫情防控工作会议，通过明确工作体系、建立领导小组和启动积极防疫措施等举措，在疫情初期进行了积极反应，为疫情工作的开展奠定了坚实的基础。

二、防控计划的高效执行和物资下沉供给是疫情防控的关键环节

理性科学的疫情防控计划是疫情防控工作取得胜利的前提条件，而计划能够得到顺利、有效和高质量地开展是防控工作能否获得预期效果和全面胜利的关键环节。燕罗街道在此次疫情防控工作中，通过对计划的高效执行和物资资源的有效配给为防控工作提供了重要保证。

一是基于科学研判的客观性和有效性，燕罗街道迅速部署了防控措施，通过严密的街道防疫体系为疫情防控筑起了第一道防线。在疫情防控体系部署阶段，燕罗街道主要领导亲力亲为，参与疫情防控工作，通过清理活禽市场、排查外籍人员信息和设立交通联合检疫站等措施，将疫情防控隐患控制在最低程度，并得到了上一级组织的高度评价。二是通过构建严密的防疫体系、严谨的行为规范和量化的考核标准，燕罗确保了疫情防控计划的精准高效执行。自疫情防控工作开展以来，街道疫情防控指挥部先后发文201次，制定规范的各项指引、流程体系，形成居家隔离指引、检疫点工作指引、企业复工复产指引等21个指引及交通检疫流程、消杀流程、隔离流程、物资申领流程、发热人员移送流程等19个流程。三是燕罗街道为保证疫情防控措施的顺利实施，通过超常规落地防疫物资生产线、扩充防控物资生产、科学配给防控物资和防疫物资技术创新等多个举措，实现了疫情防控物资的全面下

沉和有效配给。燕罗街道在主要领导的带领下，经过科学分析和研判，突破了各方面的困难，实现了"20 分钟选址，35 小时产品下线"的超常规防疫物资生产线落地。面对可能因疫情而造成的巨大物资消耗，街道主要领导秉持"仓库再大，不如有个工厂"的理念，经过科学高效的资源整合，不仅将防疫物资生产线落地，同时实现了产能、供应量位居全市第三的成绩。这样一来，不仅确保了燕罗街道辖区的防疫物资供应，同时也为辖区临近街道和医院等兄弟单位提供了物资配给。

三、新技术和大数据的广泛应用是疫情防控的重要保证

新冠肺炎疫情的突发性、复杂性和不确定性决定了防控工作的难度和体量，因此新技术和大数据的广泛应用不仅是防控工作的客观需求，也是取得疫情防控工作最终胜利的重要保证。燕罗街道在此次疫情防控工作中，采取了智慧防控、电子通行证、无人机巡查和大数据整合等举措，保证了疫情防控工作的有序开展和高效落实。

第一，燕罗街道开发了防疫智慧系统，通过建立交通卡口、企业检疫、社区检疫、楼栋长信息自主申报、企业复工复产自主申报 5 大服务平台搜集相关数据，通过技术革新的方式将基层工作人员从诸多繁杂表格中解脱出来，实现了 6124 个防疫点防疫数据一张表报送，切实解决了交叉重复报表多、消耗基层有限精力的问题，并根据疫情发展，逐步完善升级系统，自动分类生成电子版通行证。同时，运用自动视频监控系统，架设视频监控 168 个，通过视频中心的监控，节省了人员流动和物力消耗，提高了疫情监控工作的效率。第二，燕罗街道通过启用无人机巡查，实现了对公共场所的实时监控和防疫知识宣传。无人机巡查覆盖面广、监控状态稳、盲区盲点少、不受地形地物干扰、无接触安全性强，通过合理的布控和操作，可以有效地帮助巡查人员发现"隐情"，推动防疫巡查工作"零死角、全覆盖"。第三，燕罗街道在疫情防控工作中利用大数据、物联网及数据共享技术，实时反馈重点防疫区人员信息及数据分析报告到决策端，并通过数据共享第一时间发送给相关团队跟进，为防控工作的科学决策提供了技术支持，确保了防疫工作的准确和高效。

四、疫情防控泛在下的经济社会秩序恢复是疫情防控的最终目标

燕罗街道已取得了疫情防控工作的阶段性成果，但外部环境的不断变化和时有发生的局部疫情，仍然需要疫情防控工作的泛在化建构，同时在疫情防控环境下保证经济社会秩序稳定发展也成为疫情防控工作的最终目标。在疫情得到有效控制之后，燕罗街道为深入贯彻习近平总书记关于坚决打赢疫情防控阻击战的重要指示精神和党中央关于疫情防控的决策部署，认真落实省、市、区关于应对新冠肺炎疫情支持企业复工复产的相关工作要求，在快速、有序、规范、精准地做好疫情防控工作的同时，还结合辖区实际情况，抢前抓早，提前部署，全力以赴做好辖区企业复工复产的各项工作，确保科学有效防控，平稳有序复工复产。同时，在街道党组织的领导下，街道各个单位坚持以民生为本，始终把保障群众的生活质量放在首位，通过丰富市场供应、稳定物价和整治环境卫生等多项举措，保证了疫情防控泛在下的群众生活质量。

综上所述，在此次新冠肺炎疫情防控工作中，燕罗街道通过发动党组织领导、多元参与、资源下沉、规划下移，构建起的严密而扎实的基层疫情防控网以及新型的技术和大数据的运用，实现了疫情防控的目标。但我们依然可以发现一些明显的"短板"，比如防疫工作开展初期，部门联动不够、信息共享不及时，存在系统导出的数据无部门接收，街道开发的疫情防控系统智慧化程度不高、操作不够简便、功能有限，系统采集的数据未得到有效利用，疫情防控和社会经济恢复的关系需更好平衡等问题。这些问题是我国基层社会治理尤其是应急治理现代化进程中具有普遍性和共通性的问题，需要我们继续努力去解决和完善。

总结与展望

基层是国家治理体系中最低层的属地管理组织，处于条块管理交汇点上，承担着条线下沉与属地所有的多重管理事务。基层社会治理必须坚持和完善党委领导、政府负责、社会协同、公众参与、法治保障的治理体制。本书以党的十九大与十九届二中、三中、四中、五中全会精神为根本指引，在公共政策、国家治理、系统学等理论的指导下，运用文献研究法、案例研究法、实地调查法与专家咨询法等方法，对燕罗街道的基层社会治理现代化实践与探索进行了全景式的呈现和描述。以此为基础，从加强党的领导与建设、增强治理主体合力、明确基层社会治理责任、合理配置治理资源、运用新型治理方式、加快治理机制变革、营造良好治理氛围、提升治理效能等多个不同角度总结了基层社会治理现代化的基本经验。通过燕罗这一个案，探讨社会治理在基层的实践与探索，一方面具有较大的实践意义，既可以为燕罗在推进基层社会治理现代化过程中有效解决新问题与新挑战等提供思路，还能够为深圳市、广东省乃至全国相关地区的基层社会治理现代化提供借鉴。另一方面也具有一定的理论意义，有助于从个案实践中总结观点，为推动基层社会治理理论创新提供素材，并为基层社会治理的理论观点与内容等提供实践注脚。

总的来看，基层社会治理现代化应该在增强实践探索与理论研究双向联动的基础上，进一步思考和解决以下三个方面的问题。

一、精准把握基层社会治理的重难点问题

习近平总书记指出："社会治理是一门科学，管得太死，一潭死水不行；管得太松，波涛汹涌也不行。"[1]基层社会治理是一项复杂的系统性工程，既要从全面、整体的角度考虑和推进，更要抓住主要矛盾和矛盾的主要方面，精准把握重点和难点问题。从系统的角度来看，基层社会治理的基本问题主要包括谁来治理？治理什么？如何治理？由此可以衍生出一系列重点和难点问题。第一，在贯彻落实党的领导、发挥基层党委与党组织作用的前提下，基层政府、企业、社会组织与广大居民群众在基层社会治理中分别扮演哪些角色？如何做到不缺位、不错位、不越位？如何形成良性互动的治理主体结构关系？第二，基层社会治理的对象繁杂、内容繁多、任务繁重，如何在"五位一体"总体布局中找到本地区基层社会治理的真正短板与具体问题？如何加强基层党建、保障民生与优化服务？如何回应和满足生态环境治理新要求、以数字经济为代表的新业态监管需求、社会安全防控新诉求等？如何对千头万绪的基层社会治理内容和议题，比如就业、医疗、住房、食品安全、交通拥堵、社会治安、政务服务等进行轻重缓急地排序？这些直接考验着基层社会治理者的能力和智慧。第三，随着社会进步与科技发展，在基层社会治理过程中如何统筹运用经济、政治、法律、行政、技术、教育、文化等多种手段？如何发挥教育、宣传、引导等方式的作用？如何因地制宜、因时制宜采用对话、沟通、协商、协调等办法？这些关系到传统的基层社会管理能否真正转变为现代化的基层社会治理。

总之，基层社会治理朝着现代化的方向发展，新的问题和挑战将不断涌

---

[1] 中共中央文献研究室. 习近平关于社会主义社会建设论述摘编[M]. 北京：中央文献出版社，2017：125.

现。应当树立基层社会治理的问题意识,在直面和解决重点与难点问题的过程中正确处理好政府与市场、政府与社会的关系,有效构建基层社会治理新格局,提升治理体系与治理能力的现代化水平。

二、加快完善基层社会治理的细节与机制

根据传统经验开展的基层社会管理工作往往千篇一律,根据新时代要求、立足本地实际开展的现代化基层社会治理工作往往各有特点,这些特点表现在不同的治理细节中,并成为判定其是否现代化的一个基本标准。首先,完善基层党建细节,寻求"党建+"的新生长点。把握基层党建的最终目标,不断提升基层社会治理的精准化、精细化水平,把"党建+"与群众所急、所需、所盼结合起来,真正为群众办实事、解难事、做好事,让群众实实在在感受到获得感和幸福感。其次,完善队伍建设细节,打造"1+N"优秀团队。建设高素质的社区领导班子,加强社区工作人员培训;以党建引领这个"1"为基础,发挥居委会、工作站、社区股份合作公司、群团组织、社会组织、业主委员会、物业公司、驻社区单位、园区、居民及其组织等多个主体的积极作用。再次,完善公众参与细节,推动基层社会治理"命运共同体"建设。党的十九届四中全会提出,要"建设人人有责、人人尽责、人人享有的社会治理共同体"。可探索和运用团组式、岗位式、项目式、阵地式、主题式、议案式等多样化的基层社会治理公众参与渠道,确保公众参与的持续性与有效性。最后,完善治理技术细节,强化"1+1>2"的治理保障。主要包括如下"四个立足":立足网格化服务管理技术,实现精细化治理;立足数据向上集中与服务向下延伸,优化公共服务;立足网络在线体验与线上议事协商,扩大居民参与范围;立足集成体系开发与智能服务升级,促进智慧社区建设。总之,重视和完善多种多样的治理细节是给基层社会治理"做乘法",有助于推动基层社会治理不断取得高绩效、形成高标准、获得高评价。

在中国的特定语境中,所谓基层社会治理机制是政府与社会合作治理基层公共事务的一种组织协调关系与运行方式,包括从公共需求的识别、整合

到公共决策的达成，再到治理主体责任分担和公共服务供给机制的形成。[①]从这个角度讲，完善基层社会治理机制需要进行动态构建，也是对上述治理细节进行提炼和制度化的过程。比如围绕基层党建细节，可以进一步完善区域化、网格化与智慧化的基层党建机制与基层党建引领机制等；围绕队伍建设细节，可以进一步完善基层工作人员交流、培训与考核机制、多元治理主体协作机制等；围绕公众参与治理技术细节，可以进一步完善公共事务利益表达与民主协商机制、公共需求回应与反馈机制、智慧化技术应用与保障机制等。基层社会治理现代化离不开一系列具体机制的设计与运转，这需要各地区结合辖区实际不断探索和归纳，形成良好的治理结构与治理关系，奠定治理功能有效发挥的基础。

三、实现制度优势向治理效能的加速转化

共建共治共享的社会治理制度，是我们党在长期探索中形成的、被实践证明符合国情、符合人民意愿、符合社会治理规律的科学制度，是习近平新时代中国特色社会主义思想的重要内容。[②] 基层社会治理制度，必须按照共建共治共享的要求，坚持和完善党委领导、政府负责、民主协商、社会协同、公众参与、法治保障、科技支撑的社会治理体系，建设人人有责、人人尽责、人人享有的社会治理共同体。基层社会治理现代化，必须把这一制度优势加速转化为治理效能。首先，就是要遵循将中国特色社会主义制度优势转化为国家治理效能的基本逻辑和要求，既"需要在国家治理体系的入口环节不断实现制度优势因素的整体性累积，也需要积极做好国家治理体系内部的科学管理和有效应用工作，并积极推进国家治理体系出口环节的信息反馈和绩效评估"。[③] 把基层社会治理"四梁八柱"的制度建立和完善起来，促使基层党委和政府积极履职履责，强化法治和科技保障，提高社会和公众在整个治理环节中的参与度，发挥其批评、监督、评价、建议的作用。其次，就是要引导和鼓励基层地区立足政策要求和本地实际，主动探索行之有效的基层社会治理

---

① 江治强. 当前基层社会治理机制的建构路径[J]. 社会治理, 2015(2): 47-48.
② 郭声琨. 坚持和完善共建共治共享的社会治理制度[N]. 人民日报, 2019-11-28.
③ 胡洪彬. 制度优势转化为治理效能：内在机理与实现路径[J]. 探索, 2020(6): 19.

模式，寻求能够最大限度地将基层社会治理制度优势转化为治理效能的具体做法和机制。在此基础上，要将还相对不足的制度规范建好、建足，将各种已有的制度文本用好、用活。通过自上而下的顶层设计与自下而上的探索创新相结合，促使制度在实践中得到有效维护与执行，从而为基层社会治理现代化奠定最坚实的制度基础。

附　录

一、国家层面关于社会治理现代化的相关政策文件与精神

(一)《中共中央 国务院关于加强基层治理体系和治理能力现代化建设的意见》[①](2021 年 4 月 28 日)

基层治理是国家治理的基石，统筹推进乡镇(街道)和城乡社区治理，是实现国家治理体系和治理能力现代化的基础工程。为深入贯彻党的十九大和十九届二中、三中、四中、五中全会精神，夯实国家治理根基，现就加强基

---

① 中共中央 国务院关于加强基层治理体系和治理能力现代化建设的意见[EB/OL].[2021-11-01]. http://www.gov.cn/zhengce/2021-07/11/content_5624201.htm

层治理体系和治理能力现代化建设提出如下意见。

一、总体要求

（一）指导思想。以习近平新时代中国特色社会主义思想为指导，坚持和加强党的全面领导，坚持以人民为中心，以增进人民福祉为出发点和落脚点，以加强基层党组织建设、增强基层党组织政治功能和组织力为关键，以加强基层政权建设和健全基层群众自治制度为重点，以改革创新和制度建设、能力建设为抓手，建立健全基层治理体制机制，推动政府治理同社会调节、居民自治良性互动，提高基层治理社会化、法治化、智能化、专业化水平。

（二）工作原则。坚持党对基层治理的全面领导，把党的领导贯穿基层治理全过程、各方面。坚持全周期管理理念，强化系统治理、依法治理、综合治理、源头治理。坚持因地制宜，分类指导、分层推进、分步实施，向基层放权赋能，减轻基层负担。坚持共建共治共享，建设人人有责、人人尽责、人人享有的基层治理共同体。

（三）主要目标。力争用5年左右时间，建立起党组织统一领导、政府依法履责、各类组织积极协同、群众广泛参与，自治、法治、德治相结合的基层治理体系，健全常态化管理和应急管理动态衔接的基层治理机制，构建网格化管理、精细化服务、信息化支撑、开放共享的基层管理服务平台；党建引领基层治理机制全面完善，基层政权坚强有力，基层群众自治充满活力，基层公共服务精准高效，党的执政基础更加坚实，基层治理体系和治理能力现代化水平明显提高。在此基础上力争再用10年时间，基本实现基层治理体系和治理能力现代化，中国特色基层治理制度优势充分展现。

二、完善党全面领导基层治理制度

（一）加强党的基层组织建设，健全基层治理党的领导体制。把抓基层、打基础作为长远之计和固本之举，把基层党组织建设成为领导基层治理的坚强战斗堡垒，使党建引领基层治理的作用得到强化和巩固。加强乡镇(街道)、村(社区)党组织对基层各类组织和各项工作的统一领导，以提升组织力为重点，健全在基层治理中坚持和加强党的领导的有关制度，涉及基层治理重要事项、重大问题都要由党组织研究讨论后按程序决定。积极推行村(社区)党组织书记通过法定程序担任村(居)民委员会主任、村(社区)"两委"班子成员交叉任职。注重把党组织推荐的优秀人选通过一定程序明确为各类组织负责人,确保依法把党的领导和党的建设有关要求写入各类组织章程。创新党组织设置和活动方式,不断扩大党的组织覆盖和工作覆盖,持续整顿软弱涣散基层党组织。推动全面从严治党向基层延伸,加强日常监督,持续整治群众身边的不正之风和腐败问题。

(二)构建党委领导、党政统筹、简约高效的乡镇(街道)管理体制。深化基层机构改革,统筹党政机构设置、职能配置和编制资源,设置综合性内设机构。除党中央明确要求实行派驻体制的机构外,县直部门设在乡镇(街道)的机构原则上实行属地管理。继续实行派驻体制的,要纳入乡镇(街道)统一指挥协调。

(三)完善党建引领的社会参与制度。坚持党建带群建,更好履行组织、宣传、凝聚、服务群众职责。统筹基层党组织和群团组织资源配置,支持群团组织承担公共服务职能。培育扶持基层公益性、服务性、互助性社会组织。支持党组织健全、管理规范的社会组织优先承接政府转移职能和服务项目。搭建区域化党建平台,推行机关企事业单位与乡镇(街道)、村(社区)党组织联建共建,组织党员、干部下沉参与基层治理、有效服务群众。

三、加强基层政权治理能力建设

(一)增强乡镇(街道)行政执行能力。加强乡镇(街道)党(工)委对基层政权建设的领导。依法赋予乡镇(街道)综合管理权、统筹协调权和应急处置权,强化其对涉及本区域重大决策、重大规划、重大项目的参与权和建议权。根据本地实际情况,依法赋予乡镇(街道)行政执法权,整合现有执法力量和资源。推行乡镇(街道)行政执法公示制度,实行"双随机、一公开"监管模式。优化乡镇(街道)行政区划设置,确保管理服务有效覆盖常住人口。

(二)增强乡镇(街道)为民服务能力。市、县级政府要规范乡镇(街道)政务服务、公共服务、公共安全等事项,将直接面向群众、乡镇(街道)能够承接的服务事项依法下放。乡镇要围绕全面推进乡村振兴、巩固拓展脱贫攻坚成果等任务，做好农业产业发展、人居环境建设及留守儿童、留守妇女、留守老人关爱服务等工作。街道要做好市政市容管理、物业管理、流动人口服务管理、社会组织培育引导等工作。加强基层医疗卫生机构和乡村卫生健康人才队伍建设。优化乡镇（街道）政务服务流程，全面推进一窗式受理、一站式办理，加快推行市域通办，逐步推行跨区域办理。

（三）增强乡镇（街道）议事协商能力。完善基层民主协商制度，县级党委和政府围绕涉及群众切身利益的事项确定乡镇（街道）协商重点，由乡镇（街道）党（工）委主导开展议事协商，完善座谈会、听证会等协商方式，注重发挥人大代表、政协委员作用。探索建立社会公众列席乡镇（街道）有关会议制度。

（四）增强乡镇（街道）应急管理能力。强化乡镇（街道）属地责任和相应职权，构建多方参与的社会动员响应体系。健全基层应急管理组织体系，细化乡镇（街道）应急预案，做好风险研判、预警、应对等工作。建立统一指挥的应急管理队伍，加强应急物资储备保障。每年组织开展综合应急演练。市、县级政府要指导乡镇（街道）做好应急准备工作，强化应急状态下对乡镇（街道）人、财、物支持。

（五）增强乡镇（街道）平安建设能力。坚持和发展新时代"枫桥经验"，加强乡镇（街道）综治中心规范化建设，发挥其整合社会治理资源、创新社会治理方式的平台作用。完善基层社会治安防控体系，健全防范涉黑涉恶长效机制。健全乡镇（街道）矛盾纠纷一站式、多元化解决机制和心理疏导服务机制。

四、健全基层群众自治制度

（一）加强村（居）民委员会规范化建设。坚持党组织领导基层群众性自治组织的制度，建立基层群众性自治组织法人备案制度，加强集体资产管理。规范撤销村民委员会改设社区居民委员会的条件和程序，合理确定村（社区）规模，不盲目求大。发挥村（居）民委员会下设的人民调解、治安保卫、公共卫生等委员会作用，村民委员会应设妇女和儿童工作等委员会，社区居民委员会可增设环境和物业管理等委员会，并做好相关工作。完善村（居）民委员会成员履职承诺和述职制度。

(二)健全村(居)民自治机制。强化党组织领导把关作用,规范村(居)民委员会换届选举,全面落实村(社区)"两委"班子成员资格联审机制,坚决防止政治上的两面人,受过刑事处罚、存在"村霸"和涉黑涉恶及涉及宗族恶势力等问题人员,非法宗教与邪教的组织者、实施者、参与者等进入村(社区)"两委"班子。在基层公共事务和公益事业中广泛实行群众自我管理、自我服务、自我教育、自我监督,拓宽群众反映意见和建议的渠道。聚焦群众关心的民生实事和重要事项,定期开展民主协商。完善党务、村(居)务、财务公开制度,及时公开权力事项,接受群众监督。强化基层纪检监察组织与村(居)务监督委员会的沟通协作、有效衔接,形成监督合力。

(三)增强村(社区)组织动员能力。健全村(社区)"两委"班子成员联系群众机制,经常性开展入户走访。加强群防群治、联防联治机制建设,完善应急预案。在应急状态下,由村(社区)"两委"统筹调配本区域各类资源和力量,组织开展应急工作。改进网格化管理服务,依托村(社区)统一划分综合网格,明确网格管理服务事项。

(四)优化村(社区)服务格局。市、县级政府要规范村(社区)公共服务和代办政务服务事项,由基层党组织主导整合资源为群众提供服务。推进城乡社区综合服务设施建设,依托其开展就业、养老、医疗、托幼等服务,加强对困难群体和特殊人群关爱照护,做好传染病、慢性病防控等工作。加强综合服务、兜底服务能力建设。完善支持社区服务业发展政策,采取项目示范等方式,实施政府购买社区服务,鼓励社区服务机构与市场主体、社会力量合作。开展"新时代新社区新生活"服务质量提升活动,推进社区服务标准化。

五、推进基层法治和德治建设

(一)推进基层治理法治建设。提升基层党员、干部法治素养,引导群众积极参与、依法支持和配合基层治理。完善基层公共法律服务体系,加强和规范村(居)法律顾问工作。乡镇(街道)指导村(社区)依法制定村规民约、居民公约,健全备案和履行机制,确保符合法律法规和公序良俗。

（二）加强思想道德建设。培育践行社会主义核心价值观，推动习近平新时代中国特色社会主义思想进社区、进农村、进家庭。健全村（社区）道德评议机制，开展道德模范评选表彰活动，注重发挥家庭家教家风在基层治理中的重要作用。组织开展科学常识、卫生防疫知识、应急知识普及和诚信宣传教育，深入开展爱国卫生运动，遏制各类陈规陋习，抵制封建迷信活动。

（三）发展公益慈善事业。完善社会力量参与基层治理激励政策，创新社区与社会组织、社会工作者、社区志愿者、社会慈善资源的联动机制，支持建立乡镇（街道）购买社会工作服务机制和设立社区基金会等协作载体，吸纳社会力量参加基层应急救援。完善基层志愿服务制度，大力开展邻里互助服务和互动交流活动，更好满足群众需求。

六、加强基层智慧治理能力建设

（一）做好规划建设。市、县级政府要将乡镇（街道）、村（社区）纳入信息化建设规划，统筹推进智慧城市、智慧社区基础设施、系统平台和应用终端建设，强化系统集成、数据融合和网络安全保障。健全基层智慧治理标准体系，推广智能感知等技术。

（二）整合数据资源。实施"互联网+基层治理"行动，完善乡镇（街道）、村（社区）地理信息等基础数据，共建全国基层治理数据库，推动基层治理数据资源共享，根据需要向基层开放使用。完善乡镇（街道）与部门政务信息系统数据资源共享交换机制。推进村（社区）数据资源建设，实行村（社区）数据综合采集，实现一次采集、多方利用。

（三）拓展应用场景。加快全国一体化政务服务平台建设，推动各地政务服务平台向乡镇（街道）延伸，建设开发智慧社区信息系统和简便应用软件，提高基层治理数字化智能化水平，提升政策宣传、民情沟通、便民服务效能，让数据多跑路、群众少跑腿。充分考虑老年人习惯，推行适老化和无障碍信息服务，保留必要的线下办事服务渠道。

七、加强组织保障

（一）压实各级党委和政府责任。各级党委和政府要加强对基层治理的组织领导，完善议事协调机制，强化统筹协调，定期研究基层治理工作，整体谋划城乡社区建设、治理和服务，及时帮助基层解决困难和问题。加强对基层治理工作成效的评估，评估结果作为市、县级党政领导班子和领导干部考核，以及党委书记抓基层党建述职评议考核的重要内容。市、县级党委和政府要发挥一线指挥部作用，乡镇（街道）要提高抓落实能力。组织、政法、民政等部门要及时向党委和政府提出政策建议。

（二）改进基层考核评价。市、县级党委和政府要规范乡镇（街道）、村（社区）权责事项，并为权责事项以外委托工作提供相应支持。未经党委和政府统一部署，各职能部门不得将自身权责事项派交乡镇（街道）、村（社区）承担。完善考核评价体系和激励办法，加强对乡镇（街道）、村（社区）的综合考核，严格控制考核总量和频次。统筹规范面向基层的督查检查，清理规范工作台账、报表以及"一票否决"、签订责任状、出具证明事项、创建示范等项目，切实减轻基层负担。做好容错纠错工作，保护基层干部干事创业的积极性。

（三）保障基层治理投入。完善乡镇（街道）经费保障机制，进一步深化乡镇（街道）国库集中支付制度改革。编制城乡社区服务体系建设规划，将综合服务设施建设纳入国土空间规划，优化以党群服务中心为基本阵地的城乡社区综合服务设施布局。各省（自治区、直辖市）要明确乡镇（街道）、村（社区）的办公、服务、活动、应急等功能面积标准，按照有关规定采取盘活现有资源或新建等方式，支持建设完善基层阵地。

（四）加强基层治理队伍建设。充实基层治理骨干力量，加强基层党务工作者队伍建设。各级党委要专门制定培养规划，探索建立基层干部分级培训制度，建好用好城乡基层干部培训基地和在线培训平台，加强对基层治理人才的培养使用。推进编制资源向乡镇（街道）倾斜，鼓励从上往下跨层级调剂使用行政和事业编制。严格执行乡镇（街道）干部任期调整、最低服务年限等规定，落实乡镇机关事业单位工作人员乡镇工作补贴政策。建立健全村（社区）党组织书记后备人才库，实行村（社区）党组织书记县级党委组织部门备案管理。研究制定加强城乡社区工作者队伍建设政策措施，市、县级政府要综合考虑服务居民数量等因素制定社区工作者配备标准；健全社区工作者职业体系,建立岗位薪酬制度并完善动态调整机制,落实社会保险待遇,探索将专职网格员纳入社区工作者管理。加强城乡社区服务人才队伍建设,引导高校毕业生等从事社区工作。

(五)推进基层治理创新。加快基层治理研究基地和智库建设,加强中国特色社会主义基层治理理论研究。以市(地、州、盟)为单位开展基层治理示范工作,加强基层治理平台建设,鼓励基层治理改革创新。认真总结新冠肺炎疫情防控经验,补齐补足社区防控短板,切实巩固社区防控阵地。完善基层治理法律法规,适时修订《中华人民共和国城市居民委员会组织法》、《中华人民共和国村民委员会组织法》,研究制定社区服务条例。

(六)营造基层治理良好氛围。选树表彰基层治理先进典型,推动创建全国和谐社区。做好基层治理调查统计工作,建立基层治理群众满意度调查制度。组织开展基层治理专题宣传。

(二)《中华人民共和国国民经济和社会发展第十四个五年规划和2035年远景目标纲要》①(2021年3月11日十三届全国人大四次会议通过)

第十四篇 增进民生福祉 提升共建共治共享水平

第五十一章 构建基层社会治理新格局

健全党组织领导的自治、法治、德治相结合的城乡基层社会治理体系,完善基层民主协商制度,建设人人有责、人人尽责、人人享有的社会治理共同体。

第一节 夯实基层社会治理基础

健全党组织领导、村(居)委会主导、人民群众为主体的基层社会治理框架。依法厘清基层政府与基层群众性自治组织的权责边界,制定县(区)职能部门、乡镇(街道)在城乡社区治理方面的权责清单制度,实行工作事项准入

---

① 中华人民共和国国民经济和社会发展第十四个五年规划和2035年远景目标纲要[EB/OL].[2021-11-01]. http://www.gov.cn/xinwen/2021-03/13/content_5592681.htm.

制度，减轻基层特别是村级组织负担。加强基层群众性自治组织规范化建设，合理确定其功能、规模和事务范围。加强基层群众自治机制建设，完善村（居）民议事会、理事会、监督委员会等自治载体，健全村（居）民参与社会治理的组织形式和制度化渠道。

第二节 健全社区管理和服务机制

推动社会治理和服务重心下移、资源下沉，提高城乡社区精准化精细化服务管理能力。推进审批权限和公共服务事项向基层延伸，构建网格化管理、精细化服务、信息化支撑、开放共享的基层管理服务平台，推动就业社保、养老托育、扶残助残、医疗卫生、家政服务、物流商超、治安执法、纠纷调处、心理援助等便民服务场景有机集成和精准对接。完善城市社区居委会职能，督促业委会和物业服务企业履行职责，改进社区物业服务管理。构建专职化、专业化的城乡社区工作者队伍。

第三节 积极引导社会力量参与基层治理

发挥群团组织和社会组织在社会治理中的作用，畅通和规范市场主体、新社会阶层、社会工作者和志愿者等参与社会治理的途径，全面激发基层社会治理活力。培育规范化行业协会商会、公益慈善组织、城乡社区社会组织，加强财政补助、购买服务、税收优惠、人才保障等政策支持和事中事后监管。支持和发展社会工作服务机构和志愿服务组织，壮大志愿者队伍，搭建更多志愿服务平台，健全志愿服务体系。

（三）《中共中央关于制定国民经济和社会发展第十四个五年规划和二〇三五年远景目标的建议》[①]**（2020年10月29日中国共产党第十九届中央委员会第五次全体会议通过，节选关于社会治理的内容）**

十二、改善人民生活品质，提高社会建设水平

坚持把实现好、维护好、发展好最广大人民根本利益作为发展的出发点

---

① 中共中央关于制定国民经济和社会发展第十四个五年规划和二〇三五年远景目标的建议[EB/OL].[2020-11-03]. http://www.gov.cn/xinwen/2020-11/03/content_5556991.htm.

和落脚点，尽力而为、量力而行，健全基本公共服务体系，完善共建共治共享的社会治理制度，扎实推动共同富裕，不断增强人民群众获得感、幸福感、安全感，促进人的全面发展和社会全面进步。

42. 提高人民收入水平。坚持按劳分配为主体、多种分配方式并存，提高劳动报酬在初次分配中的比重，完善工资制度，健全工资合理增长机制，着力提高低收入群体收入，扩大中等收入群体。完善按要素分配政策制度，健全各类生产要素由市场决定报酬的机制，探索通过土地、资本等要素使用权、收益权增加中低收入群体要素收入。多渠道增加城乡居民财产性收入。完善再分配机制，加大税收、社保、转移支付等调节力度和精准性，合理调节过高收入，取缔非法收入。发挥第三次分配作用，发展慈善事业，改善收入和财富分配格局。

43. 强化就业优先政策。千方百计稳定和扩大就业，坚持经济发展就业导向，扩大就业容量，提升就业质量，促进充分就业，保障劳动者待遇和权益。健全就业公共服务体系、劳动关系协调机制、终身职业技能培训制度。更加注重缓解结构性就业矛盾，加快提升劳动者技能素质，完善重点群体就业支持体系，统筹城乡就业政策体系。扩大公益性岗位安置，帮扶残疾人、零就业家庭成员就业。完善促进创业带动就业、多渠道灵活就业的保障制度，支持和规范发展新就业形态，健全就业需求调查和失业监测预警机制。

44. 建设高质量教育体系。全面贯彻党的教育方针，坚持立德树人，加强师德师风建设，培养德智体美劳全面发展的社会主义建设者和接班人。健全学校家庭社会协同育人机制，提升教师教书育人能力素质，增强学生文明素养、社会责任意识、实践本领，重视青少年身体素质和心理健康教育。坚持教育公益性原则，深化教育改革，促进教育公平，推动义务教育均衡发展和城乡一体化，完善普惠性学前教育和特殊教育、专门教育保障机制，鼓励高中阶段学校多样化发展。加大人力资本投入，增强职业技术教育适应性，深化职普融通、产教融合、校企合作，探索中国特色学徒制，大力培养技术技能人才。提高高等教育质量，分类建设一流大学和一流学科，加快培养理工农医类专业紧缺人才。提高民族地区教育质量和水平，加大国家通用语言文字推广力度。支持和规范民办教育发展，规范校外培训机构。发挥在线教育优势，完善终身学习体系，建设学习型社会。

45. 健全多层次社会保障体系。健全覆盖全民、统筹城乡、公平统一、可持续的多层次社会保障体系。推进社保转移接续，健全基本养老、基本医疗保险筹资和待遇调整机制。实现基本养老保险全国统筹，实施渐进式延迟法定退休年龄。发展多层次、多支柱养老保险体系。推动基本医疗保险、失业保险、工伤保险省级统筹，健全重大疾病医疗保险和救助制度，落实异地就医结算，稳步建立长期护理保险制度，积极发展商业医疗保险。健全灵活就业人员社保制度。健全退役军人工作体系和保障制度。健全分层分类的社会救助体系。坚持男女平等基本国策，保障妇女儿童合法权益。健全老年人、残疾人关爱服务体系和设施，完善帮扶残疾人、孤儿等社会福利制度。完善全国统一的社会保险公共服务平台。

46. 全面推进健康中国建设。把保障人民健康放在优先发展的战略位置，坚持预防为主的方针，深入实施健康中国行动，完善国民健康促进政策，织牢国家公共卫生防护网，为人民提供全方位全周期健康服务。改革疾病预防控制体系，强化监测预警、风险评估、流行病学调查、检验检测、应急处置等职能。建立稳定的公共卫生事业投入机制，加强人才队伍建设，改善疾控基础条件，完善公共卫生服务项目，强化基层公共卫生体系。落实医疗机构公共卫生责任，创新医防协同机制。完善突发公共卫生事件监测预警处置机制，健全医疗救治、科技支撑、物资保障体系，提高应对突发公共卫生事件能力。坚持基本医疗卫生事业公益属性，深化医药卫生体制改革，加快优质医疗资源扩容和区域均衡布局，加快建设分级诊疗体系，加强公立医院建设和管理考核，推进国家组织药品和耗材集中采购使用改革，发展高端医疗设备。支持社会办医，推广远程医疗。坚持中西医并重，大力发展中医药事业。提升健康教育、慢病管理和残疾康复服务质量，重视精神卫生和心理健康。深入开展爱国卫生运动，促进全民养成文明健康生活方式。完善全民健身公共服务体系。加快发展健康产业。

47. 实施积极应对人口老龄化国家战略。制定人口长期发展战略，优化生育政策，增强生育政策包容性，提高优生优育服务水平，发展普惠托育服务体系，降低生育、养育、教育成本，促进人口长期均衡发展，提高人口素质。积极开发老龄人力资源，发展银发经济。推动养老事业和养老产业协同发展，健全基本养老服务体系，发展普惠型养老服务和互助性养老，支持家庭承担养老功能，培育养老新业态，构建居家社区机构相协调、医养康养相结合的养老服务体系，健全养老服务综合监管制度。

48. 加强和创新社会治理。完善社会治理体系，健全党组织领导的自治、法治、德治相结合的城乡基层治理体系，完善基层民主协商制度，实现政府治理同社会调节、居民自治良性互动，建设人人有责、人人尽责、人人享有的社会治理共同体。发挥群团组织和社会组织在社会治理中的作用，畅通和规范市场主体、新社会阶层、社会工作者和志愿者等参与社会治理的途径。推动社会治理重心向基层下移，向基层放权赋能，加强城乡社区治理和服务体系建设，减轻基层特别是村级组织负担，加强基层社会治理队伍建设，构建网格化管理、精细化服务、信息化支撑、开放共享的基层管理服务平台。加强和创新市域社会治理，推进市域社会治理现代化。

（四）《中共中央 国务院关于加强和完善城乡社区治理的意见》[①]

城乡社区是社会治理的基本单元。城乡社区治理事关党和国家大政方针贯彻落实，事关居民群众切身利益，事关城乡基层和谐稳定。为实现党领导下的政府治理和社会调节、居民自治良性互动，全面提升城乡社区治理法治化、科学化、精细化水平和组织化程度，促进城乡社区治理体系和治理能力现代化，现就加强和完善城乡社区治理提出以下意见。

一、总体要求

（一）指导思想。全面贯彻党的十八大和十八届三中、四中、五中、六中全会精神，坚持以邓小平理论、"三个代表"重要思想、科学发展观为指导，

[①] 中共中央 国务院关于加强和完善城乡社区治理的意见[EB/OL]. [2017-06-02]. http://www.gov.cn/zhengce/2017-06/12/content_5201910.htm?gs_ws=tsina_636329670877028988.

深入贯彻习近平总书记系列重要讲话精神和治国理政新理念新思想新战略，紧紧围绕统筹推进"五位一体"总体布局和协调推进"四个全面"战略布局，坚持以基层党组织建设为关键、政府治理为主导、居民需求为导向、改革创新为动力，健全体系、整合资源、增强能力，完善城乡社区治理体制，努力把城乡社区建设成为和谐有序、绿色文明、创新包容、共建共享的幸福家园，为实现"两个一百年"奋斗目标和中华民族伟大复兴的中国梦提供可靠保证。

(二)基本原则

——坚持党的领导，固本强基。加强党对城乡社区治理工作的领导，推进城乡社区基层党组织建设，切实发挥基层党组织领导核心作用，带领群众坚定不移贯彻党的理论和路线方针政策，确保城乡社区治理始终保持正确政治方向。

——坚持以人为本，服务居民。坚持以人民为中心的发展思想，把服务居民、造福居民作为城乡社区治理的出发点和落脚点，坚持依靠居民、依法有序组织居民群众参与社区治理，实现人人参与、人人尽力、人人共享。

——坚持改革创新，依法治理。强化问题导向和底线思维，积极推进城乡社区治理理论创新、实践创新、制度创新。弘扬社会主义法治精神，坚持运用法治思维和法治方式推进改革，建立惩恶扬善长效机制，破解城乡社区治理难题。

——坚持城乡统筹，协调发展。适应城乡发展一体化和基本公共服务均等化要求，促进公共资源在城乡间均衡配置。统筹谋划城乡社区治理工作，注重以城带乡、以乡促城、优势互补、共同提高，促进城乡社区治理协调发展。

——坚持因地制宜，突出特色。推动各地立足自身资源禀赋、基础条件、人文特色等实际，确定加强和完善城乡社区治理的发展思路和推进策略，实现顶层设计和基层实践有机结合，加快形成既有共性又有特色的城乡社区治理模式。

(三)总体目标。到2020年，基本形成基层党组织领导、基层政府主导的多方参与、共同治理的城乡社区治理体系，城乡社区治理体制更加完善，城乡社区治理能力显著提升，城乡社区公共服务、公共管理、公共安全得到有效保障。再过5到10年，城乡社区治理体制更加成熟定型，城乡社区治理能力更为精准全面，为夯实党的执政根基、巩固基层政权提供有力支撑，为推进国家治理体系和治理能力现代化奠定坚实基础。

二、健全完善城乡社区治理体系

（一）充分发挥基层党组织领导核心作用。把加强基层党的建设、巩固党的执政基础作为贯穿社会治理和基层建设的主线，以改革创新精神探索加强基层党的建设引领社会治理的路径。加强和改进街道（乡镇）、城乡社区党组织对社区各类组织和各项工作的领导，确保党的路线方针政策在城乡社区全面贯彻落实。推动管理和服务力量下沉，引导基层党组织强化政治功能，聚焦主业主责，推动街道（乡镇）党（工）委把工作重心转移到基层党组织建设上来，转移到做好公共服务、公共管理、公共安全工作上来，转移到为经济社会发展提供良好公共环境上来。加强社区服务型党组织建设，着力提升服务能力和水平，更好地服务改革、服务发展、服务民生、服务群众、服务党员。继续推进街道（乡镇）、城乡社区与驻社区单位共建互补，深入拓展区域化党建。扩大城市新兴领域党建工作覆盖，推进商务楼宇、各类园区、商圈市场、网络媒体等的党建覆盖。健全社区党组织领导基层群众性自治组织开展工作的相关制度，依法组织居民开展自治，及时帮助解决基层群众自治中存在的困难和问题。加强城乡社区党风廉政建设，推动全面从严治党向城乡社区延伸，切实解决居民群众身边的腐败问题。

（二）有效发挥基层政府主导作用。各省（自治区、直辖市）按照条块结合、以块为主的原则，制定区县职能部门、街道办事处（乡镇政府）在社区治理方面的权责清单；依法厘清街道办事处（乡镇政府）和基层群众性自治组织权责边界，明确基层群众性自治组织承担的社区工作事项清单以及协助政府的社区工作事项清单；上述社区工作事项之外的其他事项，街道办事处（乡镇政府）可通过向基层群众性自治组织等购买服务方式提供。建立街道办事处（乡镇政府）和基层群众性自治组织履职履约双向评价机制。基层政府要切实履行城乡社区治理主导职责，加强对城乡社区治理的政策支持、财力物力保障和能力建设指导，加强对基层群众性自治组织建设的指导规范，不断提高依法指导城乡社区治理的能力和水平。

(三)注重发挥基层群众性自治组织基础作用。进一步加强基层群众性自治组织规范化建设,合理确定其管辖范围和规模。促进基层群众自治与网格化服务管理有效衔接。加快工矿企业所在地、国有农(林)场、城市新建住宅区、流动人口聚居地的社区居民委员会组建工作。完善城乡社区民主选举制度,进一步规范民主选举程序,通过依法选举稳步提高城市社区居民委员会成员中本社区居民比例,切实保障外出务工农民民主选举权利。进一步增强基层群众性自治组织开展社区协商、服务社区居民的能力。建立健全居务监督委员会,推进居务公开和民主管理。充分发挥自治章程、村规民约、居民公约在城乡社区治理中的积极作用,弘扬公序良俗,促进法治、德治、自治有机融合。

(四)统筹发挥社会力量协同作用。制定完善孵化培育、人才引进、资金支持等扶持政策,落实税费优惠政策,大力发展在城乡社区开展纠纷调解、健康养老、教育培训、公益慈善、防灾减灾、文体娱乐、邻里互助、居民融入及农村生产技术服务等活动的社区社会组织和其他社会组织。推进社区、社会组织、社会工作"三社联动",完善社区组织发现居民需求、统筹设计服务项目、支持社会组织承接、引导专业社会工作团队参与的工作体系。鼓励和支持建立社区老年协会,搭建老年人参与社区治理的平台。增强农村集体经济组织支持农村社区建设能力。积极引导驻社区机关企事业单位、其他社会力量和市场主体参与社区治理。

三、不断提升城乡社区治理水平

(一)增强社区居民参与能力。提高社区居民议事协商能力,凡涉及城乡社区公共利益的重大决策事项、关乎居民群众切身利益的实际困难问题和矛盾纠纷,原则上由社区党组织、基层群众性自治组织牵头,组织居民群众协商解决。支持和帮助居民群众养成协商意识、掌握协商方法、提高协商能力,推动形成既有民主又有集中、既尊重多数人意愿又保护少数人合法权益的城乡社区协商机制。探索将居民群众参与社区治理、维护公共利益情况纳入社会信用体系。推动学校普及社区知识,参与社区治理。拓展流动人口有序参与居住地社区治理渠道,丰富流动人口社区生活,促进流动人口社区融入。

(二)提高社区服务供给能力。加快城乡社区公共服务体系建设,健全城乡社区服务机构,编制城乡社区公共服务指导目录,做好与城乡社区居民利益密切相关的劳动就业、社会保障、卫生计生、教育事业、社会服务、住房保障、文化体育、公共安全、公共法律服务、调解仲裁等公共服务事项。着力增加农村社区公共服务供给,促进城乡社区服务项目、标准相衔接,逐步实现均等化。将城乡社区服务纳入政府购买服务指导性目录,完善政府购买服务政策措施,按照有关规定选择承接主体。创新城乡社区公共服务供给方式,推行首问负责、一窗受理、全程代办、服务承诺等制度。提升城乡社区医疗卫生服务能力和水平,更好满足居民群众基本医疗卫生服务需求。探索建立社区公共空间综合利用机制,合理规划建设文化、体育、商业、物流等自助服务设施。积极开展以生产互助、养老互助、救济互助等为主要形式的农村社区互助活动。鼓励和引导各类市场主体参与社区服务业,支持供销合作社经营服务网点向城乡社区延伸。

(三)强化社区文化引领能力。以培育和践行社会主义核心价值观为根本,大力弘扬中华优秀传统文化,培育心口相传的城乡社区精神,增强居民群众的社区认同感、归属感、责任感和荣誉感。将社会主义核心价值观融入居民公约、村规民约,内化为居民群众的道德情感,外化为服务社会的自觉行动。重视发挥道德教化作用,建立健全社区道德评议机制,发现和宣传社区道德模范、好人好事,大力褒奖善行义举,用身边事教育身边人,引导社区居民崇德向善。组织居民群众开展文明家庭创建活动,发展社区志愿服务,倡导移风易俗,形成与邻为善、以邻为伴、守望相助的良好社区氛围。不断加强民族团结,建立各民族相互嵌入式的社会结构和社区环境,创建民族团结进步示范社区。加强城乡社区公共文化服务体系建设,提升公共文化服务水平,因地制宜设置村史陈列、非物质文化遗产等特色文化展示设施,突出乡土特色、民族特色。积极发展社区教育,建立健全城乡一体的社区教育网络,推进学习型社区建设。

(四)增强社区依法办事能力。进一步加快城乡社区治理法治建设步伐,加快修订《中华人民共和国城市居民委员会组织法》,贯彻落实《中华人民共和国村民委员会组织法》，研究制定社区治理相关行政法规。有立法权的地方要结合当地实际，出台城乡社区治理地方性法规和地方政府规章。推进法治社区建设，发挥警官、法官、检察官、律师、公证员、基层法律服务工作者作用，深入开展法治宣传教育和法律进社区活动，推进覆盖城乡居民的公共法律服务体系建设。

（五）提升社区矛盾预防化解能力。完善利益表达机制，建立党代会代表、人大代表、政协委员联系社区制度，完善党员干部直接联系群众制度，引导群众理性合法表达利益诉求。完善心理疏导机制，依托社会工作服务机构等专业社会组织，加强对城乡社区社会救助对象、建档立卡贫困人口、困境儿童、精神障碍患者、社区服刑人员、刑满释放人员和留守儿童、妇女、老人等群体的人文关怀、精神慰藉和心理健康服务，重点加强老少边穷地区农村社区相关机制建设。完善矛盾纠纷调处机制，健全城乡社区人民调解组织网络，引导人民调解员、基层法律服务工作者、农村土地承包仲裁员、社会工作者、心理咨询师等专业队伍，在物业纠纷、农村土地承包经营纠纷、家事纠纷、邻里纠纷调解和信访化解等领域发挥积极作用。推进平安社区建设，依托社区综治中心，拓展网格化服务管理，加强城乡社区治安防控网建设，深化城乡社区警务战略，全面提高社区治安综合治理水平，防范打击黑恶势力扰乱基层治理。

（六）增强社区信息化应用能力。提高城乡社区信息基础设施和技术装备水平，加强一体化社区信息服务站、社区信息亭、社区信息服务自助终端等公益性信息服务设施建设。依托"互联网+政务服务"相关重点工程，加快城乡社区公共服务综合信息平台建设，实现一号申请、一窗受理、一网通办，强化"一门式"服务模式的社区应用。实施"互联网+社区"行动计划，加快互联网与社区治理和服务体系的深度融合，运用社区论坛、微博、微信、移动客户端等新媒体，引导社区居民密切日常交往、参与公共事务、开展协商活动、组织邻里互助，探索网络化社区治理和服务新模式。发展社区电子商务。按照分级分类推进新型智慧城市建设要求，务实推进智慧社区信息系统建设，积极开发智慧社区移动客户端，实现服务项目、资源和信息的多平台交互和多终端同步。加强农村社区信息化建设，结合信息进村入户和电子商务进农村综合示范，积极发展农产品销售等农民致富服务项目，积极实施"网络扶贫行动计划"，推动扶贫开发兜底政策落地。

四、着力补齐城乡社区治理短板

（一）改善社区人居环境。完善城乡社区基础设施，建立健全农村社区基础设施和公用设施的投资、建设、运行、管护和综合利用机制。加快城镇棚户区、城中村和危房改造。加强城乡社区环境综合治理，做好城市社区绿化美化净化、垃圾分类处理、噪声污染治理、水资源再生利用等工作，着力解决农村社区垃圾收集、污水排放、秸秆焚烧以及散埋乱葬等问题，广泛发动居民群众和驻社区机关企事业单位参与环保活动，建设资源节约型、环境友好型社区。推进健康城市和健康村镇建设。强化社区风险防范预案管理，加强社区应急避难场所建设，开展社区防灾减灾科普宣传教育，有序组织开展社区应对突发事件应急演练，提高对自然灾害、事故灾难、公共卫生事件、社会安全事件的预防和处置能力。加强消防宣传和消防治理，提高火灾事故防范和处置能力，推进消防安全社区建设。

（二）加快社区综合服务设施建设。将城乡社区综合服务设施建设纳入当地国民经济和社会发展规划、城乡规划、土地利用规划等，按照每百户居民拥有综合服务设施面积不低于30平方米的标准，以新建、改造、购买、项目配套和整合共享等形式，逐步实现城乡社区综合服务设施全覆盖。加快贫困地区农村社区综合服务设施建设，率先推动易地搬迁安置区综合服务设施建设全覆盖。落实不动产统一登记制度，做好政府投资建设的城乡社区综合服务设施不动产登记服务工作。除国家另有规定外，所有以社区居民为对象的公共服务、志愿服务、专业社会工作服务，原则上在城乡社区综合服务设施中提供。创新城乡社区综合服务设施运营机制，通过居民群众协商管理、委托社会组织运营等方式，提高城乡社区综合服务设施利用率。落实城乡社区综合服务设施供暖、水电、燃气价格优惠政策。

（三）优化社区资源配置。组织开展城乡社区规划编制试点，落实城市总体规划要求，加强与控制性详细规划、村庄规划衔接；发挥社区规划专业人才作用，广泛吸纳居民群众参与，科学确定社区发展项目、建设任务和资源需求。探索建立基层政府面向城乡社区的治理资源统筹机制，推动人财物和责权利对称下沉到城乡社区，增强城乡社区统筹使用人财物等资源的自主权。探索基层政府组织社区居民在社区资源配置公共政策决策和执行过程中，有序参与听证、开展民主评议的机制。建立机关企事业单位履行社区治理责任评价体系，推动机关企事业单位积极参与城乡社区服务、环境治理、社区治安综合治理等活动，面向城乡社区开放文化、教育、体育等活动设施。注重运用市场机制优化社区资源配置。

（四）推进社区减负增效。依据社区工作事项清单建立社区工作事项准入制度，应当由基层政府履行的法定职责，不得要求基层群众性自治组织承担，不得将基层群众性自治组织作为行政执法、拆迁拆违、环境整治、城市管理、招商引资等事项的责任主体；依法需要基层群众性自治组织协助的工作事项，应当为其提供经费和必要工作条件。进一步清理规范基层政府各职能部门在社区设立的工作机构和加挂的各种牌子，精简社区会议和工作台账，全面清理基层政府各职能部门要求基层群众性自治组织出具的各类证明。实行基层政府统一对社区工作进行综合考核评比，各职能部门不再单独组织考核评比活动，取消对社区工作的"一票否决"事项。

（五）改进社区物业服务管理。加强社区党组织、社区居民委员会对业主委员会和物业服务企业的指导和监督，建立健全社区党组织、社区居民委员会、业主委员会和物业服务企业议事协调机制。探索在社区居民委员会下设环境和物业管理委员会，督促业主委员会和物业服务企业履行职责。探索完善业主委员会的职能，依法保护业主的合法权益。探索符合条件的社区居民委员会成员通过法定程序兼任业主委员会成员。探索在无物业管理的老旧小区依托社区居民委员会实行自治管理。有条件的地方应规范农村社区物业管理，研究制定物业管理费管理办法；探索在农村社区选聘物业服务企业，提供社区物业服务。探索建立社区微型消防站或志愿消防队。

五、强化组织保障

（一）完善领导体制和工作机制。各级党委和政府要把城乡社区治理工作纳入重要议事日程，完善党委和政府统一领导，有关部门和群团组织密切配合，社会力量广泛参与的城乡社区治理工作格局。完善中央层面城乡社区治理工作协调机制，地方各级党委和政府要建立健全相应工作机制，抓好统筹指导、组织协调、资源整合和督促检查。各省(自治区、直辖市)党委和政府要建立研究决定城乡社区治理工作重大事项制度，定期研究城乡社区治理工作。市县党委书记要认真履行第一责任人职责，街道党工委书记、乡镇党委书记要履行好直接责任人职责。要把城乡社区治理工作纳入地方党政领导班子和领导干部政绩考核指标体系，纳入市县乡党委书记抓基层党建工作述职评议考核。逐步建立以社区居民满意度为主要衡量标准的社区治理评价体系和评价结果公开机制。

(二)加大资金投入力度。加大财政保障力度，统筹使用各级各部门投入城乡社区的符合条件的相关资金，提高资金使用效率，重点支持做好城乡社区治理各项工作。老少边穷地区应根据当地发展水平，统筹中央财政一般性转移支付等现有资金渠道，支持做好城乡社区建设工作。不断拓宽城乡社区治理资金筹集渠道，鼓励通过慈善捐赠、设立社区基金会等方式，引导社会资金投向城乡社区治理领域。创新城乡社区治理资金使用机制，有序引导居民群众参与确定资金使用方向和服务项目，全过程监督服务项目实施和资金使用。

(三)加强社区工作者队伍建设。将社区工作者队伍建设纳入国家和地方人才发展规划，地方要结合实际制定社区工作者队伍发展专项规划和社区工作者管理办法，把城乡社区党组织、基层群众性自治组织成员以及其他社区专职工作人员纳入社区工作者队伍统筹管理，建设一支素质优良的专业化社区工作者队伍。加强城乡社区党组织带头人队伍建设，选优配强社区党组织书记，加大从社区党组织书记中招录公务员和事业编制人员力度，注重把优秀社区党组织书记选拔到街道(乡镇)领导岗位，推动符合条件的社区党组织书记或班子成员通过依法选举担任基层群众性自治组织负责人或成员。社区专职工作人员由基层政府职能部门根据工作需要设岗招聘，街道办事处(乡镇政府)统一管理，社区组织统筹使用。加强对社区工作者的教育培训，提高其依法办事、执行政策和服务居民能力，支持其参加社会工作职业资格评价和学历教育等，对获得社会工作职业资格的给予职业津贴。加强社区工作者作风建设，建立群众满意度占主要权重的社区工作者评价机制，探索建立容错纠错机制和奖惩机制，调动社区工作者实干创业、改革创新热情。

（四）完善政策标准体系和激励宣传机制。加强城乡社区治理工作理论政策研究，做好城乡社区发展规划编制工作，制定"三社联动"机制建设、政府购买城乡社区服务等相关配套政策。加快建立城乡社区治理标准体系，研究制定城乡社区组织、社区服务、社区信息化建设等方面基础通用标准、管理服务标准和设施设备配置标准。及时总结推广城乡社区治理先进经验，积极开展城市和谐社区建设、农村幸福社区建设示范创建活动和城乡社区结对共建活动，大力表彰先进城乡社区组织和优秀城乡社区工作者。充分发挥报刊、广播、电视等新闻媒体和网络新媒体作用，广泛宣传城乡社区治理创新做法和突出成效，营造全社会关心、支持、参与城乡社区治理的良好氛围。

各省（自治区、直辖市）要按照本意见精神，结合实际制定加强城乡社区治理工作的具体实施意见。各有关部门要根据本意见要求和职责分工，制定贯彻落实的具体措施。

（五）中共中央办公厅、国务院办公厅《关于加强城乡社区协商的意见》[①]

为深入贯彻落实党的十八大和十八届三中、四中全会精神，发展基层民主，畅通民主渠道，开展形式多样的基层协商，推进城乡社区协商制度化、规范化和程序化，根据有关法律和《中共中央关于加强社会主义协商民主建设的意见》精神，现就加强城乡社区协商提出如下意见。

一、总体要求

（一）重要意义。城乡社区协商是基层群众自治的生动实践，是社会主义协商民主建设的重要组成部分和有效实现形式。改革开放特别是党的十八大以来，各地基层坚持有事多协商、遇事多协商、做事多协商，有效维护了群

---

① 中共中央办公厅　国务院办公厅印发《关于加强城乡社区协商的意见》[R/OL].[2015-05-22]. http://www.gov.cn/gongbao/content/2015/content_2909255.htm.

众切身利益，促进了社会和谐与文明进步。当前，随着新型工业化、信息化、城镇化、农业现代化的深入推进，我国经济社会发生深刻变化，利益主体日益多元，利益诉求更加多样。社区是社会的基本单元，加强城乡社区协商，有利于解决群众的实际困难和问题，化解矛盾纠纷，维护社会和谐稳定；有利于在基层群众中宣传党和政府的方针政策，努力形成共识，汇聚力量，推动各项政策落实；有利于找到群众意愿和要求的最大公约数，促进基层民主健康发展。

（二）指导思想。以邓小平理论、"三个代表"重要思想、科学发展观为指导，深入贯彻习近平总书记系列重要讲话精神，坚持党的领导、人民当家作主、依法治国有机统一，充分发挥社会主义制度的优越性，按照协商于民、协商为民的要求，以健全基层党组织领导的充满活力的基层群众自治机制为目标，以扩大有序参与、推进信息公开、加强议事协商、强化权力监督为重点，拓宽协商范围和渠道，丰富协商内容和形式，保障人民群众享有更多更切实的民主权利。

（三）基本原则。坚持党的领导，充分发挥村（社区）党组织在基层协商中的领导核心作用。坚持基层群众自治制度，充分保障群众的知情权、参与权、表达权、监督权，促进群众依法自我管理、自我服务、自我教育、自我监督。坚持依法协商，保证协商活动有序进行，协商结果合法有效。坚持民主集中制，实现发扬民主和提高效率相统一，防止议而不决。坚持协商于决策之前和决策实施之中，增强决策的科学性和实效性。坚持因地制宜，尊重群众首创精神，鼓励探索创新。

（四）总体目标。到2020年，基本形成协商主体广泛、内容丰富、形式多样、程序科学、制度健全、成效显著的城乡社区协商新局面。

二、主要任务

（一）明确协商内容。根据当地经济社会发展实际，坚持广泛协商，针对不同渠道、不同层次、不同地域特点，合理确定协商内容，主要包括：城乡经济社会发展中涉及当地居民切身利益的公共事务、公益事业；当地居民反映强烈、迫切要求解决的实际困难问题和矛盾纠纷；党和政府的方针政策、重点工作部署在城乡社区的落实；法律法规和政策明确要求协商的事项；各类协商主体提出协商需求的事项。

(二)确定协商主体。基层政府及其派出机关、村(社区)党组织、村(居)民委员会、村(居)务监督委员会、村(居)民小组、驻村(社区)单位、社区社会组织、业主委员会、农村集体经济组织、农民合作组织、物业服务企业和当地户籍居民、非户籍居民代表以及其他利益相关方可以作为协商主体。涉及行政村、社区公共事务和居民切身利益的事项，由村(社区)党组织、村(居)民委员会牵头，组织利益相关方进行协商。涉及两个以上行政村、社区的重要事项，单靠某一村(社区)无法开展协商时，由乡镇、街道党委(党工委)牵头组织开展协商。人口较多的自然村、村民小组，在村党组织的领导下组织居民进行协商。专业性、技术性较强的事项，可以邀请相关专家学者、专业技术人员、第三方机构等进行论证评估。协商中应当重视吸纳威望高、办事公道的老党员、老干部、群众代表、党代表、人大代表、政协委员，以及基层群团组织负责人、社会工作者参与。

(三)拓展协商形式。坚持村(居)民会议、村(居)民代表会议制度，规范议事规程。结合参与主体情况和具体协商事项，可以采取村(居)民议事会、村(居)民理事会、小区协商、业主协商、村(居)民决策听证、民主评议等形式，以民情恳谈日、社区(驻村)警务室开放日、村(居)民论坛、妇女之家等为平台，开展灵活多样的协商活动。推进城乡社区信息化建设，开辟社情民意网络征集渠道，为城乡居民搭建网络协商平台。

(四)规范协商程序。协商的一般程序是：村(社区)党组织、村(居)民委员会在充分征求意见的基础上研究提出协商议题，确定参与协商的各类主体；通过多种方式，向参与协商的各类主体提前通报协商内容和相关信息；组织开展协商，确保各类主体充分发表意见建议，形成协商意见；组织实施协商成果，向协商主体、利益相关方和居民反馈落实情况等。对于涉及面广、关注度高的事项，要经过专题议事会、民主听证会等程序进行协商。通过协商无法解决或存在较大争议的问题或事项，应当提交村(居)民会议或村(居)民代表会议决定。跨村(社区)协商的协商程序，由乡镇、街道党委(党工委)研究确定。

(五)运用协商成果。建立协商成果采纳、落实和反馈机制。需要村(社区)落实的事项,村(社区)党组织、村(居)民委员会应当及时组织实施,落实情况要在规定期限内通过村(居)务公开栏、社区刊物、村(社区)网络论坛等渠道公开,接受群众监督。受政府或有关部门委托的协商事项,协商结果要及时向基层政府或有关部门报告,基层政府和有关部门要认真研究吸纳,并以适当方式反馈。对协商过程中持不同意见的群众,协商组织者要及时做好解释说明工作。协商结果违反法律法规的,基层政府应当依法纠正,并做好法治宣传教育工作。

三、组织领导

(一)加强党的领导。村(社区)党组织要加强对协商工作的组织领导,注意研究解决协商中的困难和问题,及时向乡镇、街道党委(党工委)和政府提出工作建议。积极探索扩大党内基层民主的实现形式,全面推进村(社区)党务公开,建立健全党代表联系群众制度,以党内民主带动和促进城乡社区协商发展。加强基层党组织和党员队伍建设,鼓励和支持党员干部积极参与协商活动,切实发挥好基层党组织战斗堡垒作用和党员先锋模范作用,引领城乡居民和各方力量广泛参与协商实践。

(二)建立健全工作机制。地方各级党委和政府要把城乡社区协商工作纳入重要议事日程,结合实际研究制定具体办法。要加强分类指导,针对人口密集、人数较多的村(社区),外来务工人员较多的村(社区),留守人员较多或地广人稀、居住分散、交通不便的农村地区以及民族地区的特点,设计协商方案,提高协商的针对性、有效性。民政部门要会同组织等有关部门认真做好协商工作的指导和督促落实。推进乡镇、街道协商民主建设,提高乡镇、街道指导行政村、社区协商活动的能力和水平。建立健全基层党组织领导、村(居)民委员会负责、各类协商主体共同参与的工作机制,定期研究协商中的重要问题。建立健全乡镇、街道协商与行政村、社区协商的联动机制,推动协商工作深入开展。注重发挥群团组织和社会工作者的优势,协助动员和组织居民群众参与协商。村(居)务监督委员会要加强监督,保障协商依法有序开展。

(三)加强对协商工作的支持和保障。进一步完善基层群众自治的法律法规,为城乡居民开展协商民主实践提供法律支撑。县(市、区、旗)和乡镇、街道要进一步加大支持力度,通过村级组织运转经费保障机制等现有渠道,为城乡居民开展协商活动提供必要条件和资金。有条件的地方,经村(居)民会议或者村(居)民代表会议讨论决定,可以制定具体实施办法,对符合规定且受村(居)民委员会委托组织群众协商的人员,给予适当误工补贴,并按照村(居)务公开的要求予以公示。

(四)提升城乡居民参与协商的能力。倡导协商精神、培育协商文化,引导群众依法表达意见,积极参与协商。开展基层干部和行政村、社区工作者专题培训,提高组织开展协商工作的能力和水平。广泛开展政策宣传,普及法律知识,帮助城乡居民掌握并有效运用协商的方法和程序,营造全社会关心、支持、参与城乡社区协商的良好氛围。发挥各级党代表、人大代表、政协委员密切联系群众的积极作用,引导基层群众开展协商活动。开展城乡社区协商示范点建设,充分发挥引领带动作用。

(六)中共中央办公厅、国务院办公厅《关于改革社会组织管理制度促进社会组织健康有序发展的意见》[①]

为深入贯彻党的十八大和十八届二中、三中、四中、五中全会精神,进一步加强社会组织建设,激发社会组织活力,现就改革社会组织管理制度、促进社会组织健康有序发展提出以下意见。

一、重要性和紧迫性

以社会团体、基金会和社会服务机构为主体组成的社会组织,是我国社会主义现代化建设的重要力量。党中央、国务院历来高度重视社会组织工作,改革开放以来,在各级党委和政府的重视和支持下,我国社会组织不断发展,在促进经济发展、繁荣社会事业、创新社会治理、扩大对外交往等方面发挥了积极作用。同时也要看到,目前社会组织工作中还存在法规制度建设滞后、

---

① 中共中央办公厅 国务院办公厅印发《关于改革社会组织管理制度促进社会组织健康有序发展的意见》[EB/OL].[2016-08-21]. http://www.gov.cn/xinwen/2016-08/21/content_5101125.htm.

管理体制不健全、支持引导力度不够、社会组织自身建设不足等问题，从总体上看社会组织发挥作用还不够充分，一些社会组织违法违规现象时有发生。当前，我国正处于全面建成小康社会决胜阶段，改革社会组织管理制度、促进社会组织健康有序发展，有利于厘清政府、市场、社会关系，完善社会主义市场经济体制；有利于改进公共服务供给方式，加强和创新社会治理；有利于激发社会活力，巩固和扩大党的执政基础。各地区各部门要站在战略和全局高度，充分认识做好这项工作的重要性和紧迫性，将其作为一项重要基础性工作来抓，主动适应新形势新任务要求，全面落实相关政策措施，扎扎实实做好各项工作。

二、指导思想、基本原则和总体目标

（一）指导思想。以邓小平理论、"三个代表"重要思想、科学发展观为指导，深入贯彻习近平总书记系列重要讲话精神，按照"四个全面"战略布局要求，贯彻落实创新、协调、绿色、开放、共享发展理念，一手抓积极引导发展，一手抓严格依法管理，充分发挥社会组织服务国家、服务社会、服务群众、服务行业的作用，努力走出一条具有中国特色的社会组织发展之路。

（二）基本原则

——坚持党的领导。按照党中央明确的党组织在社会组织中的功能定位，发挥党组织的政治核心作用，加强社会组织党的建设，注重加强对社会组织的政治引领和示范带动，支持群团组织充分发挥作用，增强联系服务群众的合力，确保社会组织发展的正确政治方向。

——坚持改革创新。改革社会组织管理制度，正确处理政府、市场、社会三者关系，改革制约社会组织发展的体制机制，激发社会组织内在活力和发展动力，促进社会组织真正成为提供服务、反映诉求、规范行为、促进和谐的重要力量。

——坚持放管并重。处理好"放"和"管"的关系，既要简政放权，优化服务，积极培育扶持，又要加强事中事后监管，促进社会组织健康有序发展。

——坚持积极稳妥推进。统筹兼顾，分类指导，抓好试点，确保改革工作平稳过渡、有序推进。

(三)总体目标。到 2020 年，统一登记、各司其职、协调配合、分级负责、依法监管的中国特色社会组织管理体制建立健全，社会组织法规政策更加完善，综合监管更加有效，党组织作用发挥更加明显，发展环境更加优化；政社分开、权责明确、依法自治的社会组织制度基本建立，结构合理、功能完善、竞争有序、诚信自律、充满活力的社会组织发展格局基本形成。

三、大力培育发展社区社会组织

(一)降低准入门槛。对在城乡社区开展为民服务、养老照护、公益慈善、促进和谐、文体娱乐和农村生产技术服务等活动的社区社会组织，采取降低准入门槛的办法，支持鼓励发展。对符合登记条件的社区社会组织，优化服务，加快审核办理程序，并简化登记程序。对达不到登记条件的社区社会组织，按照不同规模、业务范围、成员构成和服务对象，由街道办事处(乡镇政府)实施管理，加强分类指导和业务指导。鼓励在街道(乡镇)成立社区社会组织联合会，发挥管理服务协调作用。

(二)积极扶持发展。鼓励依托街道(乡镇)综合服务中心和城乡社区服务站等设施，建立社区社会组织综合服务平台，为社区社会组织提供组织运作、活动场地、活动经费、人才队伍等方面支持。采取政府购买服务、设立项目资金、补贴活动经费等措施，加大对社区社会组织扶持力度，重点培育为老年人、妇女、儿童、残疾人、失业人员、农民工、服刑人员未成年子女、困难家庭、严重精神障碍患者、有不良行为青少年、社区矫正人员等特定群体服务的社区社会组织。有条件的地方可探索建立社区社会组织孵化机制，设立孵化培育资金，建设孵化基地。鼓励社会力量支持社区社会组织发展。

(三)增强服务功能。发挥社区社会组织在创新基层社会治理中的积极作用，推动建立多元主体参与的社区治理格局。鼓励社区社会组织开展邻里互助、居民融入、纠纷调解、平安创建等社区活动，组织社区居民参与社区公共事务和公益事业，促进社区和谐稳定。支持社区社会组织承接社区公共服务和基层政府委托事项，开展社区志愿服务。建立社区社会组织与社区建设、社会工作联动机制，促进资源共享、优势互补，把社区社会组织建设成为增强社区自治和服务功能、吸纳社会工作人才的重要载体。

四、完善扶持社会组织发展政策措施

（一）支持社会组织提供公共服务。结合政府职能转变和行政审批改革，将政府部门不宜行使、适合市场和社会提供的事务性管理工作及公共服务，通过竞争性方式交由社会组织承担。逐步扩大政府向社会组织购买服务的范围和规模，对民生保障、社会治理、行业管理等公共服务项目，同等条件下优先向社会组织购买。

（二）完善财政税收支持政策。中央财政继续安排专项资金，有条件的地方可参照安排专项资金，支持社会组织参与社会服务，加强社会组织能力建设，有计划有重点地扶持一批品牌性社会组织。落实国家对社会组织各项税收优惠政策，符合条件的社会组织按照有关法律法规享受相关税收优惠政策。财政、税务部门要结合综合监管体制建设，研究完善社会组织税收政策体系和票据管理制度，改进和落实公益慈善事业捐赠税收优惠制度。鼓励银行业金融机构加大对符合条件社会组织的金融支持力度。

（三）完善人才政策。把社会组织人才工作纳入国家人才工作体系，对社会组织的专业技术人员执行与相关行业相同的职业资格、注册考核、职称评定政策，对符合条件的社会组织专门人才给予相关补贴，将社会组织人才纳入国家专业技术人才知识更新工程。建立社会组织负责人培训制度，引导其自觉践行社会主义核心价值观，增强社会责任意识和诚信意识。积极向国际组织推荐具备国际视野的社会组织人才。有关部门和群团组织要将社会组织及其从业人员纳入有关表彰奖励推荐范围。民政部、人力资源社会保障部要会同有关部门研究制定加强社会组织人才工作的意见。

（四）发挥社会组织积极作用。进一步发挥社会组织在促进经济发展、管理社会事务、提供公共服务中的作用。支持社会组织尤其是行业协会商会在服务企业发展、规范市场秩序、开展行业自律、制定团体标准、维护会员权益、调解贸易纠纷等方面发挥作用，使之成为推动经济发展的重要力量。支持社会组织在创新社会治理、化解社会矛盾、维护社会秩序、促进社会和谐等方面发挥作用，使之成为社会建设的重要主体。支持社会组织在发展公益慈善事业、繁荣科学文化、扩大就业渠道等方面发挥作用，满足人民群众多样化需求。

五、依法做好社会组织登记审查

（一）稳妥推进直接登记。重点培育、优先发展行业协会商会类、科技类、公益慈善类、城乡社区服务类社会组织。成立行业协会商会，按照《行业协会商会与行政机关脱钩总体方案》的精神，直接向民政部门依法申请登记。在自然科学和工程技术领域内从事学术研究和交流活动的科技类社会组织，以及提供扶贫、济困、扶老、救孤、恤病、助残、救灾、助医、助学服务的公益慈善类社会组织，直接向民政部门依法申请登记。为满足城乡社区居民生活需求，在社区内活动的城乡社区服务类社会组织，直接向县级民政部门依法申请登记。民政部门审查直接登记申请时，要广泛听取意见，根据需要征求有关部门意见或组织专家进行评估。国务院法制办要抓紧推动修订《社会团体登记管理条例》等行政法规。民政部要会同有关部门尽快制定直接登记的社会组织分类标准和具体办法。

（二）完善业务主管单位前置审查。对直接登记范围之外的其他社会组织，继续实行登记管理机关和业务主管单位双重负责的管理体制。业务主管单位要健全工作程序，完善审查标准，切实加强对社会组织名称、宗旨、业务范围、发起人和拟任负责人的把关，支持符合条件的社会组织依法成立。

（三）严格民政部门登记审查。民政部门要会同行业管理部门及相关党建工作机构，加强对社会组织发起人、拟任负责人资格审查。对跨领域、跨行业以及业务宽泛、不易界定的社会组织，按照明确、清晰、聚焦主业的原则，加强名称审核、业务范围审定，听取利益相关方和管理部门意见。严禁社会组织之间建立垂直领导或变相垂直领导关系，严禁社会组织设立地域性分支机构。对全国性社会团体，要从成立的必要性、发起人的代表性、会员的广泛性等方面认真加以审核，业务范围相似的，要充分进行论证。活动地域跨省（自治区、直辖市）的社会组织比照全国性社会组织从严审批。

（四）强化社会组织发起人责任。国务院法制办会同民政部推动将社会组织发起人的资格、人数、行为、责任等事项纳入有关行政法规予以规范。发起人应当对社会组织登记材料的合法性、真实性、准确性、有效性、完整性负责，对社会组织登记之前的活动负责，主要发起人应当担任首届负责人。建立发起人不良行为记录档案。发起人不得以拟成立社会组织名义开展与发起无关的活动，禁止向非特定对象发布筹备和筹款信息。党政领导干部未经批准不得发起成立社会组织。经批准担任发起人但不履行责任的，批准机关要严肃问责。

六、严格管理和监督

（一）加强对社会组织负责人的管理。民政部门会同有关部门建立社会组织负责人任职、约谈、警告、责令撤换、从业禁止等管理制度，落实法定代表人离任审计制度。建立负责人不良行为记录档案，强化社会组织负责人过错责任追究，对严重违法违规的，责令撤换并依法依规追究责任。推行社会组织负责人任职前公示制度、法定代表人述职制度。

（二）加强对社会组织资金的监管。建立民政部门牵头，财政、税务、审计、金融、公安等部门参加的资金监管机制，共享执法信息，加强风险评估、预警。民政、财政部门要推动社会组织建立健全内控管理机制，严格执行国家有关财务会计制度和票据管理使用制度，推行社会组织财务信息公开和注册会计师审计制度。财政部门要加强对社会组织财政、财务、会计等政策执行情况的监督检查，发现问题依法处罚并及时通报民政部门。税务部门要推动社会组织依法进行税务登记，对于没有在税务机关登记的社会组织，要在本意见下发后半年内完成登记手续；加强对社会组织非营利性的监督，严格核查非营利组织享受税收优惠政策的条件，落实非营利性收入免税申报和经营性收入依法纳税制度；加强对社会组织的税务检查，对违法违规开展营利性经营活动的，依法取消税收优惠资格，通报有关部门依法处罚社会组织和主要责任人。审计机关要对社会组织的财务收支情况、国有资产管理使用情况进行审计监督。金融管理部门要加强对社会组织账户的监管、对资金往来特别是大额现金支付的监测，防范和打击洗钱和恐怖融资等违法犯罪活动。中国人民银行要会同民政部加快研究将社会组织纳入反洗钱监管体系。

（三）加强对社会组织活动的管理。各级政府及有关部门要按照职能分工加强对社会组织内部治理、业务活动、对外交往的管理。民政部门要通过检查、评估等手段依法监督社会组织负责人、资金、活动、信息公开、章程履行等情况，建立社会组织"异常名录"和"黑名单"，加强与有关部门的协调联动，将社会组织的实际表现情况与社会组织享受税收优惠、承接政府转移职能和购买服务等挂钩。民政部门要会同有关部门建立联合执法制度，严厉查处违法违规行为，依法取缔未经登记的各类非法社会组织。对被依法取缔后仍以非法社会组织名义活动的，公安机关要依法处理。行业管理部门要将社会组织纳入行业管理，加强业务指导和行业监管，引导社会组织健康发展，配合登记管理机关做好本领域社会组织的登记审查，协助登记管理机关和相关部门做好对本领域社会组织非法活动和非法社会组织的查处。外交、公安、物价、人力资源社会保障等部门对社会组织涉及本领域的事项事务履行监管职责，依法查处违法违规行为并及时向民政部门通报。实行双重管理的社会组织的业务主管单位，要对所主管社会组织的思想政治工作、党的建设、财务和人事管理、研讨活动、对外交往、接收境外捐赠资助、按章程开展活动等事项切实负起管理责任，每年组织专项监督抽查，协助有关部门查处社会组织违法违规行为，督促指导内部管理混乱的社会组织进行整改，组织指导社会组织清算工作。

（四）规范管理直接登记的社会组织。直接登记的行业协会商会类、科技类、公益慈善类、城乡社区服务类社会组织的综合监管以及党建、外事、人力资源服务等事项，参照《行业协会商会与行政机关脱钩总体方案》及配套政策执行，落实"谁主管谁负责"的原则，切实加强事中事后监管。对已经成立的科技类、公益慈善类、城乡社区服务类社会组织，本着审慎推进、稳步过渡的原则，通过试点逐步按照对直接登记社会组织的管理方式进行管理。民政部要会同有关部门制定全国性社会组织试点方案，具体负责组织实施。地方社会组织试点工作，在各省（自治区、直辖市）党委和政府统一领导下，由民政部门具体负责组织实施，试点方案要根据当地情况研究制定。具备条件的地方可探索一业多会。已开展试点工作的地区要根据本意见精神进一步完善试点工作。

（五）加强社会监督。鼓励支持新闻媒体、社会公众对社会组织进行监督。民政部要会同有关部门制定实施各类社会组织信息公开办法，探索建立社会组织年度报告制度，规范公开内容、机制和方式，提高透明度；探索建立专业化、社会化的第三方监督机制，建立健全社会组织第三方评估机制，确保评估信息公开、程序公平、结果公正；建立对社会组织违法违规行为及非法社会组织投诉举报受理和奖励机制，依法向社会公告行政处罚和取缔情况。

（六）健全社会组织退出机制。对严重违反国家有关法律法规的社会组织，要依法吊销其登记证书；对弄虚作假骗取登记的社会组织，依法撤销登记；对未经许可擅自以社会组织名义开展活动的非法社会组织，依法予以取缔。完善社会组织清算、注销制度，确保社会组织资产不被侵占、私分或者挪用。

七、规范社会组织涉外活动

引导社会组织有序开展对外交流，参加非政府间国际组织，参与国际标准和规则制定，发挥社会组织在对外经济、文化、科技、体育、环保等交流中的辅助配合作用，在民间对外交往中的重要平台作用。完善相应登记管理制度，积极参与新建国际性社会组织，支持成立国际性社会组织，服务构建开放型经济新体制。确因工作需要在境外设立分支（代表）机构的，必须经业务主管单位或者负责其外事管理的单位批准。党政领导干部如确需以个人身份加入境外专业、学术组织或兼任该组织有关职务的，按干部管理权限和有关规定报批。

八、加强社会组织自身建设

（一）健全社会组织法人治理结构。针对不同类型社会组织特点制定章程示范文本。社会组织要依照法规政策和章程建立健全法人治理结构和运行机制以及党组织参与社会组织重大问题决策等制度安排，完善会员大会（会员代表大会）、理事会、监事会制度，落实民主选举、民主决策和民主管理，健全内部监督机制，成为权责明确、运转协调、制衡有效的法人主体，独立承担法律责任。推动社会组织建立健全内部纠纷解决机制，推行社会组织人民调解制度，引导当事人通过司法途径依法解决纠纷。

（二）充分发挥党组织的战斗堡垒作用和党员的先锋模范作用。社会组织党组织要紧紧围绕党章赋予党的基层组织的基本任务开展工作，团结凝聚群众，保证社会组织正确政治方向；对社会组织重要事项决策、重要业务活动、大额经费开支、接收大额捐赠、开展涉外活动等提出意见，加强对社会组织分支机构党建工作的指导，对具备条件的分支机构，督促其及时建立党组织。对住所地不在北京以及设立分支机构的全国性、跨区域社会组织，除按有关规定由中央直属机关工委、中央国家机关工委、国务院国资委党委加强党的领导外，住所地及分支机构所在地党委应当按照"条块结合"的要求，加强对有关社会组织及其分支机构党组织的日常指导和监管服务。社会组织党组织书记一般从社会组织内部产生，提倡党员社会组织负责人担任党组织书记。规模较大、成员较多或没有合适党组织书记人选的社会组织，上级党组织可按规定选派党组织书记。积极开展党员先锋岗、党员责任区、党员公开承诺等活动。注重在社会组织负责人、管理层和业务骨干中培养和发展党员。坚持党建带群建，推动有条件的社会组织建立工会、共青团、妇联等群团组织。支持工会代表职工对社会组织贯彻执行有关法律法规和政策实施监督。

（三）加强社会组织诚信自律建设。推动社会组织建立诚信承诺制度，建立行业性诚信激励和惩戒机制。支持社会组织建立社会责任标准体系，积极履行社会责任。引导社会组织建立活动影响评估机制，对可能引发社会风险的重要事项应事先向政府有关部门报告。强化社会组织管理服务意识，社会团体设立机构、发展会员要与其管理服务能力相适应。探索建立各领域社会组织行业自律联盟，通过发布公益倡导、制定活动准则、实行声誉评价等形式，引领和规范行业内社会组织的行为。规范社会组织收费行为，严禁巧立名目乱收费，切实防止只收费不服务、只收费不管理的现象。

（四）推进社会组织政社分开。支持社会组织自我约束、自我管理，发挥提供服务、反映诉求、规范行为、促进和谐的作用。贯彻落实《行业协会商会与行政机关脱钩总体方案》，稳妥开展脱钩试点。除法律法规有特殊规定外，政府部门不得授权或委托社会组织行使行政审批。国务院决定取消的行政审批事项，原承担审批职能的部门不得通过任何形式指定交由行业协会商会继续审批。严格执行《中共中央办公厅、国务院办公厅关于党政机关领导干部不兼任社会团体领导职务的通知》《中共中央组织部关于规范退（离）休领导干部在社会团体兼职问题的通知》，从严规范公务员兼任社会团体负责人，因特殊情况确需兼任的,按照干部管理权限从严审批,且兼职一般不得超过1个。在职公务员不得兼任基金会、社会服务机构负责人,已兼职的在本意见下发后半年内应辞去公职或辞去社会组织职务。

九、加强党对社会组织工作的领导

(一)完善领导体制。各级党委和政府要把加强和改进社会组织管理工作列入重要议事日程,列入地方党委和政府绩效考核内容和社会治安综合治理考评体系。地方党委和政府要建立完善研究决定社会组织工作重大事项制度;党委常委会应该定期听取社会组织工作汇报。各部门党组(党委)要加强对社会组织管理工作的组织领导,落实党建工作责任制,制定本部门管理规定,配齐配强相关管理力量,抓好督促落实。中央建立社会组织工作协调机制,地方各级要建立相应机制,统筹、规划、协调、指导社会组织工作,及时研究解决工作中出现的问题。重视和加强社会组织党风廉政建设和反腐败工作,完善社会组织惩治和预防腐败机制。

(二)推进社会组织党的组织和工作有效覆盖。按照应建尽建的原则,加大社会组织党组织组建力度,实现党的组织和工作全覆盖。暂不具备组建条件的社会组织,可通过选派党建工作指导员、联络员或建立工会、共青团组织等开展党的工作,条件成熟时及时建立党组织。新成立的社会组织,具备组建条件的应同步建立党组织。经党中央批准,全国性重要社会组织可以设立党组。各有关部门要结合社会组织登记、检查、评估以及日常监管等工作,督促推动社会组织及时成立党组织和开展党的工作。

(三)加强社会组织党建工作基础保障。推动建立多渠道、多元化投入的党建工作基础保障,提倡企事业单位、机关和街道社区、乡镇、村党组织与社会组织党组织资源共享、共建互促,为党组织开展活动、发挥作用创造条件。根据实际给予社会组织党组织书记和专职党务工作者适当工作津贴。加强对社会组织负责人的思想政治教育,引导他们主动支持党建工作。推动将党的建设写入社会组织章程。

十、抓好组织实施

(一)加快法制建设。加快修订出台社会团体、基金会和民办非企业单位登记管理条例。研究制定志愿服务和行业协会商会等方面的单项法律法规。加快调研论证,适时启动社会组织法的研究起草工作。鼓励和支持有条件的地方根据本意见精神出台地方性法规、地方政府规章。

(二)加强服务管理能力建设。各有关部门、地方各级政府要寓服务于管理中,加强社会组织管理服务队伍建设,配齐配强工作力量,确保事有人管、责有人负。各级民政部门特别是县级民政部门要有专门机构和人员负责社会组织登记管理日常工作。重点加强执法队伍建设,保障工作经费,确保服务到位、执法有力、监管有效。加快建设全国社会组织管理信息系统和社会组织信用信息管理平台,推进社会组织法人库建设,提高监管水平和服务能力。

(三)加强宣传引导。充分利用报刊、广播、电视、网络等多种方式,广泛宣传社会组织在参与社会建设和治理中的积极作用,及时总结、宣传、推广社会组织先进典型,加强社会组织理论研究和文化建设,提高公众对社会组织的认识,为社会组织改革发展营造良好社会氛围。

(四)做好督促落实工作。各省(自治区、直辖市)党委和政府要结合实际制定本地区社会组织管理制度改革的具体实施意见,做好组织贯彻落实工作。各有关部门要根据本意见要求和职责分工,抓紧制定落实相关配套政策措施和具体管理办法,做好本系统社会组织改革工作。民政部要会同有关部门做好本意见执行情况的监督检查,确保各项任务落到实处。

二、广东省层面关于社会治理现代化的相关政策文件与要求

(一)广东省委、省政府《关于加强和完善城乡社区治理的实施意见》[①](主要内容节选)

《实施意见》深入贯彻习近平总书记重要讲话精神和中央《关于加强和完

---

① 省委、省政府印发《关于加强和完善城乡社区治理的实施意见》[EB/OL]. [2018-08-24]. http://www.gd.gov.cn/zwgk/zcjd/snzcsd/content/post_124380.html.

善城乡社区治理的意见》要求,对加强和完善广东省城乡社区治理提出明确要求,作出部署安排。

《实施意见》提出,坚持以基层党组织建设为关键、政府治理为主导、居民需求为导向、改革创新为动力,全面提升城乡社区治理社会化、法治化、智能化、专业化水平,努力将城乡社区建设成为和谐有序、绿色文明、创新包容、共建共治共享的幸福家园。到 2020 年,基本形成党委领导、政府负责、社会协同、公众参与、法治保障的城乡社区治理体制,城乡社区公共服务、公共管理、公共安全得到有效保障,城乡社区人居环境明显改善,创建一批示范性和谐幸福美丽社区。

《实施意见》要求,健全完善城乡社区治理体系。充分发挥基层党组织领导核心作用,引导基层党组织不断提升组织力,持续整顿软弱涣散城乡社区党组织,制定实施基层党组织标准化建设的指导意见,加强城乡社区党风廉政建设,推动全面从严治党向基层延伸。有效发挥基层政府作用,制定县(市、区)职能部门和乡镇政府(街道办事处)在社区治理方面的权责清单,以地级以上市为单位制定基层群众性自治组织承担的社区工作事项清单、协助政府的社区工作事项清单,开展"减证便民"行动,制定基层群众性自治组织印章使用范围清单,珠三角地区和其他有条件的地方制定乡镇政府(街道办事处)购买服务指引。注重发挥基层群众性自治组织基础作用,科学合理确定村(居)民委员会的管辖范围和规模,完善城乡社区民主选举制度,增强基层群众性自治组织开展社区协商、服务居民的能力。统筹发挥社会力量协同作用,推进社区、社会组织、社会工作"三社联动",发挥驻社区机关企事业单位、社会组织、市场主体、乡贤等作用。

《实施意见》要求,不断提升城乡社区治理水平。增强社区居民参与能力,大力推进村(居)民议事厅建设,健全社区党组织领导下的"民主商议、一事一议"协商机制。提高社区服务供给能力,统筹发展城乡社区服务体系,以县(市、区)为单位编制城乡社区公共服务指导目录。提升社区依法办事能力,开展"民主法治村(社区)"创建活动,完善一村(社区)一法律顾问工作。提升社区矛盾预防化解能力,深化领导干部驻点普遍直接联系群众工作,健全城乡社区人民调解组织网络,推进平安社区建设。强化社区文化引领能力,深入实施公民道德建设工程,将社会主义核心价值观融入居民公约、村规民约及家风家训,大力褒奖慈行义举。增强社区信息化应用能力,强化"一门式"服务模式在社区应用,务实推进智慧社区信息系统建设。

《实施意见》要求,强化城乡社区治理基础建设。改善社区人居环境,实施"千村示范、万村整治"工程,加强农房风貌建设管控,推进城乡社区公共厕所提标改造。加强社区综合服务设施建设,按照每百户居民不低于30平方米的标准配建,逐步实现城乡社区综合服务设施全覆盖,因地制宜推进社区体育公园建设。优化社区资源配置,组织开展城乡社区规划编制试点,探索建立基层政府面向城乡社区的治理资源统筹机制,建立机关企事业单位履行社区治理责任评价体系。改进社区物业服务管理,完善物业服务企业、业主委员会监督管理政策,制定公布农村社区物业管理收费标准和管理办法。稳妥推进"村改居"工作,将"村改居"建设需求纳入城市经济社会发展规划、城乡规划、土地利用总体规划中统筹谋划,加强环境卫生、治安、消防等综合治理。加强社区工作者队伍建设,实施基层党组织"头雁"工程,实施"双百镇(街)社会工作服务五年计划",健全城乡社区工作者薪酬待遇保障机制,改进完善从优秀社区党组织书记中招录基层公务员和事业编制人员工作。

《实施意见》强调,各级党委和政府把城乡社区治理工作纳入重要议事日程,建立健全党委领导、政府负责、有关部门和群团组织密切配合、社会力量广泛参与的城乡社区治理工作格局。市县党委书记要认真履行第一责任人职责,乡镇党委书记、街道党工委书记要履行好直接责任人职责。完善城乡社区治理政策标准体系,加大资金投入力度,开展城乡社区治理创建活动。

(二)《广东省推进民政领域基层社会治理体系和治理能力现代化的若干措施》①

为深入学习贯彻习近平新时代中国特色社会主义思想,全面贯彻党的十

---

① 广东省民政厅关于印发《广东省推进民政领域基层社会治理体系和治理能力现代化的若干措施》的通知[EB/OL]. [2020-08-03] http://smzt.gd.gov.cn/zwgk/zcfg/xzgfxwjgb/content/post_3057931.html.

九大和十九届二中、三中、四中全会精神，认真落实习近平总书记对民政工作重要指示精神，建立完善以党建为引领、城乡社区为载体、社区社会组织为纽带、社区工作者和社会工作人才为骨干、基本民生保障和基本社会服务为主要内容的民政领域"一核四社"城乡社区治理工作机制，推进基层社会治理体系和治理能力现代化，制定以下措施。

一、强化基层党组织的政治引领

（一）加强基层党组织对基层各类组织的领导。坚持基层党组织对基层群众性自治组织、社区社会组织和基层民政各方面力量的全面领导。推动村(社区)集体经济组织、村(居)民小组、业主委员会、社区社会组织实现党的工作全面有效覆盖。在有条件的村(社区)集体经济组织、村(居)民小组、业主委员会、社区社会组织中逐步推进党的组织全覆盖。

（二）加强基层党组织对群众自治的领导。在城乡社区治理、基层公共事务和公益事业中广泛实行党组织领导下的群众自我管理、自我服务、自我教育、自我监督。建立村(居)民委员会向党组织报告工作和评议考核制度。实施村(居)民委员会成员人选条件联审机制。推动村党组织书记通过法定程序担任村民委员会主任和村级集体经济组织、合作经济组织负责人，推行村"两委"班子成员交叉任职。组织发动党员参与村(居)民委员会换届选举，支持鼓励妇女干部参选村(居)民委员会主任、委员和村(居)民代表。建立村(社区)党组织、村(居)民委员会对业主委员会和物业服务企业的指导机制，支持符合条件的村(社区)"两委"成员通过法定程序兼任业主委员会成员。

（三）加强社区社会组织的党建工作。建立社区社会组织党建工作由乡镇（街道）、村(社区)属地管理工作机制，实现"应建尽建、归口管理"。对暂不具备条件的，协调建立基层党组织班子成员挂钩联系或选派党建指导员机制。加强社区社会组织党建工作与党群服务相融合。建立社区党组织与社区社会组织联系制度。

二、增强城乡社区治理能力

（四）完善基层群众自治制度。加快推动村(居)民委员会组织法实施办法和村民委员会选举办法修订工作，完善村（居）民委员会特别法人治理。在村（居）民委员会选举中坚持党的领导、程序合法、广泛参与，保障包括非户籍常住居民在内的全体居民民主权利。推进村（居）民议事厅建设，全面落实"四议两公开"，推广应用《城乡社区协商工作规范》和"五民主五公开"工作法，完善村（居）民议事决策规则，建立村（社区）党组织领导下的"民主协商、一事一议"的村（居）民协商自治模式。

（五）开展城乡社区治理专项行动。开展村级组织减负行动，清理和规范村（社区）各类衔牌悬挂和制度上墙，改进和规范基层群众性自治组织出具证明工作。健全村（居）务公开、监督的领导和工作机制，实施村（社区）事务"阳光公开"工程。依法完善村（居）民自治章程，全面修订村规民约和居民公约，发挥村规民约和居民公约在城乡社区治理中的作用。持续推进涉黑涉恶村（社区）"两委"干部清理、村（社区）"两委"违规发放津补贴整治。

（六）推进城乡社区治理创新。坚持推广"枫桥经验"，拓宽群众反映意见和建议的渠道，拓展群众参与村（社区）公共事务、公益事业、群防群治、民间纠纷调解等途径。提高村（社区）应急处置能力，建立健全村（社区）应急管理机制。发挥联防联控、群防群治机制优势，动员居民群众参与社区突发事件应急处置。建立驻社区机关企事业单位参与社区治理责任制度。积极创建全国城乡社区治理和服务创新实验区、幸福和谐示范社区。支持广州市开展社区治理示范平台建设、深圳市开展基层政权建设和社区治理创新。

三、培育规范发展社区社会组织

（七）实行社区社会组织分类管理。大力培育发展社区社会组织，支持各地因地制宜，探索出台社区社会组织分类管理办法，深化细化管理细则，理顺社区社会组织登记管理和属地管理关系，探索以乡镇（街道）为责任主体的管理体制，落实属地管理责任。

（八）推动社区社会组织融合发展。促进社区、社区社会组织、社会工作者等力量和资源的整合，支持枢纽型社区社会组织搭建社区融合式发展平台，鼓励社区社会组织依法有序参与城乡社区治理。推动社区社会组织积极参与社区公共文化服务，共同打造文化特色社区；积极参与平安社区建设，协助社区提升矛盾调处、社会治安和公共安全综合防治能力。

四、发挥社会工作者专业优势

(九)加大社会工作人才培养力度。实施社会工作人才专业化培养工程,力争到2025年,全省社会工作专业人才总量达到15万人,每个村(社区)至少开发一个社会工作专业岗位。统筹整合社会救助、养老服务、社会事务、儿童福利、慈善事业、社区治理等业务服务资源,乡镇(街道)直接聘用社会工作人才,强化社工站(点)服务平台建设,提升基层社会工作服务能力。

(十)创新统筹服务模式。引导社会工作专业人才关注社区问题,发挥社会工作专业作用,创新以社区为载体、以家庭为单位,对社区居民特别是最低生活保障对象、特困人员以及孤儿、老年人、残疾人、精神障碍患者等特殊群体开展需求评估,协助落实政府各项保障服务政策,提供心理疏导、人文关怀、能力提升、生计发展、生活照护、关系调适、社会融入等专业服务。

五、提升基本民生保障和基本社会服务水平

(十一)切实保障困难群众基本生活。实施类别化、差异化救助,推动社会救助向多维度保障转变、向综合性服务救助延伸,全方位保障好困难群众基本生活。落实最低生活保障对象、特困人员、孤儿和事实无人抚养儿童的基本生活保障,完善困难残疾人生活补贴和重度残疾人护理补贴制度,加强和改进生活无着的流浪乞讨人员救助管理。加快发展居家社区养老服务,大力支持养老机构运营社区养老服务设施或者利用自身设施和服务资源提供居家社区养老服务。

(十二)拓展婚姻和殡葬服务。注重发挥和谐婚姻家庭建设在基层社会治理中的重要作用,推广在婚姻登记机关设立婚姻家庭辅导室,鼓励和支持专业人才和服务机构参与婚姻家庭服务,积极倡导或组织举办集体婚礼等婚礼形式,推广婚姻登记免费颁证等服务。坚持殡葬改革与强化殡葬公共服务并重,劝导或整治婚丧大操大办、高额彩礼、散埋乱葬等不良现象,倡导厚养薄葬、丧事简办,推行集体民俗公祭、"牌位拜祭"等,引导群众文明治丧;完善殡葬公共设施规划布局,因地制宜推进公益性骨灰存放设施建设,倡导和鼓励骨灰海葬、树葬等节地生态安葬。

（十三）完善区划地名服务。根据形势发展和现实需要，制定完善设立镇、街道标准，推动《广东省地名管理条例》修订工作。优化基层行政区划设置。加强行政区域界线和行政管辖范围分界线管理，继续清理整治不规范地名。加大农村地区地名标志设置力度，逐步健全城乡一体、衔接有序的地名标志导向体系。推进古城、古县、古镇、古村落等地名文化遗产认定。深入开展优秀地名文化挖掘、研究，广泛开展贴近群众的地名文化宣传活动，讲好南粤地名故事。

六、夯实民政领域基层社会治理基础

（十四）加强基层政府服务能力建设。理清乡镇政府（街道办事处）与县（市、区）职能部门、村（居）民委员会权责边界，实行社区工作清单式管理。增强乡镇政府（街道办事处）在社会治理、公共服务等方面的能力建设，推动社会治理和服务重心向基层下移，把更多资源下沉到基层，更好提供精准化、精细化服务。由县级政府制定乡镇政府购买服务指导性目录，支持建立乡镇政府（街道办事处）购买服务机制，增加基层政府向社会购买公共服务项目的数量。

（十五）加强城乡社区服务设施建设。编制广东省城乡社区服务体系建设"十四五"规划，完善城乡结合部、城中村、流动人口聚集地的社区设置，构建城市社区"15分钟生活圈"、农村社区"半小时生活圈"。完善村（社区）党群服务活动中心政务办事、议事协商、特殊人群帮扶、社会心理服务、文娱体育等综合服务功能。

（十六）加强基层民政服务力量建设。建立一支以村（社区）党组织书记为带头人、社区工作者和社会工作者为主体、社区社会组织和志愿者广泛参与的基层民政工作者队伍。建立社区工作者职业体系，推动规范化、职业化、专业化发展。加强民政领域社会工作专业性建设，对各级党政领导干部、民政专业队伍以及城乡社区工作者进行分层培训。大力选树宣传各类先进典型，对先进基层群众性自治组织、社会组织和优秀城乡社区工作者、社会工作者予以激励表扬，营造良好舆论氛围。

七、强化保障措施

（十七）加强组织领导。建立健全党委领导、政府负责、有关部门和群团组织密切配合、社会力量广泛参与的工作新格局。坚持把民政工作纳入本级国民经济和社会发展规划,纳入基层党建与基层社会治理重要工作,层层压实责任。发挥各级民政部门职能作用,协同有关部门共同推动民政领域基层社会治理。

(十八)加强经费保障。各级财政要完善经费保障机制,统筹整合民政业务各类服务性资金,支持民政做好基层社会治理工作。鼓励各类主体参与社区设施建设和服务供给,加快形成基层社会治理多方投入格局。

(十九)建设"智慧民政"。加大"智慧民政"建设力度,实行"互联网+民政服务",强化民政数据治理和数据共建共享共用,推进"一门式、一网式"政府服务模式在社区应用。依托信息化管理手段,推进"智慧社区"建设,推动城乡社区网格化服务管理,推进政府与社区、社区社会组织、社会工作在基层社会治理中的有效联动和高效运作。

三、深圳市层面关于社会治理现代化的相关政策文件与要求

(一)深圳市《各区深化街道体制改革完善治理体系实施方案》(主要内容)

按照广东省乡镇街道体制改革部署,深圳市近期印发了各区深化街道体制改革完善治理体系实施方案,全力推进街道体制改革,通过理顺权责关系,优化机构设置,健全运行机制,完善保障体系,进一步激发街道经济社会发展活力,夯实国家治理体系和治理能力的基础。

(一)坚持党建引领,加强党对基层治理的全面领导。健全街道党工委领导基层治理的制度体系和工作机制。区职能部门派驻在街道的机构原则上实行属地管理;继续实行派驻体制的机构,纳入街道工作平台。赋予街道党工委对区职能部门的工作考核权、驻街机构的指挥协调权等"六大权力",建立综合治理、公共服务、综合行政执法等委员会,统一指挥协调街道内外、条块等各类资源。完善基层党组织领导的自治、法治、德治相结合的基层治理

体系，全面提升基层治理效能。

（二）明确职能定位，推动街道聚焦主责主业。明确街道集中精力抓党建、抓治理、抓服务，重点履行加强党的建设、统筹社区发展、实施公共管理、组织公共服务、维护公共安全等方面职能。全面取消街道招商引资等职能及考核指标，合理划分区、街城市开发建设等事权。全面厘清区政府及职能部门与街道的权责边界，明晰市职能部门派出机构、区职能部门与街道的职责分工。完善交办街道事项准入机制，明确前提条件、流程规则、保障措施，建立"准入防火墙"，切实减轻街道负担。

（三）突出优化整合，统筹设置机构和使用编制资源。各街道设置7~9个综合性机构，统一设置党政综合办公室等5个办公室，因地制宜设置应急管理、城市建设、企业服务等办公室。将街道从事公共服务、工程技术保障、后勤保障等事业单位进行优化整合，加大党政群机构与事业单位统筹设置力度，提升管理服务效能。下达全市街道行政执法编制2250名，街道公务员编制较改革前增加39.8%。推行街道党政领导班子成员交叉任职和扁平化管理，缩短决策指挥链条，增强街道工作效率。赋予街道更加灵活的用人自主权，允许街道动态调配各类编制资源和工作力量，健全与岗位及业绩相挂钩的绩效考核体系，强化队伍战斗力。

（四）完善改革配套，健全协同高效运行机制。通过相对集中行政处罚权，实现街道以自身名义开展执法。建立依法治区办统筹区级行政执法工作的机制，优化街道综合行政执法体制。加强对街道工作的培训指导，区直部门不再对街道进行专项工作考核，统一纳入区委区政府对街道考核。此外，在推进综合网格化服务管理、加强财政保障、强化数字政府技术支撑等方面完善配套，推动街道体制改革更好落地落实。

（二）《深圳市关于提升社会工作服务水平的若干措施》

为深入学习贯彻习近平新时代中国特色社会主义思想，全面落实党的十九大和十九届二中、三中、四中、五中全会精神，根据《中共中央 国务院关于支持深圳建设中国特色社会主义先行示范区的意见》有关要求，进一步健全党委领导、政社合作、多方支持的社会工作运行机制,提升我市社会工作服务水平,更好发挥社会工作专业人才队伍在社会服务、社会治理中的积极作用,提出如下措施:

一、社会工作职业定位

(一)明确社会工作职业任务。

社会工作是在社会服务和社会治理领域,综合运用社会工作专业理念、知识和技能,为有需要的个人、家庭和群体、组织提供公共服务、协调社会关系、解决社会问题的职业活动。社会工作职业任务主要包括:运用社会工作专业理念、方法与技能,提供帮困扶弱、情绪疏导、心理抚慰、精神关爱、行为矫治、社会康复、权益维护、危机干预、关系调适、矛盾化解、能力建设、资源链接、社会融入等方面服务,帮助个人、家庭恢复和发展社会功能;帮助面临共同困境或需求的群体建立支持系统;培育社区社会组织、开展社区活动、参与社区协商、化解社区矛盾、促进社区发展;组织开展社会服务需求评估、方案设计、项目管理、绩效评价与行动研究;开展社会工作专业督导,帮助督导对象强化专业服务理念、提升专业服务能力、解决专业服务难题;协助做好志愿者招募、注册、培训与考核,引导和组织志愿者开展社会服务。用人单位应按照社会工作职业任务要求,结合自身需求与特点明确和规范社会工作专业岗位职责任务和任职条件。

(二)拓展社会工作服务领域。

稳步发展社会福利、社会救助、慈善事业、社区建设、婚姻家庭、精神卫生、残障康复、教育辅导、就业援助、职工帮扶、犯罪预防、禁毒戒毒、矫治帮教、卫生健康、纠纷调解、应急处置等16个领域社会工作服务。加快培育发展适应当前深圳经济社会发展需求、专业化要求相对较高的教育辅导、卫生健康、职工帮扶等领域社会工作服务。聚焦脱贫攻坚、聚焦特殊群体、聚焦群众关切,进一步做强做优对低保、特困、困境儿童、老年人、残疾人、困难妇女等群体的社会工作服务。推动社会工作服务由民政领域拓展到民生保障和社会治理领域,由特殊困难人群延伸到有需要的人群。

(三)优化社会工作专业岗位配备。

鼓励和支持企事业单位、基层社区、社会组织开发社会工作专业岗位，吸纳社会工作从业人员参与公共服务和基层社会治理。优化社区党群服务中心政府购买服务项目，按照社区人口规模配备社会工作从业人员(见附件1)。建立完善"社工引领志愿者，志愿者协助社工"协同服务机制。

二、社会工作从业人员动态管理体系

(四)健全持证上岗制度。

社会工作从业人员应当持有国家社会工作者职业水平证书。本措施实施后新签订政府购买服务合同的，社会工作岗位从业人员实行持证上岗。到2023年，实现政府购买服务项目中的社会工作专业岗位全员持证上岗。

(五)建立从业人员招聘录用平台。

依托市社会工作者协会，建立我市社会工作从业人员备案和招聘录用信息平台。本措施实施后政府购买社会工作服务项目中的从业人员招聘信息统一在平台上予以公开，统一从备案人员中招录。

(六)健全职级体系和薪酬保障。

建立完善与社会工作服务专业水平相对应的职级薪酬体系。政府购买社会工作服务项目预算，按照《深圳市社会工作类专业技术人员薪酬指导价位表》(见附件2)，根据社会工作类专业技术人员总体薪酬指导价平均值进行核算，对专业性强、职业风险高的社会福利、精神卫生、禁毒戒毒、矫治帮教、卫生健康、纠纷调解、残障康复、应急处置等领域的薪酬指导价适当提高。完善社会工作督导资助机制，督导经费按被督导社会工作从业人员每人每月350元的标准，将相关经费统一纳入政府购买社会工作服务项目预算。根据深圳经济社会发展实际，社会工作从业人员薪酬指导价原则上每3年调整一次。

承接政府购买服务的社会工作服务机构应根据《深圳市社会工作类专业技术人员薪酬指导价位表》，严格执行政府购买社会工作服务经费使用管理相关规定，不得违规克扣、截留从业人员薪酬，不得巧设名目超标提取机构管理运营费用。

（七）加强人才队伍教育培训。

完善继续教育制度，社会工作从业人员每年度接受继续教育累计不得少于 80 学时。民政部门应对社会工作从业人员开展分领域和督导培训，每年对新入职的从业人员开展岗前培训。依托党校、高校等教育资源加强社会工作专业人才培养，加强深圳经济特区社会工作学院等社会工作从业人员继续教育、实习实训基地建设。

（八）完善社会工作专业人才激励机制。

按照党管人才原则，支持壮大社会工作专业人才队伍，做好社会工作专业人才服务保障。鼓励政治素质好、业务水平高的社会工作专业人才依法参政议政，适当提高在党代表、人大代表、政协委员中社会工作专业人才代表的名额比例。

（九）建立社会工作从业人员信用监管机制。

市民政部门设立深圳市社会工作从业人员信息库，建立完善投诉受理机制，对从业人员进行信息登记、建立信用档案，依法公开从业人员违法违规行为。社会工作行业组织应设立纪律工作委员会，建立从业人员准入和退出机制，加强从业人员专业伦理守则和职业规范建设，依法向社会公开行业纪律惩戒情况。

三、社会工作服务监管体系

（十）明确部门工作职责。

民政部门负责统筹制定社会工作发展规划和法规政策，依法对社会工作服务机构登记审查、监督管理和执法检查，以及履行从业人员信息备案等职责。业务主管单位负责对社会工作服务机构名称、宗旨、业务范围、发起人和拟任负责人等登记事项以及年度报告进行前置审核，承担社会工作服务机构思想政治工作、党建、财务、人事、研讨活动、对外交往、接受境外捐赠资助、按章程开展活动等事项的管理责任。财政部门负责政府购买社会工作服务预算资金管理，对资金使用情况进行监督和检查。税务部门依法对社会工作服务机构的涉税行为进行管理。审计部门对社会工作服务机构使用财政资金情况依法进行审计监督。纪检监察机关加强执纪监察，督促指导业务主管单位防治社会工作服务机构腐败。外事、公安、人力资源保障等部门对社会工作服务机构涉及本领域的事务履行监管职责，依法查处违法违规行为并及时向民政部门通报。人民法院依法受理社会工作服务机构因内部争议引发的民事纠纷，对失信被执行人实施联合惩戒。其他职能部门按照法定职责加强社会工作服务机构监管。

（十一）改革社会工作服务供给方式。

按照"谁使用、谁购买"的原则，建立市、区党政机关、群团组织、街道办事处分层次分领域按需购买社会工作服务的供给机制。市、区各单位购买社会工作服务项目经费纳入本级财政预算。民政部门要做好政府购买社会工作服务的统筹规划、组织实施和专业评估；财政部门要将应由政府承担的社会工作经费纳入财政预算；民政、教育、公安、司法行政、卫生健康以及法院、检察院、工会、共青团、妇联、残联等部门根据发展规划和服务需求，确定政府购买社会工作服务计划，编制和申报项目预算，采购和评价项目，做好困境人群和特殊人群服务，推动本系统本领域社会工作健康有序发展；街道办事处是社区社会工作服务的购买主体，负责组织实施社区党群服务中心政府购买服务项目，统筹协调各党政机关、群团组织等依托社区党群服务中心开展好社区党建核心服务和社区照顾类基础服务，扩大社区参与、促进社区融合、推动社区发展。

（十二）建立政府购买社会工作服务评审机制。

市、区民政部门设立市、区政府购买社会工作服务项目库和评审委员会。评审委员会由民政部门、相关职能部门和社会工作行业的专家人员组成，评审委员会办公室设在市、区民政部门。评审委员会每年定期召开评审会议，决定政府购买社会工作服务项目的入库、出库等事项，评审意见作为财政部门审核项目预算的重要参考。本措施实施前各部门各单位已经开展的项目，向评审委员会备案后自动入库；本措施实施后新增的项目应当经同级评审委员会审议通过后方可入库，并向同级财政部门申报预算。实施购买社会工作服务3年期满的项目，应提前半年向同级评审委员会申请，经审议通过后方可继续实施。

(十三)规范社会工作服务项目购买。

政府购买社会工作服务采取项目购买方式,一般以3年为一个购买周期。各购买主体购买社会工作服务项目时,应当对本部门本单位的服务人群开展需求调查,科学设置项目的岗位数量、职级设置、服务标准和考核指标。社会工作服务项目中社会工作专业岗位的数量不低于项目总人数的80%,建立与项目同步的督导服务机制。项目预算编制应根据服务的数量、规模、质量和效果目标等核算服务成本,项目中人力成本不少于项目经费的85%,督导经费、业务活动费、管理费、服务险和税费、人员培训费等不得超过项目经费的15%。政府购买社会工作服务整体打包费标准不低于16.3万元/人/年;社会福利、精神卫生等专业性强、职业风险高的社会工作服务项目,整体打包标准不低于16.9万元/人/年;在不低于前述标准的前提下,各区可根据本区经济社会发展实际自行制定政府购买社会工作服务整体打包标准。对服务项目验收或者绩效评价结果优秀的供应商,可以按照我市政府采购相关规定申请合同续期奖励。政府购买社会工作服务规范指引由市民政部门另行制定。

(十四)完善社会工作服务评估机制。

市民政部门建立完善全市统一的社会工作服务项目评估标准,市、区民政部门对本级社会工作服务项目库内的所有政府购买项目在服务周期内开展专业评估。已对项目开展评估的,其他部门原则上不再重复评估,评估结果作为评审委员会审议项目出入库的重要参考。各购买主体应根据政府购买服务的相关规定,开展履约评价,强化合同约束力,履约评价结果作为政府购买服务合同续期奖励、承接服务单位信用评价和评优激励的重要参考。

(十五)加强社会工作服务机构监管。

强化登记审查。民政部门及其他业务主管单位要建立完善社会工作服务机构登记审查制度,重点加强对拟成立社会工作服务机构合法性、必要性、可行性以及发起人、拟任负责人的资格审查,严把入口关。健全退出机制。对严重违反国家有关法律法规的社会工作服务机构,要依法吊销其登记证书;建立完善社会工作服务机构随机抽查、行政约谈、重大事项事前报告、涉外及港澳台交往活动的审批备案和监督管理、不良行为记录档案等制度。加强资金监管。建立民政部门牵头,财政、税务、审计、金融、公安、国家安全等部门参加的社会工作服务机构资金监管机制，共享执法信息，加强风险评估和预警；加强对社会工作服务机构财政、财务、会计等法规政策执行情况的监督检查，强化对社会工作服务机构非营利性的监督，强化对资金往来特别是大额现金支付的监管，防范和打击洗钱、非法侵占、私分、挪用、转移资产等违法行为。加强联合执法。各相关部门依托社会组织联合执法机制，在法定职责内对社会工作服务机构实施监督管理，依法查处社会工作服务机构违法行为。用3—5年时间，淘汰一批内部治理混乱、服务质量水平低、长期不开展业务活动的社会工作服务机构，培育一批运行规范、专业突出、高质量发展的品牌社会工作服务机构。

（十六）加强行业自律。

健全社会工作服务机构运营规范、信用信息公开、行业纪律惩戒等行业规范，完善社会工作服务机构纠纷调处、风险防控预警机制。承接政府购买服务的社会工作服务机构须将薪酬管理制度和受薪理事、总干事及副总干事、机构管理人员三个层级的年度薪酬福利总额、承接的服务项目验收、绩效评价结果等信息在业务主管单位指定的信息平台公开。建立完善社会工作服务投诉举报受理机制，依法向社会公开行政处罚、行业纪律惩戒情况。鼓励支持社会工作从业人员、服务对象等利益相关方、新闻媒体、社会公众对社会工作服务机构进行监督。

四、抓好组织实施

（十七）加强组织领导。

坚持和加强党对社会工作的领导，全面贯彻落实中央和省、市社会工作有关决策部署。我市各级政府要把加强和改进社会工作列入重要议事日程，民政、人力资源保障部门及其他业务主管单位要加强与市、区党委组织部门、社会组织党委的沟通协调，加强社会组织党建工作力度，建立完善研究决定社会工作重大事项制度，强化监督管理、政策落实、经费保障等工作，努力建设一支可靠可信可用的社会工作专业人才队伍。

（十八）加强宣传引导。

充分利用报刊、广播、电视、网络等媒体，广泛宣传社会工作在参与公共服务和社会治理中的积极作用,及时总结、宣传、推广先进典型,加强理论研究和文化建设,提高公众对社会工作的认识,进一步凝聚社会工作改革发展力量。

(十九)加强检查落实。

各区各相关部门要结合工作实际,根据本措施要求和职责分工,抓紧制定相关落实措施和工作计划,抓好贯彻落实。市民政部门要加强对各区各相关部门贯彻落实情况的业务指导和检查,确保各项工作落到实处。

五、附则

(二十)本措施自2020年11月12日起实施,有效期5年。

(三)中共深圳市委办公厅 深圳市人民政府办公厅《深圳市基层管理体制改革指导意见》

为贯彻落实党的十八大和十八届三中、四中全会以及中央和省、市关于加强社会建设的有关精神,进一步深化我市基层管理体制改革,现提出如下意见。

一、重要意义

党的十八大以来,中央对推进基层治理作出了系列决策部署。党的十八届三中全会明确提出推进国家治理体系和治理能力现代化的总目标。党的十八届四中全会强调要进一步推进基层治理法治化。省委、省政府对基层管理体制改革创新也作出了总体安排。贯彻落实中央和省的要求,扎实推进基层管理体制改革,是当前的一项重要工作。

近年来,我市结合工作实际,在基层管理体制创新方面进行了积极探索。但全市基层治理体系和治理能力仍面临一系列突出矛盾和问题,如部分街道管辖幅度过大,管理难以到位;行政管理层级多,事权划分不合理;社区事项繁杂,考核评比压力大;社区治理结构不完善,未形成合力等,急需通过改革予以破解。深化基层管理体制改革,是推动解决当前基层治理难题的现实选择,是加快推进特区一体化、提升城市治理体系和治理能力现代化的重要举措。各级各部门要深刻认识基层管理体制改革的重要性和紧迫性,以"排头兵"标准,采取有力措施,从源头上、基础上、根本上加强社会建设,提升基层管理服务水平,切实保障和改善民生,确保社会和谐稳定。

二、指导思想

以邓小平理论、"三个代表"重要思想、科学发展观为指导,深入贯彻落实习近平总书记系列重要讲话精神,积极借鉴国内外基层管理先进经验,结合深圳实际,按照"加强管理、提升服务,整合资源、提高效能,明确权责、理顺关系,扩大参与、加强自治,积极稳妥、配套推进"的原则,着力构建以社区综合党委为核心,以居委会自治为基础,以社区工作站为政务管理服务平台,社区各类主体共同参与的新机制,形成党委领导、政府负责、社会协同、公众参与、法治保障的基层治理新格局。

三、主要内容

(一)深化街道行政体制改革,努力实现管理精细化和扁平化。

合理确定街道的管辖幅度,明晰街道职责定位,优化机构设置,着力提升基层治理能力。

1. 调整街道管辖范围,确保管理服务到位。按照特区一体化、城市现代化和管理精细化的要求,结合行政资源承受能力等因素,对原特区外常住人口多、管辖面积大、管理任务重的街道适当进行区划调整。调整后,原特区外增加14个街道,其中宝安区增加9个(含在光明新区范围内的2个,在龙华新区范围内的2个),龙岗区增加5个(含在坪山新区范围内的2个)。各相关区可结合地理历史渊源、产业发展布局等因素,在街道总量内提出具体调整方案报市政府。

2. 明晰街道与区、社区职责定位,实现功能错位互补。错位配置区、街道、社区工作职责,原则上一类事项主要由一个层级承担,避免职能交叉重叠和工作推诿。街道办事处主要承担辖区城市管理、社会管理和公共服务职能,原特区外街道要逐步将专业性较强的城市建设、经济发展、招商引资、举办教育医疗机构等职责交由区职能部门承担，原由社区工作站承担的有关行政性强的工作原则上交由街道办事处负责，居民自治相关工作交由社区居委会承担。充分发挥市场在资源配置中的决定性作用，加大简政放权力度，把该放的权力放开、放到位。强化街道办事处联系、服务基层群众职责，积极推动区、街道工作力量向基层下沉，实现管理服务向社区延伸。全面推进清单式管理和服务，梳理、制定区、街道权责清单及社区工作站、社区居委会工作事项清单，统一向社会公布。

3. 优化街道机构设置，提升管理效能。坚持"大部门制"改革方向，综合设置街道党政机构，原特区内街道设综合性科室6个以内，原特区外街道设综合性科室8~9个。参照《中共广东省委办公厅、广东省人民政府办公厅印发〈关于简政强镇事权改革的指导意见〉的通知》(粤办发〔2010〕17号)确定的"乡镇分类标准"，科学划分一般街道、较大街道、特大街道。进一步完善综合执法体制，一般街道、较大街道原则上实行一支队伍综合执法，特大街道原则上可按劳动与安全监管、城市综合管理等领域设置2支综合执法队。一般街道及区政府驻地街道，可由区承担执法职责。改变街道办事处下设事业单位职能单一、规模偏小的现状，整合资源，调整结构，原则上一般街道、较大街道综合设置事业单位4个以内，特大街道综合设置事业单位6个以内。严格控制街道领导职数，规范街道书记(副书记)、主任(副主任)、党工委委员及工青妇等领导职数设置。

(二)完善基层治理体系，努力形成工作合力。

充分发挥社会建设"风景林工程"作为完善基层治理、促进多元共治重要载体和主要抓手的作用，强化"风景林工程"各个项目功能的发挥，带动引领基层社会治理创新，鼓励各区结合实际大胆创新基层治理模式，不断健全基层治理体系，提升基层治理水平。

1. 强化社区党组织建设，夯实领导核心地位。社区综合党组织要在社区发挥领导核心作用，主要负责宣传、执行党的方针、政策，研究、决定社区建设、管理、服务和发展中的重大问题，组织领导和统筹协调社区工作站、社区居委会、股份合作公司及各类群团组织、社会组织等开展工作，建立以社区综合党委为核心，社区工作站、社区居委会、驻社区单位、"两新"组织、外来人口代表等共同参与的管理体系，提升为基层群众服务的功能和水平，实现党务、政务服务向社区延伸。进一步加强社区综合党组织规范化建设，健全领导机制，推行社区综合党组织书记兼任居委会主任，鼓励社区各类党组织负责人进入社区综合党组织班子，坚持和推行"兼职委员"制度。结合社区实际，探索推行社区综合党组织"第一书记"制度，选派街道领导干部兼任社区综合党组织"第一书记"，定期定时定点进驻社区服务和办公，并明确一名街道干部担任社区联络员。强化社区党建带群建、党群共建，充分发挥辖区内"两代表一委员"、工青妇等群团组织联系群众桥梁纽带作用。提升服务功能，强化社区综合党组织服务阵地、经费和人员保障，深化党员志愿服务。规范社区综合党组织与其他社区组织沟通协商的办法和制度，推广社区党群议事会等做法。

2. 明确社区工作站定位，减轻社区工作负担。社区工作站是街道在社区的政务管理服务平台，主要负责采集城市管理和社会管理信息，协助街道办事处及区级相关部门做好综治、维稳、信访、安全生产、计划生育等工作。城市化程度较高、管理幅度不大的区域要适当整合社区工作资源，开展社区工作站合并试点，逐步减少社区工作站数量，构建扁平化、现代化的基层管理体系。城市化程度不高、管理幅度较大的区域要继续发挥好现有社区工作站作用，有条件的社区要建立完善"一站多居"的管理体制。优化社区行政服务，整合驻社区各类行政服务窗口，实现所有事项"一窗办、一网办、一次办"。改进和完善社区工作准入制度，凡不在工作事项清单内的拟下放事项，需经相关部门审核后报区委、区政府审定，严禁擅自向社区工作站下达或转移工作任务。清理、规并、减少基层考核评比，不得将社区工作站列为考核对象。

3. 加强居委会建设，强化社区自治功能。居委会是法定的基层群众性自治组织，负责依法组织辖区居民开展自治活动，依法协助基层政府及其派出机构开展工作，依法依规组织开展监督活动。大力培育和提升居委会自治能力，完善居委会内部治理结构，进一步强化居委会"枢纽、议事、监督、服务"职能。探索居委会与"两代表一委员"的有效沟通联动机制，充分发挥居民议事会的作用，形成居委会监督和评判社区服务中心工作成效的制度。组织开展社区文体活动以及各类公益服务、志愿服务和慈善服务，促进居民对社区的认同。

4. 充分发挥市场和社会作用，构建社区共治格局。结合不同社区的特点和实际需求，统筹现有服务设施，综合平衡居民人数和服务范围，推进社区服务中心(党群服务中心)建设。完善项目采购、项目遴选、服务规范、评估监管等各项机制，为社区居民提供综合性、专业化、社会化的社区服务。培育社区工作者队伍，发挥专业社工作用，促进社区工作专业化职业化，全面提升基层社区服务保障能力。拓宽社会参与渠道，推动社区社会组织建设，以服务社区居民为重点，大力培育发展社区服务类、慈善公益类、文化体育类等社会组织。建立健全社会组织参与社会事务、维护公共利益、救助困难群众、帮教特殊人群、预防违法犯罪的机制和制度化渠道。积极引导各类驻社区单位共同参与社区建设，为社区提供人力、物力、设施支持，推动共驻共建、资源共享。充分利用物业服务企业优势，通过购买服务等方式，委托物业企业承担部分事务性工作，方便社区居民办事，满足社区居民多元需求。支持各类社会主体自我约束、自我管理，发挥市民公约、乡规民约、行业规章、团体章程等社会规范在社会治理中的积极作用。原特区外各区要逐步分离股份合作公司的经济职能和社会职能，实现政企、社企分开。全面推进社区党务、居务、财务公开，规范监督的内容、权限和程序，健全社区事务监督机制。

(三)积极推进"织网工程"建设，着力构建基层良性工作机制。

结合"织网工程"的深入推进，加强互联网政务信息数据服务平台和便民服务平台建设。进一步强化互联互通、资源共享，加快实现商事登记及许可审批、社会信用、市场监管、网上办事大厅等信息系统与"织网工程"互联互通。各区、各部门、各单位要及时主动提供、更新、共享相关数据，消除信息壁垒，加快建设和完善市公共信息资源库。建立以决策分析支持系统为核心的大数据管理平台，强化在社会管理领域的应用开发，做好大数据分析、挖掘和利用，提高科学决策能力和管理服务水平。完善覆盖市、区、街道、社区的"织网工程"综合信息系统，统一基层社会服务管理信息采集，统一基层社会服务管理事项受理，统一基层社会服务管理事件分拨。充分运用现代化信息技术手段，建立以信息资源共享为核心的政务协同工作机制，横向上实现跨部门协同应用，纵向上推进社区受理窗口与相关业务部门相互连通，推动职能转变，减少办事环节，精简行政成本，提高基层工作效率，实现管理服务现代化。加强社区家园网建设，充分调动广大市民参与社区事务的积极性。

四、组织实施

（一）加强组织领导。市和区分别成立由分管领导牵头的基层管理体制改革领导小组，综合协调推进改革。市基层管理体制改革领导小组由市委副书记、市社工委主任戴北方任组长，市委常委、组织部部长张虎，副市长唐杰任副组长，成员单位包括纪检、组织、宣传、社工委、机构编制、财政、监察、民政、人力资源保障等部门，日常工作由市社工委负责。

（二）积极稳妥推进改革。试点先行，分步推进。各区要结合自身实际，抓紧制定并上报基层管理体制改革实施方案，经市基层管理体制改革领导小组审定后组织实施，确保基层工作连续、秩序良好、社会稳定。街道分设工作在龙华新区先行试点，2015年4月底前完成街道挂牌，实现人员、办公场地、设施等调整到位。其他区的街道分设工作在总结评估龙华新区试点经验的基础上，完善方案和措施后再行实施。

积极探索，鼓励创新。鼓励各区在本意见确定的总体框架内，积极探索整合基层行政管理和服务资源，推进扁平化管理的改革创新试点。

综合统筹，完善配套。民政、人力资源保障等部门要根据本意见精神抓紧研究出台加强社区工作站、社区居委会建设以及规范社区工作人员岗位、薪酬、福利待遇等管理的配套文件；组织部门要加强对各区街道领导班子和社区党组织建设的指导；宣传部门要加强改革宣传，正确引导舆论，凝聚共识，营造良好改革氛围；纪检监察部门要进一步规范、清理涉及社区的各项考核检查项目。

（三）严格纪律要求。严肃政治纪律，各区、各部门、各单位必须把思想统一到基层管理体制改革精神和要求上来，按照市委、市政府的工作部署，切实抓好改革的实施工作，确保改革取得实效。严肃机构编制纪律，按照严控总量、盘活存量、优化结构、增减平衡的要求,改革后机构编制总量不突破,编制类型不混用,领导职数在总盘子内调剂解决。严肃干部人事纪律,严禁借改革之机突击进人、超编进人、超领导职数配备领导干部。严肃财经纪律,各区、各部门、各单位要严格执行中央有关停止新建楼堂馆所和清理办公用房以及公务用车制度改革等精神,严格控制改革成本和经费增长,严禁借改革之机突击花钱,严防国有资产流失。涉及改革的街道要认真做好资产清查登记、财务清算和资产处置工作,不得弄虚作假、瞒报漏报、变更和毁坏财会账目凭证。强化监督检查,纪检监察等部门要认真履行职责,加强对相关改革规定和纪律执行情况的监督检查,严肃查处违纪违规行为,确保改革顺利推进。

(四)深圳市人民政府办公厅《深圳市宜居社区建设工作方案》

为进一步推进宜居社区建设,根据中共广东省委办公厅广东省人民政府办公厅《关于建设宜居城乡的实施意见》(粤办发〔2009〕24号)、《关于印发〈深圳市创建宜居城市工作方案〉的通知》(深府〔2010〕108号),结合我市实际,制定本工作方案。

一、重要性

建设宜居社区是将深圳建设成为生活舒适、环境优美、功能完善、人民群众具有幸福感的宜居城市的重要途径,是实现省政府提出"2015年末,珠三角地区宜居社区(含省级、市级)比例达到70%"目标,缩小我市原特区内外社区建设水平差距的基本手段。

针对我市社区自治组织的管理功能未充分挖掘,社区凝聚力较弱,居民文明意识和家园意识有待提高,城中村社区基础设施建设缺乏整体规划和科学引导,抗灾防灾设计和设施有待完善,后街背巷脏乱、道路破损严重,原特区外社区规划相对滞后,公交停靠站服务设施配备不齐全,排水管网、垃圾转运站、公共厕所、垃圾分类回收桶等市政环卫设施不完善,教育、卫生等基本公共服务发展不均衡,基层文化机构的服务质量与水平有待提高,住宅区物业管理尚未全覆盖，且专业化程度不高等问题，有必要采取措施加快建设宜居社区。

二、指导思想

紧紧围绕提升深圳质量、加快建设现代化国际化先进城市的主线，以保障和改善民生为重点，按照统一部署、全面启动、分步实施、稳步推进的思路，改善社区环境、加强社区管理、完善社区服务、保障居住安全、丰富文化生活，全面提升社区宜居水平。

（一）统筹安排，协调联动。

宜居社区建设工作涉及面广，任务繁重，许多历史遗留问题难以在短期内解决，必须在整体上统筹安排，形成统一领导、分工负责、各相关单位协调联动的工作机制。

（二）突出重点，注重特色。

各社区要以建设宜居社区为契机，明确工作重点，突破工作难点，充分挖掘社区自然景观、历史、文化、生态、旅游、商业、民居风貌等方面的特点，建设有特色的宜居社区。

（三）强化落实，注重实效。

紧紧围绕宜居社区建设目标，明确各区、各部门的责任和任务，强化绩效考核制度，检查监督各区、各部门实施情况，狠抓任务落实，切实提高社区宜居水平。

三、工作目标

通过建设宜居社区，为广大群众打造"配套齐全、洁净优美、服务完善、安全便利"的幸福宜居工作生活环境。到2020年底，我市社区基本建成宜居社区，成为国家和广东省宜居城市建设的先进城市和示范城市。

（一）近期目标（2012—2013年）。

全面启动宜居社区建设工作，形成政府主导、社会支持、居民参与的良好局面。各区政府、新区管委会以街道为单位组织社区调研，确定需改进和集中整治的项目，并编制宜居社区改造和建设方案。方案要突出特色、落实建设、注重实效。各区政府、新区管委会要整合和利用已有的资金、资源，先行扶植基础条件较好的社区建成宜居社区，同时稳步推进基础条件一般或较差的社区开展宜居社区建设工作。力争到2013年底，原特区内宜居社区比例达到50%，原特区外宜居社区比例达到30%。

(二)中期目标(2014—2015年)。

重点加强社区的环境建设和卫生治理，完善污水处理、垃圾处理等设施；完善社区交通、教育、医疗、文体等设施，提升社区服务水平，原特区内外社区在环境和公共服务方面的差距明显缩小。各区政府、新区管委会要以已建成的宜居社区为典范，加快已具备一定基础条件社区的建设，使其达到宜居社区标准，同时兼顾基础条件较差的社区建设工作。力争到2015年底，原特区内宜居社区比例达到70%，原特区外宜居社区比例达到60%。

(三)远期目标(2015—2020年)。

加大对综合条件较差社区的投入，通过不断完善社区建设，实现社区居住空间生态环保、基础设施完备、管理服务水平国内领先、社区文明和谐度高。已获得宜居社区称号的社区持续完善社区建设，保持宜居社区复查通过率达100%。到2020年底，我市社区基本达到宜居标准。

四、工作内容

宜居社区建设的工作内容主要包括完善社区基础设施、建设社区生态环境、提升社区服务水平、创新社区管理机制、丰富社区文化生活、健全社区安全体系等六个方面。

(一)完善社区基础设施。

优化社区基础设施空间布局，重视老旧社区、城中村社区基础设施建设，完善社区交通、教育、医疗、文体、养老服务等机构设施，为充分发挥社区功能提供基础保障。

1. 提升社区公共交通建设。重点配置和完善原特区外社区的公交停靠站服务设施，修复社区内破损道路，完善社区内交通指示标志，重视社区慢行交通系统规划和建设，加快完善绿道网及配套设施。到2015年底，基本实现绿道网与公共交通衔接。

2. 加强社区教育设施建设。按照有关规定和就近入学原则，配套建有相应的中小学和幼儿园，建有面向社区居民的社区学校，开展教育培训、家庭教育等活动，满足居民多样化的教育需求，提升社区居民素质。

3. 完善社康中心建设。加大社康中心建设财政投入，吸引优秀医疗人才服务社区，进一步完善社康中心医疗设施和人才配置，实现"小病在社区，大病进医院，康复回社区"。

4. 建设文体广场和社区公园。充分利用拆除违章建筑后的空地、尚处于纯绿化状态的公共绿地以及社区内的空地，将其建设改造成文体广场和社区公园，并配套建设体育锻炼、健身器材或设施，为群众提供便利的健身条件。

5. 发展社区养老服务机构。积极应对人口老龄化问题，完善居家养老指导和服务网络，大力发展老年人日间照料中心等社区养老服务机构，形成以居家养老为基础、社区服务为依托、机构养老服务为补充的格局。

(二)建设社区生态环境。

完善社区环卫设施及雨污分流系统，提升社区绿化景观，优化社区公共空间，重点提升城中村、老旧社区的环境。提高居民环保意识，建设生态的社区环境。

1. 保持社区干净整洁。社区内污染源全部实现达标排放，无违反环保法律法规的行为。社区内污水全部进入市政污水收集管网或社区自建的污水处理设施，社区内无污水漫溢、漫流现象。社区有垃圾转运站、二类公共厕所、垃圾分类回收桶等小型环卫设施，配备足够的卫生清洁人员，定期打扫和清洗道路和公共场地，实现垃圾及时清运。培养居民良好的卫生习惯，生活垃圾袋装化，不乱丢乱扔垃圾。

2. 提升社区绿化景观。完善社区绿地建设，在城市更新项目中增加有功能分区的绿地公共空间。社区要充分挖掘潜力增加绿地面积，绿地率达到25%以上(其中新建社区要达30%以上)。有条件的社区要通过立体绿化等方式提高社区绿化覆盖率。

3. 加强有害生物防治。加大白蚁防治力度，加强新建、改建、扩建、装饰装修的房屋白蚁预防管理。完善"四害"防治基础设施，有效控制社区"四害"密度。制定"四害"消杀标准，有效指导、监管消杀，避免对环境造成二次污染。

4. 推广社区生活垃圾分类收集。在社区开展生活垃圾分类回收的宣传和培训，补充垃圾分类回收桶和回收点，居民能按要求投放垃圾，实行生活垃圾分类回收。

5. 利用清洁能源。按照建设节约型社会的要求，在社区大力推广应用清洁能源技术和可再生能源技术，鼓励居民利用太阳能等清洁优质能源产品，节约能源，减少排放，改善大气质量。

6. 倡导低碳生活方式。通过宣传栏、讲座和结合产品推介活动等方式对居民进行低碳生活教育。倡导居民节约资源，绿色消费，使用环保袋，不用塑料餐盒，少用一次性用品。

(三)提升社区服务水平。

以满足社区居民的需求为出发点，不断拓展社区服务的内容，逐步扩大服务覆盖面，完善社区公共服务、居民自助互助服务、社区商业服务。

1. 实行一站式政务服务。社区要从方便居民办理各项业务出发，实行政府部门基层办事机构"一站式"服务，为居民提供户籍登记、计生、劳动就业等政务服务。

2. 建设社区服务中心。按照人口规模，参照地域面积、服务对象、服务需求和功能定位等因素建设社区服务中心，为社区居民提供医疗咨询、法律援助、劳动保障、青少年帮扶、心理辅导、老幼照料等多元化的综合服务。

3. 建立"社区家园网"。以社会建设"织网工程"综合信息平台为依托，根据各社区的不同特点，开发个性化的"社区家园网"，在网上实现群众诉求的受理、分流、办理、反馈的全流程管理，让社区居民享受各种公共服务和公益服务。

4. 推进住宅区物业管理全覆盖。针对原特区外物业管理薄弱的现状，采取专业式、菜单式、守护岗式等多种模式引入物业管理，整合优化社区管理资源，解决社区尤其是城中村、老旧社区的物业管理问题。到2013年底，实现住宅区物业管理基本覆盖，到2015年底，实现住宅区物业管理全覆盖。

5. 鼓励向社会组织购买服务。加大政策扶持力度，鼓励成立服务性、公益性、互助性社会组织，发展社区服务组织网络。鼓励实施政府购买服务，委托和授权社会组织承担社区服务事务，调动社会组织参与社区服务的积极性，促进公共服务社会化。

(四)创新社区管理机制。

发挥党组织领导核心作用，理顺社区工作站、居委会及其他社会组织之间的关系，完善网格化管理模式，发展社区自治组织，构建新型社区管理模式。

1. 加强社区党建工作。建立健全社区党建工作联席会议制度，发挥社区党组织领导核心作用。积极参与建设社区党建工作示范点活动，推动社区党建工作深入开展。建立党群沟通的固定渠道，党代表与社区建立固定联系，定期到社区开展工作。

2. 完善网格化管理模式。建立全方位、全过程、纵向到底、横向到边的网格化服务管理模式，实现每个责任网格与各区(新区)、街道、社区综治信访维稳三级平台及其他部门实现信息联网、实时对接，形成立体化、信息化的网格服务管理格局。每个责任网格内实行精细化、标准化的服务管理。

3. 发展社区自治组织。强化居委会"枢纽、议事、监督、服务"职能，完善居民自治制度，推行居委会与业委会委员交叉任职制度，充分发挥各类社区自治组织自我管理、自我教育、自我服务的作用。制定社区事务议事规则，健全民主决策和民主管理机制。建立健全民主评议会、居民论坛、听证会等多种监督形式，积极拓展政府与居民的互动功能。

(五)丰富社区文体生活。

完善社区文化设施，促进社区文体资源整合和利用，不断创新社区文化活动载体，加强社区间活动交流，丰富居民文化生活，促进社区文化发展。

1. 完善社区文体设施。完善公共文化服务网络，努力形成功能齐全、布局合理的文化设施。安装 24 小时城市街区自助图书馆，推动学校、机关、社会团体、企业单位的文体设施向社会开放，到 2015 年底，基本建成"10 分钟文体圈"。

2. 丰富居民文体生活。广泛开展群众性文体活动，鼓励社区组建业余文化队伍并举办讲座、歌咏会、小型文艺晚会等有意义活动，不断满足居民的文体生活需求。开展社区文化节活动，加强社区之间的活动交流。

3. 促进邻里关系融洽。积极开展建设学习型社区、学习型家庭活动，为居民搭建沟通交流的平台。开展社区邻里节活动，弘扬邻里互助、扶贫济困等优良传统，构建融洽和谐的邻里关系。

4. 提高居民文化素养。加强社会主义核心价值体系建设，弘扬以爱国主义为核心的民族精神和改革创新为核心的时代精神，传承开拓创新、诚信守法、务实高效、团结奉献的深圳精神。提倡终身学习，提高政治素养、文化素养、法律素养、诚信素养和文明礼仪素养，塑造积极向上的社会心态，实现居民文化素养与城市发展水平相统一。

(六)健全社区安全体系。

加强社区治安和消防安全管理，提高居民安全感，及时调解和处理社区矛盾纠纷，建立畅通的社情民意反映渠道，维护社会和谐稳定。

1. 建立安全防范体系。结合人防、物防和技防，加强社区安全防范。重视社区社会治安综合治理基层组织和群防群治队伍建设，积极构筑以社区民警为主导，社区治保会和物业保安为依托，居民积极参与的群防群治体系，实现治安刑事案件逐年减少。

2. 加强消防安全工作。健全消防互助组织、社区消防工作协调机制和消防安全区域联防制度。不断完善城中村社区消防设施，充分发挥城中村专(兼)职消防队伍的作用。开展消防安全宣传教育，普及消防常识，组织居民开展消防逃生演练，提高居民逃生自救能力。

3. 建立人民调解工作机构和制度。健全人民调解工作机制，并与综治信访维稳工作相结合，及时排查、调解和处理社区矛盾纠纷。及时了解居民的意愿，重视解决居民的合理诉求，维护社会和谐稳定，实现矛盾纠纷发生率逐步降低，矛盾纠纷化解率不断提高。

五、保障措施

(一)加强领导。

深圳市创建宜居城市工作领导小组负责部署、协调、指导全市宜居社区建设工作，领导小组办公室(市人居环境委)负责具体事务。各区政府、新区管委会成立区级宜居社区建设工作领导机构，制定宜居社区建设工作方案和年度建设计划，明确责任人，分解工作任务，确定年度目标，全面推动宜居社区建设。

(二)深化改革。

探索整合街道、社区的行政管理和公共服务资源，合理调整管理幅度，缩短管理链条，实现扁平化管理。按照权责一致的原则，理顺社区基层管理主体的职能及相互关系，建立有效的基层组织工作机制，推动社区工作站职能转变。

(三)强化考核。

采取政绩考核和跟踪检查相结合的办法加强宜居社区建设考核。将各区宜居社区建设指标纳入年度环境保护实绩考核，并通过宜居社区建设工作平台对宜居社区改造和建设项目进行跟踪。

(四)保障资金。

各区政府、新区管委会保障宜居社区建设资金，并动员、引导企业和个人投资建设公共服务设施。各街道将宜居社区改造和建设方案报各区政府、新区管委会，申请改造和建设资金，并报区级宜居社区建设工作领导机构备案。市政府对获得宜居社区称号的社区给予奖励。

(五)广泛宣传。

加强宣传力度、提高公众参与，采取积极有效的激励措施，调动社会各方力量，形成全社会支持宜居社区建设的良好氛围。

附件一 调查问卷

一、社区治理公众参与度及满意度调查问卷(居民版)

尊敬的＿＿女士/先生：

您好！我们是武汉大学国家治理与公共政策研究中心调查人员，为获取您对燕罗街道现代化社区治理的满意度和建议，为您所在社区的建设提供借鉴，特开展此次调研。此次调查采取无记名方式，随机抽选调查对象，答案无对错之分，请您根据自己的感受、想法等实事求是地填写问卷，我们对您的基本信息与回答将严格按照相关法律规定予以保密，调查结果仅用于课题研究，不会对您产生任何不利影响。感谢您的配合与支持！

武汉大学国家治理与公共政策研究中心
2020 年 8 月

一、基本信息

1. 您的性别（单选题，＊必答）
   □ 男　　　　　　　□ 女

2. 您的年龄（填空题，＊必答）
   □ 25 岁以下　　　□ 25~35 岁　　　□ 36~45 岁
   □ 46~55 岁　　　 □ 56 岁及以上

3. 您的受教育程度（单选题，＊必答）
   □ 小学及以下　　□ 初中　　　　　□ 高中、中专
   □ 大专、本科　　□ 硕士及以上

4. 您的职业（单选题，＊必答）
   □ 公职人员（公务员、事业单位）　　□ 国企/民企/外企公司职员
   □ 个体经营户　　□ 工人　　　　　□ 学生
   □ 自由职业　　　□ 服务业人员
   □ 离/退休人员　 □ 失业人员　　　□ 其他 _____

5. 您在社区的居住年限（单选题，＊必答）
   □ 1 年以内　　　　　　　　　　　□ 2~5 年
   □ 5~10 年　　　　　　　　　　　□ 10 年以上

6. 您的户籍是否在您现在所居住的社区
   □ 是　　　　　　　□ 否

二、社区治理参与情况

7. 在日常生活中，您所居住社区的各项社区服务或设施主要是由 _____ 提供的（单选题，＊必答）
   □ 深圳市、宝安区市区政府　　　　□ 燕罗街道办事处
   □ 社区居委会　　　　　　　　　　□ 相关协会团体
   □ 其他 _____

8. 您对您所在社区的社区治理方面的政策、规定、活动等的了解程度
   □ 完全不了解　　□ 了解较少　　　□ 基本了解

□ 比较了解　　　　□ 非常了解

9. 您对社区的公共事务(社区建设与管理等)的关注度(单选题，*必答)

□ 很关心　　　　　　　　□ 比较关心

□ 偶尔关心　　　　　　　□ 不关心

10. 您从哪些渠道了解社区各项信息(多选题，*必答)

□ 社区宣传栏　　　　　　□ 居委会通知

□ 楼组长宣传　　　　　　□ 居民相互告知

□ 社区、小区、楼道微信群　□ 没了解过

11. 您对下列组织或个人的信任程度如何(矩阵单选题，*必答)

	很信任	信任	一般	不太信任	很不信任	不了解
社区党组织	□	□	□	□	□	□
居委会	□	□	□	□	□	□
社区工作站	□	□	□	□	□	□
业主委员会	□	□	□	□	□	□
物业	□	□	□	□	□	□
社团	□	□	□	□	□	□
街道等上级机关	□	□	□	□	□	□
派出所	□	□	□	□	□	□

12. 您认为哪一类组织在社区治理中最为重要(分数越高则代表重要性越高)(矩阵打分题，请填1~9数字打分，*必答)

	请打分
社区党组织	
居委会	
社区工作站	
业主委员会	

续表

	请打分
物业公司	
社区志愿者队伍	
社团组织	
街道办事处	
区职能部门等上级机关	

13. 您或您的家人参加过何种形式的社区管理活动（多选题，＊必答）

☐ 业主大会　　　　　　　　　　☐ 居委会选举

☐ 文体运动等社区集体活动　　　☐ 社区志愿者活动

☐ 未参加过

14. 您是否愿意主动参与社区公共事务（如果不愿意，请直接回答第 17 题）（多选题，＊必答）

☐ 很不愿意　　☐ 不太愿意　　☐ 参不参与均可

☐ 比较愿意　　☐ 非常愿意

15. 您愿意参与社区事务的原因（多选题，＊必答）

☐ 公民权利、义务　☐ 丰富业余生活　☐ 扩大人际关系

☐ 个人兴趣　　　　☐ 从众心理　　　☐ 个人利益

☐ 我不参与社区事务

16. 您参与社区公共事务活动的频率是（多选题，＊必答）

☐ 每年参与 5 次以上　　　　　　☐ 每年参与 3~4 次

☐ 每年参与 1~2 次　　　　　　　☐ 从不参与

17. 您不愿意主动参与社区公共事务的原因是

☐ 对社区事务不了解

☐ 觉得参与社区事务太麻烦

☐ 觉得和自己没太大关系，没必要参与

☐ 觉得参与也是流于形式，没什么用

☐ 其他_____

18. 您最希望参加下列哪种社区事务（多选题，＊必答）

☐ 政治参与(如居委会选举等) ☐ 文娱活动

☐ 社区服务或志愿者活动 ☐ 社区股份合作公司事务

☐ 都不喜欢

19. 您是否参与社区的各种志愿者组织或活动(多选题，*必答)

☐ 经常参与 ☐ 偶尔参与

☐ 很少参与 ☐ 从不参与

20. 您经常参与的社区志愿活动有哪些(可多选)(多选题，*必答)

☐ 安全巡逻 ☐ 保洁 ☐ 扶贫帮困

☐ 环保行动 ☐ 政策宣讲 ☐ 传统节日纪念活动

☐ 从不参加

21. 您是否经常向社区提出意见(多选题，*必答)

☐ 经常提 ☐ 偶尔提

☐ 很少提 ☐ 从不提

22. 社区对您的意见建议或投诉，社区是否回复过您

☐ 有回复，对反馈满意 ☐ 有回复，对反馈不满意

☐ 无反馈 ☐ 我没提过意见建议或投诉

23. 以下说法或描述，您同意吗

	非常不同意	不太同意	不确定	比较同意	非常同意
社区的发展离不开社区居民的参与					
没有居委会，对于社区事务，居民啥也干不了					
我们社区充满生机与活力、欣欣向荣，是个宜居社区					
本社区居民的凝聚力很强					
如果参与社区事务需要时间和金钱，不参与也行					
本社区的居民参与意识不高，等和靠的思想较重					

24. 您认为可以从以下哪些方面提高居民参与社区管理的积极性(可多选)(多选题，*必答)

☐ 财政、选举等实现公开透明
☐ 及时为居民发布重要信息
☐ 给予居民更多的参与空间
☐ 对于居民的参与给予积极的回应

三、社区治理满意度

25. 您对以下哪些领域的社区工作较为满意(多选题，*必答)

☐ 环境卫生　　☐ 社区安全　　☐ 文娱活动
☐ 社区帮扶　　☐ 其他_____

26. 您认为您所在社区存在的最大问题在哪些方面(多选题，*必答)

☐ 卫生环境　　☐ 社区治安　　☐ 邻里关系
☐ 公共设施　　☐ 物业服务　　☐ 社区文化氛围
☐ 其他_____

27. 您认为社区治理最应该为居民改善和提供哪些服务(多选题，*必答)

☐ 改善治安状况　　　　☐ 提供健身设施
☐ 提供便民服务　　　　☐ 提供文娱活动场所
☐ 绿化美化环境　　　　☐ 改善医疗保健服务
☐ 其他_____

28. 您或您的家人对在新冠肺炎疫情期间社区采取的各项防控措施是否支持(多选题，*必答)

☐ 非常支持　　☐ 比较支持　　☐ 一般
☐ 不太支持　　☐ 不支持

29. 您所在的社区采取了怎样的防疫措施(多选题，*必答)

☐ 人员流动管控　　　　　☐ 及时公布社区疫情信息
☐ 组织专员定期消杀　　　☐ 党员下沉等下沉管理
☐ 社区医生、家庭医生上门服务　　☐ 其他_____

30. 您对社区的新冠肺炎疫情防控工作，满意度如何(单选题，*必答)

☐ 很不满意　　☐ 不满意　　☐ 基本满意

☐ 比较满意　　　　　　☐ 非常满意

31. 经过此次新冠肺炎疫情，您觉得您对社区的归属感和认同感增强了吗(单选题，＊必答)

☐ 增强了　　　　　　　☐ 减弱了

☐ 无变化　　　　　　　☐ 说不清

32. 您认为社区提供的公共服务对您有没有帮助(单选题，＊必答)

☐ 帮助很大　　　　　　☐ 帮助较大

☐ 帮助较小　　　　　　☐ 没有帮助

33. 对于您目前所在的社区，您的总体满意度是(单选题，＊必答)

☐ 非常满意　　☐ 比较满意　　☐ 一般满意

☐ 比较不满意　☐ 非常不满意　☐ 其他意见_____

34. 您对于社区居民参与社区治理有哪些建议？您认为街道与社区如何推动社区治理才能提升您的满意度(选答)

_____

_____

再次对您的配合与帮助表示感谢！

二、基层社会治理效能调查问卷(街道部门工作人员版)

尊敬的____女士/先生：

您好！我们是武汉大学国家治理与公共政策研究中心调查人员，为获取您对燕罗街道现代化社区治理方面的意见建议，为燕罗基层社会治理提供借鉴和参考，特开展此次调研。此次调查采取无记名方式，随机抽选调查对象，答案无对错之分，请您根据自己的感受、想法等实事求是地填写问卷，我们对您的基本信息与回答将严格按照相关法律规定予以保密，调查结果仅用于课题研究，不会对您产生任何不利影响。感谢您的配合与支持！

武汉大学国家治理与公共政策研究中心
2020 年 8 月

一、基本信息

1. 您的性别(单选题，*必答)

   □ 男　　　　　　　　　　　　　　□ 女

2. 您的年龄（填空题，*必答）

   □ 25 岁以下　　□ 25~35 岁　　□ 36~45 岁

   □ 46~55 岁　　□ 56 岁及以上

3. 您的受教育程度（单选题，*必答）

   □ 高中、中专　　　　　　　　　　□ 大专

   □ 本科　　　　　　　　　　　　　□ 硕士及以上

4. 您的政治面貌

   □ 中共党员(含预备党员)　　　　　□ 民主党派

   □ 共青团员　　　　　　　　　　　□ 群众

5. 您在街道的身份(单选题，*必答)

   □ 街道领导班子成员　　　　　　　□ 二级班子成员(部门领导)

   □ 工作人员

6. 您在街道的工作年限（单选题，*必答）

   □ 1 年以内　　　　　　　　　　　□ 2~5 年

   □ 5~10 年　　　　　　　　　　　□ 10 年以上

7. 您的工作编制是

   □ 行政编制　　　　　　　　　　　□ 事业单位编制

   □ 招录聘用人员　　　　　　　　　□ 临时工作人员

8. 您对您现在的工作满意吗（单选题，*必答）

   □ 不满意　　□ 较不满意　　□ 一般

   □ 较满意　　□ 很满意

二、基层工作认知

9. 您认为，当前燕罗街道的各社区党委、社区工作站、居委会和社区股份公司的工作职能是否存在重叠

☐ 严重重叠　　　　　☐ 部分重叠　　　　　☐ 不重叠

10. 您认为哪一类组织在基层社会治理中最为重要(分数越高则代表重要性越高)(矩阵打分题,请填 1~9 数字打分, *必答)

	请打分
社区党组织	
居委会	
社区工作站	
业主委员会	
物业公司	
社区志愿者队伍	
社团组织	
街道办事处	
区职能部门等上级机关	

11. 您觉得下列工作及其工作密度如何

	每天都做	一周若干次	一月若干次	一季度若干次	每半年若干次	每年若干次	若干年一次
社区信息统计与上报							
调解社区矛盾							
物业监管							
社会保障、民生							
环境卫生							
社区安全、消防							
人口、计生							
文化建设和宣传							

续表

	每天都做	一周若干次	一月若干次	一季度若干次	每半年若干次	每年若干次	若干年一次
信访维稳							
流动人口管理							
医疗、健康							
街道办的任务							
宝安区下达任务							

12. 下列工作您觉得应由谁负责

	区职能部门	街道办	社区党组织	社区居委会	社区工作站	社会组织	其他
调解社区矛盾	□	□	□	□	□	□	□
物业监管	□	□	□	□	□	□	□
社会保障、民生	□	□	□	□	□	□	□
环境卫生	□	□	□	□	□	□	□
社区安全、消防	□	□	□	□	□	□	□
人口、计生	□	□	□	□	□	□	□
文化建设和宣传	□	□	□	□	□	□	□
信访维稳	□	□	□	□	□	□	□
流动人口管理	□	□	□	□	□	□	□
社区信息统计与上报	□	□	□	□	□	□	□
医疗、健康	□	□	□	□	□	□	□

13. 对于街道部门与社区之间的关系，您认为下列哪一描述较为贴切合理

□ 社区要服从街道部门的领导，对街道下达的任务，社区必须全力完成

☐ 街道部门和社区应该合理分工，各司其职
☐ 对街道部门下达的任务，社区完不完成不是很重要
☐ 其他

14. 对社区而言，您认为社区治理成效主要取决于哪些因素(限选3项)

☐ 社区的地理位置、自然环境等自然条件
☐ 社区的市政规划、交通条件等社会经济条件
☐ 街道等上级部门的领导和重视
☐ 社区党组织的领导作用
☐ 社区居委会的管理水平
☐ 社区工作站的工作水平
☐ 社区居民的经济条件、文化素质
☐ 社区自治组织的丰富程度
☐ 小区物业、开发商的管理水平
☐ 其他_____

15. 您认为制约街道办基层社会治理水平的主要原因有哪些（多选题，限选5项，*必答）

☐ 社区党委没有很好地发挥作用
☐ 社区管理缺乏有效监督
☐ 上级不够重视
☐ 相关法律制度不够完善
☐ 社区工作千头万绪，工作人手不足
☐ 社区中居民自治意识淡薄，参与程度较低
☐ 社区管理者专业化程度低
☐ 社区工作人员待遇低、任务重，积极性不高
☐ 社区工作人员工作能力不高
☐ 社区管理者缺乏服务居民的意识
☐ 社区缺乏经费
☐ 社区工作缺乏透明度
☐ 社区管理者提供的服务满足不了居民的需求

□ 社区管理者疲于应付上级领导的行政命令，少有时间为居民服务

□ 其他 _____

16. 您认为目前基层社会治理的法律法规和政策文件完善吗(单选题，*必答)

  □ 不完善   □ 较不完善   □ 一般

  □ 较完善   □ 完善

17. 您认为本街道居民在新冠肺炎疫情期间对街道采取的各项防控措施是否支持(单选题，*必答)

  □ 非常支持   □ 比较支持   □ 一般

  □ 不太支持   □ 不支持

18. 您对燕罗街道的新冠肺炎疫情防控工作，评价如何(单选题，*必答)

  □ 工作扎实到位，居民满意度高

  □ 工作中规中矩，基本完成防控任务

  □ 工作存在疏漏，防控工作开展不太顺利

  □ 工作疏漏较多，居民意见较大

19. 您对燕罗街道的整体治理成效评价如何？

  □ 很不满意   □ 较不满意   □ 一般

  □ 较满意   □ 非常满意

20. 您对燕罗街道的基层社会治理工作还有哪些方面的建议(选答，比如街道部门与部门、部门与社区的关系处理等)

_____

_____

_____

_____

再次对您的配合与帮助表示感谢！

三、社区治理效能调查问卷(社区工作人员版)

尊敬的＿＿＿女士/先生：

您好！我们是武汉大学国家治理与公共政策研究中心调查人员，为获取您对燕罗街道现代化社区治理方面的意见建议，为您所在社区的建设提供借鉴，特开展此次调研。此次调查采取无记名方式，随机抽选调查对象，答案无对错之分，请您根据自己的感受、想法等实事求是地填写问卷，我们对您的基本信息与回答将严格按照相关法律规定予以保密，调查结果仅用于课题研究，不会对您产生任何不利影响。感谢您的配合与支持！

武汉大学国家治理与公共政策研究中心
2020 年 8 月

一、基本信息

1. 您的性别(单选题，＊必答)

□ 男　　　　　　　　　　　　□ 女

2. 您的年龄（填空题，＊必答）

□ 25 岁以下　　□ 25~35 岁　　□ 36~45 岁
□ 46~55 岁　　□ 56 岁及以上

3. 您的受教育程度（单选题，＊必答）

□ 初中　　　　　　　　　　　□ 高中、中专
□ 大专、本科　　　　　　　　□ 硕士及以上

4. 您的政治面貌

□ 中共党员(含预备党员)　　　□ 民主党派
□ 共青团员　　　　　　　　　□ 群众

5. 您在社区的角色(单选题，＊必答)

□ 领导班子成员　　□ 一般工作人员　　□ 社区专干
□ 网格员　　　　　□ 其他＿＿＿＿＿＿

6. 您在社区的工作年限（单选题，*必答）

□ 一年以内　　　　　　　　　□ 2~5 年

□ 5~10 年　　　　　　　　　 □ 10 年以上

7. 您的工作编制

□ 事业单位编制　　　　　　　□ 招录聘任

□ 兼职工作人员(含志愿者)　　□ 临时工作人员

8. 您的职业满足感主要来源于（多选题，*必答）

□ 上级的认可　　□ 居民的认同　　□ 其他 _____

9. 您对您现在的工作满意吗（单选题，*必答）

□ 不满意　　　　□ 较不满意　　　□ 一般

□ 较满意　　　　□ 很满意

二、社区工作认知

10. 您认为哪一类组织在社区治理中最为重要(分数越高则代表重要性越高)（矩阵打分题，请填 1~9 数字打分，*必答）

	请打分
社区党组织	
居委会	
社区工作站	
业主委员会	
物业公司	
社区志愿者队伍	
社团组织	
街道办事处	
区职能部门等上级机关	

11. 下列工作及其工作密度如何

	每天都做	一周若干次	一月若干次	一季度若干次	每半年若干次	每年若干次	若干年一次
社区信息统计与上报							
调解社区矛盾							
物业监管							
社会保障、民生							
社区环境卫生							
社区安全、消防							
人口、计生							
社区文化和宣传							
信访维稳							
流动人口管理							
社区医疗、健康							
街道办下达的任务							
宝安区下达的任务							

12. 下列工作您觉得应由谁负责

	区职能部门	街道办	社区党组织	社区居委会	社区工作站	社会组织	其他
调解社区矛盾	□	□	□	□	□	□	□
物业监管	□	□	□	□	□	□	□
社会保障、民生	□	□	□	□	□	□	□
环境卫生	□	□	□	□	□	□	□

续表

	区职能部门	街道办	社区党组织	社区居委会	社区工作站	社会组织	其他
社区安全、消防	□	□	□	□	□	□	□
人口、计生	□	□	□	□	□	□	□
文化建设和宣传	□	□	□	□	□	□	□
信访维稳	□	□	□	□	□	□	□
流动人口管理	□	□	□	□	□	□	□
社区信息统计与上报	□	□	□	□	□	□	□
医疗、健康	□	□	□	□	□	□	□

13. 您觉得您所工作的社区中，居民参与治理的意识怎么样（单选题，＊必答）

□ 差　　　□ 较差　　　□ 一般
□ 较好　　　□ 好

14. 您认为居民参与治理意识较低的主要原因是什么（多选题，＊必答）

□ 居民主动参与太花时间，工作太忙没精力
□ 有时投票表决的过程透明度太低，居民认为流于形式
□ 社区工作人员的宣传力度不够，很多居民不清楚参与过程
□ 社区共同利益难以形成，社区居民"搭便车"现象屡见不鲜
□ 居民的社区意识和社区归属感没有很好培养
□ 社区自治组织影响力较低
□ 其他 _____

15. 对于社区居民的意见、建议或投诉，社区回复情况如何

□ 全部能及时回复　　　□ 大多能及时回复
□ 会选择性回复　　　□ 不会回复

16. 您认为您所在社区的目前的社区服务能满足居民多样化的需求吗（单选题，＊必答）

□ 不能满足　　　□ 较不能满足　　　□ 一般

□ 较能满足 □ 能满足

17. 您觉得您工作的社区在以下哪方面做得较好(多选题,＊必答)

□ 环境卫生 □ 社区安全 □ 文娱活动
□ 社区帮扶 □ 其他_____

18. 您认为您工作的社区存在的最大问题在哪些方面(多选题,＊必答)

□ 卫生环境 □ 社区治安 □ 邻里关系
□ 公共设施 □ 物业服务 □ 社区文化氛围
□ 绿化美化环境 □ 改善医疗保健服务 □ 其他_____

19. 您认为社区治理最应该为居民改善和提供哪些服务(多选题,＊必答)

□ 改善治安状况 □ 提供健身设施
□ 提供便民服务 □ 提供文娱活动场所
□ 改善居住环境

20. 您认为目前规范社区治理的法律法规和政策文件完善吗(单选题,＊必答)

□ 不完善 □ 较不完善 □ 一般
□ 较完善 □ 完善

21. 您觉得您所在社区的居民在新冠肺炎疫情期间对社区采取的各项防控措施是否支持(多选题,＊必答)

□ 非常支持 □ 比较支持 □ 一般
□ 不太支持 □ 不支持

22. 新冠疫情防控期间,您所工作的社区采取了怎样的防疫措施(多选题,＊必答)

□ 人员流动管控
□ 及时公布社区疫情信息
□ 组织专员定期消杀
□ 党员下沉等下沉管理
□ 社区医生、家庭医生上门服务
□ 其他_____

23. 您对您工作的社区的新冠肺炎疫情防控工作，评价如何（单选题，*必答）

　　□ 工作扎实到位，居民满意度高
　　□ 工作中规中矩，基本完成防控任务
　　□ 工作存在疏漏，防控工作开展不太顺利
　　□ 工作疏漏较多，居民意见较大

24. 您对您所工作的社区整体治理成效评价如何

　　□ 很不满意　　　□ 较不满意　　　□ 一般
　　□ 较满意　　　　□ 非常满意

25. 您对于社区治理或社区工作者的工作还有哪些方面的建议（选答）

_____

_____

_____

_____

再次对您的配合与帮助表示感谢！

附件二 访谈提纲

注意事项:请访谈对象根据自己的真实想法阐述观点,所有回答均没有对错与积极消极之分,不会对访谈对象产生任何不利影响,对访谈中涉及的部门、个人等信息均进行符合课题研究保密要求的技术处理,所有访谈结果仅用于课题研究。

(一)燕罗街道主要领导干部访谈提纲

访谈目的:了解当前燕罗街道基层社会治理现代化建设的相关政策要求、街道配套文件、主要举措、治理成效和面临的重难点问题等,以及对加强基层社会治理现代化建设的看法、建议等。

访谈对象:人数、姓名、职务等。

主要访谈问题:

1. 在推进燕罗街道基层社会治理现代化建设中,您主管或分管哪些方面的工作?如何看待和理解基层社会治理现代化建设?

2. 当前省、市、区党委、政府及其相关部门对街道基层社会治理现代化建设有何政策与要求？街道出台了哪些配套实施政策？街道是如何对相关任务进行分解的？在出台配套实施政策与进行任务分解的过程中您有何感想？

3. 当前燕罗街道基层社会治理现代化建设主要采取了哪些举措？哪些是行之有效的？哪些是需要改进的？未来将进一步采取哪些举措？

4. 当前燕罗街道基层社会治理现代化建设取得了哪些成效？您认为取得这些成效的原因有哪些？如何取得更大的成效？

5. 当前燕罗街道基层社会治理现代化建设还存在哪些重难点问题？为什么会产生这些问题？您认为应该怎样解决这些问题？

6. 您认为燕罗街道在推进基层社会治理现代化建设的过程中，最具创新性的一点体现在哪里？

7. 结合当前的新冠疫情防控，您认为街道发挥了哪些作用？街道的基层社会治理现代化建设是如何落实防控要求的？

8. 请推荐燕罗街道在基层社会治理现代化建设过程中成效较突出或问题较明显的部门、社区、具体项目等。

(二)燕罗街道部门工作人员访谈提纲

访谈目的：掌握燕罗街道相关部门在基层社会治理现代化建设中的主要任务、实践探索及成效（相关亮点与特色工作探索与成效）、遇到的具体问题及其解决办法，了解该部门工作人员对于当前燕罗街道基层社会治理现代化建设的认识与建议等。

访谈对象：人数、姓名、职务等。

主要访谈问题：

1. 部门主要负责基层社会治理现代化建设哪些方面的工作？怎样看待和理解当前街道正在推进的基层社会治理现代化建设工作？您认为部门在基层社会治理现代化建设中扮演着什么样的角色？

2. 在相关政策的制定、执行过程中，您认为需要特别注意哪些方面的问题？比如转变观念、提高执行力、吸引公众参与等，能否举例说明？

3. 部门在基层社会治理现代化建设中是否与街道其他部门或社区开展过

合作，能否就某一任务或项目举例说明？

4. 部门在基层社会治理方面开展了哪些探索？成效如何？取得成效的关键是什么？最具创新性的一点体现在哪里？

5. 部门在探索过程中遇到过哪些问题？为什么会遇到这些问题？后来是怎么解决的？

6. 在当前的新冠疫情防控中，您认为各个部门发挥了哪些作用？

7. 您对当前燕罗街道推进基层社会治理现代化建设方面有哪些建议？

(三) 燕罗街道社区工作人员访谈提纲

访谈目的：获取访谈对象对在基层社会治理与现代化社区治理成就、问题、对策等方面的看法，收集相关汇报、总结、评价、宣传材料等。

访谈对象：人数、姓名、职务等。

主要访谈问题：

1. 社区主要负责基层社会治理现代化建设哪些方面的工作？怎样看待和理解当前街道正在推进的基层社会治理现代化建设工作？您认为社区在基层社会治理现代化建设中扮演着什么样的角色？

2. 社区在基层社会治理现代化建设中是否与街道其他部门或社区开展过合作，能否就某一任务或项目举例说明？

3. 社区在基层社会治理现代化建设中取得了哪些方面的成绩？为什么会取得这些成绩？未来怎样取得更大的成绩？

4. 社区在基层社会治理现代化建设中遇到过哪些问题？为什么会遇到这些问题？后来是怎么解决的？

5. 社区在基层社会治理现代化建设中形成了哪些行之有效的做法（自治、法治、德治）？这些做法为什么会有效？这些做法的创新性体现在哪里？

6. 社区有无基层社会治理现代化的特色项目（多合一平台、智慧岗亭、村规民约等）？这些项目是如何设立并运转的？如何进一步完善这些项目？

7. 在当前的新冠疫情防控中，您认为社区发挥了哪些作用？

8. 您对当前燕罗街道推进基层社会治理现代化建设有哪些建议？

参 考 文 献

一、著作

1. 陈辉. 城市基层治理的演进逻辑与善治路径[M]. 南京：南京大学出版社，2019.
2. 陈家刚. 基层治理[M]. 北京：中央编译出版社，2015.
3. 陈文. 城市治理转型研究[M]. 北京：中国社会出版社，2018.
4. [美]道格拉斯·C. 诺斯. 经济史中的结构与变迁[M]. 陈郁，罗华平，等译. 上海：上海三联书店，上海人民出版社，1994.
5. 费孝通. 江村经济[M]. 北京：商务印书馆，2001.
6. 冯仕政. 当代中国的社会治理与政治秩序[M]. 北京：中国人民大学出版社，2013.
7. 冯仕政. 社会治理新蓝图[M]. 北京：中国人民大学出版社，2017.
8. 傅小随. 社会治理组织体系深圳样本分析：党政体制、社区架构与社会组织[M]. 北京：中国社会科学出版社，2015.

9. 高粱. 公共治理之基层实践案例汇编[M]. 广州：暨南大学出版社，2018.

10. 郭丽兰. 基层治理结构和动力创新[M]. 北京：人民出版社，2020.

11. 韩福国. 我们如何具体操作协商民主：复式协商民主决策程序手册[M]. 上海：复旦大学出版社，2017.

12. 贺海涛，聂新平. 基层水治理的创新实践[M]. 北京：中国社会科学出版社，2016.

13. [美]杰克·奈特. 制度与社会冲突[M]. 周伟林，译. 上海：上海人民出版社，2009.

14. 金心异. 深圳转型[M]. 深圳：海天出版社，2010.

15. 柯红波. 走向和谐"生活共同体"：城市化进程中的社区分类管理研究[M]. 杭州：浙江工商大学出版社，2013.

16. [美]克里斯蒂纳·阿尔恩特，[美]查尔斯·欧曼. 政府治理指标[M]. 杨永恒，译. 北京：清华大学出版社，2007.

17. 雷卫华，等. 服务型治理：深圳市坪山新区社区治理与服务创新实践[M]. 北京：中国社会科学出版社，2017.

18. 李骏，张友庭. 超大城市的社区治理[M]. 上海：上海人民出版社，2019.

19. 刘东杰. 公共管理主体与工具问题研究[M]. 南京：南京大学出版社，2018.

20. 龙小农. 创新社会治理[M]. 北京：中国书籍出版社，2014.

21. [美]罗尔斯. 正义论[M]. 何怀宏，译. 北京：中国社会科学出版社，1988.

22. 吕德文. 找回群众：重塑基层治理[M]. 北京：生活书店出版有限公司，2015.

23. 马克思恩格斯全集(第2卷)[M]. 北京：北京人民出版社，1957.

24. 潘小娟. 中国基层社会重构——社区治理研究[M]. 北京：中国法制出版社，2004.

25. [美]乔纳森·H. 特纳. 社会学理论的结构[M]. 邱泽奇，译. 杭州：浙江人民出版社，1987.

26. [法]塞缪尔·P. 亨廷顿. 社会变化中的政治秩序[M]. 王冠华, 等译. 上海：上海人民出版, 2008.

27. 唐娟, 陈文. 相互嵌入的政府、市场和社会[M]. 北京：中国社会出版社, 2010.

28. 童星. 中国社会治理[M]. 北京：中国人民大学出版社, 2018.

29. 王邦佐. 居委会与社区治理：城市社区居民委员会组织研究[M]. 上海：上海人民出版社, 2003.

30. 王海明. 公正平等人道——社会治理的道德原则体系[M]. 北京：北京大学出版社, 2000.

31. 王绍光. 国家治理[M]. 北京：中国人民大学出版社, 2014.

32. 王永平. 基层党建与社会治理[M]. 北京：社会科学文献出版社, 2017.

33. 魏礼群. 创新社会治理体制[M]. 北京：北京师范大学出版社, 2014.

34. 吴锦良. 基层社会治理[M]. 北京：中国人民大学出版社, 2013.

35. 吴群刚, 孙志祥. 中国式社区治理：基层社会服务管理创新的探索与实践[M]. 北京：中国社会出版社, 2011.

36. 吴志化, 翟桂萍, 汪丹. 都市社区治理研究：以上海为例[M]. 上海：复旦大学出版社, 2008.

37. 习近平. 决胜全面建成小康社会　夺取新时代中国特色社会主义伟大胜利：在中国共产党第十九次全国代表大会上的报告[M]. 北京：人民出版社, 2017.

38. 夏建中. 中国城市社区治理结构研究[M]. 北京：中国人民大学出版社, 2011.

39. 徐清泉. 社区公共文化服务创新策略[M]. 上海：上海社会科学院出版社, 2018.

40. 徐勇. 非均衡的中国政治：城市与乡村比较[M]. 北京：中国广播电视出版社, 1992.

41. 徐宇珊. 服务型治理[M]. 北京：社会科学文献出版社, 2016.

42. 俞可平. 国家治理评估：中国与世界[M]. 北京：中央编译出版社, 2009.

43. 俞可平. 治理与善治[M]. 北京：社会科学文献出版社, 2000.

44. 张康之. 走向合作的社会[M]. 北京：中国人民大学出版社，2015.
45. 张骁儒，邹从兵. 深圳社会治理与发展报告[M]. 北京：社会科学文献出版社，2017.
46. 周庆智. 在政府与社会之间：基层治理诸问题研究[M]. 北京：中国社会科学出版社，2015.

二、期刊论文

1. 包国宪，周云飞. 中国公共治理评价的几个问题[J]. 中国行政管理，2009（2）：11-15.
2. 毕素华. 社区志愿激励机制探析：个人和组织的两层面分析[J]. 社会科学研究，2011（6）：86-90.
3. 蔡明月. 接诉即办：首都基层治理的一个创造[J]. 前线，2020（2）：77-79.
4. 曹海军，刘少博. 新时代"党建+城市社区治理创新"：趋势、形态与动力[J]. 社会科学，2020（3）：12.
5. 曹海军. 党建引领下的社区治理和服务创新[J]. 政治学研究，2018（1）：95-98.
6. 曹剑光. 国内地方治理研究述评[J]. 东南学术，2008（2）：65-72.
7. 曾本伟，王彩波. 中国基层治理现代化的实践路径探索——基于珠三角地区的典型案例[J]. 甘肃社会科学，2017（3）：183-188.
8. 陈炳辉，王菁. "社区再造"的原则与战略——新公共管理下的城市社区治理模式[J]. 行政论坛，2010，17（3）：8-13.
9. 陈国权，徐露辉. 责任政府：思想渊源与政制发展[J]. 政法论坛，2008（2）：31-38.
10. 陈浩天. 政府民生治理：公共权力的合法性运作与演进谱系[J]. 湖北社会科学，2015（8）：29-35.
11. 陈华. 非政府组织在社区治理中的角色解析[J]. 武汉理工大学学报（社会科学版），2006（1）：88-92.
12. 陈家刚. 基层治理：转型发展的逻辑与路径[J]. 学习与探索，2015（2）：47-55.

13. 陈家喜. 反思中国城市社区治理结构——基于合作治理的理论视角[J]. 武汉大学学报(哲学社会科学版), 2015, 68(1): 71-76.

14. 陈亮, 李元. 去"悬浮化"与有效治理: 新时期党建引领基层社会治理的创新逻辑与类型学分析[J]. 探索, 2018(6): 109-115.

15. 陈朋. 地方治理现代化的困境与路径研究[J]. 中国特色社会主义研究, 2015(4): 61-65.

16. 陈荣卓, 肖丹丹. 从网格化管理到网络化治理——城市社区网格化管理的实践、发展与走向[J]. 社会主义研究, 2015(4): 83-89.

17. 陈伟东, 陈艾. 居民主体性的培育: 社区治理的方向与路径[J]. 社会主义研究, 2017(4): 88-95.

18. 陈伟东, 张大维. 社区事务分类治理: 体制环境与流程再造[J]. 社会主义研究, 2009(1): 61-66.

19. 陈向芳. 论责任清单制度的价值及其建构路径——基于政策文本的实证分析[J]. 福建农林大学学报(哲学社会科学版), 2015, 18(6): 78-83.

20. 陈晓春, 肖雪. 共建共治共享: 中国城乡社区治理的理论逻辑与创新路径[J]. 湖湘论坛, 2018, 31(6): 41-49.

21. 陈晓运. 技术治理: 中国城市基层社会治理的新路向[J]. 国家行政学院学报, 2018(6): 123-127.

22. 陈燕, 郭彩琴. 中国城市社区治理: 困境、成因及对策[J]. 苏州大学学报(哲学社会科学版), 2016, 37(6): 36-41.

23. 崔恒展, 刘雪. 中国养老制度运行中的政府职责完善研究[J]. 山东社会科学, 2018(8): 73-82.

24. 崔执树, 施光跃. 民生问题的解决与政府管理的创新——基于治理理论的视角[J]. 兰州学刊, 2010(3): 45-49.

25. 丁煌. 当代西方公共行政理论的新发展——从新公共管理到新公共服务[J]. 广东行政学院学报, 2005, 17(6): 5-10.

26. 董秀. 深圳市"社工+义工"联动参与社区治理的思考[J]. 武汉大学学报(哲学社会科学版), 2009, 62(3): 378-381.

27. 董一冰, 徐芳. 民生视阈下村民自治的定位与走向[J]. 理论探讨, 2011

（3）：36-38.

28. 杜飞进. 中国现代化的一个全新维度——论国家治理体系和治理能力现代化[J]. 社会科学研究，2014(5)：37-53.

29. 杜仕菊，程明月. 文明城市创建：践行社会主义核心价值观的引擎[J]. 华东理工大学学报(社会科学版)，2016，31(6)：70-74.

30. 樊红敏，张玉娇. 县域社会治理评价体系：建构理路与评估框架[J]. 河南师范大学学报(哲学社会科学版)，2017，44(1)：26-31.

31. 樊慧玲. 正式规则·非正式规则·潜规则[J]. 广西经济管理干部学院学报，2008(3)：60-62.

32. 范逢春，尤佳. 社会治理现代化：理念、制度与过程的三维重构[J]. 河南社会科学，2015，23(1)：23-28.

33. 高红. 城市基层合作治理视域下的社区公共性重构[J]. 南京社会科学，2014(6)：88-95.

34. 葛天任，李强. 我国城市社区治理创新的四种模式[J]. 西北师大学报(社会科学版)，2016，53(6)：5-13.

35. 谷志军. 从地方政府管理到地方治理：基于新制度主义的解读[J]. 红河学院学报，2009，7(6)：24-27.

36. 关于加强和改进乡村治理的指导意见[J]. 农村.农业.农民(B版)，2019(7)：35-38.

37. 韩志明. 技术治理的四重幻象——城市治理中的信息技术及其反思[J]. 探索与争鸣，2019(6)：48，58，157，161.

38. 何翔舟，金潇. 公共治理理论的发展及其中国定位[J]. 学术月刊，2014，46(8)：125-134.

39. 何欣峰. 社区社会组织有效参与基层社会治理的途径分析[J]. 中国行政管理，2014(12)：68-70.

40. 胡鞍钢，鄢一龙，唐啸，刘生龙. 2050中国：以人民为中心的社会主义全面现代化[J]. 国家行政学院学报，2017(5)：15-20.

41. 胡洪彬. 制度优势转化为治理效能：内在机理与实现路径[J]. 探索，2020(6)：19.

42. 黄词捷. 成都市社区治理与社区营造研究——从"陪伴"到"培力"的文化路向实践[J]. 中共乐山市委党校学报, 2018, 20(6): 86-91.

43. 黄明涛. 我国基层社会治理研究综述[J]. 行政与法, 2020(5): 56.

44. 黄琴. 论政府在城市社区治理中的应然角色[J]. 理论与改革, 2007(4): 63-65.

45. 黄晓春, 嵇欣. 技术治理的极限及其超越[J]. 社会科学, 2016(11): 72-79.

46. 黄新华. 政治科学中的新制度主义——当代西方新制度主义政治学述评[J]. 厦门大学学报(哲学社会科学版), 2005(3): 28-35.

47. 黄莹, 刘金英. 城市社区怎样进行文化营造[J]. 人民论坛, 2019(1): 96-97.

48. 贾西津. "社区治理"与"在社区的治理"——谈社区公共服务建设的思路[J]. 社区, 2006(17): 34-35.

49. 江治强. 当前基层社会治理机制的建构路径[J]. 社会治理, 2015(2): 47-48.

50. 金太军, 赵军锋. 政治资源配置与和谐社会构建——和谐社会的政治社会学分析[J]. 理论探讨, 2008(2): 1-6.

51. 敬乂嘉. 从购买服务到合作治理——政社合作的形态与发展[J]. 中国行政管理, 2014(7): 54-59.

52. 乐龙飞. NGO参与应急管理的制度变迁——基于时机—动力—路径框架的分析[J]. 四川大学学报(哲学社会科学版), 2020(2): 185-192.

53. 雷卫华. 全球视野下的深圳社会治理之路[J]. 特区实践与理论, 2013(2): 49-53.

54. 李德. 从"碎片化"到"整体性": 创新我国基层社会治理运行机制研究[J]. 吉林大学社会科学学报, 2016, 56(5): 90-99.

55. 李登. 新农村建设中的社会资本: 转型与成长[J]. 中共福建省委党校学报, 2009(7): 17-22.

56. 李慧凤, 郁建兴. 基层政府治理改革与发展逻辑[J]. 马克思主义与现实, 2014(1): 174-179.

57. 李慧凤. 社区治理与社会管理体制创新——基于宁波市社区案例研究[J]. 公共管理学报, 2010, 7(1): 67, 72, 126.

58. 李丽君. 我国城市社区治理的变迁及发展走向[J]. 山东社会科学, 2005(7): 123, 125, 48.

59. 李翔海. 中华民族伟大复兴需要中华文化发展繁荣——学习习近平同志在山东考察时的重要讲话精神[J]. 求是, 2013(24): 48-49.

60. 李晓燕. 从"社区工作者需求"到社会治理精细化——基于深圳市N区社区工作者"工作满意度"的分析[J]. 领导科学论坛, 2017(1): 26-37.

61. 李晓壮. 城市社区治理体制改革创新研究——基于北京市中关村街道东升园社区的调查[J]. 城市发展研究, 2015, 22(1): 94-101.

62. 李秀峰, 韩亚栋, 崔兴硕. 深圳"织网工程": 创新社会治理的新标本[J]. 行政管理改革, 2014(10): 48-53.

63. 李友梅. 我国特大城市基层社会治理创新分析[J]. 中共中央党校学报, 2016, 20(2): 5-12.

64. 李友梅. 中国社会治理的新内涵与新作为[J]. 社会学研究, 2017, 32(6): 27, 34, 242.

65. 李垣. 红色文化传承与绿色生态发展——"红绿交融"的社会主义生态文明建设[J]. 延安大学学报(社会科学版), 2018, 40(5): 19-24.

66. 刘建平, 杨磊. 我国城市基层治理变迁: 困境与出路——构建一种"嵌合式治理"机制[J]. 学习与实践, 2014(1): 94-99.

67. 刘凯亚. 治理现代化视域下党领导基层治理的历史演进和现实进路[J]. 岭南学刊, 2020(6): 58-64.

68. 刘镭. 城市基层党建+社会治理模式的功能特征和创新价值——以深圳市为例[J]. 许昌学院学报, 2019, 38(1): 121-126.

69. 刘丽娟. 互动治理型社区动员: 新时代城市社区建设新的行动策略[J]. 湖北行政学院学报, 2019(4): 50-56.

70. 刘鑫. 以基层党建引领城市社区治理创新[J]. 人民论坛, 2019(21): 80-81.

71. 刘亚梅, 武育芝. 城市社区精细化治理内涵及模式研究[J]. 中国管理信息化，2019，22(16)：205-206.

72. 刘中起. "社区治理与公民参与"国际研讨会综述[J]. 上海行政学院学报，2004(1)：109-111.

73. 马全中. 中国社区治理研究：近期回顾与评析[J]. 新疆师范大学学报(哲学社会科学版)，2017，38(2)：93-104.

74. 门理想，王丛虎. "互联网+基层治理"：基层整体性治理的数字化实现路径[J]. 电子政务，2019(4)：36-45.

75. 孟祥林. 我国社区治理的三个向度：制度创新、社会资本建构与社区共同体塑造[J]. 新疆财经，2019(4)：47-60.

76. 闵学勤. 社区协商：让基层治理运转起来[J]. 南京社会科学，2015(6)：56-61.

77. 倪赤丹. 发展基本公共服务推进基层社会治理能力现代化[J]. 特区经济，2015(6)：68-71.

78. 倪星. 地方政府绩效评估指标的设计与筛选[J]. 武汉大学学报(哲学社会科学版)，2007(2)：157-164.

79. 彭勃，付建军. 城市基层治理中的清单制：创新逻辑与制度类型学[J]. 行政论坛，2017，24(4)：38-45.

80. 彭华民. 论志愿服务的社会工作督导模式[J]. 中国青年研究，2010(4)：31-35.

81. 彭秀良，郭艳梅. 新中国70年基层社会治理格局的变迁[J]. 社会工作，2019(6)：3.

82. 彭亚平. 治理和技术如何结合？——技术治理的思想根源与研究进路[J]. 社会主义研究，2019(4)：71-78.

83. 彭忠益. 制度执行力的制约因素及提升路径[J]. 国家治理，2020(13)：55-62.

84. 渠敬东，周飞舟，应星. 从总体支配到技术治理——基于中国30年改革经验的社会学分析[J]. 中国社会科学，2009(6)：104，127，207.

85. 渠敬东. 项目制：一种新的国家治理体制[J]. 中国社会科学，2012(5)：113-130.

86. 容志，刘伟．街道体制改革与基层治理创新：历史逻辑和改革方略的思考［J］．南京社会科学，2019（12）：74-81．

87. 沈荣华，鹿斌．制度建构：枢纽型社会组织的行动逻辑［J］．中国行政管理，2014（10）：41-45．

88. 盛广耀．城市治理研究评述［J］．城市问题，2012（10）：81-86．

89. 史云贵．当前我国城市社区治理的现状、问题与若干思考［J］．上海行政学院学报，2013，14（2）：88-97．

90. 宋彩萍，张新培．走向赋能管理：创新院系治理模式的战略设计——基于上海对外经贸大学A学院院系治理的案例分析［J］．高等教育评论，2017，5（2）：151-161．

91. 宋世明．推进国家治理体系和治理能力现代化的理论框架［J］．中共中央党校（国家行政学院）学报，2019，23（6）：5-13．

92. 宋煜．社区治理视角下的智慧社区的理论与实践研究［J］．电子政务，2015（6）：83-90．

93. 孙柏瑛，等．以执政党为核心的基层社会治理机制研究［J］．教学与研究，2015（1）：16-25．

94. 孙晓莉．西方国家政府社会治理的理念及其启示［J］．社会科学研究，2005（2）：7-11．

95. 谭俊峰．嵌入式治理：推进武陵山区基层社会治理现代化的新视角［J］．湖北民族学院学报（哲学社会科学版），2017，35（4）：118-124．

96. 谭英俊．柔性治理：21世纪政府治道变革的逻辑选择与发展趋向［J］．理论探讨，2014（3）：150-153．

97. 唐皇凤，王豪．可控的韧性治理：新时代基层治理现代化的模式选择［J］．探索与争鸣，2019（12）：53-62．

98. 唐文玉．以区域化党建应对社会转型风险［J］．理论与改革，2011（5）：43．

99. 唐兴军，齐卫平．政治学中的制度理论综述：范式与变迁［J］．社会科学，2013（6）：25-31．

100. 田先红，张庆贺．城市社区中的情感治理：基础、机制及限度［J］．探索, 2019(6): 2, 160, 172.

101. 汪锦军. 嵌入与自治: 社会治理中的政社关系再平衡[J]. 中国行政管理, 2016(2): 70-76.

102. 汪世荣. "枫桥经验"视野下的基层社会治理制度供给研究[J]. 中国法学, 2018(6): 5-22.

103. 汪伟全. 提升社会治理的"四化"水平[J]. 中国党政干部论坛, 2020(1): 31-34.

104. 王芳, 李和中. 城市社区治理模式的现实选择[J]. 中国行政管理, 2008(4): 68-69.

105. 王名, 蔡志鸿, 王春婷. 社会共治: 多元主体共同治理的实践探索与制度创新[J]. 中国行政管理, 2014(12): 16-19.

106. 王浦劬. 国家治理、政府治理和社会治理的含义及其相互关系[J]. 国家行政学院学报, 2014(3): 11-17.

107. 王思斌. 社会治理结构的进化与社会工作的服务型治理[J]. 北京大学学报(哲学社会科学版), 2014, 51(6): 30-37.

108. 王思斌. 实现有效的社会治理[J]. 社会治理, 2019(1): 63-67.

109. 王思斌. 新中国70年国家治理格局下的社会治理和基层社会治理[J]. 青海社会科学, 2019(6): 1-8.

110. 王巍. 国家-社会分析框架在社区治理结构变迁研究中的应用[J]. 江苏社会科学, 2009(4): 106-112.

111. 王阳. 从"精细化管理"到"精准化治理"——以上海市社会治理改革方案为例[J]. 新视野, 2016(1): 54-60.

112. 王一, 洪晓楠. 美丽乡村建设视域下基层社会治理探究[J]. 人民论坛, 2019(30): 84-85.

113. 魏江. 后疫情时期的社会治理多元主体协同体系建设[J]. 科学学研究, 2020, 38(3): 389.

114. 魏娜. 我国志愿服务发展: 成就、问题与展望[J]. 中国行政管理, 2013(7): 64-67.

115. 文军, 高艺多. 社区情感治理: 何以可能, 何以可为? [J]. 华东师范大学学报(哲学社会科学版),2017,49(6):28,36,169,170.

116. 吴翰.如何进一步发挥中国政党制度资源优势[J].中共中央党校学报,2008(4):30-33.

117. 吴青熹.基层社会治理中的政社关系构建与演化逻辑——从网格化管理到网络化服务[J].南京大学学报(哲学·人文科学·社会科学),2018,55(6):117-125.

118. 吴晓林.中国城市社区建设研究述评(2000—2010年)——以CSSCI检索论文为主要研究对象[J].公共管理学报,2012,9(1):111,120,128.

119. 夏晓丽.公民参与、城市社区治理与民主价值[J].重庆社会科学,2014(2):38-45.

120. 向德平,申可君.社区自治与基层社会治理模式的重构[J].甘肃社会科学,2013(2):127-130.

121. 肖文涛.社会治理创新:面临挑战与政策选择[J].中国行政管理,2007(10):105-109.

122. 肖晞.政治学中新制度主义的新流派:话语性制度主义[J].华中师范大学学报(人文社会科学版),2010,49(2):23-28.

123. 谢志岿,李卓.深圳模式:世界潮流与中国特色——改革开放40年深圳现代化发展成就的理论阐释[J].深圳社会科学,2019(1):97,110,159.

124. 辛华,王猛.三重矛盾:我国社区志愿服务的困境与破解[J].社会建设,2016,3(1):88-96.

125. 徐勇."政策下乡"及对乡土社会的政策整合[J].当代世界与社会主义,2008(1):116-121.

126. 燕继荣.中国社会治理的理论探索与实践创新[J].教学与研究,2017(9):29-37.

127. 杨君,徐永祥,徐选国.社区治理共同体的建设何以可能?——迈向经验解释的城市社区治理模式[J].福建论坛(人文社会科学版),2014(10):176-182.

128. 杨敏.社会学视野中的社区建设与制度创新——"深圳经验"的一种社会

学理论感悟[J]. 哈尔滨工业大学学报(社会科学版), 2012, 14(1): 21-29.

129. 姚迈新. 深圳社会治理40年实践研究[J]. 长春市委党校学报, 2020(6): 58-62.

130. 易承志. 治理理论的层次分析[J]. 行政论坛, 2009, 16(6): 6-9.

131. 易外庚, 方芳, 程秀敏. 重大疫情防控中社区治理有效性观察与思考[J]. 江西社会科学, 2020, 40(3): 16-24.

132. 余敏江. 从技术型治理到包容性治理——城镇化进程中社会治理创新的逻辑[J]. 理论探讨, 2015(1): 141-145.

133. 俞可平. 自治与基层治理现代化[J]. 党政视野, 2016(7): 3-4.

134. 郁建兴, 任泽涛. 当代中国社会建设中的协同治理——一个分析框架[J]. 学术月刊, 2012, 44(8): 23-31.

135. 袁方成, 王泽. 中国城市社区治理现代化之路——一项历时性的多维度考[J]. 探索, 2019(1): 117-126.

136. 张潮, 张雪. 组织能力、合作网络和制度环境: 社区非营利组织参与社会治理的有效性研究[J]. 经济社会体制比较, 2020(2): 90-99.

137. 张国磊, 张新文. 基层社会治理的政社互动取向: 共建、共治与共享[J]. 内蒙古社会科学(汉文版), 2018, 39(3): 131-137.

138. 张洪武. 社区治理的多中心秩序与制度安排[J]. 广东社会科学, 2007(1): 182-187.

139. 张开云, 叶浣儿, 徐玉霞. 多元联动治理: 逻辑、困境及其消解[J]. 中国行政管理, 2017(6): 24-29.

140. 张康之. 合作治理是社会治理变革的归宿[J]. 社会科学研究, 2012(3): 35-42.

141. 张康之. 论参与治理、社会自治与合作治理[J]. 行政论坛, 2008(6): 1-6.

142. 张康之. 论主体多元化条件下的社会治理[J]. 中国人民大学学报, 2014, 28(2): 2-13.

143. 张明斗, 刘奕. 新时代城市精细化治理的框架及路径研究[J]. 电子政务,2019(9):76-84.

144. 张勤,赵德胜. 论社会建设进程中志愿服务新的定位[J]. 中国行政管理,2013(3):44-47.

145. 张艳国,李非. "党建+"在城市社区治理中的独特功能和实现形式[J]. 江汉论坛,2018(12):125.

146. 张振波. 论协同治理的生成逻辑与建构路径[J]. 中国行政管理,2015(1):58,61,110.

147. 张志昌. 一种文化视阈下的宪政概念及宪政文化功能分析[J]. 湖南科技学院学报,2009,30(1):74-80.

148. 张仲涛,刘以妍. 政府激发社会组织活力研究综述[J]. 学习论坛,2015,31(10):47-50.

149. 赵守飞,谢正富. 合作治理:中国城市社区治理的发展方向[J]. 河北学刊,2013,33(3):154-158.

150. 郑琦. 党领导基层治理的功能与路径分析[J]. 中国领导科学,2018(6):91-95.

151. 郑巧,肖文涛. 协同治理:服务型政府的治道逻辑[J]. 中国行政管理,2008(7):48-53.

152. 郑长忠. 新时代家庭工作的逻辑定位与妇联作用[J]. 妇女研究论丛,2019(6):10-12.

153. 中央组织部组织二局. 以城市基层党建引领社会治理创新——关于上海市委加强城市基层党建工作的调研报告[J]. 求是,2016(17):48-51.

154. 钟宪章. 以基层党建创新引领和推动社会治理创新[J]. 理论导刊,2016(11):44-48.

155. 周红云. 国际治理评估指标体系研究述评[J]. 经济社会体制比较,2008(6):23-36.

156. 周林刚. 社区治理中居民参与的制约因素分析——基于深圳A区的问卷调查[J]. 福建论坛(人文社会科学版),2008(12):138-141.

157. 周庆智. 基层治理:一个现代性的讨论——基层政府治理现代化的历时性分析[J]. 华中师范大学学报(人文社会科学版),2014,53(5):19-

28.

158. 周庆智.推进基层治理的社会改革——基于城乡基层社会治理实践的制度分析[J].学海,2016(1):44-51.

159. 朱晓红.协同共治格局下妇联枢纽型社会组织参与社区服务研究——以广东D市H家庭服务中心为例[J].社会工作与管理,2016,16(1):55-60.

160. 祝灵君.党领导基层社会治理的基本逻辑研究[J].中共中央党校(国家行政学院)学报,2020,24(4):37-45.

161. 左晓斯.中国社会治理体系及其评价研究[J].社会科学,2016(4):55-63.

三、网络文献

1. 2020年全国"创新社会治理典型案例"征集活动结果公布[EB/OL].[2020-07-04].http://unn.people.com.cn/n1/2020/0704/c420625-31771282.html.

2. 董敬畏,沈大友."三治合一"共建乡村善治格局[EB/OL].[2018-7-20].http://theory.people.com.cn/n1/2018/0720/c40531-30159189.html.

3. 广东深圳:党建引领基层治理体系的"宝安模式"[EB/OL].[2019-07-31].http://dangjian.people.com.cn/n1/2019/0731/c117092-31266883.html.

4. 国际智慧先进制造城呼之欲出!燕罗平方公里级土地整备进入攻坚阶段[EB/OL].[2019-12-06].https://www.sohu.com/a/358764724_487460.

5. 洪佛拳、七星狮舞……深圳这个街道,用党建让"非遗"焕发光彩[EB/OL].[2018-09-20].https://baijiahao.baidu.com/s?id=1612118389892849133&wfr=spider&for=pc.

6. 刘靖北.把城市基层党建工作放在更加突出的位置[EB/OL].[2017-08-22].http://www.qstheory.cn/2017-08/22/c_1121518817.htm.

7. 十大优秀案例揭晓!深圳"以人民为中心——党建引领基层治理"优秀案例分享会举行[EB/OL].[2020-07-10].http://pc.nfapp.southcn.com/39/3748661.html.

8. 燕罗:新征程上撸起袖子加油干[EB/OL].[2017-04-28].http://www.

baoan.gov.cn/yljd/zwgk/gzdt/content/post_3279895.html.

9. 燕罗打响平方公里级土地整备"攻坚战"[EB/OL].[2019-12-06].http://k.sina.com.cn/article_1924738303_72b92cff02000o5xa.html?from=news&subch=onews.

10. 燕罗街道着力构建大维稳大信访新格局[EB/OL].[2018-06-19].https://www.nfcmag.com/sv/1212.html.

11. 燕罗开展首届民生微实事项目洽谈会,助力社区服务供给精准化[EB/OL].[2019-04-04].http://static.nfapp.southcn.com/content/201904/04/c2083284.html?group_id=1.

12. 燕罗开展首届民生微实事项目洽谈会,助力社区服务供给精准化[EB/OL].[2019-04-04].http://static.nfapp.southcn.com/content/201904/04/c2083284.html?group_id=1.

13. 燕罗颐年社康全市首创中医医养结合[EB/OL].[2019-12-12].https://k.sina.com.cn/article_1924738303_72b92cff02000odym.html?from=news&subch=onews.

14. 一核双建多方联动 燕罗构建社区治理新格局[EB/OL].[2018-06-25].http://www.sznews.cn/news/content/2018-06/25/content_19373770.htm.

15. 张希敏.中国发布社会治理评价指标体系[EB/OL].[2012-06-29].http://www.chinanews.com/gn/2012/06-29/3997536.shtml.

16. 郑宇飞.在破解民生难题中提升治理能力[EB/OL].[2020-07-24].http://www.xinhuanet.com/comments/2020-07/24/c_1126278892.htm.

17. 燕罗街道四点半课堂:让欢乐多一点 梦想近一点[EB/OL].[2020-09-16].https://baijiahao.baidu.com/s?id=1677962689020669565&wfr=spider&for=pc.

18. 传承红色基因打造"红色品牌"丰富红色文化色彩[EB/OL].[2018-07-02].http://ibaoan.sznews.com/content/2018-07/02/content_21037057.htm.

四、报纸文献

1. 常茳.打造新时代社区治理共同体[N].吉林日报,2019-12-11(10).

2. 常兴华. 深圳：社会治理如何"先行示范"[N]. 中国青年报，2019-08-26.

3. 崔洁，罗园，等. 燕罗街道十分钟党建服务圈点亮"红色服务"[N]. 南方日报，2020-07-07.

4. 郭声琨. 坚持和完善共建共治共享的社会治理制度[N]. 人民日报，2019-11-28.

5. 韩萍. 从疫情防控谈完善社区治理[N]. 青岛日报，2020-04-24.

6. 郝宇青. 基层社区治理能否实现"组织再造"[N]. 解放日报，2017-10-24.

7. 何绍辉. 充实社区治理力量 构建城市社区治理大格局[N]. 中国社会科学报，2019-05-15.

8. 黄琦. 深化改革与制度创新有机结合[N]. 中国国门时报，2018-08-13.

9. 黄青山. 抗疫是社会治理能力实战考场[N]. 深圳商报，2020-02-05.

10. 罗家为，王永华. 社区治理社会化创新社会治理[N]. 中国社会科学报，2018-03-28.

11. 深圳商报评论员. 提升社会治理能力的"深圳责任"[N]. 深圳商报，2013-11-21.

12. 深圳市人民政府. 深圳市国民经济和社会发展第十三个五年规划纲要[N]. 深圳特区报，2016-04-12.

13. 市委政策研究室、市全面深化改革领导小组办公室. 勇立改革潮头 特区再争先锋[N]. 深圳特区报，2014-01-26.

14. 宋世明. 把制度建设与治理能力建设摆到更加突出的位置[N]. 四川日报，2020-12-07.

15. 魏礼群. 党的十八大以来社会治理的新进展[N]. 光明日报，2017-08-07.

16. 吴晓林. 把"互联网+"融入社区治理[N]. 人民日报，2016-11-17.

17. 徐迅等. 对标党章发挥党的基层组织战斗堡垒作用[N]. 宝安日报，2019-11-11.

18. 杨宏山. 遵循共建共治共享原则 建设社会治理共同体[N]. 太行日报，2019-11-20.

19. 以习近平同志为核心的党中央抓基层强基础纪实[N]. 人民日报，2017-06-29.

20. 中共中央关于坚持和完善中国特色社会主义制度 推进国家治理体系和治理能力现代化若干重大问题的决定[N]. 人民日报, 2019-11-06.
21. 朱联平. 如何加强对制度执行的监督[N]. 学习时报, 2020-03-02.
22. 庄宇辉, 李萍. 从社会管理转向社会治理[N]. 深圳特区报, 2013-11-24.

五、学位论文

1. 陈春常. 转型中的中国国家治理研究[D]. 华东师范大学, 2011.
2. 陈舜文. 深圳市宝安区社区治理研究[D]. 湖南大学, 2017.
3. 陈勇. 城市社区治理的实践探索研究[D]. 厦门大学, 2014.
4. 陈振华. 利益、认同与制度供给：居民社区参与的影响因素研究[D]. 清华大学, 2004.
5. 董秀. 深圳非政府组织（NGO）参与社区治理模式研究[D]. 武汉大学, 2010.
6. 耿云. 治理理论视角下的中国城市社区公共服务研究[D]. 中国政法大学, 2008.
7. 郭风英. 建国以来我国城市社会管理体制演变与发展研究[D]. 华中师范大学, 2011.
8. 郭瑞丽. 社会治理创新视角下深圳市L区社会组织培育研究[D]. 华南理工大学, 2019.
9. 季铁. 基于社区和网络的设计与社会创新[D]. 湖南大学, 2012.
10. 刘鸿兴. 老年人刑法宽容制度探究[D]. 吉首大学, 2012.
11. 刘翔. 中国服务型政府构建研究[D]. 复旦大学, 2010.
12. 田丰. 深圳公益性社会组织参与社会治理的制度分析[D]. 复旦大学, 2014.
13. 魏涛. 城市社区网格化管理模式研究[D]. 大连理工大学, 2011.
14. 吴熳思. 深圳社区"一核多元"治理模式的实践功能研究[D]. 深圳大学, 2017.
15. 夏晓丽. 城市社区治理中的公民参与问题研究[D]. 山东大学, 2011.
16. 易怀炯. 深圳社区治理困境及其破解对策研究[D]. 湖南大学, 2018.

17. 张大维. 中国共产党城市社区建设的理论与实践研究[D]. 华中师范大学，2010.
18. 张圣友. 城市基层政府社会管理研究[D]. 武汉大学，2012.
19. 赵晓芳. 透过文化营造社区[D]. 华中师范大学，2015.
20. 郑安兴. 中国城市社区治理现代化：逻辑分析与路径选择[D]. 吉林大学，2018.

六、其他

1. 胡税根，陈彪. 治理评估的主要维度和通用性指标框架研究[C]. 治理评估的理论与实践学术研讨会论文集，2008.
2. 陈辉. 城市基层治理的双重困境与善治的路径选择[C]// 江苏省学术大会学会专场论文哲学社会类.
3. 宝安区2020年度落实广东省加强党的基层组织建设三年行动计划（2018—2020年）重点任务[Z].
4. 宝安区2020年政府工作报告[Z].
5. 国务院关于印发"十三五"推进基本公共服务均等化规划的通知[Z]. 2017.
6. 深圳市党支部标准化建设基本指标[Z]. 2019.
7. 习近平. 关于《中共中央关于坚持和完善中国特色社会主义制度、推进国家治理体系和治理能力现代化若干重大问题的决定》的说明[Z]. 2019.
8. 燕罗街道"民生微实事"项目实施细则[Z]. 2018.
9. 燕罗街道2020年街道党工委工作报告[Z]. 2020.
10. 中办，国办. 关于推行地方各级政府工作部门权力清单制度的指导意见[Z]. 2015.
11. 中共深圳市宝安区委组织部2020年工作要点[Z].
12. 中国共产党支部工作条例（试行）[Z]. 2018.